독도교육 어떻게 할 것인가?

한일 양국의 독도교육과 독도교육정책

이 책은 2019년 대한민국 교육부와 한국연구재단의 지원을 받아 수행된 연구임
(NRF-2019S1A5B8A02103036)

독도교육 어떻게 할 것인가?
한일 양국의 독도교육과 독도교육정책

초판 1쇄 발행 2022년 5월 30일

엮은이 ㅣ 영남대학교 독도연구소
발행인 ㅣ 윤관백
발행처 ㅣ 선인

등록 ㅣ 제5-77호(1998.11.4)
주소 ㅣ 서울시 남부순환로 48길 1, 1층
전화 ㅣ 02)718-6252 / 6257   팩스 ㅣ 02)718-6253
E-mail ㅣ sunin72@chol.com

정가 33,000원
ISBN 979-11-6068-715-6 94910
ISBN 978-89-5933-602-9 (세트)

· 잘못된 책은 바꿔 드립니다.

영남대학교 독도연구소
독도연구총서 27

독도교육 어떻게 할 것인가?

한일 양국의 독도교육과 독도교육정책

영남대학교 독도연구소 엮음

 선인

▌ 책머리에 ▌

2022년 3월 29일 일본 문부과학성은 고등학교 2학년 이상에서 사용할 사회과교과서 검정결과 발표에서, '독도는 일본 고유의 영토'이며, 현재 '한국이 불법점거'를 하고 있다는 기술을 대부분의 교과서에 담아 독도 왜곡교육을 강화하고 있다. 지난해 3월 고등학교 1학년용 교과서 검정에서도 이미 18종의 사회과 교과서 모두가 일본 정부의 독도 영유권 주장을 명시한 바 있다.

이러한 일본의 독도 왜곡교육 강화는 2005년 3월 「죽도의날」 제정 및 2006년 12월 제1차 아베신조(安倍晋三) 내각의 「교육기본법」 개정이 커다란 전환점이 된다. 2008년 2월, 시마네현 죽도문제연구회에서 제출한 최종보고서가 일본 외무성의 공식 주장 「죽도(竹島) 문제를 이해하기 위한 10의 포인트」로 게재되었고, 개정 「교육기본법」에서는 '애국심', '애향심' 조항이 삽입되어 이를 학교교육에 반영하도록 하였다. 2008년 3월 초·중학교 학습지도요령 총칙에서 "우리나라와 향토를 사랑하고"라는 문구가 처음으로 포함되고 중학교 학습지도요령에서 쿠릴열도(북방영토)를 '일본 고유의 영토'로 명시하고 그해 7월 『학습지도요령해설』에서 독도도 '북방영토와 동일하게' 취급하도록 명기한 것이다. 일본 정부의 독도 영유권 입장을 그대로 반영한 교과서가 2010년 초등학교 교과서 검정을 시작으로 과반이 넘는 교과서가 독도를 일본 영토로 기술하게 되었다.

일본의 초중고 학습지도요령의 개정은 대개 10년의 주기로 이루어져 왔고 이것의 개부 학습지도지침서인 학습지도요령해설서도 마찬가지였다. 그러던 것이 이번 2017년 초중학교 학습지도요령의 개정 및 2018년 고등학교 학습지도요령의 개정의 경우 종래의 주기 패턴에 비해 1년 앞당겨서 이루어졌다. 2017년 3월 31일 초·중학교학습지도요령을 개정하여 확정 · 고시하였고, 2018년 3월 30일에는 개정한 고등학교 학습지도요령을 확정 · 고시하였다. 우리의 교육과정에 해당하는 학습지도요령은 법적 구속력을 가지는 것이므로 여기서 개정된 내용들은 사실상 의무화된다는 의미를 지닌다. 이에 대한 구체적인 지침서가 되는 초 · 중학교 학습지도해설서의 개정판은 2017년 6월 21일 발표되었고, 고등학교 학습지도요령 해설서 개정판의 경우 2018년 7월 17일에 발표되었다. 학습지도요령 해설서는 각급 학교에서 실제 가르치게할 내용과 세부사항에 대해 「학교교육법 시행규칙」에 의해 학습지도요령의 하위 개념의 것으로 교과서 검정규칙 등에서 작성하는 "교과서는 학습지도요령과 해설서를 따르지 않으면 안 된다"는 규정이 있어교과서 검정 때 상당한 영향을 미치게 된다.

이에 따라 새롭게 집필 · 제작된 일본의 초등학교 교과서가 2019년 3월의 검정을 통과하여, 2020년 4월 1일부터 학교교육 현장에서 사용되고 있으며, 중학교 사회과 교과서는 2020년 3월의 검정과정을 거쳐 2021년 4월부터 교육현장에서 사용되고 있다. 이들 교과서에서는 초등학교 단계에서부터 "독도는 역사적 · 국제법적으로 일본 고유의 영토"이며 "한국이 불법점거 중이다"라는 것을 명시하고 있다. "죽도(독도)는 역사적으로나 국제법적으로나 명백한 일본 고유의 땅이다." "현재한국은 죽도를 무력으로 불법점거를 계속하고 있다." "이에 대해 일본정부는 평화적으로 이 문제를 해결하고자 국제사법재판소(ICJ)에 회부하여 해결할 것을 제의하고 있으나 한국이 응하지 않고 있다"는 주장은 이미 학교교육 현장에서 일반화되어 버렸다. 초중고 사회과 교과서에 모두 이러한 논리를 기본적으로 깔고 구체적 주장을 펼치고 있는 것이다. 그러나 독도에 대한 일본의 「고유영토론」 논리가 상당부분 무너져버린 지금 일본 정부 스스로도 이 왜곡된 논리를 후일 어떻게 바로잡을 것이며 어린 학생들에게 독도가 역사적으로도 일본 고유의 영토라는 잘못된 교육의 결과를 먼 후일 어떻게 다잡을 것인가 하는 우려를 금할 수가 없다.

　이에 영남대학교 독도연구소에서는 그동안 독도교육에 대한 연구를 정력적으로 해온 연구자들의 논고들을 「독도교육 어떻게 할 것인가-한일 양국의 독도교육과 독도교육정책-」이라는 주제로 체계적으로 엮어 단행본으로 간행하기로 하였다. 여기에 실린 논문들은 영남대학교 독도연구소 전임연구원 및 공동연구원으로 제출한 연구 성과와 기관지 『獨島研究』에 기고한 논문들 중 엄선된 논문들이다. 본서에 논문을 기고해준 독도교육 전문가 여러분께 심심한 감사의 말씀을 드리고 싶다. 지난 2022년 2월 교육부 동북아역사대책팀에서는 〈2022년 독도교육 활성화 계획〉을 발표하여 학생, 교원, 대국민을 대상으로 독도에 대한 올바른 이해 및 독도 영유권의식 제고를 위한 독도교육 활성화 방안 마련을 추진하고 있다. 따라서 일본의 독도 왜곡교육에 의한 도발이 가일층 가중되고 있는 엄중한 시기에 맞추어, 교육부 정책중점연구소인 영남대학교 독도연구소에서는 우리나라 독도교육 활성화에 일조할 수 있을 것으로 기대하며 본서를 기획하였다. 특히 독도교육 연구자뿐만 아니라 일선 학교교육의 현장에서 독도교육을 담당하는 교사들에게 지침을 제공할 수 있기를 기대해 본다. 본서의 출판을 위해 수고해주신 도서출판 선인의 윤관백 사장님을 비롯한 편집자 여러분의 노고에 감사드린다.

2022년 5월 30일
구름 가득한 팔공산을 바라보면서
집필자를 대표하여
송휘영 적음

8 독도교육 어떻게 할 것인가?

▌목 차 ▌

책머리에 / 5

제1부

한국의 독도교육

제2부

일본의 독도교육

제3부

한일 독도교육정책의 비교: 방향성과 대응방안

제1부

한국의 독도교육

우리나라 초등학교 독도 교육정책 및 독도 교재 분석

전 기 석 · 박 경 근

1. 서론

동해상에 우뚝 솟아있는 해양성 화산섬인 독도는 한반도의 아침이 시작되는 가장 동쪽 끝에 위치하는 특별한 장소성과 우리나라의 소중한 국토임을 의미하는 강한 상징성을 가지고 있는 매우 특수한 공간으로, 역사적, 지리적, 국제법적으로 분명한 대한민국의 영토이다. 이처럼 독도는 대한민국의 영토주권이 미치는 우리나라 고유의 영토이지만 일본은 지속적으로 독도 영유권에 대한 억지 주장을 펼치며 영유권 문제를 야기시키고 있다.[1]

특히 일본은 2008년 3월 28일 초 · 중학교 학습지도요령을 개정하여 관보에 고시하고, 초등학교 학습지도요령 총칙에 '우리나라(일본)와 향토를 사랑하고'라는 문구를 처음으로 포함시키며, 교육 분야에서 영토 도발을 시작했다. 이후 매년 교과서 검정 승인 결과를 보면 '독도는 일

---

[1] 박경근 · 전기석 · 신재열, 「중학생들의 독도(Dokdo) 인식 및 바람직한 독도 교육에 관한 연구」, 『독도연구』 21, 2016, 154쪽.

본 고유영토', '한국이 독도를 불법으로 점령(점거)'이라는 왜곡된 내용을 담은 교과서가 증가하였다. 그리고 2017년 문부과학성에서 '독도와 쿠릴 4개 섬, 조어도(釣魚島) 열도가 우리나라(일본) 고유의 영토'라는 내용을 포함한 초·중학교 사회과 신학습지도요령과 '독도를 한국이 불법점거하고 있다.'라고 기술하도록 한 신학습지도요령해설을 확정한 후, 이를 토대로 2019년 3월 26일 처음으로 실시한 교과서 검정에서 초등학교 3~6학년용 사회교과서 검정 승인을 통해 내년 4월 신학기부터 '독도는 일본 고유의 영토이며, 한국이 불법 점유하고 있다'는 왜곡된 내용이 담긴 교과서로 교육을 진행하게 되었다. 이처럼 일본 교과서에는 독도관련 기술이 보다 확대되고 구체화되어 교육을 통한 미래 세대의 의식 학습까지 진행되고 있는 실정이다.[2]

이러한 일본의 교육에 맞서 우리나라 교육부에서도 초·중·고등학교 교과서에 독도에 대한 내용을 추가하는 것을 비롯해, 2016년부터 실시하고 있는 독도교육주간을 통해 체험 활동 위주의 교육과 연간 10시간의 독도관련 교육을 강화하고, 다양한 독도관련 자료를 만들어 배포하는 등 독도교육의 체계적인 내실화를 추진하고 있다. 그리고 2009 개정 교육과정에서는 독도를 범교과 학습의 주제로 설정했으며, 초·중학교 사회, 고등학교 지리, 역사, 기술·가정 교과서에 이르기까지 독도교육의 내용을 확대하였다.[3] 또한 교육부는 독도 영토주권 수호를 위해 실천 중심의 여러 사업을 추진해 왔다. 예컨대 전국의 독도지킴이 학교 운영, 학생용 및 교사용 독도교재의 개발 및 보급, 독도교육주간 운영 및 찾아가는 독도전시회 개최, 독도바로알기 대회 및 독도교육실천연구회의 운영 등이다.[4]

---

[2] 박경근·전기석·신재열, 앞의 논문, 154쪽.
[3] 심정보, 「일본이 부정하는 한국의 독도교육」, 『독도연구』 26, 2019, 282쪽.
[4] 심정보, 「초중등학교 독도교육실천연구회의 활동 분석」, 『독도연구』 24,

현재와 같이 왜곡된 내용의 교과서로 교육하면서 영토 도발을 획책하고 있는 일본의 상황을 고려할 때, 국내에서도 학생들을 대상으로 영토교육을 통한 국가 정체성을 획득하는 것은 매우 중요한 의미를 지니고 있다. 더욱이 초등학교 단계는 영토 교육에 대한 기초가 형성되는 시기이며, 현재와 같은 상황에서 독도와 관련한 영토교육은 학생들이 투철한 역사의식과 국가 정체성을 획득하는데 있어 매우 중요한 의미를 지닌다. 따라서 독도와 관련한 영토교육을 초등학생들에게 하는 것은, 대한민국 국민으로서의 국가의식과 영역의식을 키우는 근간되는 작업이라고 말할 수 있다.[5]

이에 본 연구는 지금까지 많은 연구자들에 의해 이루어진 교사나 학생들의 독도인식에 대한 분석을 통해 독도관련 교과운영 방안 마련 및 학습내용 개발 등을 제시하는 연구(김소용·남상준, 2015; 김태우, 2015; 박경근 외, 2016)와 초·중·고등학교 교과서 및 독도관련 부교재 분석을 통한 바람직한 독도교육 정책과 방향을 모색하는 연구(박진숙, 2010; 김수희, 2013; 김호동, 2014; 김희선, 2014; 신동호·남상준, 2014; 이우진, 2014; 석병배, 2016; 문상명, 2018; 김혜진·서태열, 2019; 심정보, 2019) 등의 선행연구를 바탕으로 우리나라 초등학교 교육과정에서 독도교육의 변화를 살펴보고 독도교육 내용체계가 독도 학습에 중요한 교구인 경상북도교육청『독도』와 동북아역사재단『독도바로알기』교재에 어떻게 반영되고 있는 지를 분석하였다. 이를 토대로 초등학교 독도교육의 현황과 문제점을 파악하여 향후 적절한 수준에 맞춰 흥미롭고 심도있는 독도교육을 실시하기 위한 미래지향적인 방안을 모색해보았다.

2018, 234~236쪽.
[5] 이우진, 「교육과정과 해설서에 나타난 초등학교 독도 기술의 변화」,『성신여대 교육문제연구소 교육연구』60, 2014, 84쪽.

2. 초등학교 교육과정 내 독도교육

1) 독도교육의 목표 및 학습내용

〈표 1〉 2005 독도교육 학습목표 및 학습내용(교육인적자원부)

학습목표	지식	독도의 위치와 현황 및 지리적 환경을 파악한다. 독도가 한국의 영토임을 역사적 자료를 통해 이해한다. 독도의 중요성을 정치·경제·역사·사회적 측면에서 설명한다. 독도 영유권과 관련된 최근 쟁점들을 이해한다.
	기능	독도와 관련된 자료를 수집하고 정리한다. 독도관련 자료를 분석·종합하여 독도가 한국 영토임을 논증한다.
	태도	한국 영토인 독도에 대한 이해를 통해 국토를 사랑하고 수호하려는 태도를 가진다.
학습내용	지리환경	위치, 거리, 행정구역, 지형 및 기후 특징, 형성 과정
	생태환경	독도의 동·식물
	중요성	정치, 수산 및 해저자원, 생태학적·지질학적 중요성
	역사	독도와 관련된 역사적 사실, 사료, 지도, 자료
	인물	이사부, 안용복, 독도 수호대, 독도 경비대, 독도의 주민 등

(출처 : 신동호, 2013)

　　독도 영토주권 강화를 위한 본격적인 독도교육은 2005년 일본 시마네현의 '다케시마의 날' 조례 제정 이후 시작되었다. 이 사건을 계기로 교육인적자원부에서는 일본의 독도 영유권 주장에 대응하여 민족의 영토주권 및 자주권을 수호하는 교육활동을 적극적으로 전개하기 위하여 독도 교수 학습의 기본 체제를 갖추고 독도교육 목표 및 학습내용을 제시하였다. 독도교육을 통해 성취하고자 하는 3가지 학습목표는 학생들에게 독도관련 지식, 독도가 한국 영토임을 논증하는 능력(기능), 독도사랑 및 수호하려는 태도이고, 이 학습목표를 달성하기 위하여 지리환경, 생태환경, 중요성, 역사, 인물 5가지 분야에 대한 학습내용을 마련하였다〈표 1〉.

〈표 2〉 2011 국가수준 독도교육 내용체계(교육과학기술부)

목적	독도가 역사적, 지리적, 국제법적으로 우리 영토인 근거를 정확하고 체계적으로 이해함으로써, 우리 영토에 대한 올바른 수호 의지를 갖추고 미래 지향적인 한일관계에 적합한 민주 시민의식을 함양한다.
목표	독도에 대한 이해와 역사적 연원을 살펴봄으로써 독도에 대한 관심과 애정을 갖고 독도가 역사·지리·국제법적으로 우리 영토인 근거를 정확하고 체계적으로 이해한다.
학습내용	독도에 대한 자연 환경과 지리적 특성을 중심으로 공부함으로써 독도의 중요성을 알고 독도에 대한 관심과 애정을 갖는다. - 독도의 자연 환경 및 지리적 특성에 대한 기본적 이해 - 독도의 중요성과 역사적·환경적·정치적·군사적·경제적 가치 이해 - 독도에 대한 지속적인 관심 갖기의 의미와 방안 탐색

(출처 : 신동호, 2013)

 이후 교육과학기술부에서는 지난 교육과정의 독도교육에 대한 기본 체제를 계승하면서 단위 학교별 교육과정에 적합하도록 개정을 이어나갔다. 특히 일본이 왜곡된 내용의 교과서를 통해 독도교육을 강조하고 있는 상황에 대응하여 일선 학교에서의 독도교육을 점진적으로 강화하였는데, 이를 위해 2011년 '독도가 역사적, 지리적, 국제법적으로 우리 영토인 근거를 정확하고 체계적으로 이해함으로써, 우리 영토에 대한 올바른 수호 의지를 갖추고 미래 지향적인 한일관계에 적합한 민주 시민 의식을 함양하는 것'을 목적으로 체계적인 독도교육을 실시하기 위해 독도관련 구체적 내용을 담은 「독도교육 내용체계 안내 및 활용 협조」라는 공문을 전국 16개 시·도교육청과 단위 학교에 전달하여 국가수준의 독도교육과정을 제시했다. 이 공문에는 '독도의 중요성을 알고, 관심과 애정을 갖는다'라는 목표에 도달하기 위해, '독도의 자연환경과 지리적 특성, 독도의 역사적·환경적·정치적·군사적·경제적 가치 등을 이해, 독도에 대한 지속적인 관심 갖기의 의미와 방안 탐색'을 위한 학습내용이 제시되었다〈표 2〉.

다음으로 2011년 제시된 국가수준 독도교육 내용체계를 토대로 교육부가 영남대학교 독도연구소에 용역을 주고 수정·보완한 2014 개정 독도교육 내용체계는 다음과 같다〈표 3〉. 전반적으로 2011 국가수준 독도교육 내용체계와 유사하지만 변경된 부분을 살펴보면, 독도교육의 목적은 다분히 배타적이고 민족적일 수밖에 없는 영토교육이지만 세계화 시대에 함께 더불어 살아갈 수 있도록 '민주 시민의식을 함양'하는 것에서 '세계 시민의식을 함양'하는 것으로 변경되었다. 그리고 목표는 독도에 대한 관심과 애정을 갖는 것은 물론 일본의 지속적인 독도 억지 주장에 대응하여 독도 수호의지를 다지는 것까지 포함하였다. 이에 따른 학습내용 중 '독도의 중요성과 가치에 대한 이해'는 고등학교 학습내용과 중복되어 삭제하고, '독도의 역사와 독도를 지키기 위한 인물들의 노력 이해'라는 새로운 학습내용을 추가하였다.[6]

가장 최근에 새롭게 개정되어 고시된 2015 개정 교육과정을 기본으로 각 시·도교육청에서 수립한 독도교육에 대한 기본계획을 종합해 보면 독도에 대한 올바른 인식 제고 및 독도 사랑과 독도 수호의지 강화를 목적으로 하며, 첫째, 독도에 대한 바른 이해를 바탕으로 독도사랑 공감대 확산, 둘째, 독도 영유권 교육을 통한 독도 영토주권 수호의지 제고, 셋째, 역사의식 및 시민의식 발현을 통한 독도주권 수호 실

[6] 김호동, 「우리나라 독도교육 정책의 현황과 과제」, 『독도연구』 17, 2014, 295~296쪽.

〈표 3〉 2014 개정 독도교육 내용체계(교육부)

목적	독도가 역사적, 지리적, 국제법적으로 우리 영토인 근거를 정확하고 체계적으로 이해함으로써, 우리 영토에 대한 올바른 수호 의지를 갖추고 미래 지향적인 한일관계에 적합한 세계 시민의식을 함양한다.
목표	독도에 대한 기본 이해를 바탕으로, 독도에 대한 관심과 애정을 갖고 독도가 역사·지리·국제법적으로 우리 영토인 근거를 정확하고 체계적으로 이해한다.
학습내용	독도의 자연 환경, 지리와 역사적 특성을 이해함으로써 우리 땅 독도에 대한 관심과 애정을 갖고 독도 수호의지를 다진다. - 독도의 자연 환경 및 지리적 특성에 대한 기본 이해를 통한 독도 중요성 인식 - 독도의 역사와 독도를 지키기 위한 인물들의 노력 이해 - 독도에 대한 지속적인 관심 갖기를 통한 나라 사랑 의지 함양

(출처 : 김호동, 2014)

천력 확산을 목표로 삼고 있다. 그리고 이러한 목표에 도달하기 위해 우선적으로 독도교육을 강화하여 독도에 대한 올바른 인식을 확산시키고, 다음으로 체험활동을 통한 독도수호 의지를 강화하기 위한 과제를 추진하고 있다. 구체적 실천 과제로는 독도 교육과정 운영, 독도 교육자료 보급, 독도교육 연수 강화, 독도교육실천연구회 운영, 독도바로알기 행사 운영, 독도교육주간 운영, 독도교육협의체 구성, 독도관련 유관기관과 상호협력, 독도지킴이 동아리 운영, 독도 체험 탐방단 운영 및 안내서 책자, 독도교육 전시체험관 운영, 독도교육 연구학교 운영 등이 있다〈표 4〉.

　이처럼 최근의 독도교육은 독도에 대한 올바른 이해를 바탕으로 학생 및 교원의 독도 영토주권 의식을 제고하고 독도 사랑을 실천하며, 학생활동 중심 교육을 강조함에 따라 체험·활동 중심의 다양한 학습 기회가 보장될 수 있도록 변화를 추구하고 있다. 그리고 단순히 국가적이고 민족적인 영토교육을 통해 우리 국토에 대한 수호 의지에 국한

되지 않고, 지구촌 글로벌시대에 맞게 미래 지향적이고 서로 소통하고
화합하며 평화를 위해 노력하는 민주적인 세계 시민 양성으로의 교육
을 포함하고 있다.

〈표 4〉 2019 독도교육 기본계획(시·도교육청 내용 종합)

목적	독도에 대한 올바른 인식 제고 및 독도사랑과 수호의지 강화
목표	독도에 대한 바른 이해를 바탕으로 독도사랑 공감대 확산 독도 영유권 교육을 통한 독도 영토주권 수호 의지 제고 역사의식 및 시민의식 발현을 통한 독도주권 수호 실천력 확산
추진과제	독도교육 강화로 독도에 대한 올바른 인식 확산 - 교육과정과 연계한 '독도바로알기', '독도교육주간' 운영 - 다양한 독도 교육자료 지원으로 단위학교 독도교육 활성화 - 역사적 쟁점 문제에 대한 관점을 갖고 행동하도록 논쟁과 토론의 기회 제공 - 민주시민교육, 평화교육 등 관련 부서 연계 교육활동 운영 지원 체험 활동을 통한 독도수호 의지 강화 - 참여와 체험의 독도교육 실천의 기회 제공 - 독도지킴이 동아리, 체험탐방단, 전시체험관, 연구학교 등 운영 - 단위학교 독도교육 활성화를 위한 연구회 및 독도지킴이 학교 운영 지원

(출처 : 시·도교육청 2019 독도교육 기본계획)

2) 독도교육의 학년별 내용체계

우리나라 학교에서의 독도교육은 주로 지리, 일반사회, 역사 영역인
사회과에서 중점적으로 실시하고 있는 것을 반영하듯 독도에 대한 내
용이 처음으로 등장한 것도 2007 개정 교육과정의 초등 사회과 교육과
정 해설서이다. 이 해설서의 5학년 5단원 '새로운 문물의 수용과 민족
운동'과 6학년 1단원 '아름다운 우리 국토'에 처음으로 독도에 대한 내

용이 기술되었지만, 2007 개정 교육과정 총론이나 초등 사회과 교육과정에는 독도관련 내용이 담겨있지 않았다. 이후 고시된 2009 개정 교육과정의 총론이나 교과 교육과정에서도 2007 개정 교육과정과 마찬가지로 독도에 대한 내용이 기술되어있지 않았고, 2011년에 이르러서야 수정된 국가수준의 초등학교 교육과정에 해당하는 독도교육 내용체계를 발표하면서 마침내 독도관련 내용이 언급되었다. 이처럼 2011 개정 교육과정에서 독도교육은 '범교과 학습주제'에 포함되어 있는데, 이것은 초등학교 여러 교과에 공통적으로 연관시켜 교육활동 전반에 걸쳐 종합적으로 실시되어야 한다는 것을 의미한다. 그리고 2011 개정 사회과 교육과정 중 초등학교 역사영역인 5학년 4단원 '조선 사회의 새로운 움직임'과 지리 · 일반사회 영역인 6학년 1단원 '살기 좋은 우리 국토'에서 독도관련 내용이 구체적으로 기술되었다〈표 5〉.

〈표 5〉 초등학교 교육과정에서 독도교육의 학년별 내용체계

교육과정	학년/단원	내용
2007년 사회과 교육과정 해설서	5학년 (5) 새로운 문물의 수용과 민족 운동	일제가 러 · 일전쟁 중에 **독도**를 불법적으로 일본 영토에 편입 시킨 사실을 알게 한다.
	6학년 (1) 아름다운 우리 국토	우리나라의 고유 영토인 **독도**를 지도를 통해 확인하고 일본의 영유권 훼손 지도의 부당성을 깨닫게 한다.
2011년 교육과정	5학년(역사) (4) 조선 사회의 새로운 움직임	허준, 효종, **안용복** 등 인물 이야기를 통해 전란의 어려움을 극복하고 국토를 지키기 위한 노력을 이해한다.
	6학년(지리 · 일사) (1) 살기 좋은 우리 국토	우리나라의 위치와 영역의 중요성(예, 독도, 비무장 지대, 접경지역 등)을 이해할 수 있다.

독도관련 내용이 본격적으로 등장하기 시작한 것은 2015 개정 교육

과정이다. 이 교육과정에서 초등학교 교육과정 편성·운영의 기준 기본사항 9가지를 살펴보면 독도교육은 2009 개정 교육과정에 제시되었던 39개 범교과 학습 주제를 통합하여 10개 주제(안전·건강 교육, 인성 교육, 진로 교육, 민주 시민 교육, 인권 교육, 다문화 교육, 통일 교육, 독도 교육, 경제·금융 교육, 환경·지속가능발전 교육)로 범주화하였다. 이렇게 선정된 범교과 학습의 주제는 교과와 창의적 체험활동 등 교육 활동 전반에 걸쳐 통합적으로 다루도록 하고, 단위 학교의 실정에 따라 학교별로 다양하고 특색있게 운영하도록 하고 있다.

특히 교과 교육과정의 내용을 재구성하여 범교과 학습 주제를 교과 내에서 통합적으로 지도하는 것을 권장하였다. 또한 주제에 따라서는 창의적 체험활동 중 '자율 활동' 영역의 '창의주제활동'으로 특정 주제를 정하여 학교 실정에 따라 학년별로 운영할 수도 있으며, 특정 시기에 집중적으로 지도할 수도 있다. 범교과 학습 주제의 교육적 효과를 극대화하기 위해서는 교과 및 창의적 체험활동 시간뿐만 아니라 지역 사회 및 가정과의 연계 지도 등도 적극 고려해야 한다.[7]

이러한 2015 개정 교육과정 독도교육의 학년별 내용체계를 반영하여 '독도가 우리나라의 영해, 그리고 영토의 동쪽 끝으로 이해'할 수 있도록 초등학교 5~6학년 사회과 1단원 '국토와 우리 생활'에서 국토의 위치와 영역 등 우리 국토에 대한 내용을 기술하면서 지도에서 독도를 다루고 있지만, 독도관련 내용은 8단원 '통일 한국의 미래와 지구촌의 평화'에서 상세히 다루도록 하고 있다〈표 6〉.

---

7) 교육부, 「2015 개정 교육과정 총론 해설 - 초등학교」, 교육부, 2016, 60쪽.

〈표 6〉 2015 개정 교육과정에서 초등학교 5~6학년 독도교육의 학년별 내용체계

교육 과정	2015년 개정 교육과정
학년/단원	5~6학년 / 사회과 (8) 한반도의 미래와 통일
목적	변화하는 세계 속에서 우리나라의 고유 영토인 독도에 대한 영토주권 의식을 기르고, 독도를 지키려는 그동안의 노력과 독도의 지리적인 특성을 파악하여 지구촌 평화를 위해 노력하는 세계시민의 자세를 함양한다.
목표	독도를 지키려는 조상들의 노력을 역사적 자료를 통하여 살펴보고, 독도의 위치 등 지리적 특성에 대한 이해를 바탕으로 하여 영토주권 의식을 기른다.
학습 요소	독도의 역사적·지리적 특성, 독도를 지킨 조상들의 노력 등
성취 기준 해설	우리 고유 영토인 독도의 역사적, 지리적 특성과 독도를 지키려는 우리 조상들의 노력 등을 종합적으로 파악함으로써 영토주권 의식을 기르고, 이웃 나라의 역사 왜곡에 합리적으로 대처하는 자세를 기르도록 한다.
교수·학습 방법	우리의 고유 영토인 독도관련 역사적 자료와 지리적 특성에 대한 이해를 바탕으로 하여 국토수호 의지와 영토주권 의식을 함양함은 물론 주변국과 영토 관련 분쟁이 발생할 경우 합리적이고 능동적으로 대처할 수 있도록 한다. 독도의 아름다움을 감상할 수 있게 하여 아름답고 소중한 국토로서의 독도의 가치를 인식하게 지도할 필요가 있다. 지리적 차원에서 독도에 대한 학습이 이루어지게 함으로써 과거의 역사 속에서 독도의 의의를 넘어 현재에도 우리 영토로서의 위상을 확인하도록 한다.
평가 방법	독도를 지키기 위한 우리 조상들의 노력을 확인할 수 있는 역사적인 사실이나 지리적 특성을 조사하여 보고서로 작성하고 독도가 우리 고유의 영토임을 주장하는 논술형 평가를 실시한다. - 주장을 뒷받침할 수 있는 근거를 역사적인 사실이나 지리적 특성 등에서 찾을 수 있도록 지도한다. 독도의 아름다움과 독도의 역사를 중심으로 독도를 소개하는 글쓰기를 통해 독도에 대한 이해도 등을 평가할 수 있다.

3) 독도교육의 내용체계에 나타난 세부적 내용요소

독도교육의 목적을 위한 성취기준은 학생들로 하여금 국토에 대한 개념을 인식하게 하고, 우리 땅 독도를 사랑하는 마음을 갖게 하는 것이다. 그래서 교육과학기술부는 2011년 전국 16개 시·도교육청과 학교로 국가수준의 초등학교 교육과정에 해당하는 독도교육 내용체계를 발송하면서 '독도의 자연 환경과 지리적 특성을 중심으로 공부함으로써 독도의 중요성을 알고 독도에 대한 관심과 애정을 갖는다.'라는 초등학교 독도교육 목표에 맞추어 학습내용 및 내용요소를 제시하였다 〈표 7〉. 첫 번째 학습내용 '독도의 자연 환경 및 지리적 특성에 대한 기본적 이해'를 위해 독도의 지명, 위치와 모양, 지형 형성 과정, 기후 등을 비롯하여 독도의 전반에 관한 내용요소를 통해 학습할 수 있도록 구성하였다. 이어서 두 번째 학습내용 '독도의 중요성과 독도의 역사적, 환경적, 정치적·군사적, 경제적 가치 이해'를 위해 독도 수호에 대한 가장 기본적인 역사적 사료와 독도를 지킨 인물들을 소개하고 일본의 영유권 주장 내용을 학습하도록 하며, 독도의 생태와 천연기념물 지정, 영토와 영해, 독도 경비대 파견, 자원 등의 내용요소로 구성하였다. 이러한 학습내용을 바탕으로 세 번째, '독도에 대한 지속적인 관심 갖기의 의미와 방안 탐색'을 할 수 있도록 하기 위해, 우리나라의 실효적 지배와 독도를 지키기 위해 활동하는 대표적인 시민 단체인 '반크'에 관한 내용요소 등으로 구성하였다.[8]

이처럼 독도교육 목표에 도달하기 위해, 총 11개 분류 항목, 25개 학습내용, 66개의 내용요소 중 일본의 독도관련 문헌(한국영토 표기), 특정도서 2개 학습내용과 신증동국여지승람을 비롯한 21개 내용요소를

---

[8] 영남대학교 독도연구소, 「바람직한 독도 교육의 방안」, 교육부, 2011, 103쪽.

제외한 11개 분류 항목, 23개 학습내용, 45개의 내용요소를 제시하였다.

〈표 7〉 2011 초등학교 독도교육 학습내용 및 내용요소

분류	학습내용	초등학교 내용요소
지명의 변화	지명의 유래	돌섬(석도), 독섬
	독도의 옛 이름	우산도, 자산도, 삼봉도, 가지도
	독도의 명칭(외국)	리앙쿠르(프), 다케시마(일)
독도수호 자료	우리나라의 독도관련 문헌	삼국사기(512), 세종실록지리지(1454), 대한제국 칙령 제41호(1900), 일본의 독도 침탈(1905), 이승만 라인(1952)
	독도를 지킨 인물들	이사부, 안용복, 독도의용수비대
일본의 영유권 주장과 대응	일본의 영유권 주장과 대응	시마네현 고시 제40호(1905), '다케시마의 날' 제정(2005)
실효적 지배	경찰청 독도 경비대	경찰청 독도경비대의 파견
	시설물	등대, 어업인 숙소
	천연기념물	천연기념물(제336호) 지정
	독도를 지키기 위한 활동	정부와 지방자치단체의 활동, 시민운동의 내용과 참여 방안
위치	행정구역	독도의 주소
	수리적 위치	독도의 경·위도 확인하기
	지리적 위치	지도·지구본·구글맵 등에서 찾아보기, 울릉도와 오키섬으로부터의 거리 비교, 울릉도와 독도로 가는 방법
영역	영토, 영해와 배타적 경제수역	영토, 영해
생활	독도와 한반도 관계	독도와 울릉도의 관계
지형	모양	사진(위성사진 포함), 모식도 등을 통한 모양 파악, 해저지형(해저분지, 해산)
	지형 형성 과정	모식도, 3D 시뮬레이션 등을 통한 형성과정 이해

분류	학습내용	초등학교 내용요소
기후	기온과 강수	울릉도와 독도의 연중 기온 강수 그래프
	안개	안개일수
생태	동물	괭이갈매기, 바다사자
	식물	해국, 사철나무
자원	수산자원	해류, 어장
	지하자원	해양심층수, 메탄 하이드레이트

　　2011년에 제시된 학습 내용 및 내용 요소는 2014년 일본 문부과학성의 학습지도요령해설 개정의 조짐이 나오자 새롭게 수정·보완되었다 〈표 8〉. 첫째, '분류' 항목을 위치, 영역, 지형, 기후, 생태, 자원, 지명의 변천, 독도수호자료, 일본의 영유권 주장과 대응, 영토주권 수호노력의 순서로 독도의 기본적인 개념을 앞에 두고, 수호 및 활동 등은 뒤로 재배치하였다. 그리고 '실효적 지배'는 '독도 영토주권 수호 노력'으로 수정되었고, '생활'은 삭제되었다. 둘째, 실효적 지배의 '경찰청 독도 경비대'는 '독도수호자료'의 독도를 지킨 인물들 내용요소에, 생활의 '독도와 한반도 관계'는 '위치'의 '지리적 위치' 내용요소에 포함되었다. 그리고 '독도수호자료'의 학습내용에서 '독도 주민들'이 추가되었고, '영토주권수호노력'의 학습내용은 '독도법령'을 추가하여 천연기념물, 특정도서, 독도의 지속한 보존을 위한 법령을 내용요소로 추가하였다. 이렇게 수정·보완된 독도교육 내용체계는 이전 내용체계와 달리 10개 분류 항목, 22개 학습내용, 45개 내용요소로 제시되었고, '고유영토설'과 '한국의 불법점거'라는 주장의 허구성을 밝히는 내용 요소를 추가한 것이 특징이다.[9]

---

[9] 김호동, 「우리나라 독도교육 정책의 현황과 과제」, 『독도연구』 17, 2014, 289~295쪽.

〈표 8〉 2014 초등학교 독도교육 학습내용 및 내용요소

분류	학습내용	초등학교 내용요소
위치	행정구역	독도의 주소
	지리적 위치	지도·지구본·인공위성 지도 등에서 찾아보기, 울릉도와 오키섬으로부터의 거리 비교, 독도와 울릉도의 관계, 울릉도와 독도로 가는 방법
영역	영토, 영해와 배타적 경제수역	영토, 영해
지형	모양과 크기	동도와 서도 외 89개 부속섬 사진 (우산봉, 대한봉, 탕건봉 등)
	지형 형성 과정	화산섬(제주도와 울릉도, 독도) 비교
기후	기온과 강수	독도의 연중 기온 및 강수량
	안개	안개일수
생태	동물	괭이갈매기, 가제(바다사자)
	식물	사철나무, 해국
자원	수산자원	해류, 어장
	지하자원	해양심층수, 메탄 하이드레이트
지명의 변천	지명의 유래	독섬(독도), 돌섬(석도)
	독도의 옛 이름	우산도
	독도의 명칭 (외국)	다케시마(일)
독도 수호 자료	우리나라의 독도관련 문헌	삼국사기(512), 세종실록지리지(1454), 대한제국 칙령 제41호(1900), 울도군수 심흥택보고서(1906), 인접 해양에 대한 주권에 관한 선언(평화선, 1952)
	일본의 독도관련 문헌 (한국영토표기)	태정관 지령과 기죽도약도(1877)
	독도를 지킨 인물들	이사부, 안용복, 독도경비대와 독도의용수비대
	독도 주민들	최종덕 일가, 김성도·김신열 부부, 등대관리원, 울릉군 독도관리사무소 직원 등
일본의	일본의 영유권 주장	시마네현 고시 제40호(1905),

분류	학습내용	초등학교 내용요소
영유권 주장과 대응	내용과 대응	'다케시마의 날' 지정(2005)
영토 주권 수호 노력	시설물	물골, 998계단, 등대, 주민숙소, 독도경비대숙사, 접안시설
	독도법령	천연기념물(제336호, 1982) 지정
	독도지킴이 참여 방안	독도지킴이 활동을 통한 독도 사랑

　이처럼 독도교육 내용체계를 충실하게 반영한 내용요소는 교육과정 총론 및 교과 교육과정이나 시·도교육청 교육과정 편성 운영지침 개발, 각 학년별 독도교육 내용의 성취기준과 목표 제시 등 독도교육 내용체계 등을 기본 바탕으로 하여 선정한다고 명시하고 있다. 그리고 학교에서 학생들이 사용하는 각 학년별 및 과목별 교과서에도 반영되어 과목별 특성에 맞게 다양하게 집필되어 학생들의 독도교육에 활용되고 있다.

　특히 독도교육은 사회과를 중심으로 이루어지고 있는데, 초등학교 독도교육도 독도의 역사적, 지리적 특성 등 올바른 지식을 갖추는 것을 목적으로 하고 있어, 내용요소에도 독도의 지명이나 위치·영역·생활·지형·기후·생태·자원 등의 지리적 특성에 대한 내용, 그리고 독도수호자료, 일본의 영유권 주장과 대응을 위한 역사자료 등 독도교과서 학습 내용요소의 대부분이 사회과와 밀접한 연관관계를 맺고 있어 독도교육에 있어 사회과와 연계된 독도 교육의 중요성을 강조하고 있는 것이다.

3. 독도교재의 내용체계 분석

1) 분석대상으로 선정한 독도교재의 개요

학교에서 독도교육을 강화하고자 학생들을 지도하기 위해 제작된 독도교재는 중요한 교수 및 학습 도구임에 틀림없다. 이러한 독도교재는 고시된 교육과정의 내용을 기본으로 하여 관련 내용들이 중점적으로 기술되어 제작된다.

이처럼 독도교재는 교육과정의 내용을 반영하여 편찬되기 때문에 독도교육 내용체계가 독도교재에 어떻게 반영되고 있는지를 분석하면, 학생들에게 어떤 내용이 교육되고 있는지를 알 수 있다. 이것을 통해 독도교육에 있어 부족한 부분을 파악하여 학생들에게 적절한 수준에 맞게 다양한 측면에서 흥미롭고 심도있게 독도를 이해할 수 있도록 초등학교 독도 교육의 미래지향적인 방향을 모색해볼 수 있을 것이다. 이를 위해 2015년 개정 교육과정 이후 가장 최근에 출판된 경상북도교육청의 『독도』와 동북아역사재단의 『독도바로알기』 교재를 분석하였다. 분석 대상으로 선정된 교재에 대한 자세한 내용을 살펴보면 다음과 같다〈표 9〉.

〈표 9〉 독도교재(경상북도교육청 『독도』와 동북아역사재단 『독도바로알기』)

교재명		출판 연도	집필진	단원		분량
				대	중	
경상북도 교육청 『독도』	4학년	2019.1	이계숙, 이영록, 이종호, 정하진, 이장훈, 조규창, 황은주, 김정희, 배현호, 김정영, 최인향, 권정화, 금류기	2	10	59
	5학년			2	10	67
동북아 역사재단 『독도바로 알기』	3~4학년군	2018.4	김은희, 양재원, 김유현	3	6	51
	5~6학년군	2017.3	황인영, 김재웅, 한경섭, 이윤진, 김지선, 박정현, 강현구, 김은희, 김정희, 김정민, 김조은	5	10	85

〈그림 1〉 경상북도교육청에서 제작한 교재 『독도』

경상북도교육청 『독도』 4학년   경상북도교육청 『독도』 5학년

먼저, 2009년 경상북도교육청 고시 제2009-20호에 의거 경상북도교육감 초등학교 인정도서로 제작된 『독도』는 5~6학년 학생을 대상으로 진행하는 독도교육을 위한 교과용 교재로 개발되었고, 최근 2019년 1월 개정판이 출판되었다〈그림 1〉.

개정판은 4~5학년 학생을 대상으로 하며, 집필진은 총 13명으로 모두 초등학교 교사이다. 교재는 4학년 2단원 10차시, 5학년 2단원 10차시로 총 4단원, 20차시로 구성되어 있으며, 각 단원별로 단원도입, 학습내용, 단원정리의 체제로 구성된다. 단원도입은 학생들이 독도를 바로 알기 위해 반드시 알아야 할 내용을 단원의 학습문제로 선정하여 관련된 사진이나 삽화, 중요한 내용 등을 제시하며, 단원에서 무엇을 배울 것인지를 생각해볼 수 있도록 꾸며졌다. 학습내용은 단원의 학습문제를 성취할 수 있도록 단원별로 5개씩 제제명을 기술하고 각 제제

와 관련된 자료를 통해 동기를 유발한 후 제재에서 학습할 내용인 활
동 주제와 이와 관련된 내용을 탐구하는 세부활동을 담고 있다. 단원
정리는 단원에서 배운 내용을 스스로 정리하면서 평가가 이루어질 수
있도록 하였다.

〈그림 2〉 동북아역사재단에서 제작한 교재 『독도바로알기』

동북아역사재단 『독도바로알기』   동북아역사재단 『독도바로알기』 초등학교
초등학교 3~4학년군   5~6학년군

　다음으로 2011년 교육과학기술부에서는 초등학교 5~6학년 학생들을
대상으로 체계적인 독도교육을 진행하기 위해 국가수준 독도교육 내
용체계를 만들어 시·도교육청과 단위학교에 전달할 때, 동북아역사재
단에서 『독도바로알기』라는 교재를 제작하여 독도에 더욱 관심을 갖
고, 독도를 사랑하는 마음을 갖게 되기를 바라며 일선 학교에 함께 배
포하였다〈그림 2〉. 이후 개정을 거쳐 최근 2017년 개정판이 출판되었

고, 2018년에 기존『독도바로알기』교재가 초등학교 5~6학년을 대상으로 제작된 것을 감안하여 좀 더 쉬운 내용으로 구성한 초등학교 3~4학년『독도바로알기』교재를 새롭게 개발했다. 교재의 집필진은 각각 초등학교 3~4학년군 3명, 5~6학년군 11명으로 모두 초등학교 교사이고, 초등학교 3~4학년군은 3단원 6차시, 초등학교 5~6학년군은 5단원 10차시로 구성되어 있다.

　교재는 독도에 대한 다양한 정보를 통해 독도를 바르게 이해하도록 도와주며, 스스로 정보를 탐색하고, 다양한 활동을 할 수 있도록 단원도입, 주제학습, 활동하기로 이루어져 있다. 초등학교 3~4학년군 교재에서 단원도입은 학습주제에 대한 삽화를 통해 제시하고 있고, 주제학습은 생각열기, 독도바로알기, 독도 함께 알기, 독도에 대해 나누기를 통해 학습하고, 각 학습 주제의 마지막에는 퀴즈를 풀어보면서 정리할 수 있도록 하였다. 초등학교 5~6학년군 교재에서 단원도입은 만화를 통해 단원의 학습 문제와 단원에서 공부할 내용을 미리 생각해 볼 수 있게 하였고, 주제학습은 각 단원마다 제시된 2개의 학습 주제에 대한 질문을 통해 학습할 내용을 기술하고 있으며, 활동하기는 단원에서 학습한 내용을 활용하여 스스로 할 수 있는 다양한 활동을 제안하고 있다. 그리고 책의 마지막에는 문제를 풀어보면서 전체 학습 내용을 정리할 수 있도록 하였다.

〈그림 3〉 동북아역사재단에서 제작한 교재 『독도』

동북아역사재단 『독도』
초등학교 3~4학년군

동북아역사재단 『독도』
초등학교 5~6학년군

한편, 동북아역사재단에서 2019년 제4회 독도교육주간을 맞이하여
기존의 『독도바로알기』교재를 기초로 학생 스스로 독도를 배울 수 있
는 『자기주도형 내가 만들어가는 독도』교재를 개발하였다〈그림 3〉.
이 교재는 여러 교과에서 활용 가능할 수 있도록 융합형으로 구성되어
있으며, 다양한 체험활동을 통해 독도를 배울 수 있도록 제작되었다.
초등학교 3~4학년군은 독도의 모양과 위치, 독도의 이름과 시설물, 독
도의 바위와 동식물, 독도 주변의 바다 생물과 자원, 독도를 지켜주신
분, 독도로 떠나는 여행으로 되어 있고, 초등학교 5~6학년군은 독도의
위치와 모양, 독도의 동물과 식물, 독도의 자원, 독도의 역사와 인물,
독도의 디오라마로 되어 있다.

2) 독도교재별 내용체계 분석

2015년 개정한 초등학교 교육과정에 해당하는 독도교육 내용체계를 반영하여 제작된 경상북도교육청 『독도』와 동북아역사재단 『독도바로알기』 교재에 대한 '분류' 항목에 대한 분석을 실시하였다.

먼저 경상북도교육청 『독도』 교재에 대한 내용체계 '분류' 항목을 보면, 4학년은 영토주권수호노력 12페이지(30%), 위치 8페이지(20%), 지명의 변천 8페이지(20%), 독도수호자료 8페이지(20%), 지형 4페이지(10%) 순이고, 5학년은 영토주권수호노력 12페이지(30%), 독도수호자료 12페이지(30%), 자원 8페이지(20%), 지형 4페이지(10%), 일본의 영유권 주장과 대응 4페이지(10%) 순이다〈표 10〉. 4학년과 5학년 교재 모두 대한민국이 독도의 영토주권을 행사하고 있는 시설물, 독도법령, 독도지킴이 참여 방안 등의 영토주권수호노력에 대한 자료 비중이 가장 높게 차지하고 있다. 그리고 내용의 어려움을 고려하여 4학년에서는 독도에 대한 가장 기본적인 행정구역, 지리적 위치 등의 위치와 독도 지명의 유래, 독도의 옛 이름과 명칭(외국)에 대한 지명의 변천에 대한 내용이 높은 비중을 보이지만 5학년에서는 이런 내용보다는 조금 더 심화된 내용인 지형형성과정을 설명하는 지형이나 일본의 억지 주장에 반박하기 위한 우리나라 또는 일본의 독도관련 문헌과 독도를 지킨 역사 속 인물들에 대한 독도수호자료 등의 비중이 높게 나타나고 있다. 또한 4학년 교재에서는 언급되지 않았던 독도의 수산 및 지하자원, 일본의 영유권 주장과 대응 자료 등이 기술되어 있다.

〈표 10〉 경상북도교육청 교재 『독도』의 분류 분석

학년	대단원	중단원	분량	분류
4	동해에 우뚝 솟은 독도	우리나라 동쪽 끝에 있는 땅 독도	4	위치
		예로부터 우리 바다인 동해	4	지명의 변천
		울릉도에서 보이는 독도	4	위치
		천연보호구역 독도	4	영토주권 수호노력
		바람과 파도가 빚은 예술 작품	4	지형
	독도는 영원한 우리 땅	이름으로 만나는 독도	4	지명의 변천
		옛 지도 속에서 만나는 독도	4	독도수호자료
		독도에 사는 사람들	4	독도수호자료
		정부와 지방 자치 단체의 노력	4	영토주권 수호노력
		독도 사랑! 내가 앞장설래요	4	영토주권 수호노력
5	우리의 보물 독도	화산 활동으로 만들어진 독도의 지형	4	지형
		자연이 만들어준 황금어장	4	자원
		미래 자원의 보물창고	4	자원
		독도와 동해를 사랑하는 사람들	4	영토주권 수호노력
		독도의 보존과 개발	4	영토주권 수호노력
	우리 땅 독도의 어제와 오늘	기록으로 만나는 독도	4	독도수호자료
		조선의 독도 사랑	4	독도수호자료
		독도를 향한 일본의 욕심	4	일본의 영유권 주장과 대응
		독도에 대한 잘못된 주장	4	독도수호자료
		독도 사랑! 내가 앞장설래요	4	영토주권 수호노력

다음으로 동북아역사재단 『독도바로알기』 교재에 대한 내용체계 '분류' 항목을 보면, 3~4학년군은 영토주권수호노력 19페이지(58%), 위치 5페이지(15%), 독도수호자료 5페이지(15%), 지형 4페이지(12%) 순이고, 5~6학년군은 독도수호자료 16페이지(34%), 영토주권수호노력 8페이지(17%), 위치 7페이지(15%), 생태 7페이지(15%), 일본의 영유권 주

장과 대응 5페이지(11%), 자원 2페이지(4%), 지명의 변천 2페이지(4%)
순이다〈표 11〉. 3~4학년 교재는 대한민국이 독도의 영토주권을 행사
하고 있는 시설물, 독도법령, 독도지킴이 참여 방안 등의 영토주권수
호노력에 대한 자료, 5~6학년 교재는 일본의 억지 주장에 반박하기 위

〈표 11〉 동북아역사재단 교재 『독도바로알기』의 분류 분석

학년	대단원	중단원	분량	분류
3~4	두근두근, 독도로 떠나기	독도를 찾아 떠나는 여행	5	위치
		독도에서 만나는 사람들	5	독도수호자료
	구석구석, 독도 살펴보기	바위로 이루어진 섬, 독도	4	지형
		환경, 천연기념물의 가치	6	영토주권 수호노력
	와글와글, 독도와 친해지기	독도 명예 주민 되기	6	영토주권 수호노력
		독도 지킴이로 첫발 내딛기	7	영토주권 수호노력
5~6	독도로 여행을 떠나요	독도의 위치와 모양	4	위치
		울릉도와 독도의 관계	3	위치
	독도에서 보물을 찾아요	독도와 독도 주변 바다에 살고 있는 생물	7	생태
		독도와 독도 주변 바다의 해양 자원	2	자원
	독도의 역사를 알아 보아요	독도의 옛 이름	2	지명의 변천
		독도의 역사	8	독도수호자료
	독도를 지키기 위해 노력해요	독도를 지키기 위해 노력해온 사람들	8	독도수호자료
		독도를 지키기 위해 노력하는 기관과 단체	2	영토주권 수호노력
	독도를 세계에 바로 알려요	독도에 대한 일본의 잘못된 주장	5	일본의 영유권 주장과 대응
		독도를 세계에 바로 알리기 위한 노력	6	영토주권 수호노력

한 우리나라의 독도관련 문헌이나 독도를 지킨 역사 속 인물들에 대한 독도수호 자료의 비중이 가장 높게 차지하고 있다. 그리고 내용의 어려움을 고려하여 3~4학년에서는 독도에 대한 가장 기본적인 행정구역, 지리적 위치 등의 위치와 독도의 모양과 지형 형성 과정을 설명하는 지형, 독도의 수산 및 지하자원 자료들로만 꾸며져 있고, 5~6학년 교재에서는 3~4학년 교재에서 언급되지 않았던 독도의 경·위도를 나타내는 수리적 위치, 영토·영해와 배타적 경제수역(EEZ) 등 독도의 영역, 외국에서 불렸던 독도의 명칭, 일본의 억지 주장에 반박하기 위한 우리나라 또는 일본의 독도관련 문헌과 독도를 지킨 역사 속 인물들에 대한 독도수호자료, 동·식물에 대한 생태자료, 일본의 영유권 주장과 대응 자료)에 대한 지명의 변천에 대한 내용이 포함되어 있다.

3) 독도교재별 내용체계의 세부적 내용요소 분석

2014년 새롭게 수정·보완된 초등학교 교육과정에 해당하는 독도교육 내용체계를 반영하여 제작된 경상북도교육청『독도』와 동북아역사재단『독도바로알기』교재에 대한 내용요소 분석을 실시하였다. 교재에 내용요소가 반영되었으면 ○, 내용요소에 대한 구체적인 설명은 없지만, 내용 중에 용어가 언급되거나 일부 내용이 포함된 경우에는 △, 반영되지 않은 경우에는 공란으로 표시하였다〈표 12〉.

〈표 12〉 경상북도교육청 교재와 동북아역사재단 교재의
학습내용 및 내용요소 분석(진한글자는 초등학교에서 다루어야 할 내용요소)

분류	학습내용	내용요소	경상북도 교육청		동북아 역사재단	
			4	5	3-4	5-6
위치	행정구역	독도의 주소	○		○	○
	지리적 위치	지도, 지구본, 인공위성 지도 등에서 찾아보기	○	○	○	○
		울릉도와 오키섬으로부터의 거리 비교	○		○	○
		독도와 울릉도의 관계	○		○	○
		독도와 한반도 본토의 관계				
		독도와 한국, 독도와 일본의 관계				
		울릉도와 독도로 가는 방법	○		○	○
	수리적 위치	독도의 경·위도 확인하기				○
영역	영토, 영해와 배타적 경제수역	**영토**				○
		영해		△		○
		통상기선·직선기선				
		배타적 경제수역(EEZ)				○
지형	모양과 크기	**동도와 서도 외 89개 부속섬 사진 (우산봉, 대한봉, 탕건봉 등)**	○	○	○	○
		사진(위성사진 포함), 모식도 등을 통한 모양 파악	○	○	○	○
		해저지형(해저분지, 해산)		○	○	○
	지형 형성 과정	**화산섬(제주도와 울릉도, 독도) 비교**		○	○	○
		모식도, 3D 시뮬레이션 등을 통한 형성과정 이해		○	○	○
		독도 지질의 특성				
기후	기온과 강수	**독도의 연중 기온 및 강수**	○			○
		독도의 연중 기온·강수 그래프 비교				
	안개	**안개일수**				
		독도 가시일수				

분류	학습내용	내용요소	경상북도 교육청		동북아 역사재단	
			4	5	3-4	5-6
생태	동물	팽이갈매기	O		O	O
		가제(바다사자)		O		O
	식물	사철나무	O			O
		해국	O		O	O
		식물 약 50~60종	O			
자원	수산자원	해류		O		O
		어장		O	△	
	지하자원	해양심층수		O	O	O
		메탄 하이드레이트		O	O	O
지명의 변천	지명의 유래	독섬(독도)	O		O	O
		돌섬(석도)	O		O	O
	독도의 옛 이름	우산도	O	O		O
		자산도				
		삼봉도				
		가지도				
	독도의 명칭 (외국)	리앙쿠르(프)				O
		올리부차, 메넬라이(러)				
		호넷 암(영)				
		다케시마(일)		△		O
		마쓰시마(일)				
		량코도(일)				
독도 수호 자료	우리나라의 독도관련 문헌	삼국사기(512)		O		O
		세종실록지리지(1454)	O	O		O
		신증동국여지승람(1531)				O
		숙종실록(169)				
		울릉도쟁계 관련 사료				
		수토관 기록				
		정상기의 동국전도(18c초)				
		동국문헌비고(1770)				O
		조선전도(1846)	O			
		해좌전도(19c중)	O			

분류	학습내용	내용요소	경상북도 교육청		동북아 역사재단	
			4	5	3-4	5-6
		이규원 검찰사 울릉도 개발 건의(1882)				○
		대한제국 칙령 제41호(1900)	△	○		○
		울도군수 심흥택보고서(1906)	△	△		△
		이명래 보고서(1906)		○		
		참정대신 박제순 지령 3호(1906)		○		
		남조선과도정부·조선산악회 독도조서(1947)				
		인접 해양에 대한 주권에 관한 선언(평화선, 1952)				○
		대한민국 정부의 공식견해				
	일본의 독도관련 문헌 (한국 영토 표기)	은주시청합기(1667)				○
		도쿠가와 막부에 대한 돗토리번 답변서(1696)				
		죽도(울릉도) 도해 금지령(1696)				
		원록구병자년 조선주착안일권지각서(1696)				
		삼국접양도(1785)	○			○
		죽도 도해일건기(1836)				
		조선죽도도항시말기(1870)				
		조선국교제시말내탐서(1870)				○
		조선동해안도(1876)				○
		태정관 지령과 기죽도약도(1877)	○			○
		일본영역도(1952)				
		총리부령 24호(1960)				
		대장성령 4호(1968)				
	독도를 지킨 인물들	**이사부**		○		○
		안용복		○		○
		독도경비대와 독도의용수비대	○	○	○	○
	독도 주민들	**최종덕 일가**			○	○
		제주해녀들				
		김성도·김신열 부부			○	○

분류	학습내용	내용요소	경상북도 교육청		동북아 역사재단	
			4	5	3-4	5-6
		등대관리원, 울릉군 독도관리사무소 직원 등	○	○	○	○
일본의 영유권 주장과 대응	일본의 영유권 주장과 대응	시마네현 고시 제40호(1905)		○		○
		'다케시마의 날' 지정(2005)		○		○
		카이로선언(1943)				
		포츠담선언(1945)				
		연합국 최고 사령관 각서 (SCAPIN) 677호(1946)		○		○
		샌프란시스코 강화조약(1951)				
		일본 중학교 독도교육 현황				
		일본 고등학교 독도교육 현황				
		일본 정부의 '독도 홍보 동영상'과 '정부 홈페이지 개설'에 대한 대응				
영토 주권 수호 노력	시설물	물골	○	○	○	○
		998계단			○	
		등대	○	○	○	○
		주민숙소	○	○	○	○
		독도경비대 숙사	○	○	○	○
		접안시설	○	○	○	○
	독도법령	천연기념물(제336호) 지정	△		○	
		특정도서(제1호) 지정(2000)				○
		독도의 지속가능한 이용에 관한 법률(2013)				
	독도지킴이 참여 방안	정부와 지방자치단체의 활동	○	○		
		독도지킴이 활동을 통한 독도 사랑	○	○	△	○

'위치'의 내용요소에서 경상북도교육청 5학년 교재를 제외하면 모든 교재에서 자세한 지도 제시와 함께 내용요소를 비중있게 다루고 있다. 그리고 동북아역사재단 5~6학년 교재에서는 수리적 위치의 독도의 경·위도 확인하기라는 중학교 내용요소까지도 기술되어 있다.

'영역'의 내용요소에서 영토와 영해를 비롯하여 중·고등학교 내용요소에 해당하다는 통상기선·직선기선과 배타적 경제수역(EEZ)에 대하여 동북아역사재단 5~6학년 교재에서만 다루고 있다.

'지형'의 학습내용인 모양과 크기, 지형형성과정의 초·중·고등학교 내용요소에 대하여 경상북도교육청 4학년 교재를 제외한 모든 교재에서 독도 최신 사진이나 모식도, 해저지형(해저분지, 해산), 화산분출 삽화, 형성과정에 대한 3D 시뮬레이션 등 자세한 부연설명과 함께 비중있게 취급하고 있다.

'기후'의 내용요소는 경상북도교육청 4학년 교재와 동북아역사재단 5~6학년 교재에서 기온과 강수 등에 대한 기술은 있지만 그래프는 제시하고 있지 않다. 그리고 안개일수에 대한 내용은 모든 교재에 언급되고 있지 않다.

'생태'의 내용요소는 경상북도교육청 4학년과 동북아역사재단 5~6학년 교재에서 다양한 독도의 동·식물 설명과 함께 사진을 제시하면서 비중있게 다루고 있다. 그리고 경상북도교육청 5학년 교재는 가제(바다사자)에 대해서만 기술하고 있다.

'자원'의 내용요소도 대부분의 교재에서 비중있게 다루고 있지만, 경상북도교육청 4학년 교재에서는 전혀 언급이 되고 있지 않고, 동북아역사재단 3~4학년 교재에서는 해류에 대한 내용이 없다.

'지명의 변천'의 학습내용 중 지명의 유래에 대한 내용은 비중있게 제시하고 있지만, 경상북도교육청의 5학년 교재에는 관련 내용이 없다. 그리고 동북아역사재단 5~6학년 교재를 제외한 다른 교재에서는 독도의 명칭(외국)인 다케시마(일)에 대한 내용이 없다.

'독도수호자료'에서 초등학교 수준에서 어려울 수 있는 역사적 지식이 필요한 사료관련 내용을 많이 포함하고 있어 저학년보다는 고학년 교재인 경상북도교육청 5학년 교재와 동북아역사재단 5~6학년 교재에서 그림이나 삽화, 사진 등을 제시하며 비중있게 다루고 있으며, 특히 동북아역사재단 3~4학년 교재는 관련 내용이 전혀 언급되지 않았지만, 5~6학년 교재는 거의 모든 내용요소를 반영하고 있는 것으로 보인다. 그리고 고등학교 내용요소에 해당하는 조선전도(1846)와 해좌전도(19c 중), 삼국접양도(1785)가 경상북도교육청 4학년 교재에 언급되고 있고, 중·고등학교 내용요소인 신증동국여지승람(1531), 은주시청합기(1667) 등의 우리나라 및 일본의 독도관련 문헌(한국영토표기) 등이 동북아역사재단 5~6학년 교재에 기술된 것으로 확인되고 있다. 한편 독도주민들에 대해서 경상북도교육청 교재에서 내용이 많이 부족한 편이다.

'일본의 영유권 주장과 대응' 부분에서 고학년 교재에 해당하는 경상북도교육청 5학년 교재와 동북아역사재단 5~6학년 교재에서 시마네현 고시 제40호(1905)와 '다케시마의 날' 지정(2005)에 대한 내용을 비중있게 다루고 있다. 그리고 중·고등학교 내용요소인 연합국 최고 사령관 각서(SCAPIN) 677호(1946)를 설명하고 있다.

'영토주권수호노력'의 대부분 내용요소를 모든 교재에서 비중있게 다루고 있는 편이며, 특히 동북아역사재단 3~4학년군 교재는 유일하게 서도 998계단에 대한 내용을 다루고 있다. 그리고 초등학교에서 언급하지 않는 중·고등학교 내용요소인 특정도서(제1호) 지정(2000)과 정부와 지방자치단체의 활동에 대한 내용이 기술되어 있다.

4. 요약 및 결론

일본이 2008년 초·중학교 학습지도요령을 개정하여 관보에 고시하면서 교육분야에서 영토도발을 시도하였다. 이에 우리나라에서도 초·중·고등학교 교육과정을 개정하여 교과서에 독도에 대한 내용을 추가하며 본격적으로 독도교육의 체계적인 내실화를 추진하였다. 그리고 2015 개정 교육과정을 통해 독도교육을 10개의 범교과 학습 주제로 선정하여 초등학교 여러 교과에 공통적으로 연관시켜 교육활동 전반에 걸쳐 종합적으로 실시하고 있다. 이러한 독도교육 활동에 이용하는 다양한 교수 및 학습 도구 중에 독도교재인 경상북도교육청『독도』와 동북아역사재단『독도바로알기』를 대상으로 교육과정에서의 독도교육 내용체계가 이들 독도교재에 어떻게 반영되고 있는 지를 분석해보았다. 이를 통해 적절한 수준에 맞춰 흥미롭고 심도있는 독도교육을 실시하기 위한 미래지향적인 방안을 모색해보았다.

독도교육 내용체계의 10가지 분류 항목은 위치, 영역, 지형, 기후, 생태, 자원, 지명의 변천, 독도수호자료, 일본의 영유권 주장과 대응, 영토주권수호노력이다. 그러나 경상북도교육청과 동북아역사재단의 교재에서 다루고 있는 분류 항목을 살펴보면, 10개의 분류 항목에 대한 내용을 모두 기술하고 있지 않다. 또한 연속적인 독도교육에서 저학년과 고학년에서 각각 다루어져야 할 분류 항목의 분량과 난이도가 적절하게 구분되거나 체계적으로 구성되어 있지 않아 보인다. 그리고 초·중·고등학교로 구분하여 제시한 내용요소를 무시하고 중·고등학교에서 다루어야할 내용요소가 초등학교에서 기술되고 있는 실정이다.

결과적으로 경상북도교육청과 동북아역사재단의 독도교재는 교육부의 독도교육 교육과정과 내용체계 등을 적극 반영하여 제작되었지만, 아직 제대로 반영하고 있다고 보기에는 어려움이 있으며, 수정·보완해야할 부분이 많은 것으로 보인다.

먼저 초등학교 수준에서 제시되는 분류항목에 대한 학습내용과 내용요소가 제대로 포함되지 않고 있다. 이것은 독도교육의 내용요소가 너무 많아 한정된 지면으로 제작되는 교재에 모두 담기 어려웠기 때문일 것으로 생각된다. 그러므로 내용요소에 대한 재조정이 필요해 보인다.

다음으로 저학년 교재와 고학년 교재에서 다루고 있는 내용요소가 체계적으로 배치되어 있지 않고, 기술한 분류 항목의 분량도 적절해 보이지 않는다. 연속적으로 이어지는 독도교재에서 저학년 교재는 독도에 대한 위치, 지형, 기후 등의 기본적인 내용 위주로 기술하면서 관심을 가질 수 있도록 흥미를 유도할 필요가 있다. 그리고 고학년 교재는 독도수호자료, 일본의 영유권 주장과 대응, 영토주권수호노력 등 대한민국 고유의 영토인 독도의 지리적·역사적·국제법적 근거들에 대한 자료 위주로 조금 더 심화된 내용요소들에 대한 기술이 이루어져야 할 것이다.

특히 사진(위성사진 포함)이나 모식도 등을 통한 모양 파악, 해저지형(해저분지, 해산), 3D 시뮬레이션 등을 통한 형성과정 이해, 삼국접양도(1785), 연합국 최고 사령관 각서(SCAPIN) 677호(1946), 정부와 지방자치단체의 활동 등 초등학생들에게는 너무 어려운 중·고등학교에서 다루어야할 내용들이 언급되고 있는 부분도 신경써야한다. 만약 독도교육을 처음 접하는 초등학교 학생들에게 너무 어렵고 많은 내용을 교육할 경우에는 학생들의 학습 의욕을 떨어뜨릴 수 있으므로, 이는 교재 집필진들이 내용요소를 제대로 파악한 상태에서 교재가 집필될 수 있도록 조금 더 세심한 주의를 기울일 필요가 있어 보인다.

현재 교육부의 2015 개정 교육과정을 반영한 독도교육 내용체계를 통해 일선 학교에서 독도교육을 강화하고, 그에 따른 세부 시행계획들을 비교적 잘 추진해오고 있다. 특히 학생활동 중심 교육이 강화됨에 따라 체험·활동 중심의 다양한 학습 기회가 보장될 수 있도록 독도교육 변화를 추구하고 있다. 이러한 점을 고려하여 교재의 내용은 초등학교 수준에 맞게 기술하고 이와 함께 독도의 자연, 사료, 동·식물 등의 스티커 붙이기, 독도십자말풀이, 독도보드게임, 독도책갈피 만들기 등 독도관련 체험·활동을 돕는 학생 참여 중심의 독도교재 개발도 요구된다.

【참고문헌】

강원도교육청, 「독도교육 기본계획」, 강원도교육청, 2019.

경상북도교육청, 「독도- 4학년」, 경상북도교육청, 2019.

경상북도교육청, 「독도- 5학년」, 경상북도교육청, 2019.

경상북도교육청, 「독도교육 기본계획」, 경상북도교육청, 2019.

교육부, 「2015 개정 교육과정 총론 해설- 초등학교」, 교육부, 2016.

교육부, 「별책2 초등학교 교육과정」, 교육부, 2018.

교육부, 「별책7 사회과 교육과정」, 교육부, 2018.

교육부, 「독도교육 기본계획」, 교육부, 2018.

김소용·남상준, 「영토교육에 대한 초등학교 교사 및 학생의 인식: 독도교육을 사례로」, 『초등교과교육연구』 21, 2015.

김수희, 「초·중·고 역사교과서에서의 독도 기술과 방향성 검토」, 『역사교육논집』 51, 2013.

김태우, 「초등학생의 영토 인식 특성에 대한 연구」, 『한국지리환경교육학회지』 23, 2015.

김혜진·서태열, 「초등학교 실천적 독도교육 방향 모색」, 『학습자중심교과교육연구』 19, 2019.

김호동, 「우리나라 독도교육 정책의 현황과 과제」, 『독도연구』 17, 2014.

김희선, 「교육과정 변화에 따른 초등교과서의 독도 관련 내용 분석」, 서울
          교육대학교 교육전문대학원 초등사회과교육전공 석사학위논문,
          2014.

대구광역시교육청, 「독도교육 기본계획」, 대구광역시교육청, 2019.

동북아역사재단, 「독도 바로 알기-5~6학년군」, 동북아역사재단, 2017.

동북아역사재단, 「독도 바로 알기-3~4학년군」, 동북아역사재단, 2018.

문상명, 「초등 사회과 교과서 독도 서술의 변천 연구」, 『사회과교육』 57,
          2018.

박경근 · 전기석 · 신재열, 「중학생들의 독도(Dokdo) 인식 및 바람직한 독도
          교육에 관한 연구」, 『독도연구』 21, 2016.

박진숙, 「초등학교 독도교육의 현황과 문제점 - 경상북도교육청 소속 초등
          학교 독도교육을 중심으로」, 『독도연구』 8, 2010.

서울특별시교육청, 「독도교육 기본계획」, 서울특별시교육청, 2019.

석병배, 「영토교육으로서의 초등학교 독도교육 탐색 - 한 · 일간 미래 지향
          적 과제로서 초등학생들의 독도교육 방향 모색」, 『사회과수업연구』
          4, 2016.

신동호, 「초등학교 독도 교과서 내용분석」, 한국교원대학교 교육대학원 사
          회과교육 전공 석사학위논문, 2013.

신동호 · 남상준, 「초등학교 독도 교과서 내용분석」, 『초등교과교육연구』
          19, 2014.

심정보, 「초중등학교 독도교육실천연구회의 활동 분석」, 『독도연구』 24,
          2018.

심정보, 「일본이 부정하는 한국의 독도교육」, 『독도연구』 26, 2019.

영남대학교 독도연구소, 「바람직한 독도 교육의 방안」, 영남대학교 독도연
          구소, 2011.

이우진, 「교육과정과 해설서에 나타난 초등학교 독도 기술의 변화」, 『성신
          여대 교육문제연구소 교육연구』 60, 2014.

전라북도교육청, 「독도교육 기본계획」, 전라북도교육청, 2019.

우리나라 중학교 독도 교육의 현황과 과제

박 재 홍

1. 머리말

최근 독도, 야스쿠니 신사 참배, 위안부 문제 등에 대해 이웃을 배려하지 않는 일본의 독단적인 처사로 한일관계가 계속 소원해지고 있다. 잊을만하면 반복되는 일본의 역사 왜곡은 양 국민 간 감정의 골을 더욱 깊게 만들고 있다. 특히 독도영유권 문제는 단순한 영토분쟁이 아니라 과거사에 대한 한·일 양국의 역사인식의 차이에서 비롯된 것으로 한·일 양국의 정치적 신뢰 구축과 경제협력을 저해하는 걸림돌이 되고 있다. 이러한 일본의 그릇된 역사인식과 노골적인 독도영유권에 적극적으로 대응하기 위해서는 미래 사회를 이끌어갈 청소년들에게 독도가 단순히 영유권 문제가 아니라 한·일간의 과거사 문제라는 점을 분명히 가르쳐 과거사 극복 과정에서 독도문제를 인식할 수 있도록 다각적인 측면에서 교육이 필요하다.

중학교 독도교육의 현황과 문제점에 대해 분석한 선행연구로는 김영수(2013)[1], 한철호(2012)[2], 송호열(2013)[3], 이상분(2014)[4], 박경근·

전기석·신재열(2016)[5] 등이 있다. 이들 연구에서는 역사, 사회 교과서의 독도 기술에 대해 분석하거나(김영수, 한철호), 부교재 활용방안에 대한 검토(이상분), 혹은 교육과정과의 관련성을 중심으로 검토(김영수)하고 있다. 또한 박경근·전기석·신재열의 연구에서는 독도교육 내용체계와 관련하여 중학교 사회과 교과서의 독도기술과 교육 방향을 분석하고 있다. 그러나 2015년 개정교육과정 이후 학교교육 현장의 관점에서 검토한 연구는 거의 없다고 하겠다. 따라서 여기서는 중학교 독도교육의 현황을 교육현장의 관점에서 검토하고자 한다.

이러한 의미에서 현재 중학교 교육현장에서 독도를 어떻게 가르치고 배우고 있는가를 되짚어보는 작업은 독도를 둘러싼 일본과의 갈등 해결과 국제사회의 일원으로 살아가야 하는 우리 학생들이 길러야할 민주시민으로서의 역량을 기르는데 의미가 있다고 생각한다.

이에 본고에서는 중학교 교육과정과 교과서의 독도 관련 내용구성과 체계를 살펴보고, 이어서 교육부와 시·도교육청의 독도교육 정책에 따라 실제 중학교에서 독도교육이 어떻게 이루어지고 있는지를 검토한 후 독도교육의 과제와 몇 가지 제언을 덧붙이고자 한다.

---

[1] 김영수, 「초등학교와 중학교 역사교육에서 독도 관련 교육과정과 주요내용 분석」, 『사회과교육』 제52권 1호, 한국사회과교육연구학회, 2013.

[2] 한철호, 「한국 중학교 『역사』 교과서의 독도 서술 경향과 과제」, 『영토해양연구』 3, 동북아역사재단, 2012.

[3] 송호열, 「중학교 사회2 교과서의 독도(獨島) 중단원 비교 분석 - 질적 분석을 중심으로-」, 『한국사진지리학회지』 제23권 4호, 한국사진지리학회, 2013.

[4] 이상분, 「중학교에서 역사적 사고력 신장을 위한 독도교육 방안 - 부교재 "영원한 우리 땅 독도" 활용을 중심으로-」, 『역사교육논집』 52, 역사교육학회, 2014.

[5] 박경근·전기석·신재열, 「중학생들의 독도 인식 및 바람직한 독도교육에 관한 연구」, 『독도연구』 제21호, 영남대학교 독도연구소, 2016.

2. 중학교 교과서의 독도관련 내용체계

현재 중학교에서 정규 수업시간의 독도교육은 3학년을 대상으로 2011년에 고시된 2009 개정 교육과정에 근거해서 집필된 6종의 〈사회②〉 교과서와 9종의 〈역사②〉 교과서를 통해서 이루어지고 있다.[6] 〈사회②〉 6종 교과서에서 독도와 관련된 내용은 공통적으로 대단원 지리영역인 〈Ⅵ. 우리나라의 영토〉, 일반사회 영역인 〈Ⅷ. 국제사회와 국제정치〉에 포함되어 있으며 중단원으로 구분되어 비교적 비중 있게 배정되어 기술되고 있다. 전체 교과서에서 독도 관련 단원의 분량은 Ⅵ단원은 독도의 위치와 영역, 독도의 자연 및 인문환경, 독도의 가치 등에 관한 내용이 6쪽 이내로 기술되어 있으나 Ⅷ단원은 일본의 독도 영유권 주장에 관한 내용이 1쪽 이내로 기술되어 있어 비중이 크지는 않다.

〈역사②〉 9종 교과서에서 독도와 관련된 내용은 공통적으로 〈Ⅰ. 근대 국가 수립 운동과 국권 수호 운동〉, 〈Ⅲ. 대한민국의 발전〉단원에서 독도 관련 내용을 다루고 있다. Ⅰ단원은 '일제가 러일전쟁 중에 독도를 강제로 편입한 것은 침략 행위였다, 역사적으로 독도는 우리 영토이다, 일본의 주장은 근거가 없다'는 내용으로, Ⅲ단원은 '다양한 자료로 정당성을 파악한다, 일본 역사 왜곡 실태를 파악한다, 역사 왜

---

6) 현재 중학교 1,2학년은 2015 개정교육과정, 3학년은 2009개정 교육과정이 적용되고 있다. 중학교 '역사'와 고등학교 '한국사'는 각각 1년 유예되어 2020학년도 신입생부터 적용된다. 중, 고등학교의 「2015 개정 교육과정」의 적용 시기를 정리하면 다음의 표와 같다.

학교급	2018	2019	2020	
			일반 교과	역사, 한국사
중학교	1학년	2학년	3학년	1학년
고등학교	1학년	2학년	3학년	1학년

〈표 1〉 중학교 교과서의 독도관련 내용체계

교과	영역	성취기준	단원명	검인정 교과서	독도관련 단원 분량	수업시수
사회 ②	지리	사91133. 우리 국토에서 독도가 가지는 중요성을 영역·경제·환경·생태적 측면에서 설명할 수 있다.	Ⅵ. 우리나라의 영토 2. 우리의 소중한 영토, 독도 1)독도는 어떤 섬일까? 2)다양한 가치를 가진 독도	6종 두산동아 미래엔 비상교육 신사고 지학사 천재교과서	전체 280~318쪽 중 6쪽 이내	주 2시간
	일반 사회	사92133. 우리나라가 직면하고 있는 국가 간 갈등 문제(예: 독도 문제, 동북공정)를 파악하고, 이를 해결하기 위한 방안을 제시할 수 있다.	Ⅷ. 국제사회와 국제정치 2-3. 우리나라의 국제갈등과 해결방안은?		전체 280~318쪽 중 1쪽	
역사 ②	근대	역9215. 일제의 국권 침탈 과정에 맞선 국권 수호 운동의 흐름을 파악하고, 특히 일제에 의해 독도가 불법으로 편입되는 과정을 설명할 수 있다.	Ⅰ.근대 국가 수립 운동과 국권수호운동 3. 일제의 국권침탈과 국권수호운동의 전개	9종 교학사 금성출판사 두산동아 미래엔 비상교육 신사고 지학사 천재교과서 천재교육	전체 218~248쪽 중 2쪽 이내	주 2시간
	현대	역9234. 독도가 우리 영토인 근거를 정확하게 설명하고, 주변 국가와의 역사 갈등을 올바르게 파악하여 갈등을 해결할 수 있는 실천적 방안을 발표할 수 있다.	Ⅲ. 대한민국의 발전 4. 동아시아의 갈등과 평화		전체 218~248쪽 중 2쪽 이내	

곡의 배경과 문제점을 탐구한다'는 내용으로 구성하라고 안내하고 있다. 즉, Ⅰ단원에서는 이해, Ⅲ단원에서는 탐구가 중심이 된다.[7] 전체

---

7) 이서영·이상균, 「남·북한 역사 교과서의 독도관련 내용분석」, 『독도연구』, 2018.

교과서에서 독도 관련 단원의 분량은 Ⅰ단원, Ⅲ단원 모두 1~2쪽 이내로 기술되어 있어 비중이 크지는 않다.

현재 중학교의 독도교육은 대체로 「사회과 교육과정」의 '역사영역'에서 다루어지고 있으며, '역사적 접근'에만 집중되어 있다. 〈사회 ②〉, 〈역사 ②〉 교과서의 독도 관련 내용 체계를 정리하면 다음과 같다.

3. 교육부와 시·도교육청의 독도교육 추진 내용

우리 정부도 일본의 독도 도발에 대응하여 학생들의 독도영토 주권 의식을 강화하고자 노력하여 왔다. 2010년 4월 30일, 교육부는 체계적이고 종합적인 독도교육을 위해 '독도교육통합위원회'를 출범시켰다. 그리하여 2010년 5월 12일 '초·중등학교 교육과정 개정 고시'를 하여 「사회과 교육과정해설서」에 제시된 '독도 관련 기술'을 「사회과 교육과정」에 상향시켜 명기하였다.[8] 이후 2011년 8월 9일 「개정 교육과정」을 고시하면서 독도교육을 '범교과 학습 주제' 즉 '국가·사회적 요구와 수요자의 필요나 요구에 의해 지도되어야 하고 강조하여 지도해야 할 교육내용'의 하나로 선정하였고,[9] 더불어 「사회과 교육과정」에서도 '독도 관련 기술'을 강화하였다. 2014년에는 일본의 독도 교육 상황에 적극적으로 대응하고 학생들의 영토주권 의식을 높이기 위해 국가수준의 교육과정에서 독도교육을 강화하기 위한 방안으로 「초·중·고등학교 독도교육 내용 체계」를 다시 개정하여 발표하였다. 그리고 동

---

[8] 교육과학기술부 고시 제2010-24호(2010.5.12.), 「초·중등학교 교육과정 개정 고시」.
[9] 교육과학기술부 고시 제2011-361호(2011.8.9.), [별책 2] 「초등학교 교육과정」·[별책 3] 「중학교 교육과정」·[별책 4] 「고등학교 교육과정」.

〈표 2〉 교육부의 독도교육 정책 추진 경과

o '독도교육'을 강화한 중·고 역사교육과정 개정('10.5.)
- 초등학교 '사회', 중학교 '사회'·'역사', 고등학교 '한국지리'·'한국사'·'동아시아사' 과목에 독도 교육 내용 강화
- **중·고 사회과 교육과정에 독도관련 내용 기술** : '역사'(중 3), '한국사'(고1) 과목 각각 2개 영역에서 일제의 '독도' 불법 편입 부당성 및 '독도' 관련 영토문제 탐구 등 기술
o 2009 개정교육과정 內 독도교육 내용 강화('11.8.)
o 독도교육 내용 체계 수정·보완('14.5.)
- 학생 발달 단계와 학교 급별 위계를 고려한 독도 내용체계 기술
o 2015 개정교육과정 內 범교과학습 주제*에 독도교육 포함('15.9.)
- 2009 개정교육과정의 39개 주제를 10개 주제로 범주화하여 **학교 교육 전반에서 통합적으로 운영**하도록 제시
  * 교과와 창의적 체험활동 등 학교급별 교육활동 전반에 걸쳐 통합적으로 운영
o 학교 교육과정 편성 시 독도교육 운영 권장('14년~)
- '교육부 주요 교육정책 안내'를 통해 단위학교 교육과정 편성 시 **연중 10시간 내외의 독도교육 운영 권장**(교육부 → 시·도교육청)

o '독도교육 강화방안'계획 수립 및 운영
- 매년 '독도교육 기본계획' 수립·추진('11년~)
※ 학생 체험활동 지원, 교원 연수, 교수학습자료 개발 및 보급, 체험시설 구축 등 포함
- '독도교육주간' 운영계획 수립 및 지원('16년~, 매년 4월)
o 지역 사회에 살아있는 독도교육의 장을 제공하기 위하여 '12년부터 독도체험(전시)관을 구축·운영
※ ('12)서울 / ('14)경남, 충북, 전북 / ('15)대전, 인천, 경기, 전남 / ('16)대구, 광주/ ('17)세종, 경북/ ('18)충남
o 지역 간 독도체험 격차 해소를 위하여 농산어촌 등 **체험시설이 상대적으로 부족한 지역** 중심으로 이동식 독도체험시설 독도체험버스 구축·운영('18년~)

※ ('18년) 충북교육청 선정·지원

○ **(교원 역량 강화)** 현장교사 중심의 **자발적 역량 강화 지원**을 위한 **교사연구회 지원*** 및 초·중등 교원 대상 **집합·탐방연수, 온라인 연수** 실시로 교원의 **실천적 독도교육 전문성** 강화

　*전국 20~30개 연구회 선정 및 연구회별 300만원 지원

○ **(학생체험 활동 지원)** 독도 체험 발표대회* 및 독도지킴이 학교 운영** 등 **학생 독도 체험·활동 지원**을 통해 독도 수호 실천의지 제고

　* '생활 속 독도사랑' 실천 내용을 공유, 전국 중고교 181개 동아리(812명) 참가, 청소년 독도 체험활동('18.5.~8.) → 지역예선('18.8.~9.) → 전국본선 및 시상식('18.10.)

　** (2018년) 초·중·고 90개교 선정, 발대식('18.4.) → 독도 탐방('18.8.) → 성과발표회 및 시상식('18.12.)

　(2019년) 초 : 30개교, 중 : 50개교, 고 : 40개교(총 120개교)

○ **(독도교육 연구학교 운영)** 체험·활동 중심의 독도교육 활성화를 위하여 **학교 교육과정 전반**에서 **활용** 가능한 **실천적 독도교육 일반화 방안** 마련('19년)

　※ (3개 교육청 지원) 경기, 충남, 경북

○ **(독도사랑 인문콘서트 운영)** 인문콘서트를 통해 **독도의 역사적 배경 및 다양한 생태계**를 알림으로서 독도에 대한 **사랑 및 환경의식 고취**('19년, 초·중·고 각 33개교)

북아역사재단과 전국 시·도교육청과 함께 독도 교재의 개발 및 보급, 교원 중심의 독도교육실천연구회 운영, 독도관련 연수 및 독도탐방교육 등의 독도교육 추진방안을 수립하여 시행해 오고 있다. 특히 2016년부터는 매년 4월 중 독도교육주간을 선정하여 일선 초·중·고교에서 1시간 이상의 계기교육을 실시하도록 하여 학생들에게 독도에 대한 올바른 이해를 바탕으로 독도 주권 수호에 대한 인식과 공감대를 확산할 수 있는 계기를 마련하였다. 이밖에도 지역 사회에 살아있는 독도 교육의 장을 제공하기 위하여 2012년부터 독도체험(전시)관을, 2018년

부터는 지역 간 독도체험 격차 해소를 위하여 농산어촌 등 체험시설이 상대적으로 부족한 지역 중심으로 이동식 독도체험시설을 구축·운영하고 있는 등 국가차원에서 독도교육이 체계적으로 실시되고 있다. 정부차원에서 수립된 독도교육 정책의 추진 경과를 정리하면 다음과 같다.

이러한 교육부의 독도교육 정책에 발맞추어 전국의 각 시·도 교육청에서도 지역의 특성을 반영한 독도교육 기본계획을 수립하여 독도교육을 실시하고 있다. 대구광역시교육청은 2017년부터 대구시내 교원 및 전문직을 대상으로 독도교육연구회(교원 10명 기준)를 운영하여 독도교육 역량을 제고하고 있다. 초·중·고 10~15개 팀을 선정하여 연구회별 500만 원을 지원하여 연구회 소속 교원 전원이 대구광역시교육연수원에서 개설한 독도 교원 연수를 필수로 이수하고, 연구회별 자체로 독도 탐방 계획을 수립하여 실시토록 하고 있다. 경상북도교육청은 교육청 홈페이지에 경북사이버독도학교 홈페이지를 구축하여 기관별 산재한 독도 콘텐츠를 통합 운영하고 있으며 일본의 독도 영유권 주장 및 역사 왜곡에 대처할 수 있는 민간외교관 양성으로 독도가 우리 땅임을 세계에 알릴 수 있는 역량을 강화하기 위해 독도지킴이 동아리를 도내 초·중·고 140팀을 선정하여 운영하고 있다. 또한 학생 및 교직원을 대상으로 독도 체험 탐방단을 운영하여 우리 땅 독도에 대한 사랑을 몸소 실천할 수 있는 체험학습 기회를 마련하고 있다.

4. 중학교 독도교육의 현황

교육부와 시·도교육청의 독도교육 강화 정책과 동북아역사재단에서 발간한 다양한 독도 부교재에도 불구하고 학교현장에서 독도교육은 생각보다 쉽지가 않은 것이 현실이다. 역사교육강화와 일본의 독도 영유권 주장이라는 외부적인 요인에 의해서 독도교육의 필요성이 강조되고 있지만 안전교육, 다문화, 인성교육, 교실수업개선 등 크고 작은 교육현안과 정책을 추진해야하는 학교현장에서 독도교육만을 집중해서 전개하기란 여간 어려운 일이 아니다. 그래서 독도교육은 사회과나 역사과가 중심이 되어 교과수업시간에 교과서 내용 위주로 요약 정리하여 학생들에게 전달하거나 창의적 체험활동, 학교 행사, 동아리활동 시간을 활용하여 부분적으로 실시되고 있다. 물론 독도교육에 관심이 많은 학교는 독도를 주제로 다양한 교과수업과 함께 동아리활동, 독도관련 대회 주관이나 참가를 통해 독도교육의 영역을 넓히고 학교단위에서 독도교육이 체계적이고 지속적으로 전개될 수 있도록 많은 노력을 기울여 성과를 내고 있다. 하지만 대부분의 학교에서 연간 계획과 학년별 연계성, 학교급별 위계성을 가지면서 체계적이고 지속적으로 실시되기 보다는 일회성 교육에 그치고 있는 실정이다. 사정이 이렇다 보니 학생들이 미래지향적인 한일관계 속에서 독도문제를 인식하고 일본의 영유권 주장 내용과 근거를 명확히 파악하여 그 주장의 문제점을 논리적으로 설득할 수 있는 능력에는 이르지 못하고 있다. 이에 발표자가 수행한 독도교육활동 실천사례를 중심으로 중학교에서 독도교육이 어떻게 실시되고 있는지를 소개하고자 한다.

1) 독도교육의 개요

대구지역은 중학교 『역사』와 고등학교 『한국사』의 교육과정과 연계하여 타 지역보다 한·일간의 독도, 일본군 '위안부' 문제 등을 주제로 교육활동을 전개할 수 있는 여건이 비교적 잘 조성되어 있다. 일단 대

〈표 3〉 성광중학교 독도교육 현황

교과수업과 연계한 독도교육	정규수업	[1학년] 자유학기제 주제선택 활동 프로그램 운영(16차시) [3학년] ・〈사회②〉, 〈역사②〉 수업시간 및 과정중심 수행평가 과제 ・교육과정 재구성을 통한 교과융합 독도수업
	방과 후 학교	・대상: 2학년 ・차시: 16차시(주2회 8주) ・주제: Fun Fun한 역사읽기와 오감이 즐거운 스토리텔링 한일관계사
체험학습과 연계한 독도교육		・행사명: 나라사랑 독도사랑 리더쉽 캠프(독도탐방) ・대상: 전교생 80명 ・장소: 울릉도 및 독도
창의적 체험 동아리활동과 연계한 독도교육		・창의적 체험 동아리활동(반일제, 전일제) ・독도관련 행사 개최 및 대회 참가(학교축제 시 독도페스티벌 등)
		・나라사랑 독도사랑 캠페인(수시), 지역의 독도관련 단체 방문(반・전일제) ・교내 축제 시 독도 부스 운영 및 활동 결과물 전시회 ・지역의 시민단체 및 관련 기관과 연대활동 (영남대독도연구소, 정신대할머니와 함께하는 시민모임, 광복회 대구광역시지부 등)

구사람들이 동일 지역으로 인식하고 있는 경상북도가 직접 독도를 관할하고 있어 학생들이 지리적으로 독도를 가깝게 인식하고 있고, 일본군 '위안부' 피해자인 이용수(91) 할머니가 '위안부' 문제 해결을 위해 지역의 시민, 학생들과 함께 적극 활동하고 계신다. 그리고 2015년 12월에는 희움 일본군 '위안부' 역사관이 개관되어 학생들이 한・일간의 과거사 문제를 먼 과거의 이야기가 아니라 현재의 문제로 인식하고 문제 해결을 위해 적극 실천하려는 자세를 갖게 하는 살아있는 역사교육의 장으로 활용되고 있다. 또한 대구 중구 근대 골목은 일제의 침략으

로 변화된 대구의 모습과 대구사람들의 삶을 전체 역사 속에서 구체적으로 이해할 수 있는 역사탐방의 장소로 학생들의 발길이 끊이지 않고 있다.

여기에 발표자가 근무하고 있는 학교의 특수성도 독도교육을 전개하는데 큰 도움이 되었다. 본인이 근무하고 있는 학교는 사립 남자 중·고 병설학교로서 전국에서 가장 먼저 교과교실제를 운영하면서 교무실이 교과연구실 체제로 편제되어 있어 교과 내, 교과 간 긴밀한 소통과 협의가 가능하다. 그리고 일찍부터 중·고 6년 교육과정을 2년씩 3개 교육과정으로 설정하고 꾸준히 중·고 통합 교육활동을 전개한 경험이 있다. 또한 본인이 부장교사로서 교육경력과 연령대가 상대적으로 높아 국·공립학교에 비해 학교차원에서 연구과제를 주도적으로 수행할 수 있는 장점이 있다.

이러한 지역과 학교의 특성을 살려 발표자는 다른 일반 중학교에서의 독도교육과 마찬가지로 교과수업, 창의적 체험 활동, 체험학습과 연계하여 독도교육을 실시해오고 있다. 그리고 2015년도에는 학교급별 독도교육을 실천하고 학교급간 독도교육연계 방안을 모색하기 위해 본인이 근무하고 있는 학교의 중·고 인문사회과 연합으로 '성광독도사랑연구회'를 결성하여 교육부가 주관한 독도교육실천연구회 활동을 전개하기도 하였다. 본교에서 실시하고 있는 독도교육의 현황을 간단히 정리하면 다음과 같다.

2) 독도교육의 내용

교과수업과 연계한 독도 수업실천

○ 목적 : 학생활동중심 수업실천을 통해 독도의 역사와 중요성, 올
   바른 국토관·국가관 정립

○ 수업실천 사례

■ 1학년 – 자유학기제 / 2학년 – 방과 후 보충

프로그램명		프로그램 소개	수업시수 (주당)
1학년	독도야 놀자	독도가 우리 영토임을 알리면서 주권 수호의지를 강화하고, 학생 중심의 체험 및 다양한 활동 프로그램 운영을 통해 나라 사랑 정신을 내면화한다.	16(2)
2학년	Fun Fun한 역사읽기와 오감이 즐거운 스토리텔링 한일관계사		16(2)
성취기준		성취수준	
역9215. 일제에 의해 독도가 불법으로 편입되는 과정을 설명할 수 있고, 다양한 활동 프로그램을 통해 독도 산출물을 제작할 수 있다.	상	일제에 의해 독도가 불법으로 편입되는 과정의 문제점을 조사할 수 있고, 각 산출물을 제작하여 독도의 중요성과 나라사랑의 마음을 설명하고 발전적인 산출물에 대해 발표할 수 있다.	
	중	일제에 의해 독도가 불법으로 편입되는 과정을 설명할 수 있고, 각 산출물을 제작하여 설명할 수 있다.	
	하	일제에 의해 독도가 불법으로 편입되었다는 사실을 말할 수 있고 간단한 산출물을 제작할 수 있다.	
차시	활동 주제	활동 내용	
1	오리엔테이션	프로그램의 취지와 목적을 개략적으로 설명하고 독도와 관련되어 생각나는 것을 마인드맵으로 표현해보고 서로의 생각을 공유한다.	

2	독도의 위치와 영역, 자연 환경과 가치	독도의 형성, 독도의 지형, 독도의 기후, 독도 생태계(동, 식물)의 특징, 독도 생태계(어류)의 특징, 독도의 중요성을 파악한다.
3	고문헌 및 근대 이후 자료에 나타난 우리 영토로서의 독도	삼국시대~조선 시대의 문헌에 나타난 울릉도와 독도를 모둠별로 정리하고, 근대 이후 독도가 수록된 자료에 대한 사료학습을 한다.
4	고지도에 나타난 독도	조선 전기 지도와 조선 후기 지도, 서양 고지에 나타난 독도를 확인한다.
5~6	독도를 지키기 위한 우리의 노력	독도가 한반도에 편입된 역사와 근대 이전 독도를 지키기 위해 노력한 사람들의 업적, 독도의용수비대의 활약상과 성격을 찾아본다.
7	일본 고문헌과 고지도에 나타난 독도	일본 고문헌과 고지도에서 일본이 독도를 조선의 영토로 생각하고 있었음을 확인한다.
8~9	일본의 독도 영유권 주장 비판	일본의 독도 영유권 주장의 내용(일본 외무성의 왜곡된 10가지 주장)과 독도 영유권 주장의 부당성에 대해 반박문을 쓰고 발표한다.
10~11	독도 모형 만들기	독도에 관한 자료를 바탕으로 독도 모형을 만들고, 독도 모형에 나타난 독도의 모습을 설명할 수 있다.
11~12	독도신문 만들기	동북아역사재단의 『중학생 독도 교수학습 과정안 및 학습지 (독도 부교재 활용)』를 활용하여 독도신문을 제작한다.
13~14	북아트로 배우는 우리 영토 '독도'	학생들 스스로 자르고 붙이는 재미있는 체험제작활동을 통해 독도가 우리 영토인 근거와 독도의 역사, 가치, 자연 등을 학습하고 독도사랑 의식을 함양한다.
14~16	독도사랑 홍보물 만들기	독도가 대한민국의 영토라는 확고한 근거와 신념을 심어주고 독도의 소중함을 담은 홍보물을 제작한다.

■ 3학년 - 〈사회②〉, 〈역사②〉 수업시간 및 과정중심 수행평가 과제

■ 3학년 - 교육과정 재구성을 통한 교과융합 독도수업

교과목	국어	과학	수학	역사	사회	영어	가정
성취기준	2839. 매체의 특성에 따라 글쓰기의 내용을 생성하여 매체로 영상을 고려하여 글을 효과적으로 쓴다.	과9025. 여러 가지 생물을 분류의 목적과 기준에 따라 다양한 방법으로 분류할 수 있다.	수9082. 삼각비를 활용하여 다양한 실생활 문제를 해결할 수 있다.	역9034. 독도가 우리 영토의 근거를 통해서 설명하고, 일본의 독도 침탈 과정 내용을 중심으로 주변 국가와의 역사 갈등의 원인을 파악하여 올바른 방안을 발표할 수 있다.	사회9.30.우리나라가 처한 여러 국가 간 갈등 문제를 독도 문제, 동북공정등을 제작하고, 이에 설명한다.	영9034. 일상생활이나 친숙한 일반적 주제에 관한 설명, 그림, 도표 등의 자료를 설명할 수 있다.	가9053-2. 친환경 환경을 생각하는 지속가능한 주생활 양식을 알고 이를 생활 속에서 실천할 수 있다.
단원	3. 효과적인 읽기와 쓰기	6. 유전과 진화	6. 삼각비	3. 대한민국의 발전	2. 국제 사회의 경쟁과 갈등과 공존	8. Product Placement	3. 지속가능한 주생활
수업 내용 및 방법	매체의 특성을 알고 매체를 적절히 활용하여 '독도'에 대해 효과적으로 다양한 글쓰기	독도의 다양한 생물을 조사하고 분류하여 발표하기	독도의 해발고도를 삼각비 이용하여 구하기	독도가 우리 영토임을 구체적인 근거를 통해 설명하고, 일본의 독도 침탈 주장을 비롯한 주변 국가와의 역사 갈등의 원인을 파악하여 갈등을 해결할 수 있는 실천적 방안을 발표하기	독도 문제 관련 우리나라 대응방침, 일본의 전략, 미국의 태도 등 발표하기	독도에 관한 영어 광고를 제작하여 친구들에게 그 내용을 설명할 수 있다	독도가 주거환경으로 적합한지 알아보기
수업 시기	11월 1주 (2차시)	11월1주 (2차시)	10월 5주 (2차시)	10월5주 (2차시)	10월5주 (2차시)	10월5주 (1차시)	10월 5주 (2차시)
수업 결과물	매체의 특성을 고려한 '독도' 관련 글쓰기 학습지	독도 생물지도 및 티셔츠	독도 섬 높이 구하기	독도전쟁(그리기) 독도보존을 위한 제작	독도 분쟁에 대한 학생활동지	독도 영어광고 오디션	독도 주택모형
평가 방법 및 내용	수행평가	수행평가	수행평가	수행평가	수행평가		수행평가
융합 활동	세계 각국에 우리 땅 독도 소개 활동(SNS, 트위터 등)						

창의적 체험활동과 연계한 독도교육

○ 창의적 체험 동아리활동(반일제)

독도티셔츠 만들기	독도 독서대 만들기	한중일 역사분쟁 입체북 제작
한지를 활용한 독도 전통책 만들기	제3회 창의체험동아리 축제참가	영남대 독도연구소 탐방

○ 독도관련 행사 개최 및 대회 참가

행사명	교내 독도사랑 글짓기 및 나라 (독도)사랑 글짓기 국제 대회 참가	나라사랑 독도사랑 골든벨	교내 디베이트 대회
일시 및 대상	매년 4월/전교생	매년 10월/전교생	매년 12월/전교생

○ 학교축제와 연계한 독도 교육 활동

독도자료전시회	교과융합 독도수업 결과물 전시	독도티셔츠 전시회
독도사랑 골든벨	독도 스피드 퀴즈	독도 사물놀이 공연

5. 중학교 독도교육의 과제

○ 중학교 교육과정 및 연간 학교교육계획을 고려하여 독도교육을 탄력적으로 실시하여야 한다.

독도교육은 담당교사의 의지에 따라 정도의 차이는 있지만 본교와 마찬가지로 학교현장에서 대부분 교과와 교과 외 시간을 활용하여 실시되고 있다. 교과 외 시간을 활용한 독도교육은 캠페인, 대회 개최, 문예 행사, 체험학습 등 단위 학교의 상황과 교육대상, 목적에 맞게 다양하게 실시되고 있지만 가장 효과적인 교실에서의 독도수업은 생각만큼 녹록치 않다. 교과수업의 경우, 학년별 교육과정에 맞게 1학년은 자유학기제, 2학년은 방과 후 보충, 3학년은 〈사회 ②〉, 〈역사 ②〉 수업시간과 과정중심 수행평가 과제로 하거나 타 교과와 교육과정을 재구성하여 독도교육을 실시할 수 있다. 그러나 일단 물리적인 환경이 조성되어 있지 않다. 교육과정에 편성된 수업시수가 절대적으로 부족하고, 방과 후 보충은 수요자가 비용을 부담하기 때문에 학력신장과 진학에 도움이 되지 않는 강좌와 내용은 학생들로부터 외면받기 때문이다. 「2015 개정 교육과정」에서 독도교육에 대한 상당한 강화와 확대가 이루어졌지만 '독도 교육'이 「사회과 교육과정」과 '역사적 접근'에만 집중되어 있고 정규수업 시수 또한 현재 2009개정 교육과정과 비슷하게 편성되어 있어 정규수업 시간에 독도교육은 한계가 있을 수밖에 없다. 이런 상황을 보완하기 위해 2013년부터는 중등교육과정에서 역사, 지리, 사회, 도덕, 창의적 체험활동 등의 교과 시수 내에 연간 10시간 독도교육을 편성하여 시행해 오고 있다. 그러나 학교 현장에서는 방송실에서 전교생을 대상으로 1시간 동안 독도관련 영상을 보여주는 것으로 대체하는 등 제대로 시행되고 있지 못하는 것이 현실이다.

따라서 동과 교사와 타 교과와의 소통을 통해 독도교육의 필요성을 인지하고 교육활동에 대한 공감대를 확산시켜 학교현장에서 독도교육이 학교교육계획 및 교육과정과 연계하여 일부 교과와 일회성 행사로 그치지 않고 연간 교육활동 안에서 지속적이고 체계적으로 실시할 필요가 있다. 그래서 발표자는 다음과 같이 중학교에서의 독도교육을 제안한다. 교과영역에서는 첫째, 〈사회 ②〉, 〈역사 ②〉 교과 공통으로 과정중심 수행평가로 학생들에게 모둠별로 프로젝트 과제를 제시하여 학생들 스스로 독도의 가치와 일본의 독도영유권 주장 등을 찾아보게 하면서 독도를 자신의 문제로 인식하고 해결방안을 생각해보게 하는 것이다. 둘째는 중학교 3학년도 고등학교 3학년 학생들의 수능 이후와 마찬가지로 11월 초·중순에 실시되는 2학기 기말고사가 종료되면 고입과 관련한 성적산출이 마무리되어 사실상 정상적인 수업을 진행하기가 어렵다. 그래서 교육청에서도 공문을 통해 2학기 기말고사 이후 3학년 학생들의 정상적인 교육활동을 강화할 것을 지시하고 있다. 바로 이 시기에 독도를 비롯한 한일관계사를 주제로 특별수업을 실시한다면 10시간 의무교육을 보완할 수 있을 뿐만 아니라 정규수업시간에 담아내지 못한 독도를 비롯한 한일관계의 주요 쟁점을 학생들과 편하게 공유할 수 있을 것이다. 셋째는 현재 내용에 일관성이 없고 일회성에 그치고 있는 연간 10시간 독도교육을 교육과정과 성취기준을 바탕으로 교과와 연계한 독도교육이 될 수 있도록 계획을 수립하여 맥락 있고 밀도 있는 독도교육이 실시될 수 있도록 해야 할 것이다. 교과 외 영역으로는 학교단위에서 독도동아리를 조직하게 하고, 학교 축제 때 독도관련 부스와 프로그램을 운영하도록 학교교육계획에 명시하게 한다면 교과와 비교과 영역에서 독도교육이 학교교육계획과 교육과정과 연계하여 체계적으로 실시될 수 있을 것이다.

　○ 현재 중학교 사회·역사 등 관련 교과서가 독도에 대한 객관적 사실을 담고는 있지만 조금씩 피상적으로 다루면서 독도가 우리나라

역사에서 어떻게 하나의 역사적 공간으로 자리매김했는지를 학생들이 종합적으로 파악하기 힘들다. 〈사회 ②〉 6종 교과서에는 지리영역인 〈Ⅵ. 우리나라의 영토〉에 독도의 위치와 영역, 독도의 자연 및 인문환경, 독도의 가치 등에 관한 내용이, 일반사회 영역인 〈Ⅷ. 국제사회와 국제정치〉에는 일본의 독도 영유권 주장에 관한 내용이 기술되어 있다. 〈역사 ②〉 9종 교과서에서는 공통적으로 〈Ⅰ. 근대 국가 수립 운동과 국권 수호 운동〉, 〈Ⅲ. 대한민국의 발전〉 단원에서 일제에 의해 독도가 불법으로 편입되는 과정과 주변 국가와의 역사 갈등을 해결할 수 있는 실천적 방안을 다루고 있다. 따라서 **교과 고유의 내용체계와 범위를 넘어서서 독도 단원을 설정하여 교과수업시간에 학생들이 독도를 체계적으로 배울 수 있도록 교육과정이 뒷받침되어야 한다.**

○ 물리적 환경보다 더 중요한 것은 **어떠한 관점에서 독도문제를 바라보고 어떤 내용으로 독도를 가르칠까라는 점이다.** 현재 독도수업실천사례를 보면 교육과정의 성취기준과는 다르게 대부분 독도가 역사적으로 우리 땅이라는 것과 일본의 주장에 반박하기가 주를 이루고 있다. 독도가 역사적으로 우리 땅이라는 주장은 독도에 대한 주권과 영토의식 함양에는 효과적일 수 있지만 근대 제국주의 질서하에서 일본이 당시의 영토나 해양법에 의거해서 합법적으로 자기의 영토로 편입했다는 주장을 논리적으로 반박하는데 어려움이 있다. 특히나 당시에는 바다, 해양주권, 어업권에 대한 인식이 지금처럼 확립되어 있지 않았고, 일본이 러·일전쟁 중 시마네현 고시를 통해 독도를 자국영토로 편입할 때도 대한제국은 이에 대해 정당한 항의나 문제제기를 하지 않았다. 또한 일본은 당시에 우리나라와 맺은 모든 조약을 합법적이라고 주장한다. 따라서 독도가 역사적으로 우리 땅이었고 '조선국 교제시말 내탐서'나 '태정관 지령' 등 일본 측의 자료에서 독도를 한국 땅으로 인정했다 하더라도 일본이 합법적으로 독도를 자국 영토로 편입했다고

하면 논리적, 법적으로 대응하는데 한계가 있다. 그리고 한국과 일본 모두 자국에게 유리한 주장만 가르치고 있을 뿐 불리한 점은 언급하고 있지 않다. 그렇다 보니 학교에서의 독도교육은 '독도문제=일본의 영유권 주장'이라는 전제하에 '독도는 반드시 지켜내야 할 우리 땅'이라는 교육이 이루어지고 있다.

이러한 수업을 통해 학생들은 역사적인 맥락에서 논리적으로 독도문제를 인식하고 합리적인 해결방안을 생각하기 보다는 일본은 억지 주장만을 일삼고 있는 나쁜 나라, 가까이 할 수 없는 이웃 나라라는 인식을 키우고 있다. 이렇다보니 독도는 소유권만이 문제가 되는 동해바다에 떨어진 하나의 사물로 인식돼 독도 수호 의지도 자신의 물건을 상대방에게 빼앗기지 않으려는 차원에서 이해할 수 있는 여지를 만들고 있다. 그러므로 독도교육은 '독도가 역사적으로 우리 땅'이라는 주제에서 한 걸음 더 나아가 학생들에게 일본의 독도영유권 주장의 의도나 국제사회에서의 힘의 논리 등을 명확하게 이해시키고 우리가 앞으로 국제사회에서 어떻게 살아나가고 대응해나가야 할지를 고민해보는 교육으로 방향 전환이 요구된다.

○ **지역교육청의 역할을 제고하여야 한다.** 교육자치의 시대를 맞아 중앙정부 교육부의 역할만큼이나 시도교육청의 역할은 크고 중요하다. 교육부의 독도교육 정책에 따라 시도교육청도 매년 독도 교육 기본계획을 수립하여 각급 학교로 배부하고 있으나 정책 목표 및 세부 추진방향 역시 중앙 교육부와 유사하게 형식적이고 일회적인 정책 제안이 많은 편이라 학교현장에서 크게 참고할만한 것이 되지 못하는 형편이다. 지역의 독도교육 전반을 점검하고 효과적인 독도교육 방안을 지속적으로 고민하고 정책을 개발하여 학교 현장의 독도교육을 활성화할 수 있도록 시도교육청별로 독도관련 TF팀을 조직하여 운영하였으면 한다.

6. 맺음말

　중학교 교육과정과 교과서의 독도 관련 내용구성과 체계를 살펴보고, 교육부와 시ㆍ도교육청의 독도교육 정책에 따라 실제 중학교에서 독도교육이 어떻게 이루어지고 있는지를 발표자가 근무하는 학교를 사례로 검토한 후 독도교육의 과제를 몇 가지 제시해 보았다. 앞에서도 서술한 바와 같이 현재의 독도교육은 단위 학교별 연간 교육활동계획에 의거하여 지속적이고 체계적으로 실시되고 있지 못하는 실정이다. 수업시수 부족에 따른 교과진도와 진학을 이유로 교과서 내용 위주로 요약 정리하여 학생들에게 전달하거나 창의적 체험활동, 학교 행사, 독도탐방 등 일회성 활동에 그치고 있다. 사정이 이렇다 보니 학생들이 미래지향적인 한ㆍ일관계속에서 독도문제를 인식하고 일본의 독도 영유권 주장 내용과 근거를 명확히 파악하여 그 주장의 문제점을 논리적으로 설득할 수 있는 능력을 함양하기 보다는 일시적이고 감정적인 태도로 대응하고 있다.

　본 발표자의 독도교육 사례가 전국의 모든 중학교의 독도교육을 대표한다고 생각하지는 않는다. 본교보다 더욱 활발하게 독도교육을 진행하고 있는 학교도 많을 것이다. 그러나 학교는 독도교육만을 실시하는 곳이 아니기 때문에 독도교육에만 전념할 수 없다. 형식적이고 일회적인 독도교육에서 한걸음 나아가 학생들의 학습 발달 단계를 고려하여 학교급별 독도교육을 실천하고, 학교급간 독도교육이 연계하여 단위 학교 교육과정안에서 독도교육이 지속적이고 체계적으로 실시될 수 있도록 교육과정과 교과서, 다양한 교수-학습 자료의 개발과 수업의 실천으로 이어지길 바란다.

【참고문헌】

[교육부 및 시·도 교육청 독도관련 정책 자료]
교육과학기술부 고시 제2010-24호(2010.5.12.), 「초·중등학교 교육과정 개정 고시」.
교육부 고시 제2015-74호(2015.09), [별책 7]『사회과 교육과정』.
교육부, 「초·중·고등학교 독도교육 내용 체계」, 2014.
교육부, 2019년 독도교육 기본 계획, 2019.
경상북도교육청, 2019년 독도교육 기본 계획, 2019.
대구광역시교육청, 2019년 독도교육 기본 계획, 2019.

[논문]
권영배, 「중등학교 사회과 '독도교육'의 현황과 과제」, 『역사교육논집』36, 2006.
김영수, 「초등학교와 중학교 역사교육에서 독도 관련 교육과정과 주요내용 분석」, 『사회과교육』52, 2013.
김호동, 「교육과정과 해설서의 독도기술과 학교급별 체계적 독도교육의 방안 모색」, 『역사교육논집』51, 2013.
김호동, 「우리나라 독도교육 정책의 현황과 과제」, 『독도연구』17, 2014.
박경근·전기석·신재열, 「중학생들의 독도 인식 및 바람직한 독도교육에 관한 연구」, 『독도연구』제21호, 영남대학교 독도연구소, 2016.
박지영, 「일본 중학교 독도교육의 실태 - 교과서 기술내용의 변화를 중심으로-」, 『독도연구』제26호, 영남대학교 독도연구소, 2019.
송호열, 「중학교 사회2 교과서의 독도(獨島) 중단원 비교 분석 -질적 분석을 중심으로-」, 『한국사진지리학회지』제23권 4호, 한국사진지리학회, 2013.
이상분, 「중학교에서 역사적 사고력 신장을 위한 독도교육 방안 - 부교재 "영원한 우리 땅 독도" 활용을 중심으로」, 『역사교육논집』51, 2013.
이서영·이상균, 「남·북한 역사 교과서의 독도관련 내용분석」, 『독도연구』24, 2018.
이우진, 「'독도 교육'의 측면에서 본 '2015 개정 교육과정'」, 『비교일본학』

40, 2017.

주혜영, 「영토분쟁문제에 대한 중학교 역사 수업 방안 연구 : 독도교육을
    중심으로」, 서강대학교 교육대학원, 2015.

한철호, 「한국 중학교 『역사』 교과서의 독도 서술 경향과 과제」, 『영토해
    양연구』 No.3, 동북아역사재단, 2012.

[교과서]

주진오 외 13명, 『중학교 역사 ②』, 천재교육, 2012.

조한욱 외 10명, 『중학교 역사 ②』, 비상교육, 2013.

양호환 외 7인, 『중학교 역사 ②』, 교학사, 2012.

김형종 외 12인, 『중학교 역사 ②』, 금성출판사, 2012.

이문기 외 19인, 『중학교 역사 ②』, 두산동아, 2012.

김덕수 외 13인, 『중학교 역사 ②』, 천재교과서, 2012.

정선영 외 8인, 『중학교 역사 ②』, 미래엔, 2012.

정재정 외 10인, 『중학교 역사 ②』, 지학사, 2012.

우리나라 고등학교 독도 교육의 현황과 문제점

이 광 현

1. 머리말

일본은 과거 자신들이 제국주의 시대의 한 축이었음을 영광으로 여기는 그릇된 역사 인식을 지닌 정치 세력이 장기 집권하면서 침략의 역사를 부정하고 또 이를 왜곡해 자국의 미래 세대에게 가르침으로써 평화와 번영의 동아시아 공동체 건설을 지향하는 주변국의 우려를 낳고 있다. 이는 침략의 역사를 사죄하고 철저히 가르치는 독일과 너무 비교되는 행보이고, 올바른 역사 인식을 지닌 건전한 세계 시민으로 성장하기 위해 역사 교육이 얼마나 중요한 지를 보여주는 좋은 사례이다. 독도 문제, 위안부 문제, 강제 징용 피해자 문제 등 과거사 문제는 역사적 문제임을 분명히 알고 올바른 역사 인식을 지니도록 가르쳐야 동아시아의 건전한 일원으로 한·일 양국이 함께 웃는 미래를 그려갈 수 있을 것이다.

고등학교에서의 독도 교육은 단순히 애국심을 자극해 독도 수호 의지를 확인하는 수준을 넘어 역사적 문제로 독도 문제를 이해하고 일본

정부의 부당한 독도 영유권 주장에 맞서 독도가 우리의 고유한 영토임을 논리적으로 주장할 수 있고 이를 실천할 수 있는 민주시민으로서의 역량을 기르는데 방점이 찍혀야 할 것이다. 이에 본고에서는 2015 개정 교육과정에서 강화된 독도 교육이 실제 고등학교 현장에서는 어떻게 진행되고 있는지 살펴보면서 문제점은 없는지 또 고등학교 독도 교육의 발전을 위해 개선할 점은 있는지 함께 생각해 보고자 한다.

우리나라 고등학교 독도교육의 현황 분석은 김화경(2011)[1], 이상일(2011)[2], 김영수(2012)[3], 김영수(2013)[4], 강승호(2015)[5], 송호열(2012)[6] 등의 선행연구가 있다. 이들 연구는 대부분 특정 교과 교과서에서 독도 기술을 분석하거나 교육과정과 교과서 독도 기술의 현황을 분석하고 있다. 그러나 2015 개정교육과정에 의한 최근 독도교육의 실태와 문제점을 분석하고 있는 것은 거의 없다고 하겠다. 이 글에서는 학교 교육 현장의 관점에서 실제 독도교육이 어떻게 이루어지고 있으며 또 어떠한 개선점이 있는지에 초점을 맞출 것이다.

---

[1] 김화경, 「독도 교육의 방향 설정을 위한 제언 - 중·고등학교 국사교과서의 독도 기술을 중심으로 한 고찰」, 『교육과정평가연구』 14-2, 한국교육과정평가원, 2011, 31-56쪽.

[2] 이상일, 「2009 개정 교육과정 고등학교 '한국사' 교과서의 개항기 내용분석 - 독도와 러일전쟁 관련 서술을 중심으로」, 『역사와 교육』 13, 역사와 교육학회, 2011, 39-68쪽.

[3] 김영수, 「한국과 일본 고등학교 역사교과서의 독도 관련 내용의 비교와 분석」, 『평화학연구』 14-1, 한국평화통일학회, 2013, 243-262쪽.

[4] 김영수, 「한국 역사 교과서에 나타난 독도 기술 현황과 과제: 고등학교 역사교과서 중심으로」, 『영토해양연구』 3, 동북아역사재단, 2012, 112-133쪽.

[5] 강승호, 「역사교육에서의 영토 교육 현황과 문제점 - 2011 교육과정에 의한 고등학교 한국사 교과서의 영토 관련 서술을 중심으로 -」, 『역사와실학』 57, 역사실학회, 2015, 381-418쪽.

[6] 송호열, 「고등학교 한국지리 교과서의 독도 관련 내용 분석」, 『한국사진지리학회지』 22-2, 한국사진지리학회, 2012, 53-69쪽.

2. 2015 개정 교육과정과 '독도 교육'

　교육부는 일본의 계속되는 독도 영유권 도발에 대응하고 학생 및 교원들의 '독도 영토주권 수호의지' 강화를 위해 2017년 3월 동북아역사재단 및 시·도 교육청과 함께 「독도 교육 기본계획」을 발표하였다. 여기에서 교육부는 2015 개정 교육과정에서 '독도 교육'을 범교과 학습 주제로 채택한 취지에 부응하여 교과와 창의적 체험활동 등 교육활동 전반에서 통합적으로 운영될 수 있도록 하는데 중점을 두고, 초·중학교 사회, 고등학교 지리, 역사, 기술·가정 교과에 독도 교육 내용을 확대하는 등 독도 교육을 강화하겠다고 밝혔다.[7] 일본 정부의 '독도 왜곡 교육 강화'에 맞서 2010년 '독도교육통합위원회'가 출범되고 2011년에 처음으로 범교과 학습 주제로 채택된 독도 교육은 39개의 범교과 학습 주제가 10개로 통합·조정된 2015 개정 교육과정에서도 독자적인 학습 주제로 남아 강조되고 있다.

〈표 1〉 2015 개정 교육과정 범교과 학습 주제[8]

안전·건강 교육, 인성 교육, 진로 교육, 민주 시민 교육, 인권 교육, 다문화 교육, 통일 교육, 독도 교육, 경제·금융 교육, 환경·지속가능발전 교육

　국가·사회적 요구와 수요자의 필요나 요구에 의해 지도되어야 하고 강조하여 지도해야 할 교육 내용인 범교과 학습 주제로 계속 채택되어 강조되는 독도 교육이 2015 개정 교육과정에서 어떻게 강화되었는지 우선 살펴보고자 한다.

---

7) 교육부(2017.3.24.), 「보도자료: 독도 영토주권 수호를 위한 독도교육 기본계획 발표」, 1~2쪽.
8) 교육부, 『2015 개정 교육과정 총론 해설(고등학교)』, 2017, 53쪽.

1) 교과 영역에서의 독도 교육 강화

2009 개정 교육과정에서 독도 관련 기술은 대체로 「사회과 교육과정」
의 '역사영역'에서 다루어지고 있었으며, 그 내용은 '독도가 우리 영토
인 것에 대한 역사적 정당성과 일제에 의한 독도의 불법 편입'이었다.
다음으로 '지리·일반사회 영역'과 「실과 교육과정」에서는 '독도의 가
치'에 대해 다루고 있었다. 9) 그렇다면 2015 개정 교육과정의 교과 영
역에서는 어떨까? 독도 교육 기본계획을 발표하면서 교육부가 강조한
대로 독도 교육은 강화된 듯 보인다. 고등학교 사회과, 실과(기술·가
정) 교육과정을 중심으로 비교해 보면 독도 교육이 강화된 모습은 더
욱 뚜렷하다.

먼저, 사회과에서는 『한국사』, 『한국지리』, 『동아시아사』 교과목에
서 독도 교육이 강화되었다. 다만, 2015 개정 교육과정 고등학교 『한국
사』의 경우 전근대사 중심의 중학교와 계열성을 고려하며 근현대사를
중심으로 구성되었기에 2009 개정 교육과정과 단순 비교하는 것은 한
계가 있으므로 개정 교육과정에서 기술된 독도 관련 내용만 살펴보고
자 한다. 고등학교 1학년 학생들이 공통과목으로 배우는 『한국사』에
서 독도 관련 단원은 '국제 질서의 변동과 근대 국가 수립 운동', '대한
민국의 발전과 현대 세계의 변화'이다. '독도와 간도'라는 소주제에서
는 '대한제국 칙령 제41호'와 '일제의 독도 불법 편입'을 학습요소로 하
고 있고10), '현대 세계의 변화'라는 소주제에서는 '샌프란시스코 강화
조약'과 '독도 수호'를 학습요소로 하고 있다.11) 성취기준 해설에서는
'일본의 독도 영유권 주장을 논리적으로 반박할 수 있는 올바른 역사
관과 주권 의식을 확립'하고, '동북아시아의 평화와 공동 번영을 모색

---

9) 이우진, 「'독도 교육'의 측면에서 본 '2015 개정 교육과정'」, 2016, 80쪽.
10) 교육부 고시 제2015-74호[별책7] 149쪽.
11) 교육부 고시 제2015-74호[별책7] 151쪽.

하는 자세를 기르도록' 하고 있다. 일본의 부당한 주장에 맞서 애국심을 자극하는 감정적 대응이 아니라 고등학생의 수준에 맞게 논리적으로 반박하고 민주 시민, 세계 시민으로서의 자세까지 갖추도록 강조하고 있는 것이다.

〈표 2〉 2015 개정 교육과정 『한국사』 과목에서의 독도 교육 내용

단원	독도 관련 내용
(5) 국제 질서의 변동과 근대 국가 수립 운동	[10한사05-04] 독도가 우리의 영토임을 역사적 연원을 통해 증명하고, 일제에 의해 이루어진 독도 불법 편입 과정의 문제점과 간도 협약의 부당성을 이해한다. (가) 학습 요소 <table><tr><td>소주제</td><td>학습 요소</td></tr><tr><td>독도와 간도</td><td>대한 제국 칙령 제41호, 일제의 독도 불법 편입, 간도 협약</td></tr></table> (라) 평가 방법 및 유의 사항 독도에 대한 학습 내용뿐 아니라 효율적인 홍보 방안, 일본의 역사 왜곡에 대한 우리의 대응 방안 제시를 평가 항목으로 활용할 수 있다.
(7) 대한민국의 발전과 현대 세계의 변화	[10한사07-05] 동북아시아의 역사 갈등, 과거사 문제 등을 탐구하여 올바른 해결 방안을 모색하고, 일본의 독도 영유권 주장을 논리적으로 반박한다. (가) 학습 요소 <table><tr><td>소주제</td><td>학습 요소</td></tr><tr><td>현대 세계의 변화</td><td>샌프란시스코 강화 조약, 전후 보상 문제, 일본군 '위안부', 독도 수호, 동북 공정</td></tr></table> (나) 평가 방법 및 유의 사항 독도에 대한 학습 내용뿐 아니라 효율적인 홍보 방안, 일본의 역사 왜곡에 대한 우리의 대응 방안 제시를 평가 항목으로 활용할 수 있다.

〈표 3〉『동아시아사』 과목에서의 독도 관련 기술 비교

2009 개정 교육과정		2015 개정 교육과정		
교육 과정	선택교육과정-심화과 목	교육 과정	선택교육과정-일반선택과목	
교과	동아시아사	교과	동아시아사	
단원	오늘날의 동아시아	단원	오늘날의 동아시아	
성취 기준	[동1264] 동아시아에 현존하는 갈등과 분쟁에 대해 알아보고, 다른 나라의 사례를 통해 화해를 위한 방법을 탐구할 수 있다.	성취 기준	[12동사05-03] 오늘날 동아시아 국가 간의 갈등과 분쟁 사례를 살펴보고 그 해결을 위해 노력하는 자세를 갖는다.	
			소주제	학습요소
			갈등과 화해	독도 센카쿠(다오위 다오), 북방 도서, 난샤 군도, 시샤 군도 일본의 식민 지배 미화, 야스쿠니 신사 참배, 교과서 왜곡, 일본군 '위안부', 고노 담화, 동북공정

→

다음으로 고등학교 2~3학년 학생들이 일반 선택 교과로 배우는『한국지리』와『동아시아사』 과목에서의 변화를 살펴보자. 『동아시아사』에서 독도 관련 내용은 '오늘날의 동아시아' 단원에서 다뤄진다. 현재 동아시아의 갈등 문제에 대해 다룬 단원이라 독도 문제가 포함되어 배운다는 점에서 내용면에서 큰 변화는 없어 보이지만 갈등과 분쟁에 대해 '사례를 통해 화해를 위한 방법을 탐구' 하는 수준에서 '해결을 위해 노력하는 자세를 갖는다.'라는 좀 더 실천적인 성취기준을 제시하고 있다.12) 또한 학습요소로 '독도'와 '센카쿠(다오위 다오)', '북방 도서'를

함께 제시함으로써 독도 문제를 동아시아적 시각에서 고찰할 수 있도록 하였다. 이는 일본이 독도 문제를 다루는 방식이 센카쿠(다오위 다오)나 북방 4개 도서 문제를 다루는 방식과 어떻게 다르고 모순되는지 교육시킬 수 있는 여지를 마련했다는 점에는 독도 교육이 강화되었음을 확인할 수 있다.13)

『한국지리』과목은 독도 교육 강화라는 변화의 방향이 가장 두드러지게 보인다. 2009 개정 교육과정에서는 국토에 대한 인식을 다루면서 독도가 다뤄지고 있었으나 성취기준에 별도로 언급되지 않았다. 하지만 〈표 4〉에서처럼 2015 개정 교육과정에서는 '독도 주권, 동해 표기 등의 의미와 중요성을 이해한다.'고 분명히 밝히고 있다.

〈표 4〉 『한국지리』 과목에서의 독도 관련 기술 비교

2009 개정 교육과정		2015 개정 교육과정	
교육과정	선택교육과정-심화과목	교육과정	선택교육과정-일반선택과목
단원	국토 인식과 국토 통일	단원	국토 인식과 지리 정보
성취기준	[한지1222] 세계적 관점에서 우리나라의 위치 특성 및 이에 따른 영향을 설명하고, 대응방안을 제시할 수 있다.14)	성취기준	[12한지01-01] 세계 속에서 우리나라의 위치와 영역의 특성을 파악하고, 독도 주권, 동해 표기 등의 의미와 중요성을 이해한다.

성취기준 해설에서는 '지리적·역사적 자료를 통해 독도 주권과 동해 표기 등의 의미와 중요성을 올바르게 파악하고, 관련된 현안에 대

12) 교육부 고시 제2015-74호[별책기 203쪽.
13) 이우진, 「'독도 교육'의 측면에서 본 '2015 개정 교육과정'」, 2016, 80쪽.
14) 2009 개정 교육과정에 따른 고등학교 사회과 핵심 성취기준의 이해, 24쪽.

해 학생 수준에서 할 수 있는 활동 방안을 모색'해 보도록 하였다.[15] 단순히 영토로서의 이해를 넘어 일본의 부당한 주장에 대한 실천까지 모색함으로써 실천적 민주 시민 교육까지 강조하고 있는 것이다.

마지막으로 실과(기술 · 가정) 교육과정에서 독도 교육이 어떻게 강화되었는지 살펴보면, 2009 개정 실과(기술 · 가정) 교육과정의 『해양과학』 과목에서의 성취기준이 '독도의 가치에 대해 이해'하는 수준이었다면, 2015 개정 교육과정의 『해양문화와 기술』 과목에서는 단순히 독도의 가치를 이해하는 수준에서 그치지 않고, '우리의 국토로 지킬 방안을 마련'하는 것을 요구하는 수준으로 강화되었음을 확인할 수 있다.[16]

〈표 5〉「실과(기술 · 가정) 교육과정」에서의 독도 관련 기술 비교

2009 개정 교육과정			2015 개정 교육과정	
교육과정	선택교육과정-심화과목		교육과정	선택교육과정-진로선택과목
과목	해양과학		과목	해양문화와 기술
학년	고1~3	→	학년	고2~3
내용	(4) 해양과 인류 (다) 해양 강국을 위한 해양의 중요성과 인접 국가와의 관계와 관련하여 영해로서 해양의 가치를 알게 한다. 특히 독도의 가치에 대해서 이해한다.		내용	나. 성취기준 (1) 해양과 문화 [12해양01-04] 영해로서 해양의 가치를 알고, 독도의 가치를 파악하여 우리의 국토로 지킬 방안을 마련한다.

이상 살펴본 바와 같이 2015 개정 교육과정에서는 『한국사』, 『동아시아사』, 『한국지리』, 『해양문화와 기술』 등의 과목에서 독도 교육이

---

[15] 교육부 고시 제2015-74호[별책7] 160쪽.
[16] 교육부 고시 제2015-74호[별책10] 72쪽.

강화되었음을 확인할 수 있다.

2) 창의적 체험활동에서의 독도 교육 강화

  교육부의 독도 교육 강화는 비단 교과 영역에서의 내용적 강화만을
이야기 하진 않는다. 범교과 학습 주제는 교과와 창의적 체험활동 등
교육활동 전반에서 통합적으로 교육이 진행된다. 이미 2016년부터 4월
둘째 주를 '독도 교육 주간'으로 선정해 독도 교육을 실시하도록 하고,
2018년부터는 지역 간 독도 체험 격차 해소를 위해 체험시설이 상대적
으로 부족한 지역을 중심으로 이동식 독도 체험 시설을 구축해 운영하
고 있다. 이 밖에 독도 체험 발표대회, 독도 지킴이 학교 운영, 독도 교
육 연구학교 운영, 독도교육 교사연구회 지원 등 국가 차원에서 독도
교육이 체계적으로 진행되고 있다.
  각 시·도 교육청에서도 지역의 특성을 반영한 독도 교육을 실시하
고 있다. 울릉도와 독도를 품고 있기에 독도 교육에 각별한 관심을 가
질 수밖에 없는 경상북도교육청의 독도 교육을 살펴보자. 경상북도교
육청에서는 매년 '독도 교육 기본계획'을 수립해 독도 교육을 진행하는
데 주요 내용으로 교육청 홈페이지에 경북사이버독도학교 홈페이지를
구축해 기관별로 산재한 독도 콘텐츠를 통합 운영하고 있으며, 독도
지킴이 동아리를 매년 초·중·고 140팀을 선정해 운영하고 있다. 또
한 학생 및 교직원을 대상으로 한 독도 체험 탐방단을 모집해 독도를
몸으로 체험할 수 있는 기회를 부여하고, 경상북도교육청 산하 교육지
원청별로 교원 독도 역량 강화 연수를 진행하는 등 독도 교육에 관심
과 지원을 아끼지 않고 있다. 그렇다면, 교육부와 시·도교육청에서
수립한 독도 교육 기본계획에 의거해 학교 현장에서 진행되고 있는 독
도 교육의 실제 모습은 어떨지 살펴보도록 하자.

3. 고등학교 독도교육의 현황과 문제점

1) 형식적인 '독도 교육 주간'과 교사의 열정이 필요한 '독도의 달'

학교에서의 독도 교육은 4월 '독도 교육 주간'과 10월 '독도의 달'을 전후해 강조되어 진행된다. 학교에서는 매년 4월 둘째 주를 '독도 교육 주간'으로 교육 계획에 반영해 교육 활동을 진행하고 그 실적을 교육청에 공문으로 보고하고 있다. 공문으로 차곡차곡 정리되는 '독도 교육 주간'의 실제 모습은 어떨까? 대개의 일반계 고교에서는 현수막 걸기, 담당교사가 안내해 준 사이트에 접속해 독도 영상 시청하는 정도로 진행하고, 좀 더 독도 교육에 관심이 높거나 적극적인 관리자 또는 담당교사가 있는 경우(독도 지킴이 동아리가 있거나 연구학교로 지정된 경우)에는 외부 강사 초청 특강, 사진 전시회, 단원 재구성을 통한 독도 융합수업 등을 진행할 수도 있을 것이다. 학생 선택 중심 교육과정이 본격화되면서 학급활동 시간이 사라진 고등학교에서는 그나마 독도 관련 동영상을 보여줄 시간조차 확보하기 어려운 형편이다.

형식적으로 진행되는 '독도 교육 주간'에 비해 '독도의 달'에는 10월 25일 '독도칙령의 날'을 전후한 계기교육이나 행사는 그나마 내용 면에서는 나은 편이다. 독도 교육에 조금 더 관심 있는 역사교사라면 10월 25일을 전후한 수업 시간에 독도에 대한 계기교육을 진행하거나 교수학습 진도 계획을 수립할 때 단원 재구성을 통해 독도 관련 단원에 대한 수업을 진행할 것이다. 학교에 따라 모습은 조금 다르겠지만 '독도칙령의 날'을 전후해 독도 관련 교내대회(독도독서대회, 독도바로알기대회, 독도스토리텔링대회, 독도 백일장 등)를 실시하거나 독도 사진전 등 전시회를 진행하기도 한다. 교내대회의 경우 독도에 대한 어느 정도의 내용 이해가 필요하기에 독도 교육으로 효과적이라 하겠다. 하지만 독도 관련 계기교육이나 교내대회 모두 교사의 열정이 필요한 일이고, 교내대회의 경우 전체 학생이 대상이 아니라 참가 희망자에 한해 일어나는 활동인데다 2019학년도 입학생부터는 교내대회 수상실적을 한 학기에 한 개까지만 학생부에 반영할 수 있기에 교내대회 참가자가 줄어드는 추세라는 한계가 있다.

2) 필수가 아닌 10시간 권장의 범교과 학습 주제로 외면 받는 독도 교육

신학년도를 준비할 무렵 시·도 교육청에서는 학교의 실정에 맞춰 범교과 학습을 진행하도록 〈표 6〉과 같은 공문을 학교로 발송한다.

〈표 6〉 경상북도교육청 2019학년도 범교과 학습 주제 교육과정 반영표(중등)

연번	교과 학습 주제	법령에 근거한 교육과정에 반영해야 할 시수			관련 근거(법, 지침, 교육부 계획, 도교육청 계획 등) 및 편성 시 유의사항	담당과
		주제	필수	권장		
1	안전· 건강 교육	안전교육 생활안전	10		·학교안전사고 예방 및 보상에 관한 법률 8조 및 동법 시행규칙 2조 ·학교 안전교육 실시 기준 등에 대한 고시(교육부, 2017.4.21.)	기획조정관 (교육안전단) 학생생활과
		교통안전	10			
		폭력예방 및 신변보호	10			
		약물 및 사이버 중독예방	10			
		재난안전	6			
		직업안전	3			
		응급처치	2			
		성교육	15		·학교보건법 제9조, 9조의2 ·성폭력방지 및 피해자보호 등에 관한 법률 (성폭력방지법)제5조 ·양성평등기본법 제31조	학생생활과

연번	교과 학습 주제	법령에 근거한 교육과정에 반영해야 할 시수			관련 근거(법, 지침, 교육부 계획, 도육육청 계획 등) 및 편성 시 유의사항	담당과
		주제	필수	권장		
		보건교육		자율	· 학교보건법 제9조, 9조의2 · 2019년 학생건강증진 정책방향(2019.1.11.) · 보건교사는 최소 1개 학년 이상 17시간 필수	체육건강과
		식품안전 및 영양·식생활교육		자율	· 어린이 식생활안전관리 특별법 제13조 · 식생활교육지원법 제26조 · 영양교사 교직수당 가산금 지급 규정(교육부 훈령 제198호, 2017.1.1.) 월 2회 이상 실시로 되어 있음	
2	인성교육			자율	· 인성교육진흥법 제10조, 제6조 · 인성교육진흥법시행령11조	초등과
3	진로교육			자율	· 진로교육법(2015.6.22.) · 진로교육 5개년 기본계획(2016.4.5.) · 진로교육 집중 학년·학기제 활용	중등과
4	민주시민교육			자율	· 민주시민교육 활성화를 위한 종합계획(2018.11.)	학생생활과
5	인권 교육	장애이해교육	2		· 장애인복지법 시행령 제16조(사회적 인식 개선 교육) 2항 · 제5차 특수교육발전 5개년 계획(2017.12.08.)	정책과
		생명존중 (자살예방)	4		· 자살예방 및 생명존중문화 조성을 위한 법률 (자살예방법) 제17조	학생생활과
6	다문화교육		2		· 다문화가족 지원법 제5조 · 2019년 교육부 주요 교육정책(연간 2시간 이상)	초등과
7	통일교육			10	· 통일교육 지원법 제8조 (학교의 통일교육 진흥) · 교육부 주요	중등과

연번	교과 학습 주제	법령에 근거한 교육과정에 반영해야 할 시수			관련 근거(법, 지침, 교육부 계획, 도교육청 계획 등) 및 편성 시 유의사항	담당과
		주제	필수	권장		
					교육정책(2018.11.) * 교과 4, 창체 6(10시간 이상 권장) * 통일교육주간(5월), 호국보훈의 달(6월), 광복절(8월),통일문화주간(10월), 꿈·끼 탐색주간(12월) 등 활용	
8	독도교육			10	· 교육부 학교혁신정책과 -6896(2018.12.4.)	정책과
9	경제·금융교육			자율	· 경제교육활성화방안(기획재정부, 교육부)	중등과
10	환경 · 지속가능발전교육			자율	· 환경교육진흥법 제4조(책무) · 세계 물의 날(3월 22일), 식목일(4월 5일), 바다의 날(5월 31일), 환경의 날(6월 5일) 활용 · 지속가능발전교육 (Education for Sustainable Development, ESD)에 대한 이해	과학직업과

　독도 교육은 어디까지나 권장 사항이니 학교 교육 여건 상 교육 계획에 포함하지 않는다고 당당히 말하는 학교가 있을까? 독도 교육의 중요성을 생각해 거의 모두 포함시키겠지만, 범교과 학습 주제가 39개에서 10개의 주요 주제로 범주화되는 과정에서도 독자적인 학습 주제로 당당히 남은 독도 교육이 필수가 아닌 권장이란 점은 많이 아쉽다.
　거의 대부분의 고등학교 교육과정부장은 교육청의 공문을 접수한 후 독도 교육 10시간을 역사나 지리교사에게 할당하고 수업진도표를 작성할 때 포함시켜달라고 요구할 것이다. 그럼 아마도 역사과나 지리과 교사는 자신의 교수·학습 진도계획에 독도 관련 단원을 찾아 넣거나 관련 내용이 없더라도 시수를 맞춰 어딘가에는 포함시킬 것이다.

〈표 7〉 2019학년도 ○○고등학교 범교과 학습 주제 배당표

영역	세부 영역		기준시간	1학년	2학년	3학년	운영시간
안전·건강교육	안전교육	생활안전	10	체육5, 수학5	체육5, 수학5	체육5, 수학5	10
		교통안전	10	사회4, 과학5 자율1:체험학습	사회4, 과학5 자율1:체험학습	사회4, 과학5 자율1:체험학습	10
		폭력예방 및 신변보호	10	사회2, 국어3 영어3, 역사2	사회4, 국어3, 영어3	윤리3, 국어2 영어3, 역사2	10
		약물 및 사이버 중독예방	10	과학4, 기가3 자율3:체험학습, 체육한마당, 축제	과학4, 정보3 자율3:체험학습, 체육한마당, 축제	과학7 자율3:체험학습, 체육한마당, 축제	10
		재난안전	6	국어4, 음악2	국어4, 과학2	국어4, 음악2	6
		직업안전	3	진로3	정보3	국어3	3
		응급처치	2	체육2	체육2	체육2	2
	성교육		15	사회2, 국어2, 영어3 계기2:인성안전부(보건) 자율6:체험학습, 체육한마당, 축제	사회2, 국어2, 영어3 계기2:인성안전부(보건) 자율6:체험학습, 체육한마당, 축제	사회3, 국어3, 영어4 계기2:인성안전부(보건) 자율3:체험학습, 체육한마당, 축제	15
	보건교육 (1개 학년이상)		17	체육15 계기2:인성안전부(보건)			17
인권교육	장애이해교육		2	자율4:학생복지부(특수)	자율4:학생복지부(특수)	자율4:학생복지부(특수)	4
	생명존중 (자살예방)		4	자율4:인성안전부(상담)	자율4:인성안전부(상담)	자율4:인성안전부(상담)	4
	양성평등교육		2	자율2:인성안전부(보건)	자율2:인성안전부(보건)	자율2:인성안전부(보건)	2
다문화교육			2	영어2	영어2	영어2	2
통일교육			10	사회2, 역사4, 자율4	사회4, 자율6 :사회과	사회4, 역사2, 자율4:사회과	10
독도교육 (고1만 대상)			10	사회5 :김○○, 우○○ 역사5 :김○○, 이○○			10
정보화 및 정보윤리교육			1	자율2:교육정보부	자율2:교육정보부	자율2:교육정보부	2
학교폭력예방교육			8	미술2 자율6:인성안전부, 담임	국어2 자율6:인성안전부, 담임	미술2 자율6:인성안전부, 담임	8
합계			122	125	98	98	125

　필수가 아닌 권장인데 시수표까지 만들어서 공문으로 보낸다는 것은 이렇게라도 해야 학교에서 교육이 이뤄질 것이라 기대하기 때문이다. 그런데 왜 10시간일까? 학교는 시수표에 할당된 10시간을 창의적 체험활동 시간으로 확보하기 불가능하기에 교과 수업에 반영해 진행해주길 바랄 수밖에 없게 된다. 〈표 8〉에서 알 수 있듯이 교육부의 범교과 학습 주제 교수학습자료집「교과 교육과정과 연계한 독도 교육」에도 이러한 바람은 잘 반영되어 있다. 하지만 학생 선택 중심 교육과정이기에 선택 과목에서 독도 교육이 잘 정리되어 진행된다 하더라도 전체 학생들에게 이뤄지지 못한다는 근본적인 한계가 있다. 이는 짧은 시기였지만 한국사가 선택과목이 되었을 때 교육과정에서 한국사를 제외시키는 과감한 고등학교가 생겼던 사례에서 어렵지 않게 예상되는 결과이다.

〈표 8〉 범교과 학습 주제(독도 교육)와 교과 교육과정 관련성[17]

구분	국토 개념	독도 이해 및 사랑
고 공통	통합과학(1)	국어(2), 통합사회(5), 한국사(6), 통합과학(3)
고 선택	한국지리(5)	생활과 윤리(3), 윤리와 사상(1), 사회·문화(1), 한국지리(4), 세계지리(2), 동아시아사(1), 정치와 법(4)
		음악(2), 미술(8)
	해양 문화와 기술(1)	해양 문화와 기술(3)

※ ( )안의 숫자는 독도 교육과 관련하여 교과 수업과 연계할 수 있는 수업 시수 예시를 나타낸 것임.

　독도 교육을 위한 교수·학습 자료가 부실해서 학교 현장에서 독도 교육이 제대로 이뤄지지 않는 것이 아니다. 학생 수준별로 여러 기관

---

17) 교육부, 교과 교육과정과 연계한 독도 교육(고등학교), 9쪽.

에서 만든 훌륭한 독도 교재가 충분히 있다. 오히려 비현실적인 시간 부여가 문제이다. 학교 현장에 부담을 주기 보다는 독도 교육을 제대로 할 수 있는 『한국사』 과목에서 관련한 내용이 적절한 시수로 다뤄질 수 있도록 해야 할 것이다. 권장이 아닌 필수로 하고 시수는 학교의 자율에 맡기거나 현실적으로 줄이는 것이 타당할 것이다. 적어도 고등학교에서는 그렇다.

3) 2015 개정 교육과정 『한국사』 교과서에서 크게 줄어든 독도 관련 서술

현재 고등학교에서는 아직 2009 개정 교육과정에 따른 교과서를 사용하고 있다. 현재 발표자가 근무하는 학교에서 사용 중인 교과서에서 독도와 관련된 부분을 살펴보면 〈표 9〉와 같다. 독도의 역사적 연원부터 러ㆍ일 전쟁 당시 일본의 독도 강탈, 해방 이후 일본의 독도 영유권 주장과 독도 문제 해결을 위한 방향까지 비교적 자세히 서술되어 있다. 그럼 내년부터 사용하게 될 2015 개정 교육과정에 따른 교과서에서 독도 관련 내용의 서술은 어떨까?

현재 심의를 마치고 오는 12월에 각 학교에서 선정될 새 교과서의 내용은 아직 공개되지 않았기에 지면을 통해 소개할 수는 없다. 다만 발표자가 출판사 두 곳의 새 한국사 교과서를 열람할 기회가 있어 독도 관련 서술 부분을 살펴본 바에 따르면 독도 교육 강화라는 취지가 무색하게 관련 서술이 줄었음을 확인할 수 있었다. 전근대사 부분을 축소하고 근현대사 부분을 강화한 새 한국사 교과서이기에 조선 후기 안용복의 활약이 사라진 것은 그렇다 치더라도, 해방 이후 샌프란시스코 강화 조약을 전후해 시작된 일본의 독도 영유권 주장 등이 사라진 것은 이해하기 어렵다. 간단히 소개하면 대한 제국 시기 독도 정책에

대한 내용을 서술하며 한국과 일본 측 사료를 비교해 독도가 우리 고
유의 영토임을 강조하는 정도로 서술하거나, 러·일 전쟁 중 일본이
불법적으로 편입했다고만 간단히 서술하는 대신 범교과 학습 주제로
별도로 다루는 정도이다. 지나치게 많은 내용 지식으로 인해 학생들이
역사를 어려워하고 멀리하는 경향이 있음을 인정하지만, 사실상 독도
문제에 대해 깊게 살펴볼 수 있는 시간이 한국사 수업 시간뿐임을 고
려한다면 많은 아쉬움이 남는다.

〈표 9〉 현행 2009 개정 교육과정에 따른 『한국사』 교과서에서의 독도 관련 내용[18]

단원명	본문 내용
Ⅲ-3-4. 양난 이후 일본, 청과의 관계는 어떠하였을까?	**일본과의 관계** 한편, 조선 후기 일본 어민이 울릉도와 독도를 자주 침범하여 충돌이 일어났다. 17세기 말 숙종 때 안용복은 울릉도, 독도 지역을 침범한 일본 어민들을 몰아내고 일본에 건너가 그 지역이 조선 영토임을 확인받았다. 그 후에도 일본 어민이 침범하자 19세기 말 조선 정부는 주민들을 울릉도로 이주시켰고, 울릉도에 군을 설치하여 독도를 관할하게 하였다.
Ⅳ-7-1. 일본이 독도를 자국 영토로 불법 편입하다.	**독도의 역사적 연원** **일본의 독도 불법 편입** 대한 제국 시기 일본 어민들의 불법적인 침입이 잇따랐다. 일본 정부는 울릉도에 일본인이 거주하는 것을 합법화하기 위해 여러 차례 노력하였으나, 대한 제국 정부가 이에 강력하게 대응하자 주한 일본 공사는 "울릉도에 일본인이 거주하는 것은 조야 규정에 어긋난다."라고 스스로 인정하였다. 이런 배경 속에서 1900년 정부는 칙령 제41호를 통해 울릉도를 군으로 승격시켜 독도를 관할하게 하였다. 그러나 일본은 러·일 전쟁이 발발하자 한·일 의정서를 체결해 울릉도에 무선 전신 시설과 망루를 설치하였고, 1905년에는 우리 정부와 어떠한 논의도 없이 주인 없는 땅임을 이유로 들어 시마네 현 고시를 발표하고 독도를 시마네 현에 불법 편입하였다. 1906년 울도 군수 심흥택은 일본의 독도 조사단으로부터 일본의 독도 불법 편입 사실을 알게 되었고, 이 사실은 곧 대한 제국 정부에 보

18) 도면회 외 7인, 2009 개정 교육과정에 따른 고등학교 한국사, 비상교육.

단원명	본문 내용
	고되었다. 이에 정부는 대응 방안을 지시하였으나, 을사조약으로 외교권을 상실한 상태였으므로 제대로 시행되지 못하였다.
Ⅵ-6-1. 일본이 역사· 영토 갈등을 일으키다.	**일본의 독도 영유권 주장** 일본은 제2차 세계 대전의 전후 처리 과정에서 우리나라가 독도를 불법적으로 지배하고 있다고 주장하며 독도에 대한 영유권을 주장하고 있다. …(중략)… 나아가 일본 정부는 2008년 이후에는 자국 검인정 교과서에 독도가 일본 영토임을 명시하도록 하였다. **독도는 우리 땅** 독도는 지리적, 역사적, 국제법적으로 명백한 우리나라의 고유 영토이다. …(중략)… 광복 이후 연합국이 작성한 지도에서도 독도는 우리나라의 영토로 표시되어 있다. …(중략)… 우리 정부는 일본의 주장에 휩쓸리지 않고 영토 주권 행사를 강화하며 독도가 우리 고유의 영토임을 분명히 하고 있다. 나아가 우리는 일본의 억지 주장에 대해 지리학, 역사학, 국제법학, 국제 정치학 등 여러 분야의 공동 연구를 통해 대응할 필요가 있다.

4) 비교과 영역 축소 속에 설 자리 잃어가는 독도 동아리와 교내대회

동북아 역사재단에서는 매년 '독도 지킴이 학교'를 선정해 운영하고 있고, 경상북도교육청에서는 매년 '독도 지킴이 동아리'를 선정해 예산을 지원하고 있다. 독도 동아리는 독도 문제에 대한 선도적인 연구 활동과 독도 수호를 위한 실천 활동에 앞장서 왔다는 점에서 충분히 의미 있다고 평가된다. 하지만 이 독도 동아리에 대해서도 생각해 볼 시점이 되었다. 2019년 경상북도교육청에서 선정한 '독도 지킴이 동아리'는 모두 140개이다. 이 중 초등학교가 60개, 중학교가 42개, 고등학교가 38개이다. 독도 동아리는 매년 새롭게 선정하지만 한 번 선정되면 재선정에 큰 어려움이 없으며 고등학교에서는 대개 자율동아리로 개설되어 활동하고 특히 경상북도 소재 고등학교에서는 타 시도와 구분되는 특색 있는 활동으로 대학 입시 준비에도 적극 활용되고 있다. 하지만 올해부터는 상황이 다르다. 동아리 개수는 완만히 감소될 것으로 예상되지만 인원이 급감할 것으로 예상되는 상황이라는 점이다.

지방의 일반계 고교에서는 대체로 정시보다는 수시로 대학을 가는 비율이 훨씬 높은 편이다. 학생부 종합전형에 대한 상반된 평가에도 불구하고 여전히 많은 학생들이 자신의 진로와 연계한 활동을 학교에서 실시하고 그 내용이 학생부에 반영되도록 노력하고 있다. 그런데 대학입시 개혁에 대한 요구가 높아지면서 학생부 종합전형에 대한 개편안으로 비교과 영역 축소, 학생부에서 동아리 활동 삭제 등의 기사들이 흘러나오고 있다. 그나마 고등학교에서 독도 교육 활동의 내용성과 실천성을 담보하고 있던 독도 동아리 활동마저 위축될 수밖에 없는 것이다.

2019학년 입학생부터는 교내대회 입상 실적을 분기별로 1개까지만 학생부에 반영되기에 교내대회 참가비율이 낮아지고 있는 실정이고, 자율동아리 활동은 학년 당 한 개만 그것도 동아리명만 입력할 수 있도록 바뀌면서 학생들은 동아리 가입과 교내대회 참가에 신중함을 보이는 실정이다. 대학입시를 중시하는 한국 현실에서 독도 수호에 대한 당위성만으로 학생들에게 독도 동아리 활동이나 교내 독도대회에 참여하라고 강요할 수는 없는 형편이다.

교육청에서는 내년 초 '독도 지킴이 동아리' 신청을 독려하는 공문을 발송할 것이다. 울릉도와 독도를 관할하는 경상북도와 경북교육청에서는 당연한 책무이다. 하지만 학생들의 입장에서는 나의 진로진학과 당장 연결되지 않는 독도 동아리를 사실상 자신이 선택할 수 있는 1개의 동아리로 삼기는 어려울 것이고, 한 학기에 한 개씩만 반영되는 교내대회 수상경력에 독도대회보다는 다른 대회명이 더 매력적일 것이다.

행사활동을 포함한 자율활동 영역에서 진행되는 독도 교육으로는 야영 수련활동 중 수련원 한 쪽에 마련된 독도 체험장을 견학하거나, 수학여행 중 독도 관련 시설을 체험하기, 학생 축제 때 독도 동아리에서 준비한 체험 활동에 참여하거나 독도 플래쉬몹에 참여하는 정도일 것이다. 의미가 없기 보다는 일회성인데다 수박 겉핥기식으로 잠깐 체험하는 것이기에 독도 문제에 대한 심도 있는 접근이 어렵다는 한계가 있다.

5) 교원의 전반적인 독도 전문성 강화로 이어지지 못하는 교원 독도 연구

학교에서 도서관 업무 담당자가 누구냐고 묻는다면 열에 아홉은 국어교사라고 답할 것이다. 마찬가지로 독도 교육 담당이 누구냐고 묻는다면 대개 사회과 교사 특히 역사 또는 지리교사가 담당자라고 답할 것이다. 도서관 업무나 독서 교육이 국어과의 전유물이 아니듯 독도 교육도 사회과의 전유물이 아니다. 더구나 범교과 학습 주제로 선정되어 다양한 교과와 창의적 체험활동으로 다뤄지는 주제이니 교원이라면 누구나 기본적인 내용 지식을 갖출 필요가 있고, 이를 교과에서 활용할 수 있는 준비를 갖춰야 할 것이다.

경상북도교육청에서는 예하 각 교육지원청에서 독도 교육과 관련해 교사 역량강화 연수를 꾸준히 진행하고 있다. 하지만 〈표 10〉에서 알 수 있듯이 교육대상이 거의 독도 업무 담당자나 독도 동아리 담당교사임을 알 수 있다.

전체 교사들을 대상으로 한 독도 교육 역량강화가 아닌 업무담당자만을 대상으로 하는 역량강화는 학교에서의 독도 교육을 독도 업무 담당자나 동아리 운영자(대개 사회과 교사)만의 전문적인 영역으로 고립

---

19) 경상북도교육청 보도자료(2017~2018) 참고.

〈표 10〉 독도 교육 교사 역량강화 연수[19]

차례	주관 교육지원청	제목	교육대상	일자
1	영주	독도교육 업무담당자 연수회	초·중·고 독도교육 업무담당 교사 50명	2017. 4. 5.
2	울릉	박물관 연계 독도 교육 역량 강화 직무연수	유·초·중 교원 20여 명	2017. 4.20.
3	김천	독도 교육 역량 강화 연수	초·중·고 교장 50여 명	2017.10.16.
	구미	독도교육 역량 강화 교육	초·중학교 독도 업무 담당교사 75명	2017.10.23.
4	경주	독도 교육 강화 연수회	초·중·고교 독도 교육업무 담당교사 84명	2017.11. 2.
5	칠곡	독도업무 담당교사 역량강화 교육	초·중학교 독도 업무 담당교사	2017.12.21.
6	김천	나라사랑 독도사랑 교육 역량강화 연수 실시	초·중·고교 교감 및 독도 교육 업무담당 70명	2018.10.18.
7	포항	독도사랑 직무연수	초·중학교 독도업무와 독도동아리 담당교사 200여 명	2018.10.23.
8	경주	독도사랑 결의식 및 강연회	초·중·고교 교사	2018.10.25.
9	구미	초·중학교 독도 교육 담당교사 및 독도동아리 운영 교사 연수	초·중학교 독도교육 담당교사 85명	2018.11.19.
10	고령	독도 교육 강화 연수	초·중학교 독도교육 업무담당 교사, 독도지킴이 동아리 운영교사	2018.11.27.
11	군위	사례로 살펴보는 독도사례 연수회	초·중·고 독도업무 담당자 및 희망자 20명	2018.12.14.

시킬 우려가 있다. 학교가 어느 해 독도 교육 선도학교나 시범학교로 지정되어 일부러 독도 관련 수업을 고민하지 않은 한 사회과 교사를 제외하고는 자신과 전혀 상관없는 일로 치부할 가능성이 높다는 이야기이다.

4. 고등학교 독도 교육 개선을 위한 제언

○ 독도 교육 연수를 의무화하여 교원의 독도 교육 전문성을 강화하자

현재 교원임용시험을 보려면 한국사능력검정시험 자격증 보유가 기본 조건이다. 교원에게 기본적인 수준의 한국사 내용 지식을 갖추라는 이유일 것이다. 이미 교사들은 한 해 동안 120시간에서 많게는 200시간이 넘게 연수를 받고 있다. 청렴 교육 등 일부 주제는 매년 의무적으로 이수해야 한다. 5시간 내외로 크게 부담을 주지 않으면서도 독도 수호에 대한 내용 지식이나 다양한 독도 교육 사례에 대한 연수를 의무화 한다면 독도 교육에 대한 전문성을 향상시켜 자신의 수업에 적용할 수 있을 것이며, 교과 관련 범교과 학습 주제로 독도 교육을 다루는데 부담감을 떨칠 수 있을 것이다. 나아가 방과후 수업 주제로 개설할수도 있고 독도 교육 주간에 담임반의 계기교육으로 적용해 본다거나 담당 동아리 활동에 응용해 볼 수도 있을 것이다.

○ 학교는 학생 전체가 참여하는 일상적인 독도 교육을 내실 있게 설계해 진행하자

교사들에게 2월은 한가한 듯 보이나 실상 매우 바쁘고 중요한 달이다. 학교를 옮기고 가르칠 과목을 확인하고 수업자료를 준비하느라 바쁘기도 하지만 학교의 1년 동안의 교육계획이 협의되는 시기이기에

매우 중요하다. 최근 고등학교에서는 과정중심 수행평가가 강조되면서 모든 교과에서 수행평가를 진행하는데, 교과 간 협의회를 통해 수행평가를 통합해 진행하거나 융합수업을 진행할 수 있도록 진도표를 조정하는 작업이 2월에 이뤄지지 못하면 학생들 입장에서는 한 학기 동안 수행평가 부담이 너무 커지게 된다. 학교 교육계획을 수립하는 준비 기간에 범교과 학습 계획도 협의하게 되는데 이때 전체 학생을 대상으로 한 독도 교육을 포함시키는 것이 중요하다. 독도 교육 주간에 실시하는 활동이 깊이 있게 진행되기는 어렵다. 때문에 독도 교육 연구·시범학교 등에서 진행한 사례들을 활용해 일상적인 독도 교육이 진행될 수 있도록 계획을 수립해 실천하자.

○ 교과 연계형 융합교육으로 독도 교육을 내실화 하자

2015 개정 교육과정에서는 창의·융합적 인재 육성을 위한 융합교육을 강조하고 있다. 독도 교육을 관련 교과에서 융합교육으로 실시한다면 개정 교육과정의 취지를 살린다는 점에서 더 권장할 만하다. 범교과 학습으로 독도 교육을 10시간 진행하도록 권장하며 고등학교 1학년의 경우 국어, 통합사회, 한국사, 통합과학, 음악, 미술 등의 교과 수업 시간에 몇 시간씩 할당한 예시 자료를 보내주기 보다는 교원에 대한 독도 수업사례 연수를 강화하고 교과 연계형 융합수업으로 유도하는 것이 더 실질적일 것이다. 학기 준비 기간에 교과 간 협의를 통해 독도 교육을 융합수업으로 진행하거나 수행평가를 통합해 진행함으로써 자연스럽게 내실 있는 독도 교육을 실시할 수 있을 것이다. 예를 들어 일본의 독도 영유권 주장을 비판하는 역사 글쓰기 수업을 한국사 시간에 진행한 후 하고, 미술 시간에 독도 관련 광고 디자인을 공동의 수행평가로 진행하는 것이다.

○ 고1『한국사』수업에서 실질적으로 독도 교육을 강화하고 이를 평가와 연계하자

발표자가 보기에 2015 개정 교육과정에서 독도 교육이 가장 강화된 과목은 학생들이 공통으로 배우는『한국사』가 아니라 선택교과인『한국지리』이다. 때문에 고1『한국사』수업에서 독도 교육이 강화되는 것이 중요하다. 새 교과서에서 독도 관련 내용이 제대로 보완되도록 의견을 내는 것도 중요하지만 현장 교사들이 수업을 통해 실질적으로 독도 교육을 강화하는 것이 더욱 중요하다. 발표자는 몇 해 전부터 동북아역사재단에서 독도 교재로 고등학교에 배포한『독도 바로알기』를 활용해 1학년 한국사 수업시간에 독도 관련 역사글쓰기 활동을 진행하고 있다. 작년부터는 수업 중 서술형 평가를 진행하면서는 독도 문제를 포함시키고 있다. 평가와 연결되다 보니 독도 교육에 대한 학생들의 관심과 집중도는 높아질 수밖에 없고 독도 영유권에 대한 논리적인 주장을 펼치는데 기여하고 있다고 생각한다.

만약, 수능 한국사 영역에 독도 문제가 1문제 의무 출제된다면 어떨까? 학생들에게 공부 부담만 더 늘어나게 하는 것 아니냐는 의견이 있을 수 있다. 수능에서 한국사가 필수과목이 되었지만 절대평가가 되면서 상대적으로 과목에 대한 부담은 크게 늘어나지 않았다. 오히려 수능에서 어렵게 출제되지 않기에 내용 지식을 채우기 위한 강의식 수업보다 다양한 학생 참여형 수업을 더 고민할 수 있는 조건이 형성되었다. 독도 교육에 한국사 교육의 상황을 대입시켜 보면 어떨까? 일본의 경우 시마네현에서는 2014년부터 공립 고교 입학시험에 독도 문제를 지속적으로 출제하고 있다. 수능 필수과목인 한국사 영역에 한 문제 정도 독도 관련 문제가 출제된다면 교사와 학생, 학부모까지 구호로만 외치는 독도 수호가 아니라 실제 독도와 관련된 역사적 문제는 무엇인지 알 수 있게 되리라 생각한다.

○ 내 삶과 연결된 비교과 영역의 독도 교육활동을 강화하자.

독도 동아리가 위축될 수밖에 없는 환경이 만들어지고 있다고 해서 독도 동아리가 존재 가치가 떨어지는 것은 아니다. 독도 동아리의 존재 가치가 분명하다. 하지만 독도 지킴이 동아리로만으로 존재하기는 어려워 졌다. 이미 학생부에 반영할 수 있는 자율동아리가 1개로 제한되고 활동 내용을 기록할 수 없게 되었으니 교육과정 동아리로 개설된 역사 동아리 또는 사회과 교과 관련 동아리의 한 주제로 독도에 대해 공부하고 실천하는 활동이 현실적이다. 아울러 학교에서는 대개 2학기에 진행하는 동아리 발표행사에 독도 주제를 포함시키도록 유도하면 좋을 것이다. 댄스 동아리는 '독도는 우리 땅 노래'에 맞춰 댄스를 선보이고, 만화 동아리는 독도 캐릭터를 그려 전시하고, 역사 동아리는 독도 사진전과 주제탐구 발표를 실시하는 것이다. 10월 25일 '독도칙령의 날'을 전후하면 더욱 의미가 있을 것이고 독도스토리텔링대회와 같은 교내대회로 연결해 진행한다면 학생들의 높은 참여를 이끌 수 있을 것이다.

5. 맺음말

독도에 대한 일본 정부의 영유권 주장은 외교적인 주장을 넘어 교육정책 면에서도 지속적이고 체계적으로 강화되고 있다. 반면 한국은 독도 교육을 강조하고 강화하고 있지만 일선 학교에서는 형식적이고 일회적인 활동으로 진행되거나 영토 의식을 강조해 애국심을 고취하는 수준에서 크게 벗어나지 못하고 있으며 교육적 우선순위에서도 밀리고 있는 형편이다.

우리나라 고등학교 독도 교육은 2015 개정 교육과정에서도 10개의 주요 범교과 학습 주제 중 하나로 선정되어 교과와 창의적 체험활동 등 학교 교육활동 전반에 걸쳐 10시간 이상 실시하도록 권장되고 있다. 그렇다면 고등학교에서 실제 독도 교육은 어떻게 진행될까? 대개의 고등학교에서는 4월 독도 교육 주간 행사와 사회과(주로 역사, 지리) 수업 중 관련 단원에서의 수업, 독도 지킴이 동아리나 역사 동아리에서 진행하는 독도 관련 활동, 교내 독도 대회(독도바로알기대회, 독도 골든벨, 독도 백일장 등) 등이 진행된다. 독도 연구학교 또는 독도 지킴이 동아리가 존재하는 학교에서는 좀 더 다양한 독도 관련 활동이 진행되겠지만, 대개의 일반 고등학교에서의 독도 교육은 독도 교육 주간에 형식적인 영상 자료 시청 또는 일회성 행사로 치러지고 독도 관련 교내대회에 일부 학생들이 참가하는 경우가 대부분일 것이다.

크게 보면 입시 위주 고등학교 교육의 문제라고 할 수도 있겠지만, 필수가 아닌 권장 사항인 독도 교육은 관리자의 재량에 따라 축소된다. 독도 교육은 사회과 교사만의 전문적인 영역으로 인식되어 비사회과 교사들의 관심 밖에 있고, 대입제도 개선과 관련해 비교과 영역의 축소 또는 폐지가 언급되는 상황이라 독도 지킴이 동아리는 설 자리를 잃어 가는데 독도 동아리 조직을 권장만 한다면 현실을 따라가지 못하는 것이다.

형식적인 독도 교육에 머물지 않고 역사적 문제로 독도를 인식하고 일본의 영유권 주장에 대해 논리적으로 대응하며 독도 수호 실천 활동을 펼치는 민주시민을 기르는 독도 교육이 요구된다. 이를 위해서는 교원에 대한 독도 교육 연수를 의무화하여 전문성을 강화하고, 학년 초 교육준비 주간을 실질적으로 운영해 교과 연계 독도 융합수업, 공동 수행평가 등을 설계하는 노력이 필요하다. 또한 교내 행사와 동아리 활동, 교내대회 등 학교 교육계획을 수립할 때 학생들의 삶과 연결되는 독도 교육활동이 포함되도록 해야 할 것이다. 새 한국사 교과서에서의 독도 분량과 상관없이 현장의 역사교사들은 책임감을 가지고 독도 교육을 준비해야 한다. 또한 대학입시에 민감할 수밖에 없는 고등학교의 현실을 고려할 때 수능 한국사에 독도 문항이 필수로 포함된다면 독도 교육의 실질적인 개선과 질적 강화가 이루어질 수 있을 것이다.

【참고문헌】

〈자료〉

교육부, 교육부 고시 제2015-74호 [별책7] 사회과 교육과정, 2017.

교육부, 교육부 고시 제2015-74호 [별책10] 실과(기술·가정)/정보과 교육과정, 2017.

교육부, 『2015 개정 교육과정 총론 해설(고등학교)』, 2017.

교육부, 『2015 개정 교육과정 창의적 체험활동 해설(고등학교)』, 2017.

교육부, 『2015 개정 교육과정 평가기준 고등학교 사회과』, 2018.

교육부, 『교과 교육과정과 연계한 고등학교 독도 교육』, 2019.

교육부, 『범교과 학습 주제와 교과 교육과정 연결 맵』, 2019.

김미선, 「독도 교육의 발전 방향에 관한 연구」, 금오공과대학교 교육대학원, 2019.

이우진, 「'독도 교육'의 측면에서 본 '2015 개정 교육과정'」, 『비교일본학』 40, 2017.

도면회 외 7인, 『고등학교 한국사』, 비상교육, 2013.

신정엽 외 8인, 『고등학교 한국지리』, 천재교과서, 2017.

2019학년도 독도 교육 기본 계획(경상북도교육청 중등교육과-885, 2019.1.17.)

2019학년도 범교과 주제학습 운영 계획(북삼고등학교-2198, 2019.3.8.)

〈논문〉

강승호, 「역사교육에서의 영토 교육 현황과 문제점 - 2011 교육과정에 의한 고등학교 한국사 교과서의 영토 관련 서술을 중심으로 -」, 『역사와 실학』 57, 역사실학회, 2015.

김영수, 「한국과 일본 고등학교 역사교과서의 독도 관련 내용의 비교와 분석」, 『평화학연구』 14-1, 한국평화통일학회, 2013.

김영수, 「한국 역사 교과서에 나타난 독도 기술 현황과 과제 : 고등학교 역사 교과서 중심으로」, 『영토해양연구』 3, 동북아역사재단, 2012.

김화경, 「독도 교육의 방향 설정을 위한 제언 - 중·고등학교 국사교과서의 독도 기술을 중심으로 한 고찰 -」, 『교육과정평가연구』 14-2, 한국교육과정평가원, 2011.

이상일, 「2009 개정 교육과정 고등학교 '한국사' 교과서의 개항기 내용분석 - 독도와 러일전쟁 관련 서술을 중심으로」, 『역사와 교육』 13, 역사와 교육학회, 2011.

송호열, 「고등학교 한국지리 교과서의 독도 관련 내용 분석」, 『한국사진지리학회지』 22-2, 한국사진지리학회, 2012.

초중등학교 독도교육실천연구회의 활동 분석

심 정 보

1. 머리말

일본 시마네현은 2005년 3월 '독도의 날'을 제정한 이래, 매년 2월 22일에 기념행사를 실시하고 있다. 2005년 이래 일본 정부의 독도영유권에 대한 주장은 다양한 형태로 전개되었는데, 21세기에 들어 한국으로부터 강한 반발을 초래한 것은 초중고 교육과정 및 교과서에서 독도의 명기와 기술이다. 일본 문부과학성이 독도를 최초로 명기한 2008년 7월 중학교 학습지도요령해설의 사회편 지리적 분야에는 '일본과 한국 사이에 독도(일본명 竹島)를 둘러싸고 주장에 상이가 있다'고 기술되었다. 이후 일본의 초중고 학습지도요령 및 해설, 사회과 교과서에서 독도에 대한 표현은 더욱 노골화되었다.[1] 이때부터 한국은 독도교육

---

[1] 예컨대 2017년과 2018년 3월에 개정된 일본의 초중등학교 학습지도요령 사회과에 독도는 일본 고유의 영토로 명기되어 있다. 현재 대부분의 초중고 사회과 교과서에 독도는 일본 고유의 영토, 한국이 불법점거 등으로 기술되어 있다.

강화를 위해 다양한 방안을 모색해 왔다. 특히 2015 개정 교육과정에서는 독도를 범교과학습[2]의 주제로 설정했으며, 초·중학교 사회, 고등학교 지리, 역사, 기술·가정 교과서에 이르기까지 독도교육의 내용을 확대하도록 했다. 게다가 교육부는 독도 영토주권 수호를 위해 실천 중심의 여러 사업을 추진해 왔는데, 그것은 다음과 같다.

먼저 전국의 독도지킴이학교 운영이다. 이것은 동북아역사재단이 2008년부터 시·도의 고등학교를 대상으로 독도지킴이 협력학교를 선정 및 지원한 것에 기원한다. 2017년에는 초등학교와 중학교까지 확대하여 총 130개교(초등학교 30, 중학교 60, 고등학교 40)의 독도동아리를 지원하여 독도와 동해 표기 교육의 활성화를 도모했다. 독도지킴이로 선정된 학교는 독도동아리를 중심으로 독도지킴이학교 발대식(4월), 교원 및 학생대표의 독도탐방(5월), 그리고 성과발표회 및 시상식(11월) 등을 통해 독도교육의 성과를 전국의 각급 학교에 확산 및 공유하도록 했다.

둘째, 학생용 및 교사용 독도교재의 개발 및 보급이다. 교육부는 독도교육의 내실화를 위해 2012년부터 초중고 학생용 독도바로알기 교재를 개발하여 전국의 초중등학교에 배포함과 동시에 동북아역사재단 독도연구소 홈페이지에 PDF를 탑재하여 활용의 효율성을 높였다. 아울러 학습자의 활동과 체험을 중시하는 교사용 독도 교수학습 자료를 개발하여 현장에 배포하고, 영상자료 등 온라인 보급도 이루어졌다. 이러한 자료를 통해 교육부는 독도교육에 대한 교사의 전문성을 신장시키고, 학습자에게는 지식의 습득과 함께 실천적 독도교육이 되도록

---

[2] 범교과학습은 하나의 학습 주제를 모든 교과에 걸쳐 체계적으로 다루는 것이다. 2015 개정 교육과정에서 범교과학습의 주제는 안전·건강교육, 인성교육, 진로교육, 민주시민교육, 인권교육, 다문화교육, 통일교육, 독도교육, 경제·금융교육, 환경·지속가능발전교육 등 10개이다.

했다.

셋째, 독도교육주간 운영 및 찾아가는 독도전시회 개최이다. 2016년 부터 시도교육청 또는 단위학교에서 4월의 어느 한 주를 독도교육주 간으로 선정하여 학생들에게 독도사랑의 계기가 되도록 했다. 게다가 교육부는 같은 시기에 독도교육주간의 효율성 제고를 위해 유동인구 가 많은 KTX역(용산, 동대구)을 중심으로 독도전시회를 개최했다. 전 시회에서는 독도관련 자료와 동영상 시청, 그리고 홍보자료를 배포하 여 방문자들이 독도를 바르게 이해하고, 독도수호실천의 의지를 지니 도록 했다. 나아가 교육부는 학생 및 시민들의 살아있는 독도교육의 장소로서 지역사회에 독도전시관을 구축 및 운영하고 있다.[3]

넷째, 독도바로알기대회 및 독도교육실천연구회의 운영이다. 2012 년부터 전국에서 3,000여 명의 중고생이 참여하는 독도바로알기대회는 일본의 독도영유권 주장에 대한 논리적 대응의 중요성으로 매년 실시 되었다. 대회는 지역예선과 전국본선으로 진행되며 독도의 지리, 역 사, 국제법 등의 내용을 겨루어 수상자 및 지도교사에게 상장 수여 및 독도탐방의 기회를 부여한다. 한편 초중등학교에서의 독도교육이 학 습자 중심의 실천적 교육활동이 될 수 있도록 전국적인 차원에서 각 시도별 독도교육실천연구회(이하 연구회)를 선정하여 지원 및 운영하 고 있다.

본 연구는 교육부의 독도 영토주권 수호를 위한 활동 가운데, 가장 파급효과가 크다고 판단되는 2017년 독도교육실천연구회의 활동을 분 석하는 것이 목적이다. 연구방법은 전국의 25개(초등 12, 중등 13) 연 구회가 2017년의 활동 결과물을 제출한 보고서를 분석하는 문헌적 방

---

[3] 독도전시관은 2012년 1개관(서울), 2014년 3개관(충북, 전북, 경남), 2015년 4 개관(전남, 경기, 대전, 인천), 2016년 2개관(대구, 광주), 2017년 2개관(세종, 경북), 2018년 1개관(충남)을 구축하여 운영하고 있다.

법이다. 이들 보고서에 수록된 독도 관련 연구주제와 활동을 분석하는 것은 현재 독도교육의 실천적 경향을 파악하고, 나아가 바람직한 독도 교육의 방향 설정에 유용할 것이다.

2. 독도교육실천연구회의 구성과 운영

교육부는 2013년부터 정책지원형 수업연구회 지원 계획에 독도교육을 포함시켰다. 그리하여 2013년(10팀)부터 2014년(17팀), 2015년(17팀), 2016년(23팀), 2017년(25팀)까지 전국 단위의 독도교육실천연구회를 점차 늘려 운영을 관리해 왔다. 2017년 연구회의 운영은 다음과 같다.

1) 연구회의 목적 및 체계

연구회의 목적은 독도교육의 활성화를 통해 독도에 대한 국민들의 관심 증대와 학습자 중심의 실천적 연구 활동 및 그 결과물을 확산시키고 공유하는 것이다. 추진 기간은 2017년 4월부터 12월까지 10개월이다. 25개의 초중고 선정 학교에 예산을 지원할 뿐만 아니라, 학교별 담당 전문가를 위촉하여 연구회 활동에 대한 전문가 컨설팅(6월, 8월)을 실시하여 질적으로 수준 높은 연구회가 되도록 관리했다. 아울러 연구회별 1명씩(우수연구회 10개 팀은 2명 추천) 독도탐방 연수기회를 제공하여 독도를 체험하도록 했다.

연구회의 추진 체계는 〈그림 1〉과 같이 교육부 대외협력팀이 사업을 총괄하며, 주관교육청(세종특별자치시교육청 학교혁신과)에서 사업계획 수립 및 연구회 선정과 운영 등을 담당하였다. 그리고 전국의 각 시·도교육청은 연구회를 추천하고 해당 학교의 연구회를 지원 및

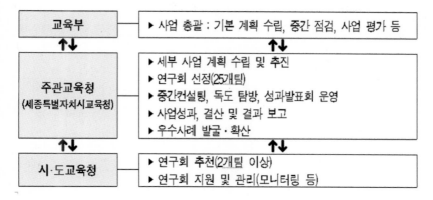

〈그림 1〉 독도교육실천연구회의 추진 체계

자료: 교육부 대외협력팀 · 세종특별자치시교육청 학교혁신과(2017)

관리하도록 했다.

　연구회의 연구 주제는 〈표 1〉과 같이 필수영역과 선택영역으로 설정되어 있다. 필수영역의 '독도 계기교육 자료 개발 및 적용'은 1차시 분량으로 학교 교육과정에 제시되지 않은 독도 관련 특정 주제를 연구회에서 개발하여 학생들에게 적용하는 것이다. 반면 선택영역은 독도교육 정책 현장 적용 사례, 창의적 체험활동과 독도교육, 교과융합형 독도수업지도 사례, 스마트 환경 속의 독도교육, 기타 등 5가지 주제 가운데 하나를 선택하여 실천가능한 창의적 독도교육의 모델을 개발 및 적용하는 것이다.

　이들 필수영역 및 선택영역의 연구 주제는 연구회의 선정 심사 및 연구회 활동의 평가 심사에 중요한 기준이 된다. 각 시 · 도교육청에서 2개 이상의 연구회를 추천하고, 주관교육청(세종특별자치시교육청)에서 선정위원회를 통해 최종적으로 지원 대상 연구회 25개교를 선정했다. 연구회는 4월부터 10월까지 활동하며, 활동에 대한 평가 심사는 11

〈표 1〉 독도교육실천연구회의 연구 주제

영역	주제	내용(예시)
필수 영역	독도 계기교육 자료 개발 및 적용	● 학교 급별(학년별) 맞춤형 창의적 독도 계기교육 자료 개발 및 적용(1차시)
선택 영역	독도교육 정책 현장 적용 사례	● 독도교육주간에 실천 가능한 독도 체험 프로그램 ● 교육과정 속에서의 독도바로알기 교재 활용 방안 ● 지역의 독도전시관 체험 활동 프로그램
	창의적 체험활동과 독도교육	● 놀이 중심의 독도 체험 활동 교수·학습 자료 ● 실천적 독도지킴이(동아리 활동) 프로그램
	교과융합형 독도 수업지도 사례	● 주제 중심의 융합형 독도교육 프로그램 ● 프로젝트기반학습(PBL) 중심의 독도교육 수업 모델
	스마트 환경 속의 독도교육	● 스마트기기를 활용한 학생 활동 중심의 독도교육 ● 네트워크 서비스를 이용한 독도 교류학습
	기타	● 그 외 독도교육에 꼭 필요한 주제

자료: 교육부 대외협력팀·세종특별자치시교육청 학교혁신과(2017)

월에 연구회원 전체가 성과발표회에 참여하여 결과를 발표하며, 심사를 통해 우수연구회를 선정 및 표창한다. 연구 결과물의 활용은 자료집으로 발간하고, 에듀넷 홈페이지에 탑재하여 내용을 공유한다.

2) 연구회의 구성과 연구 주제

(1) 초등학교의 연구회

초등학교의 연구회는 지역별로 학교의 구성, 과목별, 연구 주제 등이 다양하게 설정되었다. 총 12개의 연구회 가운데 단일 학교로 구성된 경우는 5개교, 나머지는 지역사회에 소재한 다른 초등학교와 연계하여 모임을 조직했다. 연구회의 회원은 평균 10명 정도이며, 전 학년

의 교사가 참가했지만, 특히 5학년과 6학년 담임교사가 다수를 차지한
다. 게다가 일부 연구회는 과학전담, 컨설팅, 자문위원 등을 두어 운용
의 효율화를 도모했다. 초등학교의 연구회는 교내에서 주로 국어, 사
회, 음악, 미술, 실과, 창체 등의 수업시간을 활용하여 아동들에게 독도
교육을 실천했다.

각 연구회가 설정한 연구 주제의 특징은 독도에 대한 지식의 주입은
거의 보이지 않는다. 즉 연구회는 연구 주제에서 주로 독도에 대한 체
험, 활동, 실천, 사랑, 공감, 가치 함양, 친근성 등을 강조하고 있다. 미
래 세대에게 독도에 대한 지식 및 이해를 내세우기 보다는 독도에 대
한 관심과 친화적 가치관을 심어주고, 이를 바탕으로 독도 수호 의지
를 육성하도록 하는데 중점을 둔 것이다. 초등학교 연구회의 독도교육
은 아동들에게 독도에 대한 관심과 사랑을 갖도록 교육과정에 근거한
체험 중심의 활동이라 할 수 있다.

〈표 2〉 초등학교의 연구회와 연구 주제

No	지역	학교명	연구회명	연구 주제
1	경북	오계초	독도사랑 핫독세대연구회	이해와 공감을 통한 독도교육으로 독도사랑 핫독(HOTDOG)세대 키우기
2	경북	평해초	생생정보 독도연구회	교육과정과 연계한 독도 체험활동 프로그램 개발 및 현장 적용사례
3	경북	이서초 외 4교	독도랑! 우리랑!	하브루타 수업방법을 통한 독도사랑 학생활동중심수업 자료 개발
4	광주	수완초 외 4교	SWeet연구회	스마트하게 공부하고 즐겁게 체험하는 독도교육
5	대전	판암초 외 4교	기승전 독도사랑연구회	기(독도교육) 승(독도체험) 전(독도놀이)을 통한 독도사랑 실천하기
6	부산	동주초 외 4교	독도사랑연구회	동요, 동요합창곡 작곡과 보급을 통한 독도사랑 운동 전개

No	지역	학교명	연구회명	연구 주제
7	세종	참샘초	참샘 독도사랑연구회	학생의 독도에 대한 올바른 가치 함양
8	울산	삼일초	독도에 살으리랏다	주제 중심의 융합형 독도교육 프로그램
9	인천	삼목초 외 7교	독도사랑연구회	섬과 도시가 만나 함께 떠나는 독도사랑 프로젝트
10	전남	화원초 외 8교	전남 독도사랑연구회	독도사랑 교육활동을 통한 독도사랑과 우리영토 수호의식 함양
11	제주	애월초	독도사랑 제주사랑연구회	독도지킴이 활동을 통한 독도 사랑하는 마음 키우기
12	충남	합덕초 외 17교	독도사랑실천 연구회	더(THE) 새롭게 배우며 친근한 독도교육

(2) 중등학교의 연구회

중등학교의 연구회도 지역별로 학교의 구성, 교사의 전공 영역, 연구 주제 등이 다양하다. 총 13개의 연구회 가운데 단일 학교로 구성된 경우는 6개교, 나머지는 지역사회에 소재한 중학교 및 고등학교로 이루어졌다. 경남독도연구회에는 특이한 사례로 중등학교와 함께 초등학교도 2개교 포함되어 있다. 연구회의 회원은 최소 5명에서 최대 20명으로 구성되어 있는데, 평균 10명 정도이다. 연구회에 참여한 교사의 전공은 역사, 지리, 사회, 윤리, 국어, 영어, 일본어, 프랑스어, 한문, 수학, 과학, 물리, 지구과학, 기술, 체육, 음악, 미술, 공예디자인, 연극영화 등으로 교과융합형 독도수업 지도를 지향하고 있음을 알 수 있다. 이들 가운데 역사, 지리, 사회 전공 교사가 다수를 차지하여 독도에 대한 관심이 많다는 것을 알 수 있다. 그 이유는 이들 교과서에서 독도가 중점적으로 다루어지기 때문이다. 연구 활동과 관련하여 사회과 교사는 독도의 지리, 역사, 국제법, 정치, 경제 등을, 외국어과 교사는 독도 관련 외국어나 한자 번역, 토론회 등을, 과학과 교사는 독도의 탄생과 생태 등을, 예체능 교사는 독도의 노래와 그림 그리기, 연극활동, 플래시몹 등을 주로 담당했다.

중등학교 연구회의 연구 주제도 교육부가 지정한 1개의 필수영역과 5개의 선택영역에 근거하여 설정되었다. 연구회의 연구 주제는 교과융합형이 다수를 차지하며, 그 외에 주제의 핵심어는 프로젝트, 스마트 환경, 범교과, 마스터, 창의, 평화, 놀이 등이다. 이는 초등학교의 연구회와 달리 대체로 연구 주제가 폭넓고 추상적으로 설정되었다고 할 수 있다. 그렇지만 중등학교 연구회의 독도교육도 지식과 이해 중심에서 탈피하여 체험과 활동 중심으로 설정된 것은 초등학교 연구회와 동일하다.

〈표 3〉 중등학교의 연구회와 연구 주제

No	지역	학교명	연구회명	연구 주제
1	강원	강릉고 외 15교	강원지리연구회	교과융합형 독도수업 사례 연구 -스토리텔링 PBL 프로젝트 수업모형 개발
2	경기	가온고	독도 알지? 연구회	함께 참여하고 활동하는 체험형 독도 프로젝트 개발 방안 연구
3	경기	권선고 외 5교	경기독도공감 연구회	평화를 배우는 교실, 독도 (독도동아리활동 가이드북 개발)
4	경남	진주 동명고	APP-Dokdo 연구회	스마트 환경에서 실천할 수 있는 독도교육 자료개발
5	경남	가야고 외 5교	경남독도교육 연구회	독도 교육주간 이렇게 운영해 보아요!
6	대구	영남고	독도지킴이 연구회	교육과정 재구성을 통한 교과융합형 독도지킴이 교육활동
7	대전	복수고 외 7교	독도꿈나래 융합수업연구회	공립형 대안교육 활성화를 위한 프로젝트 중심 창의적 체험활동 개발
8	부산	부산 디지털고 외 2교	독도교육 부산연구회	범교과 독도교육을 통한 역사, 지리적 독도영유권 인식 제고

No	지역	학교명	연구회명	연구 주제
9	서울	서울사대부고	어울림사회교과교육연구회	'아름다운 우리 땅, 독도'를 주제로 한 사회과 융합수업 모형 개발
10	전북	근영여고	두발로 하는 독도교육연구회	독도교육 마스터 과정 개발
11	충남	신당고	독도를 수호하는 우리	배움중심수업을 활용한 교과융합형 프로젝트 기반학습(PBL) 중심의 독도교육 수업모델 개발
12	충북	충주고 외 8교	에두카토르독도교육실천연구회	교과융합형 울릉도 독도집중 교육과정 모형 및 교과융합형 창의적 체험활동 프로그램 개발
13	충북	세명고 외 1교	세명-다솜 독도수업연구회	놀이로 배우는 독도

3. 독도교육실천연구회의 연구 활동

초중등학교 연구회의 최종 보고서에 따르면, 연구 활동은 교육부가 제시한 하나의 필수영역으로 독도 계기교육자료 개발 및 적용, 그리고 선택영역에 해당하는 독도교육 정책 현장 적용, 창의적 체험활동과 독도교육, 교과융합형 독도수업, 스마트 환경 속의 독도교육 등에 근거하여 이루어졌다. 그렇지만 연구회의 최종 보고서(초등 12, 중등 13)에 드러난 연구 성과를 분석해 보면, 연구 계획과 연구 성과는 일치하지 않는 부분도 있다.[4] 전국 25개 연구회가 제출한 결과물의 공통 사항은 대체로 체험과 활동 중심의 독도교육 실천이다. 이들 연구 활동을 교

---

[4] 예컨대 초등의 독도사랑연구회는 "동요, 동요합창곡 작곡과 보급을 통한 독도사랑 운동 전개"라는 주제로 1년 동안 단지 독도 관련 음악활동(독도사랑 노랫말 가사 발굴하기, 독도사랑 창작 동요, 합창곡집 만들기, 독도 사랑하는 노랫말로 창작곡 적용 수업하기, 독도사랑 창작곡 발표회, 독도사랑 자료 보급하기 등)에 집중하여 활동을 전개했다.

내, 교외, 온라인으로 구분하여 그 특징을 살펴보면 다음과 같다.

1) 교내에서의 독도교육 실천

교내에서의 독도교육은 공개수업, 동아리 활동, 독도교육주간 운영, 독도의 날에 주로 실시되었다. 독도 공개수업은 독도실천주간에 계기교육의 일환으로 교육과정과 연계하여 교과융합형으로 이루어지는 경우가 많았다. 초중등학교 연구회에서 개발하고 적용한 독도교육의 실천 주제는 〈표 4〉와 같이 매우 다양했다.

실천 주제의 적용 빈도와 관련하여 초등학교 연구회는 독도노래 부르기 및 만들기, 독도UCC 만들기, 독도모형 만들기, 독도신문 만들기, 독도노래 부르기, 독도골든벨, 독도퀴즈대회, 독도 플래시몹 등의 순으로 많았다. 반면 중등학교 연구회는 독도골든벨, 독도바로알기대회, 독도웹툰, 독도 플래시몹, 독도모형 만들기, 독도특강, 독도UCC 만들기, 독도노래 만들기와 부르기, 독도전시회 등의 순이다. 초등학교 연구회가 독도와 관련하여 만들기를 위주로 활동했다면, 중등학교 연구회는 독도에 대한 지식과 이해를 중시하는 독도바로알기대회, 독도골든벨, 독도특강 등의 실천이 많은 편이다. 그 이유는 학생과 교사에게 독도바로알기대회 전국본선에서의 우수한 성적은 상장 수여 및 독도탐방의 기회가 주어지기 때문이라고 생각한다. 교내에서의 독도교육 실천 주제는 여러 교과와 연계되어 있는데, 필자는 이들 주제를 독도사랑 콘테스트, 오감만족 독도사랑, 놀이와 게임으로 즐기는 독도, 교과융합형 수업지도로 나누어 그 특징을 살펴보았다.

먼저 독도사랑 콘테스트에서의 활동이다. 콘테스트는 일반적으로 학생들의 발달단계를 고려하여 학년군별로 실시되었다. 초등의 독도사랑 핫독세대연구회의 사례를 보면, 초등의 경우 1-2학년은 독도경비

대에 보낼 그림엽서 만들기와 편지쓰기, 3-4학년은 독도사랑 시화 제
작(운문), 독도홍보 표어와 플래카드 문구 공모전, 5-6학년은 독도사랑
문예대회(운문, 산문, 표어, 포스터), 독도UCC 공모전 등이다. 독도사
랑 실천주간에 학생들은 학년군별로 안내된 활동 가운데 하나에 자유
롭게 참여하여 산출물을 학급과 교내에 전시하고 시상하는 방식이다.
활동 결과 여러 작품들이 나왔으며, 학생들은 흥미롭게 참여했다.

　　둘째, 오감만족 독도사랑의 활동이다. 독도를 텍스트로 배우는 것은
독도에 대한 학생들의 흥미와 관심을 저하시킨다는 지적이 있다. 그래
서 오감을 활용한 체험형 프로그램을 통해 독도에 대한 친근감과 애정
을 형성하고 지식과 이해도 자연스럽게 체득할 수 있도록 했다. 이 활
동에는 독도모형 만들기, 독도태극기 만들기, 독도노래 개사하기, 독도
UCC 만들기, 독도 북아트 만들기, 독도 캘리그라피 만들기, 독도부채
만들기, 독도책갈피 만들기, 독도수호 연 만들기, 독도퀴즈대회, 독도
애니매이션 감상회, 독도지킴이 명찰 만들기, 독도그림 그리기, 독도지
도 그리기, 독도동아리 일지 작성하기 등이 있다. 입체적이고 감각을
활용한 체험위주의 활동이기 때문에 학생들은 자연스럽게 독도에 대한
관심과 친근감을 갖게 되었다.

〈표 4〉 교내에서의 독도교육 실천

학교급	실천 주제
초등	독도노래 부르기 및 만들기(7), 독도UCC 만들기 및 대회(6), 독도모형 만들기(6), 독도신문 만들기(5), 독도골든벨 및 독도바로알기(5), 독도 퀴즈대회(4), 독도 플래시몹(4), 독도부채 만들기(3), 독도행사 부스 내 전시(3), 독도연표 만들기(2), 독도문예대회(2), 편지쓰기(3), 독도 우표 만들기(2), 독도전시회(2), 연극(역할극) 및 공연(2), 독도 보드게 임 만들기(2), 독도 캐릭터 만들기 및 그리기(2), 독도티셔츠 만들기(2), 독도필통 만들기(2), 독도그림엽서 만들기, 독도애니메이션 감상 회, 독도지킴이 명찰, 독도동아리 일지 작성하기, 독도동화독도회, 독 도홍보 플래카드, 독도사랑 뱃지, 독도 포트존(2), 독도페이스페인팅,

학교급	실천 주제
초등	독도픽셀아트, 글자 속 독도찾기, 독도 댓글 왕, 포스터 그리기, 독도 독후감 쓰기, 독도 토론하기, 독도 슬로건 만들기, 독도 SW게임 만들기, 독도게임 활동, 독도야 놀자, 동도와 서도, 독도강치 만들기, 독도에 대한 조사 및 발표, 독도에 가면 말 덧붙여 놀이하기, 독도 리플렛 및 기념품 만들기, 독도관련 의식조사, 독도풍선 만들기, 독도인간 글자 만들기, 독도광고 만들기, 주인공이 되어 일기쓰기, 기자가 되어 인터뷰하기, 엽서 꾸미기, 독도 북아트, 펄러비즈로 독도작품 만들기, 독도 책갈피 만들기, 독도소개 책 만들기, 독도 캘리그라피 만들기, 독도함 만들고 경주하기, 독도풍경 만들기, 독도 협동화 그리기, 3D 프린팅 만들기, 에코백 만들기, 스크래치 페이버아트 활동, 독도 팬턴트 레이져 각인, 독도 미니어처 만들기, 독도지도 만들기, 독도수호 연 만들기, 독도퍼즐 맞추기, 풀피리로 독도노래 연주하기, 독도쿠키 만들기, 미니북 만들기, 독도 상징물 만들기, 소고놀이, 독도목걸이 만들기, 독도태극기 만들기, 독도 보물섬 활동, 독도 독서토론, 독도역사탐구, 인문학특강, 독도카드 섹션, 독도사랑 캠페인, 교실 속 독도코너 꾸미기
중등	독도바로알기대회(6), 독도골든벨(6), 독도웹툰(5), 독도 캠핑, 독도플래시몹(5), 독도모형 만들기(4), 독도특강(4), 독도UCC 만들기(3), 독도노래 만들기와 부르기(3), 독도전시회(3), 독도티셔츠 제작(2), 독도 토론하기(2), 독도 캘리그라피 공모전(2), 독도 문예활동(2), 독도퍼즐 맞추기, 독도퀴즈대회, 역할극, 독도홍보 가이드북 제작, 독도에 대한 인식 설문조사, 영토사랑실천활동, 독도의용수비대 바로알기, 독도 스토리텔링 활동, 독도홍보 가이드 르포르타주 수업, 독도 대토론회, 거꾸로 수업, 독도관련 3D 영상 관람, 독도 퍼즐 게임, 독도노래 암호해독 게임, 액션 러닝에 기반한 독도의 평화교실, 독도 독서세미나, 고문서에서 배우는 독도, 독도 열쇠고리 만들기, 3차원 독도팝업북 제작, 독도퀴즈 마일리지, 독도 보드게임, 독도에 가면 말 덧붙이기 놀이, 일본의 독도교육 자료 번역하기, 나도 김정호(독도의 지형 표현하기), 독도 훈민정음(독도 글씨체 개발 및 표현), 독도 생물 찾기 게임, 외국인 친구와 영어로 독도 대화하기, 독도사랑 글짓기, 독도 포스터 그리기, 독도 그림 그리기, 외국어로 독도의용수비대 프로필 만들기, 독도융합 지도 만들기, 독도 샌드 아트, 독도 공개수업, 독도 태극기 만들기, 독도 주장 발표하기, 독도 미니북 만들기, 독도 글짓기, 독도뱃지 만들기, 독도 사다리 게임, 독도 모의재판, 독도신문 만들기, 독도교과서 번역, 독도캔들 만들기, 독도부채 만들기, 독도도장 만들기, 독도풍선 만들기, 독도카드놀이 개발, 독도 마인드맵 만들기, 독도풍선 날리기, 독도홍보부스 운영

※ ( ) 안의 숫자는 실천 학교 수

셋째, 놀이와 게임으로 즐기는 독도이다. 이 방법은 기말고사 후에 학생들의 수업에 대한 집중력이 약화된 시기에 적절하다. 놀이와 게임을 통해 학습에 대한 흥미를 환기시키고 자연스럽고 재미있게 독도를 배우는 활동이다. 초등의 연구회에서는 독도야 놀자, 독도퍼즐 맞추기, 독도는 우리 땅에 맞춰 소고놀이하기, 독도 보드게임, 독도 스캐터볼(Scatter) 게임 등을 개발하여 실시했다. 그리고 중등의 세명-다솜 독도수업연구회는 독도야 놀자(여는 놀이, 독도지명 놀이, 독도사랑 의식함양 놀이, 독도공감 놀이, 독도어휘 놀이), 독도카드 놀이 등을 개발하여 적용했다. 학생들은 놀이와 게임을 통해 "독도에 대한 내용을 더 잘 기억할 수 있었다." "독도를 꼭 지켜내야겠다는 마음을 가지게 되었다." 등의 소감이 나왔다. 이러한 활동은 흥미유발, 집중력과 순발력 향상, 경쟁심 자극, 창의력 증진 등을 통해 독도를 이해하는 일석이조의 방법이라 할 수 있다.

마지막으로 교과융합형의 수업지도이다. 우선 연구회는 설문조사를 통해 가장 적절한 학년과 교과를 결정하고, 교육과정의 분석 및 독도 관련 자료를 수집한다. 초등학교는 5-6학년의 사회과가 비교적 독도와 연관이 많은 편이다. 초등의 SWeet연구회가 개발한 것을 살펴보면, 소주제 "독도의 지형과 위치 알아보기"에서 5학년 사회(살기 좋은 우리 국토)와 미술(생활 속의 미술의 발견)을 융합하여 우리나라의 영역, 영해와 독도의 관련성을 배우면서 독도 백지도 그리기 활동을 실천했다. 또한 5학년 미술(소통과 디자인)과 국어(매체로 의사소통해요)를 융합하여 "독도UCC 만들기" 활동을 진행했다. 초등과 달리 중등학교는 교과융합형 수업지도 사례가 더 다양한 편인데, 그 이유는 참가 교사들의 전공을 살렸기 때문이다. 사례로서 중등의 독도를 수호하는 우리 연구회가 개발한 것을 보면, 음악과와 사회과가 융합하여 독도노래 만들기 활동, 일반사회 · 지리 · 역사 · 미술 · 국어과가 융합하여 독도모의

재판과 드라마 패러디 활동, 독도를 지리적 생태학적으로 이해하는 주
제로 사회과와 과학과가 융합하여 독도홍보자료 만들기 활동, 음악과
와 체육과가 융합하여 학부모와 함께하는 독도 플래시몹 등이다. 이러
한 교과융합형 독도수업은 교사와 학생 모두 독도에 대한 중요한 내용
을 종합적 시각에서 고민하고 수업을 설계함으로써 독도에 대한 융합
적인 역량을 육성한다는 점에서 의의가 있다.

2) 교외에서의 독도교육 실천

학교와 교실을 벗어나 외부에서 실시된 독도교육은 초등학교가 중
등학교보다 활동 빈도가 다소 높고, 활동 내용도 다양한 편이다(〈표
5〉). 이는 초등학교의 경우 체험활동을 중시하는 분위기가 형성되어
교외에서의 활동이 자유롭지만, 중등학교는 입시에 대한 부담이 작용
한 것으로 보인다. 전국 초중등학교 연구회에서 실천한 독도 관련 외
부 활동의 공통적 특징은 다음의 세 가지로 정리할 수 있다.

첫째, 현장체험으로 독도, 독도박물관, 독도체험관, 독도전시관, 독
도홍보관 등의 방문 활동이다. 이들 가운데 독도탐방은 학생 및 교사
들에게 독도교육의 장소로서 가장 주목받는 곳이다. 날씨의 제약으로
육지에서 출발하여 독도에 입도할 가능성은 30% 정도이다. 고비용, 원
거리, 불편한 교통에도 불구하고, 교외에서의 독도교육 실천 가운데
초중등 연구회 모두 독도탐방이 가장 많은 비율을 차지하고 인기가 있
는 것은 그만큼 독도가 지닌 상징성 때문이다. 즉 독도교육의 가장 효
과적인 방법은 백번의 말보다 독도에 직접 발을 내딛고 느끼는 것이
가장 중요하다는 것이다. 연구회는 단순히 독도를 방문하여 사진을 촬
영하는 것으로 끝나지 않고, 사전의 치밀한 계획으로 체계적인 독도교
육 프로그램을 진행했다. 예를 들면, 울릉도에서는 울릉초 학생들과의

〈표 5〉 교외에서의 독도교육 실천

학교급	실천 주제
초등	독도탐방(4), 독도전시관 및 독도체험관 방문(4), 거리에서 독도홍보 (3), 독도 플래시몹, 독도조형물에서 독도교육, 울진 대풍헌에서 독도 교육, 삼척시립박물관 독도기획전 방문, 수토관 뱃길 재현 행사, 울릉 초 학생들과의 교류, 울릉도·독도 해양연구기지 방문 및 특강, 울릉 도 역사박물관 방문 및 특강, 전국노래자랑 홀로아리랑 공연, 독도경 비대 위문 활동, 삼척 동해왕 이사부 독도축제 참가, 지역교육청 예술 제 전시회, 박어둔 생가터 방문, 수학여행 중 독도 알리기
중등	독도탐방(7), 독도 홍보 및 캠페인(4), 독도바로알기대회(3), 독도 플래 시몹(3), 독도경비대 위문 활동(2), 독도체험 부스 운영(2), 독도체험관 방문(2), 독도박물관 방문, 국내에서 외국인 독도홍보(2), 국외에서 외 국인 독도홍보(2), 안용복 장군 추모행사, 독도사랑 연날리기 행사, 독 도사랑 캠핑 및 라이딩

※ ( ) 안의 숫자는 실천 학교 수

교류활동, 그리고 울릉도·독도 해양연구기지와 역사박물관에서는 관람 및 특강이 이루어지도록 사전에 준비했다. 독도에서는 수토활동의 일환으로 독도경비대와 사전 협의를 통해 독도 플래시몹 공연, 홀로아리랑 공연, 독도경비대 위문품 전달로 의미있는 시간을 보냈다. 아울러 독도에 입도한 학생들을 대상으로 독도명예주민증을 발급해 주어 자부심과 함께 독도사랑 및 수호의지를 함양하는 계기가 되도록 했다.

둘째, 국내외에서 독도에 대한 홍보 활동이다. 학교와 교실에서의 독도교육도 중요하지만, 교외에서의 독도에 대한 홍보 활동도 의미가 있다. 학생들은 교외 홍보를 위해 스스로 고민하고 준비하고 참여하는 과정에서 독도에 대한 지식이 확대되기 때문이다. 독도에 대한 지리적, 역사적 근거를 홍보 활동에 녹아들게 하는 아이디어를 찾다보면 자연스럽게 독도에 대한 이해와 사랑이 높아져 한국인이라는 자부심을 느낄 수 있다. 국내에서는 학교가 소재한 지역을 중심으로 거리에서의 독도홍보, 독도사랑 연날리기 대회, 그리고 원거리의 수학여행에

서 독도바로알리기, 독도사랑 캠핑 및 라이딩 등의 활동이 이루어졌
다. 울진의 초등학교 연구회는 지역에서 개최된 전국노래자랑에 어린
이 수토관으로 참가하여 플롯 반주에 홀로 아리랑을 공연하여 참가한
지역 주민들에게 독도를 홍보하는 계기가 되었고, 또한 지역 주민들로
부터 많은 호응과 관심을 받았다. 한편 경남독도연구회는 호주의 자매
결연학교를 방문하여 독도지도, 독도부채 등을 선물하면서 독도를 홍
보했으며, 충북의 중등학교 세명-다솜 독도수업연구회는 몽골, 중국,
일본, 캄보디아, 필리핀 등 해외에서 독도사랑 캠페인을 펼쳤다.

셋째, 생활 지역의 독도 관련 자원을 활용한 실천이다. 교사는 각 지
역에 관심을 가지고 살펴보면, 독도와 관련된 인물, 건물, 유적지, 공
원, 전시관 등 독도를 체험할 수 있는 장소를 발견할 수 있다. 이들을
독도교육의 실천 장소로 활용하는 것은 살아있는 교육으로 의의가 있
다. 교실에서의 독도에 대한 지식·이해, 활동보다 교실 밖에서 오감
을 통한 체험활동은 학생들에게 독도를 바르게 이해하고, 느낄 수 있
는 계기가 된다. 이러한 생각에서 학생들의 생활 지역에 소재하는 독
도 관련 자원을 활용한 독도교육이 3개의 연구회에서 이루어졌다. 즉
울진의 초등학교 연구회는 군내에 소재한 대풍헌(待風軒)5)과 그 주변
의 독도조형물, 수토관 뱃길 재현 행사 참석, 이웃에서 개최된 삼척시
립박물관 독도기획전에서 살아있는 독도교육을 실천했다. 그리고 울
산의 초등학교 연구회는 조선시대 독도를 수호한 인물 가운데, 널리
알려진 안용복 이외에 울산에 박어둔이 있다는 사실을 알고, 그에 대
한 조사와 함께 생가 터를 방문하고, 나아가 UCC 제작 및 학예회에서
독도 플래시몹과 연극을 결합한 공연으로 주목을 받았다. 또한 부산의

5) 대풍헌은 바람을 기다리는 곳을 가리키는데, 이 건물은 조선시대에 울릉도
에 파견된 수토관들이 울릉도로 가는 배를 타기 전에 순풍을 기다리며 머물
렀던 장소이다.

중등학교 연구회는 수영사적공원에 소재한 안용복 장군 사당을 방문하여 환경정화활동을 실시하고, 추모행사에 참가했다. 이 행사에서 학생들은 준비한 독도 플래시몹으로 지역주민의 독도에 대한 관심을 고취시키고, 국토수호 의지를 함양하고자 했다.

3) 교내외에서 온라인을 통한 실천

초중등학교의 교과서와 독도바로알기 교재에는 일반화된 지식으로 울릉도 및 독도관련 내용이 담겨있다. 그러나 연구회는 정형화된 교과서와 교재에서 탈피하여 실내외에서 온라인을 통해 즉흥적, 실감적으로 독도교육을 전개하기도 했다. 초중등학교 연구회에서 스마트에 기반한 독도교육 활동의 사례는 다음과 같다.

가장 주목할 만한 교육은 독도를 SNS로 마주하며 소통하는 활동이다. 담당 교사는 학생들에게 독도의 전경, 일출과 일몰, 독도의 날씨 등을 생방송으로 접하도록 함으로써 독도에 대한 관심과 흥미를 높였다. 이와 관련된 사후 활동으로 경북의 평해초등학교 학생들은 "울진은 화창한 날씨지만 지금 독도에서 비가 내리는 실시간 영상을 보니 신기하네요." "독도 섬에 파도가 치는 모습을 보고 있으니 지금 꼭 독도에 있는 것 같아요." "독도에 가보지도 않고 사계절의 독도 모습을 실시간 알 수 있어서 편리해요." 등의 한줄 감상을 남기기도 했다. 그리고 카카오스토리, 네이버 밴드, 페이스북, 트위트의 계정 생성과 운영을 통해 학생들 스스로 독도 사진작가, 신문기자, 독도관리사무소 직원 등과 SNS 관계를 형성하여 매일 독도 관련 새로운 소식을 접하는 독도교육을 실천했다.

또한 독도관련 기관의 홈페이지를 방문하여 독도를 간접 체험하는 활동도 이루어졌다. 예컨대 관계 기관이 제작한 독도의 형성과정, 독도의 역사, 독도의용수비대, 독도강치 이야기 등의 동영상을 보거나 QR 코드를 통해 독도박물관, 독도체험관, 영토문화관 등을 체험하는 것이다. 학생들은 온라인상의 독도를 체험할 뿐만 아니라 국내외의 사이트에서 독도관련 오류를 발견하고 수정을 요구하기도 했다. 나아가 스마트 환경 속에서 어플리케이션과 웹툰을 개발하여 학생들이 교내외에서 활용함으로써 독도에 더 친숙해졌다는 보고도 나왔다. 학생들이 교내행사로 실시한 독도 플래시몹, 독도사랑 UCC 등을 학교 홈페이지와 유튜브에 탑재하는 것은 독도교육의 성과 확산의 측면에서 의미가 있다. 특히 연구회의 활동 가운데 스마트기기(스마트폰, 스마트패드)를 활용한 독도보드게임 제작 및 활용, 엔트리로 독도퀴즈 프로그램 제작 및 활용, 독도가상현실체험은 학생들에게 반응이 좋았다. 통신의 발달로 시공간의 제약이 사라지면서 자신이 만든 QR 코드와 APP로 다른 사람과 독도관련 정보를 공유하는 것은 실내외의 온라인을 통한 독도교육의 다양한 활동을 보급하는 계기가 되었다.

　한편 원격의 독도사이버 학습과 연수도 제외할 수 없는 활동이다. 연구회는 학생들에게 교육넷에서 개발한 독도교육 컨텐츠, 교수·학습 사이트에서 제공하는 독도관련 시청각자료, 반크에서 제작한 독도관련 동영상 등을 엄선하여 활용하기도 했다. 게다가 연구회는 이들 자료를 수업시간에 활용할 뿐만 아니라 학생들이 자율적으로 가입해서 이수하도록 권장함으로써 독도에 대한 이해와 함께 영토의식을 형성하도록 지도했다. 반면 연구회의 교사들은 동북아역사와 독도 바로알기, 찾아가는 사이버 독도교실 등의 사이버 연수를 통해 스스로 독도에 대한 전문성을 신장시키고자 했다. 그 외에 사이버 독도교육의 일환으로 오조봇으로 독도 한 바퀴 둘러보기, 구글 지도로 독도 탐험해보기, 독도 공개수업 촬영하기 등을 실천한 연구회도 있었다.

4) 연구회의 성찰 및 과제

각 연구회의 최종 보고서에는 다양한 연구 활동에 따른 성과와 함께 향후의 독도교육 개선을 위한 제언도 보인다. 연구회의 보고서에 드러난 연구의 성과와 과제는 다음과 같다.

먼저 연구회 활동의 성과는 첫째, 학생들의 독도에 대한 관심과 중요성의 인식이 높아졌다는 것이다. 교과서 중심의 막연한 독도교육에서 벗어나 활동을 통한 정서적인 접근은 독도에 대한 올바른 이해와 국토사랑 의식의 함양으로 결부되었다. 대전의 초등학교 기승전 독도사랑연구회(2017)에 따르면, 독도교육 활동의 초기인 5월과 마무리에 해당하는 10월의 설문조사에서 독도학습이 재미있는가? 지도상에서 독도가 어디에 위치하는가? 독도가 우리 땅이라는 것을 알고 있는가? 독도가 우리 땅이라는 것을 설명할 수 있는가? 등의 질문에 학생들의 정답률은 10~20% 수준에서 80~100%로 큰 변화가 있었다. 학생중심의 체험활동으로 학생들이 직접 독도관련 자료를 수집, 재구성, 공유하는 과정에서 교육적 의미와 공감교육의 효과가 높아졌다. 둘째, 교사들은 독도에 대한 전문가로서 역량이 강화되었다는 것이다. 연구회에서 활동한 교사들은 독도에 대해 함께 배우고, 때로는 스스로 연구하고 실천하는 과정을 통해 성취감과 자신감을 얻었다고 했다. 특히 교사들은 컨설팅을 통해 전문적 지식을 습득 및 개발하고, 나아가 학생들의 발달 수준에 맞는 수업과 활동을 설계하고, 맞춤형 수업에 적용하면서 독도수업 전문가로 성장했다. 셋째, 연구 활동 결과물의 확산 및 공유는 가장 큰 성과이다. 전국 25개 초중등학교 연구회의 활동은 앞에서 언급했듯이 교내, 교외, 그리고 온라인을 통해 이루어졌다. 이들 연구회가 독창적으로 생산한 수업지도안, PPT, UCC, 워크시트, 워크북 등의 교육자료와 활동의 성과물, 방법론 등을 에듀넷, 유튜브, 인터넷 카

페 등에 탑재하여 즉각적으로 사용할 수 있도록 활용도를 높였다. 그리하여 전국적으로 독도에 대한 학생과 교사, 일반인의 관심을 증대시키고, 독도교육의 활성화와 질적 향상, 독도사랑 의식의 확산에 크게 기여한 것으로 보인다.

반면 연구 활동을 마무리하면서 남겨진 과제는 첫째, 분산되어 있는 독도관련 자료의 통합 관리 및 운영이다. 독도관련 자료는 외교부나 동북아역사재단과 같은 국가기관 및 민간의 홈페이지에 많이 탑재되어 있지만, 자료가 중복되거나 검색에 어려움이 있기 때문에 자료수집의 효율화를 위해 하나의 사이트에서 통합 관리하는 방안이 필요하다는 것이다. 둘째, 초중등학교의 교실 무선 인터넷 환경의 정비이다. 대다수의 학생들은 스마트폰을 소지하고 있지만 데이터가 부족한 실정이다. 따라서 학생들이 교실에서 스마트폰을 활용한 효율적인 독도교육이 전개될 수 있도록 Wi-Fi 장비 등 교실환경이 정비되어야 한다고 요구했다. 셋째, 초중고의 일관성 있는 독도교육 프로그램의 개발이다. 이는 연구회 가운데 유일하게 초중고 교사들로 이루어진 경남독도교육연구회(2017)의 제언이다. 모든 교과의 교육내용은 초중고에서 계속성과 계열성의 원리에 근거하여 편성된다. 독도교육의 내용과 활동도 초중고에서 반복되는 경우가 있는데, 초중고 단계별로 심화 프로그램을 개발해야 한다는 것이다. 넷째, 일본의 독도영유권 주장에 대한 논리성의 확보이다. 현재 우리의 독도교육은 막연한 애국심, 일본에 대한 적대감과 맹목적 비난을 앞세우는 교육방법을 선택하는 경우가 있는데, 여기에서 탈피하여 학생들이 미래에 일본인과 만나 독도영유권을 주제로 대화할 때에 논리적으로 반박할 수 있는 능력을 함양해야 한다는 것이다. 따라서 교사들은 일본이 주장하는 독도영유권의 내용을 충분히 파악하고, 비판과 논리를 육성할 수 있는 토론식, 협동식 프로젝트 등의 수업방법에 능통해야 한다.

이외에도 시도별 독도사랑 교사들의 독도동아리 결성 및 운영, 범위를 확대하여 마을과 공동체 만들기의 일환으로 독도문화대축제 실시, 독도교원연수 프로그램의 개발과 확대 운영의 필요성을 제기하여 독도지킴이로서 역량을 증진시켜야 한다는 제언도 나왔다.

4. 맺음말

21세기에 들어와 일본의 독도영유권 주장은 한층 강화되었는데, 그것은 일본의 문부과학성이 초중등학교 사회과 교육과정 및 교과서에 독도를 기술한 것이다. 이에 한국도 초중등학교 사회과 교육과정 및 교과서에 독도를 자국의 영토로 더욱 구체적으로 서술했다. 나아가 한국은 독도교육을 강화하기 위해 독도지킴이학교 운영, 학생용 및 교사용 독도교재 개발, 독도교육주간 운영, 찾아가는 독도전시회 개최, 독도바로알기대회, 독도교육실천연구회 운영 등 다양한 정책을 개발했다. 이들 가운데 전국 시도별로 25개의 초중등학교 독도교육실천연구회를 선정하여 지원 및 운영한 것은 주목할 만하다. 본 연구는 연구 성과의 확산과 공유를 지향한 독도교육실천연구회의 보고서를 분석한 것으로 결과는 다음과 같이 요약된다.

각 연구회는 교과서 중심의 독도교육에서 탈피하여 창의적 체험활동을 중요시했다. 연구회의 연구 주제에서 초등학교는 주로 독도에 대한 체험, 활동, 실천, 사랑, 공감, 가치 함양, 친근성 등을 강조했다. 반면 중등학교는 교과융합형이 다수를 차지하며, 그 외에 연구 주제의 핵심어는 프로젝트, 스마트환경, 범교과, 마스터, 창의, 평화, 놀이 등이다. 중등학교의 연구회가 초등학교의 연구회보다 연구 주제가 폭넓고 추상적으로 설정되었다. 그렇지만 초중등을 막론하고 25개 연구회가 제출한 보고서의 공통 사항은 체험과 활동 중심의 독도교육으로 교내에서의 실천, 교외에서의 실천, 교내외에서 온라인을 통한 실천 등의 형태로 이루어졌다.

교내에서의 독도교육 실천은 독도사랑 콘테스트의 활동, 오감만족 독도사랑의 활동, 놀이와 게임으로 즐기는 활동, 교과융합형의 수업활동의 범주에서 이루어졌다. 교외에서의 독도교육 실천은 현장체험으로 독도, 독도박물관, 독도체험관, 독도전시관, 독도홍보관 방문, 국내외에서 독도에 대한 홍보활동, 생활지역의 독도관련 자원을 활용한 실천 등의 형태로 전개되었다. 그리고 교내외에서 온라인을 통한 실천은 독도를 SNS로 마주보며 소통하는 활동, 독도관련 기관의 홈페이지를 방문하여 독도를 체험하는 활동, 원격의 독도사이버 학습과 연수 등의 형태로 실시되었다.

아울러 교육부의 지원과 연구회의 부단한 노력으로 학생들의 독도에 대한 관심과 애정은 높아졌고, 교사는 독도수업에 대한 전문성이 신장되는 성과를 거두었다. 게다가 연구회는 1년 동안의 독창적인 연구 활동 보고서를 수업 실천 관련 인터넷에 공개함으로써 독도교육의 공유 및 활성화에 크게 기여했다. 그렇지만 연구회의 연구활동 과정에서 드러난 문제점으로 독도관련 자료를 어떻게 통합 관리할 것인가, 학생들이 교실에서 스마트폰을 활용하여 효율적인 독도교육이 이루어질 수 있도록 Wi-Fi 등 교실환경의 정비, 동일한 주제에 대해 초중고 학교급별로 심화 프로그램의 개발, 일본의 독도영유권 주장에 대한 논리성 확보 등은 향후 보완해야 할 과제이다.

마지막으로 최종 보고서에 따르면, 총 25개 연구회 가운데 14개(초등8, 중등6)의 연구회에서 학생들에게 독도를 분쟁지역으로 가르치는 오류를 범하고 있다. 이는 독도에 대한 일본 정부의 논리로서 한국 정부의 입장과는 상충되는 심각한 문제이다. 일본은 끊임없이 독도를 도

발하고, 분쟁 지역화해서 독도영유권 문제를 국제사법재판소(ICJ)에서
해결해야 한다고 일관되게 주장해 왔다. 그러나 한국은 대한민국 고유
의 영토로서 독도에는 어떤 분쟁도 존재하지 않으며, 결코 사법의 대
상이 될 수 없다는 단호한 입장이다. 따라서 학교 현장에서 독도를 분
쟁지역으로 가르치는 것은 옳지 않다. 일부 연구회가 외국에서 외국인
을 대상으로 독도를 한국의 영토라고 홍보하는 활동은 자제해야 하며,
나아가 향후 과제로서 초중고 교원양성 기관이나 독도교원연수에서는
바람직한 독도교육을 위해 힘써야 한다.

【참고문헌】

교육부 대외협력팀·세종특별자치시교육청 학교혁신과, 2017.2, 「독도교육
　　　활성화를 위한 2017년도 독도교육실천연구회 지원 계획」, PDF.
세종특별자치시교육청 학교혁신과, 2017.5, 「2017 전국독도교육실천연구회
　　　전국 단위 컨설팅 추진 계획」, PDF.
세종특별자치시교육청 학교혁신과, 2017.6, 「2017 전국독도교육실천연구회
　　　독도 탐방 추진 계획」, PDF.
교육부·세종특별자치시교육청, 2017.9, 「2017 전국독도교육실천연구회 성
　　　과발표회 운영 계획」, PDF.
교육부 역사교육정상화추진단 대외협력팀, 2017.3, 「보도자료-독도 영토주
　　　권 수호를 위한 독도교육 기본 계획 발표!」, PDF.

제2부

일본의 독도교육

일본 중학교 독도교육의 실태
-교과서 기술내용의 변화를 중심으로-

박 지 영

1. 들어가며

2006년에 집권한 아베 신조 일본총리는 '일본 교육 재생'을 슬로건으로 내걸고 '자학적인 교육의 시정'과 '교육수준 향상'을 위해 "교육기본법"을 개정하였다. 그 개정된 "교육기본법"의 제2조에 제시되어 있는 '교육의 목표'[1] 제3항의 "공공의 정신에 기초하여, 주체적으로 사회의 형성에 참여하고 그 발전에 기여하는 태도를 기른다."라는 내용은 "국가와 사회의 필요에 따라 교육이 활용될 수 있음을 시사하는 것으로서, 국가에 의한 교육의 통제가 가능함을 암시하는 문장"으로 해석되고 있다.[2]

이러한 "개정 교육기본법"에 근거하여 새롭게 수립된 '제2기 교육진

---

[1] "教育基本法"(2006년 법률 제120호) 제2조.

[2] 靑木廣治, 「敎育基本法改定提案の逐條的檢討(前文)」, 『敎育基本法改正批判』, 日本敎育法學會編, 2004, 78쪽; 노기호, 「일본교육기본법의 개정 내용과 특징」, 『公法學硏究』 第8卷 第2號, 한국비교공법학회, 2007, 316쪽에서 재인용.

흥기본계획'에 따라 일본은 학습지도요령과 그 해설서를 개정하여 국가의 의지가 담긴 영토교육을 강화하고 있다. 특히 2012년에 출범한 제2기 아베 내각은 일본의 '회복·재생'이라는 슬로건을 재추진하는 정책의 일환으로 '교육재생'이라는 명목하에 각종 우경화 교육정책을 수립하고 있다. 아베는 총리 재취임 직후인 2013년 1월에 '교육재생실행회의'라는 조직을 총리 직속으로 설치하고 2월에는 내각관방에 '영토·주권 대책 기획조정실'을 설치하는 등, 애국심 강조 및 영토 교육에 대한 강력한 의지를 표명하고 있다.

베의 교육개혁 정책은 이미 2012년 11월에 자민당의 교육재생실행본부가 발표한 보고서에 그 내용이 담겨 있는데 교과서와 관련해서는 '자학사관 교과서'가 교육문제의 위기라고 설정하고 있으며, 그 개선을 위해 "가칭 교과용 도서 검정법을 제정하여 상세한 검정기준을 법령으로 정하고, 교과서 채택은 교육장이 단독 결정"하는 방안을 제시하고 있다.

또 2013년 6월에 자민당 교육재생실행본부의 '교과서 검정 실태 관련 T/F'가 총리에게 '교과서 검정·채택 관련 중간보고서'를 제출했다. 그 보고서에는 "교육기본법과 학습지도요령의 개정 이후에도 여전히 '자학사관'에 입각한 기술이 있으며, 지리 교과서의 경우는 모든 교과서에 영토문제를 기술하고 있지만 일본 정부의 주장이 충분하게 반영되어 있지 않다."는 지적이 있었다.

그리고 이러한 문제점을 개선하기 위한 방안을 제시했는데, 그 내용은 "(1) 교과서 기술 시에 정부 견해와 판례를 언급, (2) 여러 학설이 있는 경우는 다수설과 소수설을 병기, (3) 근현대사에서는 확정된 견해와 학설이 없는 사항은 제외하자는 것"이었다. 뿐만 아니라 "'교육기본법'과 '학습지도요령'의 취지를 반영한 교과서 편집·집필을 위해 교과서 검정 과정을 개정하고, 교과서 검정 및 채택에 대한 내용을 규정한 법률(가칭 교과서법) 제정"을 제안하였다.

이러한 제안을 받아들인 일본정부는 2014년 1월 17일에 초등학교 사회과와 중·고등학교 역사·지리·공민 교과서에 적용할 '교과용 도서 검정 기준'을 개정하였다.[3] 그 내용 중에 독도문제와 관련이 있는 내용은 "각의 결정 그 외의 방법으로 표명된 정부의 통일된 견해 또는 최고재판소의 판례가 존재할 경우에는 그것에 의거한 기술이 되어 있을 것"이라는 것이다. 또 1월 28일에는 충실한 영토 교육을 위한다는 명목으로 '중·고 학습지도요령 해설서의 일부 개정안'을 발표했다.[4]

개정된 '학습지도요령 해설서'에서는 독도를 일본 "고유의 영토"로 명기하도록 하였으며, "한국이 불법 점거하고 있다"고 기술하도록 하고 있다. 개정된 규정들의 적용 대상은 중학교의 경우는 사회과의 지리, 역사, 공민 교과서이며, 적용 시기는 2014년부터였다. 독도 관련 규정들이 지리교과서 뿐만 아니라 역사교과서로까지 확대되었다는 점에 주목할 필요가 있다.

---

3) 「義務教育諸学校教科用図書検定基準及び及び高等学校教科用図書検定基準の一部を改正する告示」(1월 17일), 일본 문부과학성 홈페이지(http://www. mext.go.jp) 참조.

4) 「中学校学習指導要領解説及び高等学校学習指導要領解説の一部改訂について」(1월 28일), 일본 문부과학성 홈페이지 (http://www.mext.go.jp) 참조. '학습지도요령'과 '해설서'는 교육환경과 교육방향의 변화를 반영하여 약 10년을 주기로 개정하도록 되어 있다. 따라서 2014년의 개정은 아주 이례적인 조치이다.

'중학교 학습지도요령 해설서'의 내용 비교

'중학교 지리 학습지도요령 해설'(2008년 7월 발표)
우리나라(일본)와 한국 사이에 '죽도(竹島)[5]'에 대한 주장에 차이가 있다는 점 등에 대해서도 취급, 북방영토와 동일하게 우리나라의 영토·영역에 대한 이해를 심화시키는 것도 필요하다"

'중·고 학습지도요령 해설서의 일부 개정안'(2014년 1월 발표)

〈지리〉
북방영토(하보마이군도, 시코탄, 구나시리, 에토로후)와 죽도에 대해서 각각의 위치와 범위를 확인시키면서 우리나라의 고유 영토이지만 각각 현재 러시아연방과 한국에 의해 불법으로 점거되고 있기 때문에 북방영토에 대해서는 러시아연방에 그 반환을 요구하고 있는 것, 죽도에 대해서는 한국에 대해 누차에 걸쳐 항의를 하고 있는 것 등에 대해서 적확하게 다루고, 우리나라의 영토 영역에 관해서 이해를 깊게 하는 것도 필요하다. 또한 센카쿠열도에 대해서는 우리나라 고유의 영토이고 또 실제로 우리나라가 이를 지배하고 있고, 해결해야 할 영유권 문제는 존재하지 않는 것을 그 위치와 범위와 함께 이해시키는 것이 필요하다.

〈공민〉
지리적 분야, 역사적 분야의 학습 성과를 토대로 국가 간의 문제로서 영토(영해, 영공을 포함)에 대해서는 우리나라에서도 고유 영토인 북방영토와 죽도에 관해 미해결 문제가 남아 있는 것과 현 상태에 이른 경위, 우리나라가 정당하게 주장하고 있는 입장, 우리나라가 평화적 수단에 의한 해결을 위해 노력하고 있는 것을 이해시킨다. 또 우리나라 고유 영토인 센카쿠제도를 둘러싼 정세에 대해서는 현 상황에 이르게 된 경위, 우리나라의 정당한 입장을 이해시키

고 센카쿠열도를 둘러싸고 해결해야 하는 영유권 문제는 존재하고
있지 않다는 것을 이해시킨다.

〈역사〉
'영토의 획정'에서는 러시아와의 영토 획정을 비롯하여 류큐문제와
홋카이도의 개척을 다룬다. 그때에 '우리나라가 국제법상 정당한
근거에 의거하여 죽도, 센카쿠제도를 정식으로 영토에 편입한 경위
도 언급한다. 또한 중국과 조선과의 외교도 다룬다.

　이처럼 일본 정부는 '중·고 학습지도요령 해설서의 일부 개정안'을
통해 2014년 이후에 검정을 거쳐 발행되는 중학교 지리, 공민, 역사교
과서에 구체적인 정부의 지침에 따른 내용을 수록하도록 지시하고 있
다. 다음에서는 2014년 '학습지도요령 해설서'의 개정 이전과 이후의
교과서 내용에 대한 비교 분석을 통해 일본 중학교 독도교육의 실태에
대해 알아보겠다.
　독도문제와 관련된 일본 교과서에 대한 기존 연구는 상당히 축적되
어 있는 상태이며 한일양국의 독도교육의 실태에 대한 비교연구도 많
이 이루어지고 있다.[6] 그러나 2014년 이후 일본의 교과서 내용에 대한

---

5)　이 논문에서의 독도명칭은 일본 측의 독도 명칭 기술에 대해서는 '죽도'로
　　하고 그 외에는 독도로 기술한다.
6)　독도문제 관련 한일 교과서 연구로는 다음과 같은 연구가 있다. 박병섭, 「일
　　본의 사회과 교과서와 독도문제」, 『독도연구』 제11호, 2011; 남상구, 「전후
　　일본 중학교 교과서의 독도 기술 추이와 현황」, 『영토해양연구』 1, 동북아역
　　사재단, 2011; 김주식, 「한일간의 현안: 독도와 일본 교과서의 역사 왜곡」,
　　『한국해양전략연구』(strategy 21, 제16권 1호, 통권 제31호), 2013; 김영수,
　　「한국과 일본의 역사 교과서의 독도 관련 내용 비교와 분석」, 『동북아 역사
　　문제』(주요 현황 분석) 통권 81호, 2013; 남상구, 「일본 초·중·고 교과서의
　　독도기술 현황과 전망」, 『교과서 연구』 통권 제76호, 2014; 김영수, 「한국과
　　일본 중학교 역사분야 교육과정과 역사 교과서의 독도 관련 내－2014년 전

분석은 그다지 존재하지 않는다. 따라서 이번 연구를 통해서 그 실태에 대한 분석과 향후 방향성에 대한 예측을 해보고자 한다.

2. 일본 중학교 교과서의 독도 교육 추이

일본의 중학교 교과서에 독도 관련 기술이 최초로 수록된 것은 1955년에 검정을 통과한 후타바주식회사(二葉株式社)의 지리 교과서였다. 그 교과서의 '우리나라의 위치' 항목의 지도에는 독도가 죽도(竹島)로 표기되어 있다. 그 후로도 독도에 대한 기술은 산발적으로 이루어졌으나, 본격적인 기술이 시작된 것은 2001년 이후였다.[7]

그 후로 점차적으로 독도에 대한 기술이 늘어나며 일본의 독도에 대한 교육이 강화되는 측면이 있었다. 특히 2005년 이후로는 일본 '고유의 영토'라는 표현이 추가되는 등 일본 정부의 견해를 무비판적으로 수용하는 교과서가 증가하기 시작했다. 특히 2014년의 '중·고 학습지도요령 해설서의 일부 개정안'이 발표된 이후로는 교과서 내용의 양적, 질적 변화를 초래하였다. 그 내용의 변화를 파악하기 위해 아래에서는 일본에서 채택률이 높은 제국서원(帝國書院), 동경서적(東京書籍), 일본문교출판(日本文敎出版)의 지리와 공민교과서, 교육출판(敎育出版)의 역사교과서를 대상으로 하여 2011년 검정통과 교과서와 2015년도 검정통과 교과서를 비교분석해 보겠다.

후 한일 교육과정과 교과서를 중심으로-」, 『독도연구』 제19호, 2015; 남상구, 「일본 교과서 독도기술과 시마네현 독도교육 비교 검토」, 『독도연구』 제20호, 2016; 남상구, 「집요하고 치밀한 일본의 독도 교육」, 『한국교원신문』, 2016. 5.1.
[7] 남상구, 「전후 일본 중학교 교과서의 독도 기술 추이와 현황」, 『영토해양연구』 1, 2011, 183쪽.

(1955. 중학교 지리. 二葉株式会社)

3. 2015년 검정통과 일본 중학교 교과서 내용 비교분석

1) 지리교과서

지리교과서의 경우는 2011년 검정통과 교과서와 2015년 검정통과 교과서의 경우 독도관련 내용과 기술량이 대폭 추가되었다.

먼저 제국서원의 지리교과서는 2011년 검정통과 교과서의 경우는 "일본 고유의 영토인 죽도(시마네현)와 관련해서도 한국과의 사이에 서로 다른 주장이 있습니다."8)라고 하여 한일 간에 독도 영유권 문제를 둘러싸고 서로 다른 주장이 있다는 단순한 내용만 기술하고 있었다. 하기만 2015년 검정통과 교과서의 경우는 ① 17세기에 일본인들이

---

8) 帝國書院, 『中學校 地理』, 2011, 125쪽.

독도에서 어업을 실시했으며, ② 1905년에 메이지 정부가 국제법에 따라 시마네현에 편입하여 일본 고유의 영토로서 재확인했다. 그러나 ③ 1952년부터 한국이 일방적으로 자국 영토라고 주장하며 불법점거하고 있는데, ④ 일본은 항의를 하며 국제사법재판소를 통한 해결을 3차례 제의했지만 한국이 응하지 않고 있다는 내용을 상술하고 있다. 뿐만 아니라 별도로 항목을 설정하여 죽도에서 이루어진 일본인들의 어업을 자세하고 설명하면서 "에도시대 초기에는 일본이 죽도에서 어업을 했으며, 메이지 30년대부터 쇼와초기에 걸쳐서는 시마네현의 오키섬 사람들의 강치잡이나 전복, 미역 채취가 성행[9]"했다는 설명을 추가하고 있다. 그리고 "현재는 죽도를 둘러싼 일본과 한국의 문제가 미해결인 상태이므로 일본의 어선은 거의 어업이 불가능한 상태"[10]라며 마치 한국 측이 일본인의 어업행위를 방해하고 있는 것과 같은 내용으로 기술하고 있다.

그리고 제국서원의 교과서에 실린 지도와 사진의 경우는 2011년 검정통과 교과서에는 '일본의 배타적 경제수역 범위'[11]와 '규슈지방의 위치와 대륙과의 교류[12]', '쥬고쿠·시코쿠 지방의 자연'[13]이라는 제목의 지도에 독도를 '죽도(竹島)'라는 이름으로 기재하고 일본의 영역인 것으로 표기하고 있었다. 그런데 2015년 검정통과 교과서의 경우는 독도의 사진과 함께 독도의 위치 및 거리 관계를 기재한 지도[14]와, '일본의 영역과 영토문제'[15]라는 제목의 지도에 '죽도'라는 이름으로 독도를 표

9) 帝國書院, 『中學校 地理』, 2015, 127쪽.
10) 帝國書院, 『中學校 地理』, 2015, 127쪽.
11) 帝國書院, 『中學校 地理』, 2011, 124쪽.
12) 帝國書院, 『中學校 地理』, 2011, 170쪽.
13) 帝國書院, 『中學校 地理』, 2011, 180쪽.
14) 帝國書院, 『中學校 地理』, 2015, 127쪽.
15) 帝國書院, 『中學校 地理』, 2015, 124쪽.

기하고 울릉도와 독도 사이에 국경선을 표시해뒀다. 또 일본의 영역문
제와는 아무런 상관이 없는 '아시아 주의 자연환경[16])'과 '동남아시아에
진출한 일본 기업 수'[17])라는 제목의 지도에도 일부러 울릉도와 독도
사이에 국경선을 표시하여 독도가 일본 영토인 것으로 표기하고 있다.

〈표 1〉 제국서원 중학교 지리교과서의 기술내용 비교

2011년 검정통과	2015년 검정통과
일본 고유의 영토인 죽도(시마네현)와 관련해서도 한국과의 사이에 서로 다른 주장이 있습니다.	일본해에 있는 죽도는 17세기에는 일본인들이 고기잡이를 하고 있었습니다. 1905년 메이지 정부가 국제법에 따라 시마네현에 편입, 일본 고유의 영토로서 재확인되었습니다. 그러나 1952년부터 한국이 일방적으로 자국의 영토라고 주장하고 해양경찰대를 배치, 등대와 부두 등을 건설하여 불법점거를 하고 있습니다. 일본은 이에 항의하여 국제사법재판소에서의 대화를 3번이나 제의하고 있습니다만 한국이 응하지 않은 채 현재에 이르고 있습니다."
	"어업이 성행했던 옛날의 죽도" 죽도는 음료수를 얻기 힘들어 사람이 살기에는 적절하지 않지만 난류인 쓰시마해류와 한류인 리만해류가 부딪히는 해역에 위치해 있기 때문에 주변의 바다는 옛날부터 여러 가지 어패류가 잡히는 풍부한 어장이었습니다. 에도시대 초기에는 일본이 죽도에서 어업을 했으며, 메이지 30년대부터 쇼와초기에 걸쳐서는 시마네현의 오키 섬 사람들의 강치잡이나 전복, 미역 채취가 성행했습니다. 현재는 죽도를 둘러싼 일본과 한국의 문제가 미해결인 상태이므로 일본의 어선은 거의 어업이 불가능한 상태입니다.

16) 帝國書院, 『中學校 地理』, 2015, 36쪽.
17) 帝國書院, 『中學校 地理』, 2015, 43쪽.

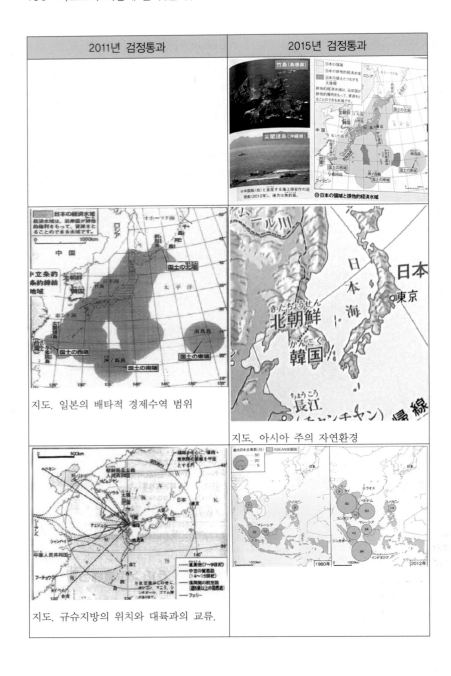

2011년 검정통과	2015년 검정통과

지도. 일본의 배타적 경제수역 범위

지도. 아시아 주의 자연환경

지도. 규슈지방의 위치와 대륙과의 교류.

2011년 검정통과	2015년 검정통과
	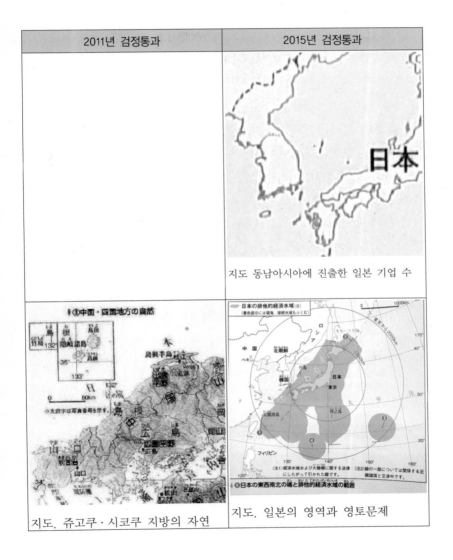 지도 동남아시아에 진출한 일본 기업 수
지도. 쥬고쿠·시코쿠 지방의 자연	지도. 일본의 영역과 영토문제

두 번째로 일본문교출판의 지리교과서는 2011년 검정통과 교과서의
경우는 일본 고유의 영토임에도 불구하고 일본인 현재 살수 없는 섬들
중에 하나로 독도를 소개하면서 "일본과 한국과의 사이에도 시마네현
의 죽도를 둘러싼 영토문제가 있습니다. 죽도는 일본 고유의 영토로,
1905년부터 시마네현의 일부가 된 섬이지만, 1952년 이후 한국정부가
불법점거를 계속하고 있습니다."[18]라고 간단하게 서술하게 있었다. 하
지만 2015년 검정통과 교과서에는 독도에 대해 ① 혼슈에서 약 200km
떨어진 일본 고유의 영토, ② 풍부한 어장으로 17세기 초에 일본인이
어업 등에 이용, ③ 1905년 시마네 현에 편입, ④ 1952년부터 한국이 일
방적으로 자국 영토라고 주장, ⑤ 한국이 경비대원을 상주시키고 시설
을 만들어서 불법으로 점거, ⑥ 일본은 한국에 몇 차례나 엄중하게 항
의, ⑦ 1951년 샌프란시스코 평화조약에서도 일본 고유의 영토로 확인,
⑧ 일본은 영토문제를 국제사회에 호소하며 평화적인 해결을 지향, ⑨
국제사법재판소에 제소하도록 한국에 제안하고 있지만, 한국은 거부
하고 있다는 등, 내용과 기술량이 대폭 증가되어 있다.[19] 또 사진과 지
도의 경우에는 2011년 검정통과 교과서에는 "죽도"라는 제목으로 사진
을 올리고 촬영 시점이 2008년이란 것과 시마네현 오키노시마쵸 소속
이라고 기술한 후, "왼쪽의 섬에는 한국이 건설한 시설이 보입니다."[20]
라는 설명이 추가되어 있었다. 그리고 '일본의 영해와 경제수역'[21]이라
는 제목의 지도에 일본의 영해와 배타적 경제수역을 표시하면서 그 안
에 독도를 '죽도'로 표기하여 포함시키고 있다. 하지만 2015년 검정통
과 교과서에서는 '독도와 시마네현의 자료관'[22]이라는 사진에는 2012

---

18) 日本文敎出版, 『中學校 地理』, 2011, 125쪽.
19) 日本文敎出版, 『中學校 地理』, 2015, 118-119쪽.
20) 日本文敎出版, 『中學校 地理』, 2011, 125쪽.
21) 日本文敎出版, 『中學校 地理』, 2011, 124쪽.

년에 새로 촬영한 독도의 항공사진과 시마네현의 '죽도자료관' 사진을 게재하고 독도 항공사진에는 '시마네현 오키노시마쵸' 소속이라고 기술한 후, "동도에는 한국이 건설한 시설이 찍혀져 있습니다."라는 설명문이 게재되어 있으며, '죽도자료관' 사진에는 "죽도가 일본 고유의 영토인 것을 보여주는 지도의 전시"라는 설명문을 게재하고 있다. 또한 '죽도 등의 위치'[23], '일본의 주요 산지와 섬'[24], '일본의 영역과 배타적 경제수역'[25]이라는 제목의 지도에 독도를 일본 영토로 표기하고 있으며, 영유권 문제와는 관련이 없는 자연지리적인 내용을 기술하는 '일본 주변 바다의 수심과 해류'[26], '일본의 기후구분'[27]이라는 제목의 지도에도 울릉도와 독도 사이에 국경선을 표시하여 독도를 일본의 영토로 표기하고 있는 등, 기술 내용과 분량이 상당히 증가되어 있다.

〈표 2〉 일본문교출판 중학교 지리교과서의 기술내용 비교

2011년 검정통과	2015년 검정통과
일본 고유의 영토임에도 불구하고 현재 일본인이 살 수 없는 섬들이 있습니다. (중략) 또한, 일본과 한국과의 사이에도 시마네현의 죽도를 둘러싼 영토문제가 있습니다. 죽도는 일본 고유의 영토로, 1905년부터 시마네현의 일부가 된 섬이지만, 1952년 이후 한국정부가 불법점거를 계속하고 있습니다.	죽도는 혼슈에서 약 200km 떨어진 일본해에 있는 일본 고유의 영토입니다. 죽도주변은 풍부한 어장으로 17세기 초에 일본인이 어업 등에 이용했습니다. 1905년에는 시마네현에 편입되었습니다. 하지만 1952년부터 한국이 일방적으로 자국 영토라고 주장하며 죽도를 취해서 경비대원을 상주시키고 시설을 만들어서 불법으로 점거하고 있습니다. 일본은 한국에 대해서 몇 차례나 엄중하게 항의하고 있습니다.

22) 日本文教出版, 『中學校 地理』, 2015, 119쪽.
23) 日本文教出版, 『中學校 地理』, 2015, 118쪽.
24) 日本文教出版, 『中學校 地理』, 2015, 134쪽.
25) 日本文教出版, 『中學校 地理』, 2015, 116쪽.
26) 日本文教出版, 『中學校 地理』, 2015, 135쪽.
27) 日本文教出版, 『中學校 地理』, 2015, 138쪽.

	1951년의 샌프란시스코 평화조약에서도 북방영토와 죽도가 일본 고유의 영토란 것이 확인되었습니다. 일본은 이 조약의 내용 등을 근거로 북방영토와 죽도의 영토문제를 국제사회에 호소하며 평화적인 해결을 지향하고 있습니다. (중략) 죽도에 대해서는 이 문제를 국제사법재판소에 제소하도록 한국에 제안하고 있지만, 한국은 거부하고 있습니다.
 ⑩竹島(島根県　2008年) 사진. 竹島(2008년, 시마네현 오키노시마쵸) 왼쪽의 섬에는 한국이 건설한 시설이 보입니다.	 사진. 독도와 시마네현의 자료관
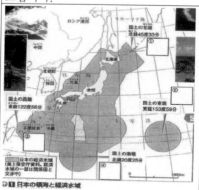 지도. 일본의 영해와 경제수역	 지도. 죽도 등의 위치 지도. 일본의 주요 산지와 섬

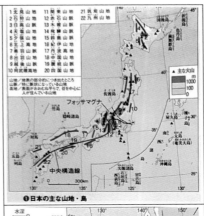

❶日本の主な山地・島

❺日本付近の海の水深と海流

지도. 일본 주변 바다의 수심과 해류

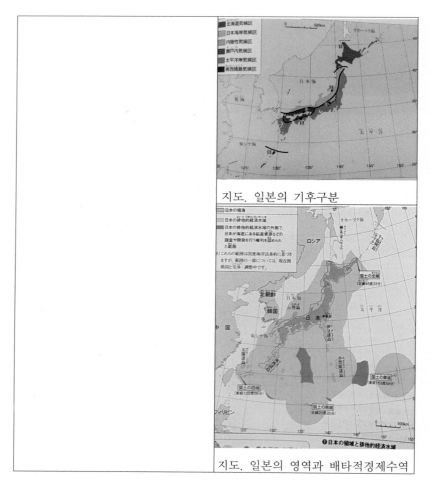

지도. 일본의 기후구분

지도. 일본의 영역과 배타적경제수역

　세 번째로 동경서적의 지리교과서는 2011년 검정통과 교과서의 경
우는 "일본해상의 죽도는 일본 고유의 영토이지만, 한국이 점거하고
있어 대립이 계속되고 있습니다."[28]라는 아주 간략한 설명만을 기술하
고 있었지만. 2015년 검정통과 교과서의 경우는 "일본해에 있는 죽도

---

28) 東京書籍, 『中學校 地理』, 2011, 117쪽.

도 일본 고유의 영토이지만 한국이 불법으로 점거하고 있습니다. 일본
은 이에 항의하는 한편 국제기관을 이용한 해결을 호소하는 등 외교적
인 노력을 계속하고 있습니다."29)라고 개략적인 설명을 한 뒤에 독도
에 대한 상세한 내용을 기술하고 있다. 그 내용은 독도가 ① 오키제도
북서 방향 약 150㎞에 있는 시마네현 오키노시마쵸에 속하는 섬으로,
② 오랜 화산이 토대가 되었으며, 파도로 인한 침식으로 현재와 같은
단애(斷崖)로 둘러싸인 지형이 되었으며, ③ 몇 개의 섬으로 이루어져
있지만 표고 168m의 남도(男島)와 표고 97m의 여도(女島)가 그 중심이
고, ④ 동중국해에서 흘러들어오는 쓰시마(對馬) 해류와 사할린에서
흘러들어오는 리만 해류가 마주치는 경계선 근처에 위치하여, ⑤ 게와
오징어, 전갱이 같은 회유어 등 어업 자원이 풍부하다며 독도의 지질
학적, 지형적 특징을 매우 상세하게 설명하고 있다.30)

　그리고 동경서적의 교과서에는 사진과 지도를 통해서도 독도에 대
한 설명을 기술하고 있는데, 2011년 검정통과 교과서의 경우는 '죽도'
라는 제목으로 2008년에 촬영된 독도 사진을 게재하고 있었으며 시마
네현 소속으로 표기하고 있었다. 또 '일본을 바라보며'31)라는 제목의
지도에 독도를 '죽도'라는 명칭으로 표기하고 있었다. 하지만 '유럽
주'32), '일본의 영역과 경제수역33)'이라는 제목의 지도에는 독도를 표
기하고는 있지 않지만, '유럽주'에서는 울릉도와 독도 사이에 국경선
을 표시해뒀으며, '일본의 영역과 경제수역'에서는 일본의 배타적 경제
수역 안에 독도를 포함시키고 있다는 것을 알 수 있었다. 그러나 2015

---

29)　東京書籍,『中學校 地理』, 2015, 133쪽.
30)　東京書籍,『中學校 地理』, 2015, 134쪽.
31)　東京書籍,『中學校 地理』, 2011, 230쪽.
32)　東京書籍,『中學校 地理』, 2011, 116쪽.
33)　東京書籍,『中學校 地理』, 2011, 116쪽.

년 검정통과 교과서에서는 2012년에 촬영된 독도의 사진을 '죽도'라는
제목을 붙여서 게재하고 "시마네현 오키노시마쵸" 소속으로 기술하고
있다.[34] 그리고 '죽도 주변의 지형'[35]이라는 제목으로 일부러 독도 주
변을 확대한 지도와 함께 독도의 2만5000분의 1 지형도를 게재하고,
"오키노시마쵸" 소속으로 게재하고 있다. 뿐만 아니라 '일본의 영역과
배타적경제수역'[36]이라는 제목의 지도에는 본래의 축적이라면 독도가
표기되지 않을 크기의 지도임에도 불구하고 일부러 '죽도'라는 명칭으
로 독도를 기재하고 일본의 배타적 경제수역 안에 포함시키고 있다.
또 독도영유권 문제와는 관련이 없을 만한 '아시아주'[37] 지도와 '일본
주변의 해류'[38]라는 제목의 지도에도 독도와 울릉도 사이에 국경선을
표시하여 독도를 일본의 영토로 표기하고 있는 등, 독도 관련 내용의
기술량이 매우 증가한 것을 알 수 있다.

〈표 3〉 동경서적 중학교 지리교과서의 기술내용 비교

2011년 검정통과	2015년 검정통과
일본해상의 죽도는 일본 고유의 영토이지만, 한국이 점거하고 있어 대립이 계속되고 있습니다.	일본해에 있는 죽도도 일본 고유의 영토이지만 한국이 불법으로 점거하고 있습니다. 일본은 이에 항의하는 한편 국제기관을 이용한 해결을 호소하는 등 외교적인 노력을 계속하고 있습니다.(p.133) 죽도는 오키제도 북서 방향 약 150㎢에 있는 시마네현 오키노시마쵸에 속하는 섬들로 일본해 중앙의 바다 안에 있고, 거대한 대지의 가장자리에 위치

34) 東京書籍,『中學校 地理』, 2015, 133쪽.
35) 東京書籍,『中學校 地理』, 2015, 134쪽.
36) 東京書籍,『中學校 地理』, 2015, 134쪽.
37) 東京書籍,『中學校 地理』, 2015, 45쪽.
38) 東京書籍,『中學校 地理』, 2015, 145쪽.

하고 있습니다. 오랜 화산이 토대가 되어 있습니다만 주위가 파도에 침식된 것으로 현재와 같은 단애(斷崖)로 둘러싸인 지형이 되었습니다.

죽도는 몇 개의 섬으로 이루어져 있습니다만 중심은 표고 168m의 남도(男島)와 표고 97m의 여도(女島)입니다. 죽도 주변 바다는 동중국해에서 흘러들어오는 난류인 쓰시마(對馬) 해류와 사할린에서 흘러들어오는 해류인 리만 해류가 마주치는 경계선 근처에 위치하고 있기 때문에 게와 오징어, 전갱이 같은 회유어 등 풍부한 어업 자원으로 혜택을 받고 있습니다."(p.134)

사진. 죽도 (시마네현 2008년)

지도. 아시아주

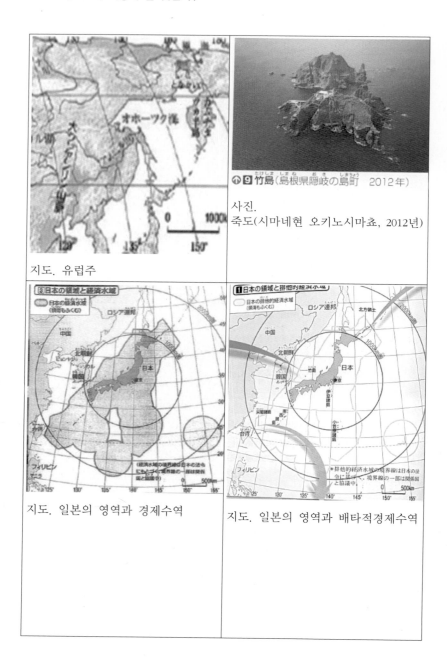

지도. 유럽주

사진.
죽도(시마네현 오키노시마쵸, 2012년)

지도. 일본의 영역과 경제수역

지도. 일본의 영역과 배타적경제수역

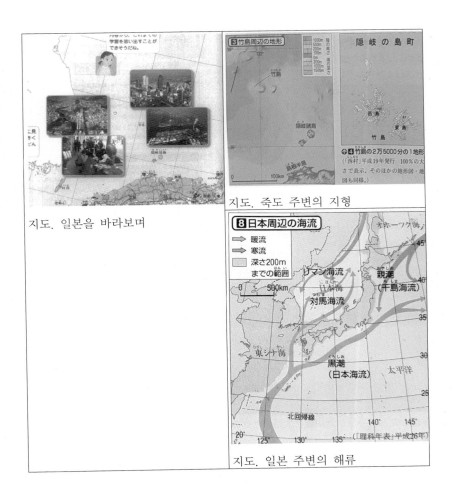

지도. 일본을 바라보며

지도. 죽도 주변의 지형

지도. 일본 주변의 해류

2) 공민 교과서

공민교과서의 경우에도 2011년 검정통과 교과서와 2015년 검정통과 교과서의 차이는 명백하게 드러나고 있다. 공민교과서의 경우는 주로 '일본의 영역과 배타적 경제수역'과 관련해서 독도에 대한 내용을 다루고 있는데, 2011년과 비교해서 2015년의 경우는 기술 내용이 상당히 자세해지고 분량도 대폭증가하고 있으며, 문부성의 요구사항을 넘어서는 내용까지 기술하는 등, 상당히 우경화된 경향성을 보이고 있다.

먼저 제국서원의 공민교과서는 2011년 검정통과 교과서의 경우는 '일본의 배타적 경제수역'[39]이라는 제목의 지도에 독도를 '죽도'라는 명칭으로 표기하고 일본의 배타적 경제수역 안에 포함시키는 것에 그치고 있었지만, 2015년 검정통과 교과서의 경우는 독도에 대해서 ① 에도시대 초기에 요나고의 상인들이 어렵을 하고 있었으며, ② 1905년에 일본의 메이지 정부가 국제법에 따라 시마네현에 편입하여 일본의 영토로 재확인했고, ③ 1951년의 샌프란시스코 평화조약에 따라 일본이 포기한 섬 중에 포함되지 않았다[40]는 내용을 기술하고 있다. 또 일본의 영토문제와 관련한 설명 중에서도 독도를 ① 일본 고유의 영토이며, ② 한국이 1952년에 국제법상 근거 없이 경계선을 그어 영유를 선언하고 오늘날까지 불법으로 점거를 계속하고 있으며, ③ 일본은 한국에 대해서 거듭 항의하고 있다[41]는 일본 정부의 주장을 그대로 답습하는 내용을 기술하고 있다. 뿐만 아니라 이 내용과 관련해서 '일본의 배타적 경제수역'[42]이라는 제목의 지도를 게재하고 독도를 '죽도'라는 이름으로 표기하여 일본의 배타적 경제수역 안에 포함시키고 있다.

39) 帝國書院, 『中學校 公民』, 2011, 173쪽.
40) 帝國書院, 『中學校 公民』, 2015, 168쪽.
41) 帝國書院, 『中學校 公民』, 2015, 168-169쪽.
42) 帝國書院, 『中學校 公民』, 2015, 169쪽.

〈표 4〉 제국서원 중학교 공민교과서의 기술내용 비교

2011년 검정통과	2015년 검정통과
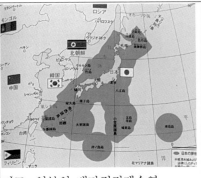 지도. 일본의 배타적 경제수역	죽도에서는 에도시대 초기에는 요나고의 상인들이 어렵을 하고 있었습니다. 그리고 1905년에 일본의 메이지 정부는 국제법에 따라 죽도를 시마네현에 편입하고 일본의 영토로 재확인했습니다. 죽도는 1951년의 샌프란시스코 평화조약에 따라 일본이 포기한 섬들에는 포함되어 있지 않습니다. 일본해에 있는 시마네현의 죽도도 또한 일본 고유의 영토입니다. 그러나 한국이 1952년에 국제법상의 근거가 없는 채로 경계선(이승만 라인)을 그어 영유를 선언하고 오늘날까지 불법으로 점거를 계속하고 있습니다. 일본은 한국에 대해서 거듭해서 항의를 하고 있습니다. 지도. 일본의 배타적경제수역

　두 번째로 일본문교출판의 공민교과서는 2011년 검정통과 교과서에서는 "국경선은 인접한 국가들의 큰 관심을 끌고 있고, 실제로 이해관계도 얽혀있습니다. 특히, 경제수역의 설정으로 작은 섬 하나의 영유도 중요"하다는 내용을 기술하면서, 독도문제와 관련해서 "시마네현

근해의 죽도는 한국도 그 영유권을 주장하고 있습니다."⁴³⁾라고 기술하고 있었다. 그러나 2015년 검정통과 교과서에서는 독도문제를 단독으로 다루면서 독도를 ① 1905년에 각의결정으로 시마네현에 편입된 일본 고유의 영토, ② 1952년 이후 한국이 불법으로 점거, ③ 일본은 한국에 대해서 몇 차례나 엄중하게 항의, ④ 샌프란시스코 평화조약에서도 일본 고유의 영토로 확인 등과 같은 일본 정부의 주장을 그대로 답습하는 내용을 기술하고 있다.⁴⁴⁾

또한 일본문교출판의 2011년도 검정통과 공민교과서에는 '일본의 해역과 경제수역'⁴⁵⁾이라는 제목의 지도에 독도를 '죽도'라는 명칭으로 일본의 배타적 경제수역 안에 포함시키는 지도만을 게재하고 있었으나, 2015년 검정통과 교과서에서는 '일본의 영역과 배타적경제수역'⁴⁶⁾이라는 제목의 지도 옆에 독도 사진을 게재하고 '죽도'라는 이름과 시마네현 소속이라는 내용을 함께 기술하고 있는 등, 내용이 추가된 것을 알 수 있다.

〈표 5〉 일본문교출판 중학교 공민교과서의 기술내용 비교

2011년 검정통과	2015년 검정통과
시마네현 근해의 죽도는 한국도 그 영유권을 주장하고 있습니다. (중략)국경선은 인접한 국가들의 큰 관심을 끌고 있고, 실제로 이해관계도 얽혀있습니다. 특히, 경제수역의 설정으로 작은 섬 하나의 영유도 중요하게 되었습니다. 북방영토, 죽도, 센카쿠제도 주변도 수산자원과 광물자원이 풍부하여 주목받고 있습니다. (p.183)	죽도는 1905년에 각의결정으로 시마네현에 편입된 일본 고유의 영토입니다. 1952년 이후 한국이 취해 지금도 불법으로 점거하고 있습니다. 일본은 한국에 대해서 몇 차례나 엄중하게 항의하고 있습니다. 샌프란시스코 평화조약에서도 북방영토와 죽도가 일본 고유의 영토라고 확인되었습니다.(P.129)

---

⁴³⁾ 日本文敎出版, 『中學校 公民』, 2011, 183쪽.
⁴⁴⁾ 日本文敎出版, 『中學校 公民』, 2015, 129쪽.
⁴⁵⁾ 日本文敎出版, 『中學校 公民』, 2011, 183쪽.
⁴⁶⁾ 日本文敎出版, 『中學校 公民』, 2015, 129쪽.

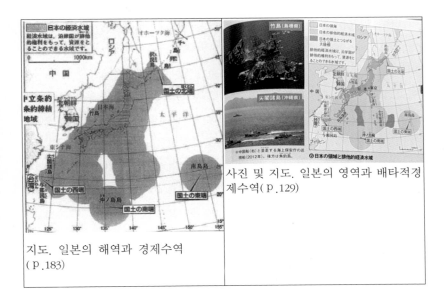

지도. 일본의 해역과 경제수역
(P.183)

사진 및 지도. 일본의 영역과 배타적경
제수역(P.129)

　세 번째로 동경서적의 공민교과서는 2011년 검정통과 교과서의 경
우는 독도에 대해 "오키제도 북서쪽에 위치하고 시마네현 오키노시마
쵸에 속하는 일본 고유의 영토입니다. 그러나 한국이 불법으로 점거하
고 있어서, 일본은 한국에 대해 항의를 계속하고 있습니다."[47]라는 내
용을 기술하고 있었다. 그러나 2015년 검정통과 교과서에서는 독도가
"오키제도의 북서쪽에 위치"한다고 한 것을 "시마네현의 북서쪽에 위
치"한다고 수정한 것을 제외하고는, 2011년 교과서의 내용을 거의 그
대로 옮겨서 기술[48]하고 있는 한편 보다 구체적이고 상세한 내용도 추
가로 기술하고 있다. 그 내용은 독도가 ① 시마네현 오키노시마쵸에
속하는 일본의 고유영토, ② 에도시대 초기부터 돗토리번 마을 사람들
이 번의 허가를 얻어 이 섬과 주변 바다에서 어업을 행해왔다는 기록

---

47) 東京書籍, 『中學校 公民』, 2011, 151쪽.
48) 東京書籍, 『中學校 公民』, 2015, 171쪽.

이 남아 있음, ③ 일본은 1900년 초에 강치 잡이가 성행한 것에 대응하기 위해 1905년 각의결정으로 시마네현에 편입, ④ 제2차 세계대전 후에 연합국 최고사령관총사령부(GHQ)가 일본의 정치상 권한을 정지한 지역과 어업과 포경을 금지한 지역에는 포함되었지만, 1951년에 서명된 샌프란시스코 평화조약에서 일본이 포기한 영토에는 포함되어 있지 않음, ⑤ 1952년 1월에 일본 어선의 출입을 금지하기 위해 한국의 이승만 대통령이 공해상에 자국 해양자원의 권익 범위로서 국제법에 반하여 설정한 소위 '이승만 라인' 안에 포함, ⑥ 이후 한국이 불법점거하고 있으며, 현재까지 여러 가지 활동을 시행하는 상황이 지속, ⑦ 일본은 불법점거에 대하여 항의하는 한편, 국제사법재판소에 맡겨 평화적으로 해결하자고 1954년, 1962년, 2012년의 세 번에 걸쳐 제안해보았지만, 한국은 이를 계속 거부하고 있다는 것이다.[49]

또 2011년 검정통과 교과서와 2015년 검정통과 교과서에는 모두 "일본의 영역과 경제수역 "[50], 또는 '일본의 영역과 배타적 경제수역'[51]이라는 비슷한 제목의 지도를 게재하고 있는데, 2011년 교과서의 경우는 단순하게 일본의 배타적 경제수역 안에 독도를 '죽도'라는 명칭으로 포함시키고 있었으나, 2015년 교과서의 경우는 배타적 경제수역 안에 '죽도'라는 명칭으로 표기하고 별도로 "시마네현의 북서쪽에 위치하며, 시마네현 오키노시마쵸에 속하는 일본 고유의 영토입니다. 그러나 한국이 불법으로 점거하고 있으므로 일본은 한국에 대해 항의를 계속하고 있습니다."라는 내용을 기술하는 등, 독도 영유권에 대한 일본 정부의 주장을 지지하는 내용을 담고 있다.

---

[49] 東京書籍, 『中學校 公民』, 2015, 196쪽.
[50] 東京書籍, 『中學校 公民』, 2011, 151쪽.
[51] 東京書籍, 『中學校 公民』, 2015, 171쪽.

〈표 6〉 동경서적 공민교과서의 기술내용 비교

2011년 검정통과	2015년 검정통과
죽도는 오키제도 북서쪽에 위치하고 시마네현 오키노시마쵸에 속하는 일본 고유의 영토입니다. 그러나 한국이 불법으로 점거하고 있어서, 일본은 한국에 대해 항의를 계속하고 있습니다.	죽도는 시마네현의 북서쪽에 위치하며, 시마네현 오키노시마쵸에 속하는 일본 고유의 영토입니다. 그러나 한국이 불법으로 점거하고 있으므로 일본은 한국에 대해 항의를 계속하고 있습니다. 시마네현 오키노시마쵸에 속하는 죽도는 일본의 고유영토이며, 에도시대 초기부터 돗토리번 마을 사람들이 번의 허가를 얻어 이 섬과 주변 바다에서 어업을 행해왔다는 기록이 남아 있습니다. 일본은 1900년 초에 강치 잡이가 성행한 것에 대응하기 위해 1905년 각의결정으로 죽도를 시마네현에 편입하였습니다. 제2차 세계대전 후에 일본이 연합국에 점령되었을 때 연합국 최고사령관총사령부(GHQ)는 일본의 정치상 권한을 정지한 지역과 어업과 포경을 금지하는 지역을 지령하였는데, 여기에는 죽도가 포함되었습니다. 그러나 1951년에 서명된 샌프란시스코 평화조약에서 일본이 포기한 영토에 죽도는 포함되어 있지 않습니다. 1952년 4월 샌프란시스코 평화조약이 발효, 연합국의 지령도 해제되었지만, 동년 1월에 한국의 이승만 대통령이 공해상에 자국 해양자원의 권익 범위로서 소위 '이승만 라인'을 국제법에 반하여 설정, 일본 어선의 출입을 금지했습니다. 이 범위에 죽도가 포함되어 이후 한국이 죽도를 불법점거하고 있습니다. 또한 여러 가지 활동을 시행하는 상황이 현재까지도 계속되고 있습니다. 일본은 이 불법점거에 대하여 항의하

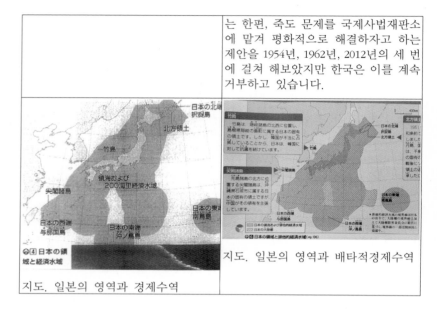

는 한편, 죽도 문제를 국제사법재판소에 맡겨 평화적으로 해결하자고 하는 제안을 1954년, 1962년, 2012년의 세 번에 걸쳐 해보았지만 한국은 이를 계속 거부하고 있습니다.

지도. 일본의 영역과 경제수역

지도. 일본의 영역과 배타적경제수역

3) 역사 교과서

역사 교과서의 경우는 2014년에 발표된 '중·고 학습지도요령 해설서의 일부 개정안'에 기술되어 있는 것처럼 일본이 "국제법상 정당한 근거에 의거하여 죽도, 센카쿠제도를 정식으로 영토에 편입한 경위도 언급"하도록 되어 있다. 따라서 교과서 발행사들은 기존의 지리교과서와 공민교과서 뿐만 아니라 역사교과서에도 신규로 독도문제에 대한 기술을 확대하였으며, 그 내용을 살펴보기 위해 교육출판에서 발행한 역사교과서를 대상으로 하여 비교분석해보고자 한다.

교육출판의 역사교과서는 2011년 검정통과 교과서의 경우에는 일본의 영토와 관련해서 "북방영토와 함께 죽도 및 센카쿠제도도 일본 고유의 영토"라고 기술한 뒤에 독도와 관련해서는 "한국과의 사이에 그 영유를 둘러싼 주장에 차이가 있어, 미해결의 문제로 남아 있습니다."

라는 내용을 기술한 뒤에 독도의 사진을 게재하고 있었다.[52] 그러나 2015년 검정통과 교과서의 경우는 '⑤ 지식을 세계에 추구하여 새로운 국제관계의 확립'이라는 장에서 '중국·조선과의 외교'에 대해 기술하면서 연표에서는 독도를 1905년에 시마네현에 편입했다고 기술하고, 또다시 각의결정으로 시마네현에 편입했다는 내용을 서술하고 있다.[53] 그리고 '일본의 외교와 영토의 변화'라는 제목의 지도에도 독도를 '죽도'로 표기하여 두고 있다.

그리고 '일본의 영토와 근린각국-일본의 영토획정과 영유를 둘러싼 각 문제'라는 장에서는 러시아와 일본 간에 영유권을 둘러싸고 문제가 있는 '북방영토', 중국과 일본 간에 문제가 되고 있는 '센카쿠제도'와 함께 독도문제도 기술하고 있습니다. 독도에 대해서는 먼저 "죽도-17세기 중반(에도시대초기)부터 일본은 영유권을 확립"이라고 기술하고 있으며, 구체적으로는 독도에 대해 ① 에도시대 초기에 요나고 주민들이 어렵행위를 했음, ② 1905년, 메이지정부가 국제법에 따라 시마네현에 편입하고, 일본 고유의 영토로 재확인, ③ 샌프란시스코 평화조약 작성 단계에 일본이 표기해야 할 섬에 독도를 포함시켜달라는 한국의 요구를 미국이 거부했음, ④ 1952년, 한국이 일방적으로 경계선을 설정하고 한국령으로 선언하고 불법으로 점거, ⑤ 일본이 항의하고 국제사법재판소 공동제소를 제안했지만, 한국은 응하지 않고 있다는 등의 내용을 기술하고 있다. 그리고 관련 사진으로 '고다니 이헤가 제출한 죽도의 그림지도'와 '오키 사람들이 죽도에서 했던 강치잡이 사진', '시마네현이 발행한 강치잡이 허가증'을 게재하고 설명문을 첨부하고 있다.[54] '고다니 이헤'의 그림지도에 대해서는 "1896년, 에도막부의 요구에

---

52) 教育出版, 『中學校 歷史』, 2011, 251쪽.
53) 教育出版, 『中學校 歷史』, 2015, 165쪽.
54) 教育出版, 『中學校 歷史』, 2015, 247쪽.

따라 돗토리번이 제출한 그림지도의 사본입니다. 당시 죽도는 송도라고 불렸으며, 현재의 울릉도를 죽도(기죽도)라고 부르고 있었습니다."라고 설명을 하고 있다. 하지만 이 설명문에는 당시의 돗토리 번이 이 그림지도와 관련해서 '죽도'와 '송도' 두 섬 모두 돗토리번에 속한 섬이 아니라고 인정한 문서를 제출했었다는 사실에 대해서는 언급하지 않고 있다. 또 관련 사진으로 게재하고 있는 '강치잡이 허가증'과 '오키 사람들이 죽도에서 했던 강치잡이 사진은 전자가 1929년에 발행된 것이며, 후자는 1935년에 촬영된 사진으로 모두 일제강점기에 이루어진 행위라는 것에 대한 언급도 하지 않고 있다. 이러한 교과서 내용은 일본인의 강치잡이 관련 사진과 문서를 에도시대의 그림지도와 함께 배치하여 마치 역사가 오래된 것인 것처럼 위장하기 위한 의도로 기술된 것으로 역사적 사실과는 배치되는 내용이다.

이처럼 교육출판의 2015년 검정통과 역사교과서에 기술된 내용은 역사적 사실을 왜곡하는 내용 일색으로 작성되어 있다. 뿐만 아니라 일본 측의 일방적인 주장만을 기술하면서 한국에 대해서는 국제법을 어기면서 불법적인 행위를 하고 있는 국가로 매도하고 있다는 점에서 매우 부적절하다고 할 수 있을 것이다.

〈표 7〉 교육출판 역사교과서의 기술내용 비교

2011년 검정통과	2015년 검정통과
현재 일본영토와 관련해서는 (중략) 북방영토와 함께 죽도 및 센카쿠제도도 일본 고유의 영토입니다. 일본해에 위치하는 죽도에 대해서는 한국과의 사이에 그 영유를 둘러싼 주장에 차이가 있어, 미해결의 문제로 남아 있습니다.	1905, 죽도를 시마네현에 편입함 1905년에는 죽도를 시마네현에 각각 각의결정을 따라 편입했습니다.
 사진 1. 竹島	 지도 및 도표. 일본의 외교와 영토의 변화
	북방영토와 죽도에는 어떠한 경위가 있을까?(246-247p) 죽도에서는 에도시대 초기에는 요나고의 주민들에 의해 어렵이 이루어지게 되었습니다. 1905년 메이지정부는 국제법에 따라 죽도를 시마네현에 편입하고, 일본 고유의 영토로 재확인했습니다. 샌프란시스코 평화조약 작성 단계에는 한국이 "일본이 포기하는 섬에

죽도를 추가해달라"고 요구했지만 미국도 "죽도가 조선의 영토였던 적은 없다"라며 거부했습니다. 그러나 1952년 한국이 일방적으로 경계선을 설정하고 죽도를 한국령이라고 선언하며 불법으로 점거했습니다. 일본은 항의하고 국제사법재판소에 공동제소하자고 제안했습니다만 한국은 응하지 않고 있습니다.

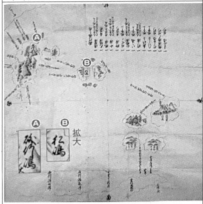

사진. 고다니 이헤가 제출한 죽도의 그림지도

←❶「小谷伊兵衛より差出候竹嶋之絵図」 1696年, 江戸幕府の求めに応じて鳥取藩から提出された絵図の控えです。当時, 竹島は松嶋とよばれ, 現在の鬱陵島を竹嶋(磯竹嶋)とよんでいました。〈鳥取県立博物館蔵〉

사진. 오키 사람들이 죽도에서 했던 강치잡이

◀❺隠岐の人たちによる竹島
でのあしか猟のようす（1935
年）〈個人蔵（島根県竹島資料室提供）〉

▲❻島根県が発行したあしか
猟の許可証〈島根県提供〉

사진. 시마네현이 발행한 강치잡이 허
가증

지도. 일본의 영해 · 배타적 경제수역

4. 나가며

이상과 같이 일본의 중학교 지리, 공민, 역사 교과서는 2014년에 일부가 개정된 '중 · 고 학습지도요령 해설서'의 영향을 받아 기술내용의 양적, 질적 증가를 보이고 있다. 이러한 추세는 이미 2011년도에 검정을 통과한 교과서에서부터 그 전초가 발견되고 있다. 일본의 교과서 제작사들은 2008에 개정된 '학습지도요령 해설서'에서 지리과목에 대해서만 "일본과 한국 사이에 '죽도'에 대한 주장에 차이가 있다는 점 등에 대해서도 취급"하라는 문부성의 요구를 확대해서 공민과 역사교과서에서도 다루었다. 그리고 심지어는 "일본 고유의 영토"라는 내용까지 포함하는 등, 문부성의 요구가 있기 이전에 선제적으로 정부의 우경화 정책에 대응하고 있었다. 그러므로 2014년에 일부 개정된 '중 · 고

학습지도요령 해설서'는 교과서 제작사들이 이미 2011년에 검정을 통과시킨 교과서 내용에 대한 사후 추인적인 성격이 강하며, 뿐만 아니라 보다 강력한 정부의 우경화된 영토정책을 담은 것이라고 할 수 있다.

그 결과 일본정부의 주도하에 2014년에 개정된 '중·고 학습지도요령 해설서'에 따라 2015년 이후에 검정을 통과하고 간행된 교과서들은 독도문제에 대한 일본정부의 견해를 무비판적으로 수용한 대대적인 대국민 홍보물로 전락해버린 것이라고 할 수 있다. 특히 독도영유권 문제와 관련한 일본 측의 주장인 '고유영토론'과 '무주지 선점론'의 상호 모순을 고려하지 않은 교과서 기술내용은 교과서 집필진들의 학자적 양심마저도 의심하게 만드는 대목이기도 하다.

이처럼 아베정권의 교육재생이라는 슬로건하에 이루어지고 있는 왜곡된 교과서를 통한 교육으로 인해 일본의 청소년들은 잘못된 역사와 영토에 대한 지식을 습득하게 될 것이며, "국가에 의한 교육의 통제"로 인해 발생하는 폐해의 피해자가 될 것이다. 결과적으로 그러한 잘못된 교육이 초래할 고통스러운 미래는 한일 양국 간의 질곡이 될 뿐만 아니라, 일본인 스스로에게도 큰 짐이 될 것임에 틀림없다. 따라서 일본정부는 하루 빨리 이러한 왜곡된 교과서를 시정하여 미래지향적이며 상호 존중하는 교육의 발판을 만들어야 할 것이다.

【참고문헌】

김영수, 「한국과 일본의 역사 교과서의 독도 관련 내용 비교와 분석」, 『동북아 역사문제』(주요 현황 분석) 통권 81호, 2013.

김영수, 「한국과 일본 중학교 역사분야 교육과정과 역사 교과서의 독도 관련 내 - 2014년 전후 한일 교육과정과 교과서를 중심으로 -」, 『독도연구』 제19호, 2015.

김주식, 「한일 간의 현안: 독도와 일본 교과서의 역사 왜곡」, 『한국해양전략연구』(strategy 21, 제16권 1호, 통권 제31호), 2013.

남상구, 「전후 일본 중학교 교과서의 독도 기술 추이와 현황」, 『영토해양연구』 1, 동북아역사재단, 2011.

남상구, 「일본 초·중·고 교과서의 독도기술 현황과 전망」, 『교과서 연구』 통권 제76호, 2014.

남상구, 「일본 교과서 독도기술과 시마네현 독도교육 비교 검토」, 『독도연구』 제20호, 2016.

남상구, 「집요하고 치밀한 일본의 독도 교육」, 『한국교원신문』, 2016.5.1.

노기호, 「일본교육기본법의 개정 내용과 특징」, 『公法學研究』 第8卷 第2號, 한국비교공법학회, 2007.

박병섭, 「일본의 사회과 교과서와 독도문제」, 『독도연구』 제11호, 2011.

靑木廣治, 「敎育基本法改定提案の逐條的檢討(前文)」, 『敎育基本法改正批判』, 日本敎育法學會編, 2004.

일본 문부과학성 홈페이지 (http://www.mext.go.jp)

〈일본교과서〉

二葉株式会社, 『中學校 地理』, 1955.

帝國書院, 『中學校 地理』, 2011.

帝國書院, 『中學校 地理』, 2015,

日本文敎出版, 『中學校 地理』, 2011.

日本文敎出版, 『中學校 地理』, 2015.

東京書籍, 『中學校 地理』, 2011.

東京書籍, 『中學校 地理』, 2015.

帝國書院,『中學校 公民』, 2011.

帝國書院,『中學校 公民』, 2015.

日本文敎出版,『中學校 公民』, 2011.

日本文敎出版,『中學校 公民』, 2015.

東京書籍,『中學校 公民』, 2011.

東京書籍,『中學校 公民』, 2015.

敎育出版,『中學校 歷史』, 2011.

敎育出版,『中學校 歷史』, 2015.

『학습지도요령 및 해설』을 통해 본 일본의 영토교육
-「개정 교육법」부터 「2018 고교 학습지도요령」까지 -

이 우 진

1. 머리말

　일본의 문부과학성은 드디어 고등학교에서 '독도의 일본 영유권'에 대한 교육을 의무화하는 『2018 고등학교 학습지도요령』(2018.3.30)[1]을 확정하여 '전자정부 종합창구'[2]에 고시하였다. 이는 '독도가 일본 고유의 영토'라는 내용을 담고 있는 지난해에 확정한 『2017 소·중학교 학습지도요령』(2017.3.31)의 연장선에서 이루어진 작업이다. 교과서 검정 제도를 취하고 있는 일본에서 『학습지도요령』은 중요한 의미를 지닌다.[3] 『학습지도요령』은 '교육과정의 기준'이 되며, 이 『학습지도요령』

---

[1] 이하 '○년도에 고시된 학습지도요령은 『○ 학습지도요령』'으로 표기하도록 하겠다. 예컨대, '2011년 고시된 소·중학교 학습지도요령은 『2011 소·중학교 학습지도요령』'으로 표기하고, 더불어 『학습지도요령』과 『학습지도요령 해설』도 동일한 방식을 따른다.

[2] 電磁政府の總合窓口(http://www.e-gov.go.jp)

[3] 일본은 국가에서 직접적으로 교과서 저작에 관여해 그 내용 등을 결정하는 국정교과서 제도가 아닌, 문부과학성이 사용가부를 판정해주는 검정교과서

을 보완·설명하는 『학습지도요령해설』은 '교과서 제작과 검정의 기준'으로 작동하기 때문이다.[4]

일본 정부는 『2008 중학교 학습지도요령 해설』(2008.7.14)을 고시한 이래, 지속적인 『학습지도요령 및 해설』의 개정과 교과서 검정을 통해 '독도 영유권에 대한 왜곡된 교육'을 실행하여 왔다. 드디어 지난해와 올해 『소·중·고등학교 학습지도요령』을 개정하여 "일본 내 모든 학교 교육에서 독도 영유권에 대한 왜곡된 교육을 해야만 하는 시스템을 완성"하였다.[5] 앞으로 살펴볼 것이지만, 이와 같은 『학습지도요령』 개정은 아베 신조(安倍晋三) 내각이 추진해 온 '우경화·국가주의 교육의 결실'이라고도 볼 수 있다.

이 글은 독도와 관련한 일본의 왜곡된 영토교육을 『학습지도요령 및 해설』을 중심으로 검토하고자 한다. 특히 아베 내각의 정치성과 관련하여 논의해보도록 하겠다.[6] 이를 위해, 먼저 아베 내각이 '애국심

___

제도를 사용하고 있다.

[4] 『학습지도요령』은 교과서 제작과 검정 기준일 뿐만 아니라 교과교육의 내용과 이 내용을 교육할 때의 유의사항 등도 자세히 제시하고 있다.

[5] 연합뉴스(2018년 2월 14일자)는 "일본 정부는 지난해 개정한 소중학교 학습지도요령에 이어 올해 고교 학습지도요령을 개정함으로써 '학습지도요령-해설-검정 교과서'라는 3종 세트로 구성된 독도 영유권 왜곡교육을 시스템 구축을 완성한 것"으로 평가하고 있다.

[6] 현재 우리학계에서 '독도 교육과 관련한 일본의 검정 교과서 연구'는 상당한 축적이 이루어졌다. 대표적인 연구물들을 뽑자면 다음과 같다. "손용택, 「일본 교과서에 나타난 '독도(다케시마)' 표기의 실태와 대응」, 『한국지리환경교육학회지』 제13권 제3호, 2005; 권오현, 「일본 정부의 독도 관련 교과서 검정 개입의 실태와 배경」, 『문화역사지리』 제18권 제2호, 2006; 심정보, 「일본의 사회과에서 독도에 관한 영토교육의 현황」, 『한국지리환경교육학회지』 제16권 제3호, 2008; 김화경·노상래, 「일본 교과서의 독도 기술실태에 관한 연구-중학교 사회 과목 교과서의 독도 기술을 중심으로 한 고찰-」, 『한국사상과 문화』 제50호, 2009; 신주백, 「한국과 일본 역사교과서의 독도에 관한 기술의 변화」, 『독도연구』 8호, 2010; 남상구, 「전후 일본 중학교 교과서의

과 공공 정신 함양'을 강조하기 위해 제정한 「개정 교육기본법」(2006.12.22)을 살펴보겠다. 두 번째로 「개정 교육기본법」 이후 일본이 지속적으로 시행하여 온 왜곡된 영토교육 동향을 살펴보도록 하겠다. 이는 아베 내각은 '일본 교육 재생'이라는 목표 달성을 위해 「교육진흥기본계획」과 밀접한 관련을 갖고 있다. 그들은 2008년 7월 1일 「교육진흥기본계획」을 수립하고, 제1기(2008~2012)와 제2기(2013~2017)를 시행하였으며, 올해부터 제3기(2018~ 2022)가 시행하고 있다.7) 따라서 독도와 관련한 일본의 왜곡된 영토교육을, 「교육진흥기본계획」 제1기와 제2기에서 공표·시행된 『학습지도요령 및 해설』을 중심으로 검토하겠다. 마지막으로 「교육진흥기본계획」 제3기에 시행되는 『2017 소·중학교 학습지도요령 및 해설』과 『2018 고등학교 학습지도요령』을 논의해 보도록 하겠다.8) 그리하여 2006년에 제정한 「개정 교육기본법」 부

독도 기술 추이와 현황」, 『영토해양연구』 제1권, 2011; 박병섭, 「일본 사회과 교과서와 독도문제」, 『독도연구』 제11호, 2011; 서종진, 「아베 정부의 영토교육 강화와 검정 교과서의 독도 관련 기술 변화」, 「영토해양연구」 8호, 2014; 남상구, 「일본 초·중·고 교과서의 독도기술 현황과 전망」, 『교과서연구』 통권 제76호, 2014; 김영수, 「한국과 일본 중학교 역사분야 교육과정과 역사 교과서의 독도 관련 내용 - 2014년 전후 한일 교육과정과 교과서를 중심으로 -」, 『독도 연구』 제19호, 2015; 송휘영, 「일본 독도 교육의 현황과 방향성 검토」, 『일본문화학보』 64집, 2015; 남상구, 「일본 교과서 독도기술과 시마네현 독도교육 비교 검토」, 『독도연구』 20호, 2016; 황용섭, 「일본 初·中學校 교과서 독도 관련 내용 비교 검토」, 『한일관계사연구』 56집, 2017" 하지만 아베 내각의 정치성과 관련하여 일본의 「신·구 교육법」을 비롯한 『학습지도요령 및 해설』을 검토하고, 이를 일본의 왜곡된 영토교육과 관련한 논의가 없다는 점에서 이 연구의 의의가 있다고 할 수 있다.

7) 『敎育振興基本計畵』(http://www.mext.go.jp/a_menu/keikaku/detail/1335023.htm)

8) 본래 『2017 소·중학교 학습지도요령』은 소학교에서 2020년에 적용, 중학교에서 2021년부터 적용하기로 예정되었다. 그러나 문부과학성은 이를 올해 (2018.4.1)부터 모든 소·중학교에서 앞당겨 실시하기로 했다. 이에 비추어 본다면, 2022년부터 적용하기로 예정되어 있는 「2018 고교학습지도요령」도 조기 실시될 것으로 예상된다. 물론 「2018 고교학습지도요령」이 2022년부터

터『2018 고등학교 학습지도요령』에 이르기까지, 이 모두는 아베 내각의 우경화·국가주의 교육 이념의 산물이며, 이 연장선에서 '독도와 관련한 일본의 왜곡된 영토교육'도 이루어지고 있음을 보여주고자 한다. 또한 '독도와 관련한 일본의 왜곡된 영토교육의 논리'를 밝히고, 이 논리가 지닌 문제점에 대해 논의해 보도록 하겠다.

2. 아베 내각의 「개정 교육기본법」에 담긴 영토교육 이념

1차 아베 내각(2006.9.26~2007.8.27)이 들어서기 전부터 일본은 '독도와 관련한 왜곡된 영토교육'에 대한 주장이 있었다. 나카야마 나리아키(中山成彬) 문부과학상은 2005년 3월 29일 "일본 영토라는 것이 『학습지도요령』에는 없다. 『학습지도요령』에 독도와 센카쿠 열도를 일본 영토로 명기해야 한다"며 "다음『학습지도요령』 개정에서는 분명히 써야 한다"고 언급하였다. 그는 "일본에는 자학적인 교과서가 너무 많다"며 교과서에서 자학적 기술을 삭제해야 할 것을 주장하였다.[9]

아베 신조 역시 이러한 일본의 교과서가 자학사관으로 점철되어 있다는 입장에 동조하였다. 그는 자신의 저서에서 한 장을 할애할 만큼 '일본 교육재생(敎育再生)'[10]의 중요성을 피력하면서, '자학적인 교육

적용된다고 할지라도, 이는 「교육진흥기본계획」 제3기(2018~2022)에 해당된다.

[9] 경향신문(2005년 3월 29일자).

[10] '교육 재생(再生)'은 군국주의화와 신자유주의화라는 두 축을 강조한다. 재생이란 말 그대로 '교육을 다시 살린다'는 것이다. 그렇다면 어느 시기로 다시 살린다는 것인가? 우경화와 국가주의를 강조하는 아베의 언급을 볼 때, 그 시기는 바로 '패전 이전의 일본 교육'으로 판단된다. 왜냐하면 아베내각이 「개정 교육기본법」 이후 교육재생회의를 설립하고, 이 회의를 위해 결성된 「일본교육재생기구」는 "전후 60년의 교육을 잘못된 교육으로 규정하고 있으며, 황국신민화시대에 대한 향수를 느끼게 하는 「결성호소문」을 내세우고

의 시정'과 '교육수준의 향상'을 주장하였다.11) 실제로 아베 내각이 들
어서자 '교육의 재생'은 대단히 중요한 과제로 자리하였다.12) 이 '일본
교육재생을 위한 교육진흥기본계획'은 근본적으로 제1차 아베 내각에
서 2006년 공표한 '「개정 교육기본법」에 제시된 교육의 목표'에 기반하
고 있다.

  아베 내각은 「개정 교육기본법」을 제정하여 '평화헌법에 기초한 「구
교육기본법」(1947년 법률 제25호)'의 이념과 목표를 탈피하고자 하였
다. 이는 아래의 두 교육기본법 〈전문(前文)〉 일부에서 확인할 수 있
다.

  「구 교육기본법」: 우리는 개인의 존엄을 중시하고 진리와 평화를 희
  구하는 인간의 육성을 기대함과 동시에, 보편적이지만 개성이 풍부
  한 문화의 창조를 목표로 하는 교육을 철저히 보급하여야 한다.13)

  「개정 교육기본법」: 우리는, 이러한 이상을 실현하기 위해서 개인의
  존엄을 존중하고, 진리와 정의를 희구하며, 공공의 정신을 존중하고,
  풍부한 인간성과 창조성을 겸비함 인간의 육성을 기대함과 동시에,

  있기 때문"이다. 이에 대한 자세한 논의는 "한용진·박은미, 「일본 교육개혁
  의 보수화 논쟁과 교육재생회의」, 『한국교육학연구』 13권 제2호, 한국교육
  학회, 2007, 25~46쪽" 참조.

11) 安部晋三, 『美しい国へ』(東京: 文藝春秋), 「第7章 教育の再生」, 2006, 201~
   229쪽.

12) 文部科学省, 『平成28年度 文部科学白書』, 「第2部 文教·科学技術施策の動
   向と展開, 第1章 教育再生の着実な実現」, 2016에는 이와 같이 적혀있다. "현
   재 아베 내각에서는 경제 재생과 나란히 교육 재생이 중요 과제가 되고 있습
   니다. …… 제2기 교육진흥기본계획에 근거하여 교육 재생을 위한 시책을
   실행하여 세계 최고 수준의 학력과 규범의식을 갖춘 인재를 육성하고 있습
   니다." (http://www.mext.go.jp/b_menu/hakusho/html/hpab201701/detail/1398158.htm)

13) 日本教育基本法 改定 情報センタ(http://www.stop-ner.jp); 「教育基本法」(1947년
   법률 제25호).

전통을 계승하고, 새로운 문화의 창조를 목표로 하는 교육을 추진한
다.14)

위의 〈전문〉에서 확인할 수 있듯이, 「개정 교육기본법」의 〈전문〉에
는 「구 교육기본법」의 〈전문〉에 제시되어 있지 않는 '공공 정신 존중'
과 '전통 계승'이 첨가되어 있다. 또한 「개정 교육기본법」에는 「구 교
육기본법」에 제시된 '평화를 희구하는 인간'이라는 표현을 삭제하였다.
그리고 「구 교육기본법」에는 없는 〈교육의 목표〉라는 조항을 만들어,
아래와 같이 '〈전문〉에 새로이 첨가한 공공 정신 존중과 전통 계승을
〈교육의 목표〉로서 설정'하고 있다는 것이다.

> 「개정 교육기본법」 〈교육의 목표〉 제2조
> 3. 정의와 책임, 남녀의 평등, 자신과 타인에 대한 경애와 협력을 중
>   시함과 동시에, 공공의 정신에 기초하여, 주체적으로 사회의 형성
>   에 참여하고 그 발전에 기여하는 태도를 기른다.
> 5. 전통과 문화를 존중하고, 그것을 길러낸 우리나라(일본)와 향토를
>   사랑함과 동시에, 타국을 존중하고, 국제사회의 평화와 발전에 기
>   여하는 태도를 기른다.15)

위 〈교육의 목표〉에 제시된 "공공의 정신에 기초하여, 주체적으로
사회의 형성에 참여하고 그 발전에 기여하는 태도"라는 3항은 "국가와
사회의 필요에 따라 교육이 활용될 수 있음을 시사하는 것으로서, 국
가에 의한 교육의 통제가 가능함을 암시하는 문장"16)이다. 이 뿐만 아

---

14) 같은 곳(http://www.stop-ner.jp); 「敎育基本法」(2006년 법률 제120호).
15) 같은 곳, (敎育の目標) 第二条.
16) 靑木廣治, 「敎育基本法改定提案の逐條的檢討(前文)」, 『敎育基本法改正批
    判』, 日本敎育法學會編, 2004, 78쪽. "노기호, 「일본교육기본법의 개정 내용과
    특징」, 『公法學硏究』 第8卷 第2號, 한국비교공법학회, 2007, 316쪽"에서 재인용.

니라 「개정 교육기본법」에는 '교육에 대한 정부의 간섭을 구체적으로 규정하는 조항'마저 마련되어 있다.[17] 다음으로, "전통과 문화를 존중하고, 그것을 길러낸 우리나라(일본)와 향토를 사랑함"이라 규정하고 있는 「개정 교육기본법」 5항은 "일본사회를 정치·문화적으로 통일성이 확보된 일원화된 사회로의 회귀를 도모하고자 하는 보수주의적 통합전략"[18]이 담겨져 있다. 정리하면, 이 두 조항은 '국가의 발전을 위해 교육을 수단으로 이용하려는 국가주의 교육을 강화함과 동시에 교육에 대한 정부의 간섭을 확대'하려는 아베 정권의 입장이 분명하게 담긴 〈교육의 목표〉인 것이다.

이제 아베 내각은 교육을 정부의 요청에 따라 통제할 수 있는 법률적 근거를 마련하게 되었다. 그들은 '국가주의적이고 우경화적인 방향'으로 일본교육정책을 선회할 수 있는 정당성을 확보하게 된 것이다. 그리하여 '일본 교육 재생'이라는 목표 달성을 위해, 「개정 교육기본법」 공표에 이어 「교육진흥기본계획」을 수립(2008.7.1)한다. '독도와 관련한 왜곡된 영토교육 강화'도 여기에 발맞추고 있다.

---

[17] 특히 「개정 교육기본법」에서 나타나는 '교육에 대한 정부의 간섭을 확대하는 입장'은 〈교육행정〉에 관한 조항에서 명백하게 나타난다. 「구 교육기본법」의 〈교육행정〉에 관한 제10조에서는 "교육은 부당한 지배에 복종하지 않고, 국민 전체에게 직접 책임을 지고 시행돼야 한다"고 기술되어 있다. 반면 「개정 교육기본법」의 〈교육행정〉에 관한 제16조에 "교육은 부당한 지배에 굴복하지 않고 이 법률 및 기타의 법률에서 정하는 바에 따라 행해져야 하며, 교육행정은 국가와 지방공공단체와의 적절한 역할분담 및 상호협력 하에서 공정하고도 적정하게 이루어져야 한다"고 하여, 「개정 교육기본법」이나 기타 법률에 따라 교육이 행해져야 함을 구체적으로 규정하고 있다.
[18] 今野健一, 「教育基本法改正提案の逐條的檢討(教育の目的)」, 83쪽, 2004. "노기호(2007), 같은 논문, 같은 쪽"에서 재인용.

3. 「제1기 교육진흥기본계획」(2008~2012)의 영토교육

1) 『2008 소학교 학습지도요령 및 해설』의 영토교육

아베 내각은 「교육진흥기본계획」 제1기가 시작되는 해인 2008년에 『소·중학교 학습지도요령』(2008.3.28)을 개정하여 관보에 고시한다. 이 『2008 소학교 학습지도요령』은 '애국심과 공공 정신의 함양'을 통해 '일본 교육 재생'을 이루고자 하는 「개정 교육기본법」의 입장에 따라 『학습지도요령』을 개정한 것이다. 그 점은 『2008 소학교 학습지도요령』의 〈총칙〉에 제시된 '교육과정편성의 일반 방침'에서 찾아볼 수 있다.

제1. 교육과정 편성의 일반 방침
2. 학교에서의 도덕 교육은 도덕 시간을 중심으로 학교 교육 활동 전체를 통해서 실시하는 것으로서 …… 도덕 교육은 「교육기본법」 및 「학교교육법」에 정해진 교육의 근본정신에 근거하여 …… 전통과 문화를 존중하고, 그것들을 양성해 온 우리나라(일본)와 향토를 사랑하고, 개성 강한 문화 창조를 도모하는 동시에 공공 정신을 존중하고, 민주적인 사회 및 국가의 발전에 기여한다.[19]

위에 살펴볼 수 있듯이, 『2008 소학교 학습지도요령』은 도덕 교육을 두 가지 측면으로 이해하고 있다. 먼저, 도덕 교육을 「개정 교육기본법」의 근본정신을 함양하는 교과로서 파악하고 있다. 다시 말해, '전통과 문화 존중·우리나라(일본)와 향토에 대한 사랑·공공 정신·국가 발전에 기여하는 태도'를 함양하는 교과'로서 이해하고 있는 것이다.

---

[19] 文部科学省, 『小学校学習指導要領』, 「第1. 教育課程編成の一般方針 2. 道徳教育」, 2008.

여기서 '우리나라(일본)와 향토에 대한 사랑'은 이전의 『학습지도요령』에서는 찾아볼 수 없었던 '애국심에 관련한 문구'로서 당시 국내외에서 상당한 주목을 받았다. 아베는 일찍이 "자신이 태어나고 자라난 나라에 대한 사랑을 키우기 위해서는 교육 현장이나 지역사회에서 우선적으로 향토애를 육성할 필요가 있다"[20]면서 애국심과 향토애의 불가분성을 언급한 바 있다. 두 번째로, 도덕 교육을 '도덕과 수업에 한정치 않고 학교 교육 활동 전체를 통해 이루어져야 할 활동'으로 규정하고 있다. 그리고 이것이 학교 교육의 전체적인 원칙에 해당하는 〈총칙〉에 제시되어 있다는 점에서, 『2008 소학교 학습지도요령』은 '국가주의적 도덕교육 시행'을 목표로 하는 아베 내각의 의도가 담긴 작업이었다. 이러한 특성은 음악교과 「지도 계획의 작성과 내용의 취급」에서 "국가(國歌)인 '기미가요'는 어느 학년에서도 부를 수 있도록 지도한다"[21]고 기술된 문장에서도 확인할 수 있다.[22]

『2008 소학교 학습지도요령』에서는 독도와 관련한 문장이 명기되지 않았다. 당시 아베 내각은 지속적으로 '일본의 독도 영유권'을 주장해 왔지만, 이를 명기하지는 않았다.[23] 같은 해 공표된 『2008 소학교 학습지도요령 해설』(2008.6.30)에서도 독도 관련 내용이 명기되지 않았다. 다만 〈5학년 사회과 내용 해설〉에서 북방 영토문제에 대해서만 다루고 있었으며, 이전의 『1999 소학교 학습지도요령 해설』에서 '점거'라고

---

20) 安部晋三, 『美しい国へ』, 2006, 95쪽.

21) 文部科学省, 『小学校学習指導要領』「音楽編」[第5学年及び第6学年], 2008.

22) 물론 「1998 고등학교 학습지도요령」에서 '기미가요의 제창에 대한 지도'를 의무화한 바 있다. 『2008 소학교 학습지도요령』에서 '기미가요의 제창을 명기한 것'을 애국심 함양 교육을 어린 시절부터 시키겠다는 의도가 담긴 것으로 보인다.

23) 이는 당시 2008년 한국의 이명박 대통령의 취임식(2월)과 방일(4월) 등으로 한일관계에 대한 기대가 높아진 점을 고려한 것이었다.

쓴 표현을 '불법 점거'로 바꾸었다.[24] 그러나 『2008 소학교 학습지도요령 해설』에서 '영토교육이 강화'되고 있었다. 『1999 소학교 학습지도요령 해설』과는 달리 『2008 소학교 학습지도요령 해설』에서는 '국토의 위치를 다룸에 영토 문제와 함께 다루도록 하였을 뿐만 아니라, 영토 부분을 목표와 내용 모두에서 첫 번째 다룰 내용으로 상향'시키고 있었다.[25] 애국심 함양을 강조하는 『2008 소학교 학습지도요령 해설』에서, 영토교육은 "국토에 대한 애정을 기르는 것을 목표로 하는 교육"[26]이기에 상위에 위치된 것으로 판단된다.

2) 『2008 중학교 학습지도요령 해설』의 영토교육

문부과학성은 『2008 소학교 학습지도요령 해설』을 공표한 뒤 바로 다음 달에 『2008 중학교 학습지도요령 해설』(2008.7.14)을 간행한다. 이 『학습지도요령 해설』은 독도 교육과 관련하여 중요한 의미를 지닌다. 왜냐하면 『학습지도요령 해설』의 수준에서 독도를 직접 명기하는 것은 이 『2008 중학교 학습지도요령 해설』이 처음이기 때문이다. 그 명기 부분은 다음과 같다.

『지리』
(2)일본의 여러지역 (가) 일본의 지역구성

---

[24] 文部科学省, 『小学校学習指導要領解説』, 「社会編」, 2008, 62쪽에 제시된 "5학년 「우리나라(일본)의 위치와 영토」 내용해설"에 이와 같이 적혀있다: "그때 영토에 대해서는, 북방 영토 문제에 대해서도 다루어, 우리나라(일본) 고유의 영토인 하보마이군도, 시코탄, 쿠나시리, 에토로후가 현재 러시아 연방에 의해 **불법으로 점거**되어 있다는 것과 우리나라(일본)는 그 반환을 요구하고 있다는 사실 등에 대해 언급하도록 한다"고 기술되어 있다.
[25] 文部科学省, 같은 책, 2008.
[26] 文部科学省, 『小学校学習指導要領解説』, 「社会編」, 2008, 57쪽.

북방영토는 우리나라(일본)의 고유의 영토이지만, 현재 러시아연방
에 의해 불법 점거되어 있기 때문에, 그 반환을 요구하고 있는 것 등
에 대해 정확하게 다룰 필요가 있다. 또한 우리나라(일본)와 한국과
의 사이에 독도(竹島)를 둘러싸고 주장에 차이가 있다는 점 등도 거
론하고, 북방영토와 마찬가지로 우리나라(일본)의 영토·영역에 대
한 이해를 심화시키는 것도 필요하다.[27]

표면적으로 볼 때 "우리나라(일본)와 한국과의 사이에 독도를 둘러
싸고 주장에 차이가 있다"고 부드럽게 기술한 듯 보이나, 뒤이은 "북방
영토와 마찬가지로 독도에 대한 이해를 심화시켜야 한다"는 언급과 연
결하여 볼 필요가 있다. 왜냐하면, 북방영토를 불법 점거된 곳으로서
이해하는 틀로서 독도를 이해하라는 것은 '독도가 한국에 의해 불법
점거되고 있다'는 표현과 다름 아니기 때문이다. 곧 일본 정부는 아래
의 '『공민』 과목의 해설'에 명기하고 있듯이, 독도문제를 한·일간에
미해결된 문제로 파악하고 있다.

『공민』
(2)우리와 국제사회의 여러 문제 (가) 세계평화와 인류의 복지 증대
국가 간의 문제로서 영토(영해·영공을 포함)에 대해 우리나라(일본)
는 미해결된 문제도 남아있고, 평화적인 수단에 의한 해결을 향해 노
력하고 있으며, 국제사회에 있어서 국가와 국제기구 이외의 조직이
활동하고 있음을 이해시킨다.[28]

정리하자면, 『2008 중학교 학습지도요령 해설』은 '독도 교육을 함에
있어서 독도를 한국에 의해 불법 점거된 상태이며, 이는 여전히 미해
결된 문제로서 다룰 것을 요청'하고 있었다. 그리고 위에서 언급되고

27) 文部科學省, 『中學校學習指導要領解說』, 「社會編」[地理的分野], 2008.
28) 文部科學省, 『中學校學習指導要領解說』, 「社會編」[公民的分野], 2008.

있는 '평화적인 수단'은 국제사법재판소에서의 사법적 해결을 말한다.
北方領土

3) 『2009 고등학교 학습지도요령 및 해설』의 영토교육

아베 정부는 2008년도 개정 『소·중학교 학습지도요령 및 해설』을
공표한 뒤에, 이듬해 『고등학교 학습지도요령』(2009.3.9)과 『고등학교
학습지도요령 해설』(2009.12.25)을 개정한다. 이 『2009 고등학교 학습
지도요령 및 해설』에서는 독도가 직접 명기되어 있지는 않다. 하지만
다음과 같이 「고등학교 『지리A/B』교과에 대한 해설」에서 동일하게
"영토문제에 대해서는 중학교에서의 학습을 토대로 한다"고 기재되어
있다.

『지리 A』
(1) 현대 세계의 특색과 제 과제의 지리적 고찰 (가) 지구의와 지도에
서 파악한 현대세계
북방영토 등 우리나라(일본)가 당면한 영토문제에 대해서는 중학교
에서의 학습을 기본으로 우리나라(일본)가 정당하게 주장하고 있는
입장에 기초하여 정확하게 취급, 영토문제에 대해 이해를 심화시키
는 것이 필요하다.[29]

『지리 B』
(2) 현대 세계의 계통지리적 고찰 (나) 생활문화, 민족, 종교
북방영토 등 우리나라(일본)가 당면한 영토문제에 대해서는 중학교
에서의 학습을 기본으로 우리나라(일본)가 정당하게 주장하고 있는
입장에 기초하여 정확하게 취급, 영토문제에 대해 이해를 심화시키
는 것이 필요하다.[30]

---

[29] 文部科学省, 『高等学校学習指導要領解説』, 「地理歴史編」[地理A], 2009.

앞서 『2008 중학교 학습지도요령 해설』에서 살펴보았듯이, 중학교 교육에서 '독도는 한국에 의해 불법 점거된 상태이며, 이는 여전히 미해결된 문제로서 다루어질 것'을 요구하고 있다. 곧 '독도(竹島)'라는 표현만 사용하지 않았을 뿐이지, '독도의 일본 영유권과 한국의 불법 점거'를 간접적으로 주장하고 있는 것이다.

4. 「제2기 교육진흥기본계획」(2013~2017)의 영토교육

제1기(2008~2012)에 개정된 『소·중·고등학교 학습지도요령』이 전면적으로 적용되는 시기는 제2기(2013~2017)에 해당된다.[31] 곧 제1기의 사업은 예비·사전작업에 가깝기 때문에, '애국심과 공공 정신의 함양'이라는 '교육 재생'의 목표를 본격적으로 이루고자 하는 제2기에 들어서면 '독도 왜곡 교육'도 강화될 것이 분명하다. 실제로 아베 내각은 「교육진흥기본계획」 제2기에 들어서자, 제1기에서 보여준 '독도라는 표현을 직접적으로 명기하지 않으며 간접적으로 영유권을 주장하는 태도'를 버린다. 이때부터는 '독도라는 표현을 직접 명기'하여, 영토교육을 통해 애국심 강화를 극대화하려는 방식을 취하고 있는 것이다.

이 점은 2014년 1월 28일 문부과학성이 사회과를 중심으로 『2008 중학교 학습지도요령 해설』과 『2009 고등학교 학습지도요령 해설』을 일부 개정한 『2014 중·고등학교 학습지도요령 해설』에서 확인할 수 있다. 일본 문부성은 이례적으로 5~6년 만에 개정을 하였는데,[32] 그 취

---

30) 文部科学省, 『高等学校学習指導要領解説』, 「地理歴史編」[地理B], 2009.

31) 「2008 소학교학습지도요령」은 2011년에 전면 실시되고, 「2008 중학교학습지도요령」은 2012년에 전면 실시되며, 「2009 고등학교 학습지도요령」은 2013년부터 학년진행에 따라 순차적으로 진행된다.

지가 "영토교육 및 자연재해 관계기관의 역할 등에 대한 교육이 더욱 충실하게 이루어지도록 도모하는 것"에 있다고 주장하였다.[33] 다음은 영토교육과 관련하여 『2014 학습지도요령 해설』의 개요이다.

> 중학교 『사회』
> ○ 지리 분야에서 독도(竹島)는 우리나라(일본) 고유의 영토이나 한국에 불법점거되어 있는 것, 한국에게 거듭 항의를 하고 있는 것 등을 다루는 것을 명기한 것. 또, 센카쿠 열도에 대해서는 우리나라 고유의 영토이며, 또 실제로 우리나라가 이를 효과적으로 지배하고 있어, 해결해야 할 영유권 문제는 존재할 수 없다는 것 등을 이해시키는 것을 명기한 것.
> ○ 역사 분야에 있어서, 메이지시기에 우리나라(일본)가 국제법상 정당한 근거를 토대로 독도, 센카쿠 제도를 공식 영토로 편입한 경위를 다룰 것을 명기한 것.
> ○ 공민 분야에 있어서, 북방 영토 및 독도에 관한 미해결 문제가 남아 있는 것이나 현재 상황에 이르게 된 경위, 우리나라가 정당하게 주장하고 있는 입장, 우리나라가 평화적인 수단에 의한 해결을 위해서 노력하는 것을 이해시키는 것을 명기한 것. 또, 센카쿠 열도에 대해서는, 상황에 이르는 경위, 우리나라의 정당한 입장, 해결해야 할 영유권 문제는 존재할 수 없다는 것을 이해시키는 것을 명기한 것.
>
> 고등학교 『지리역사 · 공민』
> ○ 『일본사 A/B』에서, 메이지시기에 우리나라의 영토가 러시아 등과의 국제적으로 확정된 것을 고찰하는 것이나, 우리나라가 국제법상

---

[32] 『학습지도요령해설』은 대략 10년마다 시행되는 『학습지도요령』 개정에 맞춰 작성되기에, 불과 5~6년 만에 『학습지도요령해설』을 개정한 이 사태는 상당히 이례적인 일이다.

[33] 文部科學省, 「中学校学習指導要領解説及び高等学校学習指導要領解説の一部改訂について(通知)」 (http://www.mext.go.jp/a_menu/shotou/new-cs/youryou/1351334.htm)

정당한 근거를 토대로 독도, 센카쿠 제도를 공식 영토로 편입한 경위를 다룰 것을 명기한 것.『지리 A/B』에서, 영토 문제에 대해서는, 북방 영토 및 독도는 우리나라 고유의 영토이지만, 각각 러시아연방과 한국의 불법으로 점거되어 있는 것에 대해서, 우리나라가 정당하게 주장하고 있는 입장을 바탕으로, 이해를 심화시키는 것을 명기한 것. 또, 센카쿠 열도에 대해서는 우리나라 고유의 영토이며, 또 실제로 우리나라가 이를 효과적으로 지배하고 있어, 해결해야 할 영유권 문제는 존재하지 않은 데 대해서 이해를 심화시키는 것을 명기한 것.[34]

이처럼『2014 중·고등학교 학습지도요령 해설』에서는『2008 중·고등학교 학습지도요령 해설』과는 달리 '독도 문제에 관한 내용을 직접적으로 명기'하고 있다. 특히『2014 중·고등학교 학습지도요령 해설』에 공통적으로 담긴 '독도와 관련한 일본 영토교육의 3가지 논리'에 주목할 필요가 있다. 그 3가지 논리는 다음과 같다.

① 독도는 메이지시기에 근대기에 국제법상 정당하게 편입한 일본 고유의 영토이나,
② 현재 한국에 의해 불법 점거되고 있는 상황으로 이를 한국에 거듭 항의하고 있으며,
③ 일본은 평화적인 수단으로 이 독도 문제를 해결하고자 노력하고 있다.

그리고 '애국심 강화'는 아베 내각의 「교육진흥기본계획」 제1보다 제2기에서 더욱 중점을 두고 있는 사안이었다. 이 점은 2015년 3월에 "도덕교육을 충실화한다는 명목"[35]으로 일부 개정한『소·중학교 학습

---

34) 같은 곳, "改訂の槪要 (1) 領土に関する教育の充実について"부분.
35) 文部科学省,『小学校学習指導要領解説』,「特別の教科 道徳編」, 2015, 1쪽; 文部科学省,『中学校学習指導要領解説』,「特別の教科 道徳編」, 2015, 1쪽.

지도요령』(2015.3.27)에서 확인할 수 있다. 문부과학성은 이전의 『2008 소·중학교 학습지도요령』과 달리 이번 『2015 소·중학교 학습지도요령』에서 '도덕'을 '특별 교과로서 상향'시킨다.[36] 특히 애국심을 중점을 두고 있는데, 소학교와 중학교 모두 '일본인으로서의 자각'이라는 덕목이 추가되어 있다.[37]

이렇게 볼 때, 『2014 중·고등학교 학습지도요령 해설』에서 '독도라는 표현을 직접 명기'한 것은 '애국심 강화 교육'과 맞물려 있다고 할 수 있다. '영토교육과 애국심 강화'는 2017년에 『소·중학교 학습지도요령 및 해설』(2017.3.31)과 2018년 『고등학교 학습지도요령』을 공시함으로서 그 극점에 다다르게 된다.

사실 2017년은 「교육진흥기본계획」 제2기에 해당되나, 이때부터 '일부 개정이 아닌 전면 개정의 『학습지도요령』을 확정'하고 '법적 구속력을 지닌 『학습지도요령』에 독도 문제를 직접적으로 명기'한다는 차원에서 이전 시기와는 달리 논의해야 할 것이다. 또한 『2017 소·중학교 학습지도요령』은 「교육진흥기본계획」 제3기(2018~2022)에 시행된다는 점에서도 그리하다. 따라서 『2017 소·중학교 학습지도요령』과 「2018 고등학교 학습지도요령」은 다음 장인 '「제3기 교육진흥기본계획」에서의 영토교육'에서 함께 논의하도록 하겠다.

---

36) 文部科学省(2015), 같은 책, 2쪽. 이 곳에서 도덕교육을 강화해야 하는 이유를 다음과 같이 적고 있다. "역사적 경위의 영향을 받아, 지금까지 도덕교육 그 자체를 기피하는 풍조가 있었으며, 타 교과에 비해 가볍게 여겨지고, 읽기자료의 등장인물의 심정이해에만 치우친 형식적인 지도가 이루어진 사례가 있는 등, 많은 과제가 지적되고 있다."

37) 文部科学省(2015), 같은 책, 같은 곳.

5. 「제3기 교육진흥기본계획」(2018~2022)의 영토교육

앞서 살핀 『학습지도요령 및 해설』과 마찬가지로 『2017 소·중학교 학습지도요령 및 해설』과 『2018 고등학교 학습지도요령』의 중심축은 '애국심과 공공 정신 함양'이라는 '교육 재생'의 이념에 있다. 그것은 도덕 교과에서 중점화하는 지도내용 가운데 하나가 "전통과 문화를 존중하고, 그것들을 길러낸 우리나라(일본)와 향토를 사랑한다"는 것으로 설정한 사실에서도 확인할 수 있다.[38] 더불어 국가주의적이고 군국주의적인 행보를 보이는 아베 내각의 입장도 더해진 것으로 판단된다.[39]

『2017 소·중학교 학습지도요령』과 「2018 고등학교 학습지도요령」에는 이전의 『학습지도요령』과 달리 「전문(前文)」이 추가되었다. 그리고 「2018 고등학교 학습지도요령」에는 교과목을 대폭적으로 재편성하였다. 필수과목으로 『지리(地理)·역사(歷史) 분야』에서 『역사 총합(歷史總合)』과 『지리총합(地理總合)』이 신설되고 『공민(公民) 분야』에서 『공공(公共)』이 필수 과목이 되었다. 그리고 선택과목으로 『지리탐구』와 『일본사탐구』 등이 신설되었다. 앞으로 살펴볼 것이지만, 지금 언급한 과목들은 모두 아베 내각이 시행해 온 '영토교육 강화'와 연결되어 있다.

1) 『2017 소·중학교 학습지도요령 및 해설』의 영토교육

2017년 3월 31일 일본 문부성은 『2017 소·중학교 학습지도요령』을

---

38) 文部科学省, 『中学校学習指導要領』, 「總則編」, 2017, 143쪽.
39) 예컨대, 『小學校學習指導要領解說』, 「社會篇」의 153쪽에 "국제 정세의 변화에서 자위대가 우리나라의 방위 및 국제 사회의 평화와 안전 유지를 위하고 있는 역할"을 구체적으로 기입하고 있는 것을 보면 이를 유추해 볼 수 있다.

공포하고, 이후 6월 21일『2017 소·중학교 학습지도요령 해설』을 공표한다. 이『2017 소·중학교 학습지도요령』에는 이전 시기『학습지도요령 해설』에나 제시되었던 '독도와 관련한 일본 정부의 입장'을 직접 명기하고 있다는 점이 중요하다. 그 입장은 바로 '독도와 관련한 일본 영토교육의 3가지 논리'[40]이다. 다음의 제시된『2017 소·중학교 학습지도요령』의 영토교육 관련 기술을 보면 이를 확인할 수 있다.

> 소학교
> 『사회』(5학년)
> ○ '영토의 범위'에 대해서는 독도(竹島)와 북방 영토, 센카쿠 열도가 우리나라(일본)의 고유 영토임을 언급할 것.[41]
>
> 중학교
> 『지리 분야』
> ○ '영역의 범위나 변화와 그 특색'에 대해서는, 우리나라의 해양 국가로서의 특색을 거론하며, 독도(竹島)와 북방 영토가 우리나라(일본)의 고유 영토인 것 등 우리나라의 영역을 둘러싼 문제도 언급할 것. 그 때, 센카쿠 열도에 대해서는 우리나라 고유의 영토이며, 영토 문제는 존재하지 않는 것도 다룰 것.[42]
> 『역사 분야』
> ○ '개국과 그 영향'에 대해서는 … 구미 제국의 아시아 진출과 관련시켜 취급할 것. 「부국강병·식산흥업 정책」에 대해서는 이 정책 하

---

40) 이 '독도와 관련한 일본 영토교육의 3가지 논리'는, "① 독도는 메이지시기에 근대기에 국제법상 정당하게 편입한 일본 고유의 영토이나, ② 현재 한국에 의해 불법 점거되고 있는 상황으로 이를 한국에 거듭 항의하고 있으며, ③ 일본은 평화적인 수단으로 이 독도 문제를 해결하고자 노력하고 있다"는 것이다.
41) 文部科学省,「小学校学習指導要領」, 2017, 56쪽.
42) 文部科学省,「中学校学習指導要領」, 2017, 46쪽.

에서 신정부가 행한 폐번치현(廃藩置県), 학제 · 병제 · 세제의 개혁, 신분제도의 폐지, 영토의 획정 등을 취급하도록 할 것. 이 때 북방영토를 언급함과 동시에 독도(竹島), 센카쿠 열도의 편입에 대해서도 언급할 것.43)

『공민 분야』

○ '영토(영해, 영공을 포함), 국가주권'에 대해서는 관련시키고 취급하고, 우리나라(일본)의 고유 영토인 독도(竹島)와 북방 영토에 관해 남아 있는 문제의 평화적 수단에 의한 해결을 위해 노력하고 있는 것이나, 센카쿠 열도를 둘러싼 해결해야 할 영유권 문제는 존재하지 않는다는 것 등을 언급할 것.44)

『2017 소 · 중학교 학습지도요령 해설』에 따르면, 〈사회과 개정의 취지〉 가운데 하나가 "우리나라(일본) 고유의 영토에 대해서 지리적 측면과 국제적인 관계에 착목하여 생각하는 능력을 습득하는 것"으로 명기하고 있다.45) 곧 학생들이 '지리적 측면이나 국제적인 관점에서 독도가 일본 고유의 영토'라고 사유할 수 있는 인물로 키우려는 것이다. 아래에 제시된『2017 소학교 학습지도요령 해설』에 제시된 '영토의 범위'를 지도할 때의 유의점'에서 이를 확인할 수 있다.

『사회』5학년

○ '영토의 범위'에 대해서 지도할 때에는 독도(竹島)와 북방 영토(하보마이군도, 시코탄, 쿠나시리, 에토로후), 센카쿠 열도는 한 번도 다른 나라의 영토가 된 적이 없는 영토라는 의미에서 우리나라 고유의 영토인 점 등을 언급하여 설명하는 것이 중요하다.

또, 독도(竹島)와 북방 영토 문제에 대해서는, 우리나라의 고유 영토이

43) 文部科学省,「中学校学習指導要領」, 2017, 56쪽.
44) 文部科学省,「中学校学習指導要領」, 2017, 62쪽.
45) 文部科学省,『小学校学習指導要領解説』,「社会編」, 2017, 7쪽. (이는 '사회과 · 지리역사과 · 공민과의 구체적인 개선사항'의 하나로 제시된 것이다.)

지만 현재 대한민국과 러시아연방에 의해서 불법으로 점거되고 있는 점, 우리나라(일본)는 독도(竹島)에 관해 대한민국에 거듭 항의를 하고 있다는 점, 북방 영토에 관해서 러시아연방에 그 반환을 요구하고 있다는 점 등에 대해서 언급하도록 한다. 게다가, 센카쿠 열도에 대해서는, 우리나라가 현재 유효하게 지배하는 고유의 영토이며, 영토 문제는 존재하지 않는다는 것을 언급한다. 이 때, 이러한 우리나라의 입장은 역사적으로나 국제법상으로도 정당한 것임을 감안하여 지도하도록 한다.[46)]

위 '사회 5학년 「영토의 범위」'를 지도할 때의 유의점은 중학교 '『지리 분야』의 「영역의 범위나 변화와 그 특색」'이나 '『역사 분야』의 「개국과 그 영향」'을 지도할 때의 유의점들과 거의 차이가 없다. 모두 다 '독도와 관련한 일본 영토교육의 3가지 논리'를 조금도 벗어나지 않고 있다.[47)] '『공민 분야』의 「영토(영해, 영공을 포함)」'을 지도할 때의 유의점도 마찬가지로 이 논리를 바탕으로 몇 가지 내용만을 추가적으로 담고 있을 뿐이었다. 그 내용들은 '한국의 독도 점거'로 인해 역사 속에

[46)] 文部科学省, 같은 책, 2017, 77쪽.

[47)] 이에 대해서는 다음의 사례에서 확인할 수 있다. 〈文部科学省(2017), 『中学校学習指導要領解説』, 「社会編」, 40쪽. "『지리 분야』, 「영역의 범위나 변화와 그 특색」 부분: 독도(竹島)와 북방 영토가 우리나라(일본)의 고유 영토인 점 등, 우리나라(일본)의 영역을 둘러싼 문제도 다루도록 할 것에 대해서는 독도(竹島)와 북방 영토(하보마이군도, 시코탄, 쿠나시리, 에토로후)에 대해서, 각각의 위치와 범위를 확인하는 동시에, 우리나라(일본) 고유의 영토이지만, 각각 현재 한국과 러시아연방에 의해서 불법으로 점거되어 있기 때문에, 독도(竹島)에 대해서는 한국에 거듭 항의를 하고 있는 점, 북방 영토에 대해서는 러시아연방에 그 반환을 요구하고 있는 점, 이러한 영토 문제에 있어서 우리나라(일본)의 입장이 역사적으로나 국제법상으로도 정당함 등에 대해서 정확하게 다루고, 우리나라(일본)의 영토·영역에 대해서 이해가 깊어지는 것도 필요하다."; 같은 책, 106쪽. "『역사 분야』, 「개국과 그 영향」 부분: 독도(竹島)와 센카쿠 열도에 대해서는, 우리나라(일본)가 국제법상 정당한 근거를 토대로 정식으로 영토로 편입한 경위에 대해서도 언급하고, 이들의 영토에 대한 우리나라(일본)의 입장이 역사적으로나 국제법상으로도 정당함을 이해할 수 있도록 한다."〉

서 발생하게 된 여러 가지 문제점들이다.

『공민 분야』

○ '영토(영해, 영공을 포함)'에 대해서는 지리적 분야에서의 '영역의 범위나 변화와 그 특색' 역사적 분야에서의 '영토의 획정'등의 학습 성과를 바탕으로, 국가 간의 문제로서 우리나라에서도, 고유 영토인 독도(竹島)와 북방 영토(하보마이군도, 시코탄, 쿠나시리, 에토로후)에 관한 미해결의 문제가 남아있는 점, 영토 문제의 발생부터 현재에 이르는 경위 및 도항이나 어업, 해양자원 개발 등이 제한되거나, 선박의 나포, 선원의 억류가 발생하여, 그 중에 과거에는 일본 측에 사상자가 나오거나 하는 등 불법 점거 때문에 발생하는 문제에 대한 이해를 바탕으로, 우리나라의 입장이 역사적으로나 국제법상으로도 정당한 점, 우리나라가 평화적인 수단에 의한 해결을 위해 노력하고 있다는 점을, 국가주권과 연관 지어 이해할 수 있도록 한다.[48]

곧 '한국의 불법적인 독도 점거'는 어업이나 해양자원과 같은 경제적인 손실을 가져올 뿐만 아니라, 사상사들이 나왔던 심각한 사태라는 것이다. 다시 말해 '독도 문제'는 막연하고 추상적인 것이 아니라, 반드시 해결해야만 하는 긴급하고 심각한 사태임을 교육시키고자 하는 것이다.

2) 『2018 고등학교 학습지도요령』의 영토교육

일본 문부성은 『2018 고등학교 학습지도요령』을 2018년 3월 30일에 확정·공표하였다. 앞서 살펴보았듯이, 이 『학습지도요령』은 영토교육을 강화하는 측면에서 여러 과목들이 신설되었다. 하지만 '독도와 관련한 일본 영토교육의 논리'는 『2017 소·중학교 학습지도요령 및 해

---

48) 文部科学省,『中学校学習指導要領解説』,「社会編」, 2017, 161쪽.

설』과 다르지 않다. 이 절에서는 '『지리·역사 분야』와 『공민 분야』 과목들'을 중심으로 『2018 고등학교 학습지도요령』을 검토해보도록 하겠다.

『지리·역사 분야』를 살펴보면, 목표 가운데 하나로 "일본 국민으로서의 자각, 우리나라(일본)의 국토와 역사에 대한 애정"[49]을 들고 있다. 곧 『2018 고등학교 학습지도요령』에서 『지리·역사 분야』는 애국심과 영토교육을 강화하는 측면에서 이루어졌다는 것을 유추할 수 있다. 이 『지리·역사 분야』의 과목들을 그 학문성격에 따라 '『지리총합』과 『지리탐구』의 『지리분야』'와 '『역사총합』과 『일본사탐구』의 『역사분야』'로 나눌 수 있다. 먼저 『지리분야』의 두 과목에 제시된 영토교육내용을 살펴보도록 하겠다.

『지리총합』
○ '일본의 위치와 영역'에 대해서는 세계적인 시야에서 일본의 위치 파악과 함께, 일본의 영역을 둘러싼 문제도 다룰 것. 또, 우리나라의 해양 국가로서의 특색과 해양의 역할을 거론하며, 독도(竹島)와 북방영토가 우리나라(일본) 고유의 영토라는 것 등, 우리나라(일본)의 영역을 둘러싼 문제도 언급할 것. 그 때, 센카쿠 열도에 대해서는 우리나라(일본) 고유의 영토이며, 영토 문제는 존재하지 않는다는 것도 다룰 것.[50]

『지리탐구』
○ '영토 문제의 현상 및 요인, 해결을 위한 대응'에 대해서는 그것을 취급할 때 일본의 영토 문제도 언급할 것. 또, 우리의 해양 국가로서의 특색과 해양의 역할을 거론하며, 독도(竹島)와 북방 영토가 우리나라(일본) 고유의 영토라는 것 등, 우리나라(일본)의 영역을 둘러싼 문제도 언급할 것. 그 때, 센카쿠 열도에 대해서는 우리나라(일본) 고유의 영토이며, 영토 문제는 존재하지 않는다는 것도 다룰 것.[51]

---

[49] 文部科学省, 『高等学校学習指導要領』, 2018, 47쪽.
[50] 文部科学省, 같은 책, 2018, 51쪽.

위에서 볼 수 있듯이,『지리 분야』의 두 과목에 요청되는 영토교육 내용은 크게 두 가지 주장으로 나뉜다. 그 하나는, '독도와 북방 영토가 일본 고유의 영토이나 영토 문제가 존재한다는 것'이고, 다른 하나는 '센카쿠 열도는 일본 고유의 영토로서 영토 문제가 존재하지 않는다는 것'이다. 사실, 위 교육내용은『2017 중학교 학습지도요령』에 제시된『지리분야』의 영토교육내용과 차이가 없다.[52]

다음으로,『역사분야』의 두 과목에 제시된 영토교육내용은 다음과 같다.

『역사총합』
또 일본의 국민국가의 형성 등의 학습에 있어서, 영토의 획정 등을 다룰 것. 그 때, 북방영토를 언급하는 것과 함께, 독도(竹島), 센카쿠제도의 편입에 관해서도 언급할 것.[53]

『일본사탐구』
메이지 유신과 국민 국가의 형성 등의 학습에 있어서, 영토의 획정 등을 다룰 것. 그때, 북방영토에 대해 언급하는 것과 함께, 독도(竹島), 센카쿠제도의 편입에 관해서도 언급할 것.[54]

이처럼『역사분야』의 두 과목에서는 '일본의 독도와 센카쿠제도의 편입'에 대해 기술하고 있다. 앞서 살핀『지리분야』의 두 과목과 달리 이『역사분야』의 두 과목에는 '독도가 일본 고유의 영토'라는 언급이 없다. 그리고 앞서 보았듯이『지리분야』의 두 과목에 제시된 영토교육 내용이『2017 중학교 학습지도요령』의『지리분야』와 차이가 없는 것

51) 文部科学省, 같은 책, 2018, 57쪽.
52) 각주 42번 참조.
53) 文部科学省,『高等学校学習指導要領』, 2018, 67쪽.
54) 文部科学省, 같은 책, 2018, 78쪽.

처럼, 이 『역사분야』의 두 과목에 제시된 영토 교육내용도 『2017 중학교 학습지도요령』의 『역사분야』와 차이가 없다.[55] 특히 필수 교과인 『역사총합』의 내용으로 "일본의 근대화와 러일 전쟁의 결과가 아시아의 여러 민족의 독립과 근대화 운동에 끼친 영향"[56]을 명기하고 있다. 이는 식민 지배를 위한 침략 전쟁인 러일 전쟁을 '아시아 여러 민족의 독립과 근대화의 동인'으로 규정하고 있는 것으로, 역사의 왜곡이다. 이는 아베 내각이 추구했던 '자학적 교육의 탈피'가 구체적으로 실현하고자, 역사를 날조하여 미화하고 있는 것이다.

마지막으로, 『공민분야』의 과목들에 나타난 영토교육내용을 살펴보도록 하겠다. 『공민분야』에서 영토교육내용이 담겨져 있는 과목은 『정치경제』와 신설된 과목인 『공공』이다. 그 내용은 다음과 같다.

> 『공공』
> "국가주권, 영토(영해, 영공을 포함한다)"에 관해서는 관련시켜 다루고, 우리나라(일본)가 고유의 영토인 독도(竹島)와 북방 영토에 관해 남아있는 문제의 평화적 수단에 의한 해결을 위해 노력하고 있다는 것이나, 센카쿠제도를 둘러싸고 해결해야 할 영유권 문제는 존재하지 않는다는 것 등을 언급할 것.[57]

> 『정치경제』
> "국가주권, 영토(영해, 영공을 포함한다)" 등에 관한 국제법의 의의, 국제연합을 비롯한 국제기구의 역할"에 관해서는 관련시켜 다루고, 우리나라(일본)가 고유의 영토인 독도(竹島)와 북방영토에 관해 남아있는 문제의 평화적인 수단에 의한 해결을 위해 노력하고 있다는 것이나, 센카쿠제도를 둘러싸고 해결해야 할 영유권 문제는 존재하지 않는다는 것 등을 언

---

55) 각주 43번 참조.
56) 文部科学省, 『高等学校学習指導要領』, 2018, 67쪽.
57) 文部科学省, 『高等学校学習指導要領』, 2018, 98~99쪽.

급할 것.58)

위에서 볼 수 있듯이, 『공민분야』의 과목들에 나타난 영토교육내용은 '일본 고유의 영토인 독도(竹島)와 북방 영토에 관해 남아있는 문제의 평화적 수단에 의한 해결을 위해 노력한다는 것'과 '센카쿠제도를 둘러싸고 해결해야 할 영유권 문제는 존재하지 않는다는 것'의 두 가지이다. 앞서 『지리 · 역사분야』와 마찬가지로 이 『공민분야』도 『2017 중학교 학습지도요령』의 『공민분야』에 제시된 영토교육내용과 차이가 없다.59)

정리하면, '『2018 고등학교 학습지도요령』의 영토교육내용'은 '『2017 중학교 학습지도요령』의 영토교육내용'과 동일하다. 그리고 그 내용은 '독도와 관련한 일본 영토교육의 3가지 논리'에서 조금도 벗어나지 않고 있다. 사실 이 논리는 『2014 중 · 고등학교 학습지도요령 해설』에 명기된 것이었다. 이제 이 논리는 법적 구속력을 지닌 『2017 소 · 중학교 학습지도요령』과 『2018 고등학교 학습지도요령』에 명기됨으로써, 일본 내 모든 소 · 중 · 고등학교에서 강제적으로 교육되어야만 하는 것이다.

6. 결론

결론에서는 지금까지 살펴본 '아베 내각의 왜곡된 독도교육 전개과정'을 정리하고, 그 왜곡된 영토교육에 담긴 논리가 지닌 문제점에 대해 논의해 보도록 하겠다.

---

58) 文部科学省, 같은 책, 2018, 108쪽.
59) 각주 44번 참조.

　아베 신조는 '일본의 교육 재생(再生)'을 피력하면서 '자학적인 교육의 시정'과 '교육 수준의 향상'을 주장하였다. 이를 위해 가장 먼저 '평화헌법에 기초한「구 교육기본법」을 개정'하여, 일본 교육의 목표 가운데 하나를 '공공 정신 존중과 전통 계승'으로 설정하였다. 그리하여 아베 내각은 '국가주의적이고 우경화적인 방향'으로 일본교육정책을 선회할 수 있는 정당성을 확보할 수 있게 되었다. 아베 내각은「교육기본법」을 개정한 뒤 2년 뒤 '일본 교육 재생'이라는 목표 달성을 위해 「교육진흥기본계획」을 수립하게 된다. 이「교육진흥기본계획」의 시행됨에 따라 '아베 내각의 왜곡된 독도 교육'도 강도가 높아져갔다.「교육진흥기본계획」제1기(2008~2012)에 개정된『학습지도요령 및 해설』에서는 "독도(竹島)를 둘러싸고 한일 양국의 주장에 차이가 있다"는 수준에 머물러 있었다. 하지만 '독도와 관련한 직접적인 언급'이 없었더라도, '북방영토와 독도를 동일선상에서 이해할 것을 요청한다'는 점에서 '독도의 일본 영유권'을 주장하고 있었던 것이다.「교육진흥기본계획」제2기(2013~2017)에 들어서자 '독도라는 표현을 직접 명기'하여 영토교육을 통해 애국심 강화를 극대화하려는 방식을 취하게 된다. 영토교육을 더욱 충실하게 한다는 명목아래, 2008년과 2009년에 고시한 『중・고등학교 학습지도요령해설』을 이례적으로 5~6년 만에 일부・개정하여『2014 중・고등학교 학습지도요령해설』에 '독도와 관련한 왜곡된 영토교육의 논리'를 명기한다. 그 논리는 '① 독도는 일본이 메이지시기 국제법상 정당하게 편입한 고유의 영토이나, ② 현재 한국에 의해 불법 점거되고 있는 상황으로 이를 한국에 거듭 항의하고 있으며, ③ 일본은 평화적인 수단으로 이 독도 문제를 해결하고자 노력한다.'는 것이다. 이러한 3가지 논리는「교육진흥기본계획」제3기(2018~2022)에 공포된『2017 소・중학교 학습지도요령』과「2018 고등학교 학습지도요령」에 고스란히 명기된다. 법적 구속력을 지닌『학습지도요령』에 명기됨으로 인해, 일본 내 고등학교 이하의 모든 학생들이 '독도와 관련한 왜곡된 교육'을 받아야 하는 상황이 되었다.

　다음으로 아베 내각이 강조하는 이 '독도와 관련한 영토교육의 3가지 논리'를 살펴보도록 하겠다. 이 3가지 논리는 '① 이 참일 때에만 ② 와 ③ 이 참일 수 있다.' 하지만 '① 독도는 일본이 메이지 시기 국제법상 정당하게 편입한 고유의 영토'라는 문구는 그 자체로 논리적 모순을 지니고 있기에, 이 3가지 논리는 모두 참이 아닌 것이다. 일본 정부가 제시하는 '고유영토론'은 '17세기에 독도 영유권을 확립하였다'는 것에 근거한다. 하지만 ① 의 문장을 보면, '1905년 일본의 독도 침탈을 국제법상의 정당한 편입'으로 논의하기에, 이는 그들의 '고유영토론'과 어긋나고 있는 것이다. 사실 이 논리적 모순을 차치하고 나서라도, ① 의 문장은 지리적·역사적·국제법적의 어떠한 관점이라 하더라도 참일 수 없다. 독도는 지리적, 역사적, 국제법적으로 명백한 우리 대한민국의 영토이기 때문이다. 아베 내각은 이 사실을 모를 리 없을 것이다. 하지만 그들은 애국심 강화를 극대화하고자 하기에 왜곡된 영토교육을 버리지 못하는 것이다. 「교육기본법」 개정 이후 『학습지도요령 및 해설』의 전개과정을 보면, 아베 내각의 추구하는 왜곡된 영토 교육은 사실상 자기네들의 '국가주의적이고 군국주의적인 행보'를 위한 장치로서 계발된 것이라 할 수 있다.

【참고문헌】

文部科学省,『小学校学習指導要領解説』, 2008.
文部科学省,『中学校学習指導要領解説』, 2008.
文部科学省,『高等学校学習指導要領解説』, 2009.
文部科学省,「中学校学習指導要領解説及び高等学校学習指導要領解説の一
　　　　部改訂について(通知)」, 2014.
文部科学省,『平成28年度 文部科学白書』, 2016.
文部科学省,『小学校学習指導要領』, 2017.
文部科学省,『小学校学習指導要領解説』, 2017.
文部科学省,「中学校学習指導要領」, 2017.
文部科学省,「中学校学習指導要領解説」, 2017.
文部科学省,「高等学校学習指導要領」, 2018.
安部晋三,『美しい国へ』(東京: 文藝春秋), 2006.

日本教育基本法 改定 情報センタ(http://www.stop-ner.jp)
電磁政府の總合窓口(http://www.e-gov.go.jp)
『教育振興基本計画』(http://www.mext.go.jp/a_menu/keikaku/detail/1335023.
　　　　htm)

권오현,「일본 정부의 독도 관련 교과서 검정 개입의 실태와 배경」,『문화
　　　　역사지리』제18권 제2호, 문화역사지리학회, 2006.
심정보,「일본의 사회과에서 독도에 관한 영토교육의 현황」,『한국지리환
　　　　경교육학회지』제16권 제3호, 한국지리환경교육학회, 2008.
김영수,「한국과 일본 중학교 역사분야 교육과정과 역사 교과서의 독도 관
　　　　련 내용 - 2014년 전후 한일 교육과정과 교과서를 중심으로 -」,『독
　　　　도연구』제19호, 영남대 독도연구소, 2015.
김화경·노상래,「일본 교과서의 독도 기술실태에 관한 연구-중학교 사회 과
　　　　목 교과서의 독도 기술을 중심으로 한 고찰-」,『한국사상과 문화』
　　　　제50호, 한국사상문화학회, 2009.
남상구,「전후 일본 중학교 교과서의 독도 기술 추이와 현황」,『영토해양

연구』 제1권, 동북아역사재단, 2011.

남상구, 「일본 교과서 독도기술과 시마네현 독도교육 비교 검토」, 『독도연구』 20호, 영남대 독도연구소, 2016.

노기호, 「일본교육기본법의 개정 내용과 특징」, 『公法學研究』 第8卷 第2號, 한국비교공법학회, 2007.

박병섭, 「일본 사회과 교과서와 독도문제」, 『독도연구』 제11호, 영남대 독도연구소, 2011.

서종진, 「아베 정부의 영토교육 강화와 검정 교과서의 독도 관련 기술 변화」, 『영토해양연구』 8호, 동북아역사재단, 2014.

손용택, 「일본 교과서에 나타난 '독도(다케시마)' 표기의 실태와 대응」, 『한국지리환경교육학회지』 제13권 제3호, 한국지리환경교육학회, 2005.

송휘영, 「일본 독도 교육의 현황과 방향성 검토」, 『일본문화학보』 64집, 한국일본문화학회, 2015.

신주백, 「한국과 일본 역사교과서의 독도에 관한 기술의 변화」, 『독도연구』 8호, 영남대 독도연구소, 2010.

한용진·박은미, 「일본 교육개혁의 보수화 논쟁과 교육재생회의」, 『한국교육학연구』 13권 제2호, 한국교육학회

황용섭, 「일본 初·中學校 교과서 독도 관련 내용 비교 검토」, 『한일관계사연구』 56집, 한일관계사학회, 2017.

경향신문(2005년 3월 29일자).
연합뉴스(2018년 2월 14일자).

일본 중학교 지리 교과서의 독도 관련 기술 연구
– 2020년도 검정통과본
내용 분석과 기술 배경 검토를 중심으로 –

엄 태 봉

1. 머리말

일본정부는 2020년 3월 24일, 중학교 교과서에 대한 검정 결과를 발표했다. 검정을 통과한 중학교 교과서 중, 지리 교과서, 역사 교과서, 공민 교과서 등의 사회과 교과서들은 독도 관련 기술로 논란이 되었던 2017년 3월 개정 중학교 학습지도요령과 6월 개정 중학교 학습지도요령 해설(이하, 해설서)을 기준으로 처음 제작된 교과서들이었다. 2020년 3월에 검정 결과가 나올 사회과 교과서들이 한국과 관련한 내용, 특히 독도와 관련해서 어떠한 내용을 기술하고 있는지가 관심을 모으고 있는 상황이었다.

검정을 통과한 사회과 교과서에는 독도가 '일본 고유의 영토'라는 취지의 내용 등 독도와 관련한 왜곡된 내용이 기술되어 있었고, 한국정부는 즉각 이에 대해 강하게 항의했다. 한국정부는 외교부 성명을 통해 "일본 정부가 명백한 역사적 사실을 왜곡, 축소, 누락 기술하고, 부당한 주장을 담은 중학교 교과서를 검정 통과시킨 데 대해 강력히 항의"하는 한편, 교육부 성명을 통해서도 "이번 검정을 통과한 교과서들은 과거 일본의 제국주의 침략을 미화하고 그 과정에서 자행된 강제동원 수탈과 일본군 위안부 등 전쟁 범죄를 의도적으로 축소·은폐"했다고 비판했다.[1] 독도를 행정구역으로 둔 경상북도 또한 해당 교과서의 독도 관련 기술에 대해 즉각적인 시정을 요구하면서, "가해자로서의 역사적 책임과 미래 지향적 신뢰구축을 위해 진지한 반성과 신뢰할 수 있는 행동을 촉구"하기도 했다.[2]

이와 같이 일본의 교과서 문제가 독도 관련 기술과 얽히면서 한일 양국의 마찰을 초래한 것은 2008년으로 거슬러 올라간다. 같은 해 7월에 개정된 중학교 해설서에 '한일 양국 간에 독도를 둘러싼 주장의 차이가 존재한다'는 내용이 기술되어 있었던 것이다. 한국정부는 즉시 외교부 성명을 통한 항의, 권철현 주일대사의 일시 귀국, 시게이에 도시노리(重家俊範) 주한 일본대사의 초치[3] 등의 강경한 조치를 취했지만, 해당 해설서는 2014년 1월 개정 때까지 교과서 제작에 적용되었다. 이후 중학교를 비롯한 초등학교, 고등학교의 학습지도요령과 해설서가 개정될 때마다, 그리고 이를 기준으로 작성된 초·중·고등학교 교과서들이 검정을 통과할 때마다 독도 관련 기술을 둘러싼 한일 양국 간의 마찰은 어김없이 발생해 왔다.

전술한 바와 같이 2020년도 검정통과 지리 교과서, 역사 교과서, 공민 교과서는 2017년 3월과 6월에 각각 개정된 중학교 학습지도요령 및 해설서를 기준으로 제작되었고, 한일 양국의 갈등을 초래한 원인이 되

[1] 「"독도, 한번도 타국 영토인 적 없어"…일본 중학 교과서 또 '개악'」, ≪한겨레신문≫ 2020년 3월 24일자.
[2] 「경북도·경북도의회, 일본 중학교 교과서 '독도 왜곡' 규탄」, ≪경북일보≫ 2020년 3월 25일자.
[3] 「日교과서 해설서 '독도 명기'」, ≪경향신문≫ 2008년 7월 14일자.

었다. 본고는 이러한 상황을 직시하면서, 선행연구에서 아직 검토되지 않은 2020년도 검정통과 지리 교과서가 독도를 어떻게 다루고 있는지, 그리고 2015년도 검정통과 지리 교과서와 비교해서 어떠한 변화가 있었고, 그 특징이 무엇인지를 검토하기로 한다.

주지하다시피 일본의 교과서 문제는 2000년대에 접어들면서 '새로운 역사교과서를 만드는 모임'(新しい歴史教科書をつくる会)의 '새로운 역사교과서'(新しい歴史教科書)가 2001년에 문제시 된 이후, 한일 간의 외교적인 현안이 되어 왔다. 이에 따라 동 문제는 연구주제로도 주목을 받으면서, 관련 연구가 상당수 진행되어 왔다. 대표적인 연구로 초·중·고등학교 학습지도요령과 해설서[4] 및 초·중·고등학교 검정통과 교과서의 독도 관련 기술을 분석한 연구가 있다.[5]

---

4) 이에 대한 선행연구로 송휘영, 「개정 '학습지도요령'과 '교육과정'의 독도기술 비교검토」, 『독도연구』 제28호, 2020, 103~135쪽; 엄태봉, 「일본의 중·고등학교 학습지도요령 해설서와 독도 문제: 2008년과 2009년의 '소극적인 표현'을 둘러싼 일본 국회 논의를 중심으로」, 2019, 27~53쪽; 이우진, 「학습지도요령 및 해설을 통해 본 일본의 영토교육 - '개정 교육법'부터 '2019 고교 학습지도요령'까지 -」, 『독도연구』 제24호, 2019, 295~324쪽; 홍성근·서종진, 「일본 초·중·고 개정 학습지도요령 및 해설과 독도 관련 기술의 문제점」, 『영토해양연구』 제16호, 2018, 30~57쪽 등이 있다.

5) 이에 대한 선행연구로 엄태봉, 「2020년도 검정통과 일본 중학교 역사 교과서의 독도 기술 내용 분석」, 『비교일본학』 제49집, 2020a, 45~62쪽; 엄태봉, 「일본 중학교 공민 교과서와 독도 문제 - 2020년 검정 교과서를 중심으로 -」, 『역사교육논집』 제75집, 2020b, 235~262쪽; 나행주, 「일본 역사교과서의 독도기술과 영토교육」, 『한일관계사연구』 제68집, 2020, 69~116쪽; 홍성근, 「일본 고등학교 교과서 독도 기술의 현황과 문제점」, 『영토해양연구』 제14호, 2017, 6~35쪽; 김영수, 「한국과 일본 중학교 역사분야 교육과정과 역사 교과서의 독도 관련 내용 비교 - 2014년 전후 한일 교육과정과 교과서를 중심으로 -」, 『독도연구』 제19호, 2015, 319~346쪽; 남상구, 「일본 고등학교 교과서 독도 기술 추이와 현황」, 『영토해양연구』 제3호, 2012, 34~159쪽; 남상구, 「전후 일본 중학교 교과서의 독도 기술 추이와 현황」, 『영토해양연구』 제1호, 2011, 176~209쪽 등이 있다.

본고의 연구주제인 중학교 지리 교과서와 관련된 연구도 이루어져 왔는데, 해당 선행연구들은 주로 2008년도 및 2014년도 중학교 해설서의 독도 관련 기술과 이를 기준으로 작성된 2011년도 및 2015년도 검정통과 지리 교과서의 독도 관련 기술을 중심으로 그 내용을 분석했다.[6] 분석 내용은 대체로 1차·2차 아베 정권의 영토 교육 강화의 일환으로 해설서의 독도 관련 기술이 강화되었으며, 이는 검정통과 지리 교과서 작성에 영향을 끼쳐 독도 관련 기술이 강화되었다고 정리할 수 있다. 이와 같은 선행연구들은 중학교 해설서와 검정통과 지리 교과서의 내용분석을 시도하고, 이에 대한 문제점을 밝혔다는 점에서 의의가 있다. 하지만 2008년도와 2014년도 중학교 해설서 및 이를 기준으로 작성된 2011년도와 2015년도 검정통과 지리 교과서에 대한 분석이 주로 이루어진 상태이며, 2020년도 검정통과 지리 교과서는 다뤄지지 않았다.

이와 같은 연구 현황과 함께 2017년도 중학교 해설서를 기준으로 작성된 검정통과 중학교 교과서가 처음으로 나온 상황에 비추어, 새로운 지리 교과서를 통해 2021년도부터 수년 간 독도와 관련하여 어떠한 내용을 학습하는가를 예상한다는 측면에서, 그리고 문제시된 2020년도

---

6) 이에 대한 선행연구로 김병연·이상균, 「일본 중등 지리교육의 독도 관련 영토교육 내용 분석-학습지도요령 및 해설과 지리교과서를 중심으로-」,『영토해양연구』제17호, 2019, 62~88쪽; 박지영, 「일본 중학교 독도교육의 실태-교과서 기술내용의 변화를 중심으로-」,『독도연구』제26호, 2019, 309~345쪽; 강창숙, 「일본 중학교 사회과 지리분야『학습지도요령』의 주요 변화와 2017년 개정 내용의 특징」,『한국지리환경교육학회지』제26권 3호, 2019, 19~37쪽; 황용섭, 「일본 初·中學校 교과서 독도 관련 내용 비교 검토」,『韓日關係史硏究』제56집, 2017, 307~358쪽; 박삼헌, 「전후 일본의 영토교육과 국가 정체성-중학교 지리 교과서를 중심으로-」,『사림』52호, 2015, 77~103쪽; 심정보, 「일본의 사회과에서 독도에 관한 영토교육의 현황」,『한국지리환경교육학회지』제16집 3호, 2008, 179~200쪽 등이 있다.

검정통과 사회과 교과서 중, 아직 다뤄지지 않은 지리 교과서를 검토함으로써 기존 연구를 보완한다는 측면에서 본 연구를 진행할 필요가 있다.

본고는 이와 같은 문제의식을 바탕으로 다음과 같은 구성을 통해 2020년도 검정통과 중학교 지리 교과서의 내용분석을 시도한다. 먼저 제2장에서는 중학교 학습지도요령 및 해설서의 지리 교과에서 독도가 어떻게 다뤄졌는지를 검토한다. 제3장에서는 2020년 검정통과 지리 교과서가 독도를 어떻게 다뤘는지에 대해 2015년도 검정통과 지리 교과서와 비교·분석한다. 제4장에서는 2020년도 검정통과 지리 교과서의 독도 관련 기술 배경을 검토한다. 마지막으로 제5장에서는 본론에서 검토한 사항들을 요약·정리한다.

2. 중학교 학습지도요령과 해설서의 지리 교과와 독도 관련 기술 변화

일본의 중학교 교육과정은 국어, 사회, 수학, 이과, 음악, 미술, 보건체육, 기술·가정 및 외국어 등으로 구성되어 있으며, "교육과정의 기준으로써 문부과학대신이 별도로 공시하는 중학교 학습지도요령"을 따르게 되어 있다.[7] 이러한 교육과정 중, 사회 교과는 "사회적 견해·생각을 작동시켜, 과제를 추구하거나 해결하는 활동을 통해, 넓은 시야에서, 글로벌화 하는 국제사회에서 주체적으로 살아가는 평화롭고 민주적인 국가 및 사회의 구성원에게 필요한 공민으로서의 자질·능력의 기초를 육성"[8]하는 것이 목표이며, 이를 위해 지리, 역사, 공민

---

7) 文部科学省, 「中学校学習指導要領(平成29年告示)」, 2017, 11쪽.
8) 文部科学省, 위의 글, 41쪽.

세 과목을 학습한다.

이러한 학습에는 해당 내용을 담은 지리 교과서, 역사 교과서, 공민 교과서가 사용되는데, 출판사들은 해당 교과서 발행과 관련하여 법적 구속력을 지닌 학습지도요령과 법적 구속력을 지니고 있지는 않지만 학습지도요령을 구체적으로 설명한 해설서를 지침으로 삼아 교과서를 제작한다. 그 후 이를 문부과학성이 실시하는 검정에 신청을 하고, 합격이 되면 일선 중학교가 해당 교과서들을 채택·사용하게 된다. 이와 같은 교과서 제작부터 사용까지의 과정은 보통 4년을 주기로 실시되고 있다. 지리 교과서 또한 위와 같은 일련의 과정을 거친다. 이하에서는 본고의 연구주제와 관련하여 중학교 학습지도요령과 해설서의 지리 교과에서 독도를 어떻게 다루고 있는지를 검토한다.

〈표 1〉 중학교 학습지도요령의 지리 교과와 독도 관련 기술

시기	내용
2008	없음9)
2017	「영역의 범위나 변화와 그 특색」에 대해서는, 우리나라의 해양국가로서의 특색을 다룸과 동시에, 다케시마나 북방영토가 우리나라의 고유의 영토인 것 등, 우리나라의 영역을 둘러싼 문제도 다루도록 할 것. 그때, 센카쿠제도에 대해서는 우리나라의 고유의 영토이며, 영토문제는 존재하지 않는 것도 다룰 것.10)

먼저 2008년 7월 14일에 개정된 중학교 학습지도요령에는 '북방영토는 일본 고유의 영토'라는 취지의 기술이 있었으나, 독도와 관련한 기

---

9) 2008년도 학습지도요령의 지리 교과에서 독도 관련 기술은 없으며, "「영역의 특색과 변화」에 대해서는, 우리나라의 해양국가로서의 특색을 다룸과 동시에, 북방영토가 우리나라의 고유의 영토인 것 등, 우리나라의 영역을 둘러싼 문제도 착목시키도록 할 것"이라는 기술이 있다. 文部科学省, 「中学校学習指導要領」, 2008, 21쪽.

10) 文部科学省, 「中学校学習指導要領(平成29年告示)」, 2017, 46쪽.

술은 없었다. 이후 2017년 3월 31일에 개정된 현행 중학교 학습지도요
령에는 〈표 1〉과 같이 독도가 '일본 고유의 영토'라는 취지의 기술을
비롯하여 영토 문제와 관련한 기술이 등장했다. 후술하는 바와 같이,
이미 2014년도 중학교 해설서에서 영토 문제 관련 기술이 강화되었고,
이를 기준으로 제작된 지리 교과서 모두가 영토 문제 관련 기술을 강
화시켰는데, 이를 상기한다면, 2017년도 중학교 학습지도요령의 영토
문제 관련 내용은 새로운 것은 아니다. 하지만 법적인 구속력을 지닌
학습지도요령에 독도를 비롯한 북방영토, 센카쿠제도 등의 영토 문제
가 기술되었기 때문에, 교과서 제작과 관련하여 반드시 영토 문제를
기술하게 되었다. 이는 독도 관련 기술을 둘러싼 일본의 교과서 문제
가 앞으로도 지속적으로 발생할 수 있다는 것을 의미한다.

〈표 2〉 중학교 학습지도요령 해설서의 지리 교과와 독도 관련 기술[11]

시기	내용
2008	… (전략) … 그 때, 「북방영토가 우리나라의 고유의 영토라는 것 등, 우리나라의 영역을 둘러싼 문제에도 착목시키도록 할 것」(내용의 취급)이라는 것에서, 북방영토(하보마이군도, 시코탄섬, 쿠나시리섬, 에토로후섬)에 대해서, 그 위치와 범위를 확인시킴과 함께, 북방영토는 우리나라의 고유의 영토이지만, 현재 러시아연방에 의해 불법으로 점거되어 있기 때문에, 그 반환을 요구하고 있는 것 등에 대해서, 적확하게 다룰 필요가 있다. 또한 우리나라와 한국 간에 다케시마를 둘러싼 주장에 차이가 있다는 점 등도 다루고, 북방영토와 마찬가지로 우리나라의 영토ㆍ영역에 대한 이해를 심화시키는 것도 필요하다.
2014	… (전략) … 그 때, 「북방영토가 우리나라의 고유의 영토라는 것 등, 우리나라의 영역을 둘러싼 문제에도 착목시키도록 할 것」(내용의 취급)이라는 것에서, 북방영토(하보마이군도, 시코탄섬, 쿠나시리섬, 에토로후섬)와 다케시마에 대해서, 각각의 위치와 범위를 확인시킴과 함께, 우리나라의 고유의 영토이지만, 각각 러시아연방과 한국에 의해 불법으로 점거되어 있기 때문에, 북방영토에 대해서는 러시아연방에 그 반환을 요구하고 있는 것, 다케시마에 대해서는 한국에 누차 항의를 하고 있는 것 등에 대해서, 적확하게 다루고, 우리나라의 영토ㆍ영역에 관해

시기	내용
	서 이해를 깊게 하는 것도 필요하다. 또한, 센카쿠제도에 대해서는, 우리나라의 고유의 영토이며, 또한 현재 우리나라가 이것을 유효하게 지배하고 있으며, 해결해야 할 영유권 문제는 존재하지 않는다는 것을, 그 위치나 범위와 함께 이해시키는 것이 필요하다.
2017	… (전략) … 다케시마나 북방영토가 우리나라의 고유의 영토라는 것 등 우리나라의 영역을 둘러싼 문제도 거론하도록 하는 것(내용의 취급)에 대해서는, 다케시마와 북방영토(하보마이군도, 시코탄섬, 쿠나시리섬, 에토로후섬)에 대해서, 각각의 위치와 범위를 확인함과 함께, 우리나라의 고유의 영토이지만, 각각 현재 한국과 러시아연방에 의해 불법으로 점거되고 있기 때문에, 다케시마에 대해서는 한국에 누차에 걸쳐 항의하고 있다는 것, 북방영토에 대해서는 러시아연방에게 그 반환을 요구하고 있다는 것, 이러한 영토문제에서의 우리나라의 입장이 역사적으로도 국제법상으로도 정당하다는 것 등에 대해 적확하게 다루고, 우리나라의 영토·영역에 대해서 이해를 깊게 하는 것도 필요하다. 또한, 「센카쿠 제도에 대해서는 우리나라의 고유의 영토이며, 영토문제는 존재하지 않는 것도 취급한다」(내용의 취급)라는 것에서, 현재 우리나라가 이것을 유효하게 지배하고 있으며, 해결해야 할 영유권 문제는 존재하지 않는다는 것, 우리나라의 입장이 역사적으로도 국제법상으로도 정당하다는 것을, 그 위치나 범위와 함께 이해시키는 것이 필요하다.

한편 2008년 7월 14일에 개정된 중학교 해설서에는 한일 양국 간에 '다케시마에 대한 주장의 차이가 존재하고, 북방영토와 같이 이해를 심화시켜야 한다'라는 취지의 설명이 있었다. 독도에 대해 '일본 고유의 영토', '한국의 불법 점거'라는 직접적이고 명확한 표현은 사용하지 않았지만, 북방영토와 같은 학습이 필요하다는 취지이기 때문에, 일선 중학교에서는 독도 문제도 북방영토와 동일하게, 즉 독도는 '일본 고유의 영토이지만, 한국이 불법점거하고 있다'는 취지를 학습할 수 있

---

11) 文部科学省, 「中学校学習指導要領解説社会編及び高等学校学習指導要領解説 地理歴史編, 公民編(平成 26年 1月一部改訂前後対応表)」, 2017, 1쪽 및 文部科学省, 「中学校学習指導要領(平成29年告示) 解説 社会編」, 2017, 42쪽을 바탕으로 필자 작성.

는 내용이었다. 이에 대해 한국정부가 항의를 한 것은 전술한 바와 같
다. 이후 2011년도에 검정을 통과한 지리 교과서는 2008년도 중학교
해설서에 영향을 받았는데, 4종의 지리 교과서 모두가 독도 문제를 기
술했다.

6년 뒤인 2014년 1월 28일, 일본정부는 이례적으로 중·고등학교 해
설서를 일부 개정한다. 보통 10년을 단위로 개정되는 학습지도요령의
개정에 맞춰서 해설서도 함께 개정되는데, 학습지도요령의 개정 없이
중·고등학교 해설서가 단독으로 개정이 된 것이다. 일부 개정된 내용
은 영토 교육과 자연재해 관련 기관의 역할이었으나, 개정된 대부분의
내용은 영토 교육과 관련된 것이었다. 일본정부는 개정 이유를 "우리
나라의 영토에 관한 교육이나 자연재해에 대한 관계 기관의 역할 등에
관해서 한층 더 충실한 교육을 꾀하기 위해서"라고 설명했다. 그리고
개정된 해설서를 일선 학교가 "충분하게 참고한 후, 그 취지를 바탕으
로, 적절하게 취급"할 것과 각 지역의 교육위원회 등이 해설서의 "개정
내용에 대한 주지와 필요한 지도 등에 대해서 적절하게 조처"할 것을
권했다.[12]

이와 같이 이례적으로 일부 개정된 2014년도 중학교 해설서의 내용
중, 지리 교과 관련 내용에서 '다케시마는 일본 고유의 영토이지만, 한
국이 불법점거하고 있기 때문에 계속 항의하고 있다'라는 취지의 설명
이 새롭게 등장했다. 2008년도 중학교 해설서에 비해서 명확하고 직접
적으로 독도를 기술한 것이다.[13] 이러한 해설서의 영향을 받아 작성된

---

[12] 文部科学省ホームページ, 「中学校学習指導要領解説」及び「高等学校学習指導
要領解説」の一部改訂について(通知), https://www.mext.go.jp/a_menu/shotou/newcs/
youryou/1351334.htm (검색일: 2020년 11월 5일)

[13] 2014년도와 2017년도 중학교 해설서의 독도 관련 기술 강화는 아베 정권의
영토 교육 강화의 일환으로 추진되었다. 이에 관한 상세한 논의는 나행주,
앞의 글 및 이우진, 앞의 글을 참조.

4종의 2015년도 검정통과 지리 교과서는 독도 문제를 모두 기술했을 뿐만이 아니라, 이전 보다 기술 분량이 확연하게 증가했고, 그 내용 또한 강화되는 등 2011년도 지리 교과서에 비해 확연한 변화가 나타났다.[14]

한편 2017년 6월 21일에 개정된 중학교 해설서에는 2014년도의 내용에 더해 '다케시마에 대한 일본의 입장이 역사적으로도 국제법상으로도 정당하다'는 취지의 설명이 추가되었다. 2014년도 중학교 해설서 보다 독도 관련 기술이 강화된 것이다. 전술한 바와 같이 2008년도 및 2014년도에 개정된 해설서는 이를 기준으로 작성된 지리 교과서에 영향을 끼쳤다. 그렇다면 2017년도 중학교 해설서는 2020년도 검정통과 지리 교과서에 어떻게 반영되었을까. 독도 관련 기술 분량과 그 내용에 대해서 어떠한 영향을 끼쳤을까.

다음 장에서는 이를 검토하기 위해 교육 출판(教育出版), 일본문교출판(日本文教出版), 도쿄 서적(東京書籍), 제국 서원(帝國書院) 등 4종의 2020년도 검정통과 지리 교과서를 2015년도 검정통과 지리 교과서와 비교·분석하기로 한다.

---

[14] 2014년도 검정통과 중학교 지리 교과서가 독도를 어떻게 다뤘는지, 그리고 2011년도와 비교하여 어떠한 변화가 있었는지에 대해서는 김병연·이상균, 앞의 글, 64~71쪽; 박지영, 앞의 글, 316~328쪽; 황용섭, 앞의 글, 339~349쪽을 참조.

3. 2020년도 검정통과 지리 교과서의 독도 관련 기술 내용 분석

1) 교육 출판

교육 출판의 지리 교과서는 "제1편 세계와 일본의 지역구성 ☞ 제2장 일본의 지역구성 ☞ ② 일본 국토의 넓이, ③ 일본의 영토를 둘러싸고"에서 독도를 다루고 있다. 관련 기술 분량과 내용은 2015년도와 동일하다.

〈표 3〉 교육출판 지리 교과서의 독도 관련 기술[15]

시기	내용
2015	다케시마 주변에서는, 에도 시대 초기부터 일본인이 어업을 해왔습니다. 1905년에 정부는, 다케시마를 국제법에 입각해서 시마네현에 편입하고, 일본 고유의 영토로 삼았습니다. 1952년 이후, 한국이 다케시마를 자국의 영토로 주장하고, 현재까지 불법으로 계속 점거하고 있습니다. 일본은 이에 항의를 거듭함과 동시에, 국제사회에의 대화를 제안하고 있지만, 한국은 받아들이지 않고 있습니다.[16]
2020	다케시마 주변에서는, 에도 시대 초기부터 일본인이 어업을 해왔습니다. 1905년에 정부는, 다케시마를 국제법에 입각해서 시마네현에 편입하고, 일본 고유의 영토로 삼았습니다. 1952년 이후, 한국이 다케시마를 자국의 영토로 주장하고, 현재까지 불법으로 계속 점거하고 있습니다. 일본은 이에 항의를 거듭함과 동시에, 국제사회에의 대화를 제안하고 있지만, 한국은 받아들이지 않고 있습니다.

먼저 "② 일본 국토의 넓이"에서는 "일본의 영토・영역과 배타적 경

---

15) 教育出版, 『中学校社会科 社会 地理的分野』, 2015, 131쪽 및 『中学校社会科 社会 地理的分野』, 2020, 25쪽의 내용을 바탕으로 필자 작성.

16) 2015년도에서는 "제2편 일본의 여러 지역 ☞ 제1장 일본의 지역 구성 ☞ ② 일본 국토의 넓이, ③ 일본의 영토를 둘러싸고"에서 독도를 다루고 있다.

제수역" 지도를 통해 해당 수역 안에 독도를 명기하고 일본의 영토로 표시하고 있는데, 이는 2015년도와 동일하다. "③ 일본의 영토를 둘러 싸고"에서는 에도 시대부터의 역사적인 연관성, 1905년 시마네현 편입, 한국의 불법 점거 등을 기술하고 있는데, 이 역시 〈표 3〉에서 확인할 수 있듯이 2015년도와 동일하다.

한편 지도와 사진에 대해서는 다음과 같다. 먼저 "다케시마" 사진 1장을 제시하고 있는데, 이는 2015년도와 동일한 것이지만, 2015년도에 있었던 "앞에 있는 동도에는 한국이 건설한 시설이 있습니다"라는 설명이 없다. 다음으로 "남동쪽을 위로 하여, 일본해 주변을 그린 지도"에서 독도를 명기하고 일본의 국경선 안에 위치시키고 있는데, 2015년도에는 동해 부분을 확대하여 다케시마의 위치를 명확하게 나타내고 있는 "다케시마, 센카쿠 제도의 위치" 지도가 사용되었다.

이와 같이 교육 출판의 지리 교과서는 2015년과 비교했을 때, 기술 분량이나 내용은 동일하며, 독도 관련 지도와 사진의 사용이 약간 달라졌다고 볼 수 있다.

2) 일본문교출판

일본문교출판의 지리 교과서는 "제1편 세계와 일본의 지역구성 ☞ 2. 일본의 지역구성 ☞ ① 일본의 위치를 파악하자, ② 일본 영역의 특색을 파악하자, ③ 일본의 영역을 둘러싼 문제를 파악하자"에서 독도를 다루고 있다. 관련 기술 분량과 내용은 2015년도와 비슷한 경향이 있다.

〈표 4〉 일본문교출판 지리 교과서의 독도 관련 기술[18]

시기	내용
2015	다케시마는 혼슈에서 약 200km 떨어진 일본해에 있는, 일본 고유의 영토입니다. 다케시마 주변은 풍부한 어장으로, 17세기 초에는 일본인이 어업 등으로 이용하고 있었습니다. 1905년에는, 시마네현에 편입되었습니다. 그런데, 1952년부터, 한국이, 일방적으로 자국 영토라고 주장하며 다케시마를 취하고, 경비대원을 상주시키거나, 시설을 만들거나 해서, 불법으로 점거하고 있습니다. 일본은, 한국에 대해 몇 번이나 엄중하게 항의하고 있습니다. 1951년의 샌프란시스코 평화조약에서도, 북방영토와 다케시마가 일본 고유의 영토라는 것이 인정되고 있습니다. 일본은, 이 조약의 내용 등을 바탕으로, 북방영토와 다케시마의 영토문제를 국제사회에 호소하고, 평화적인 해결을 지향하고 있습니다. … (중략) … 다케시마에 대해서는, 이 문제를 국제사법재판소에 거론하도록 한국에 제안하고 있지만, 한국은 거부하고 있습니다.[17]
2020	다케시마는, 혼슈에서 약 200km 떨어진 일본해에 있는 일본 고유의 영토입니다. 다케시마 주변은 풍부한 어장으로, 17세기 초에는 일본인이 어업 등으로 이용하고 있었습니다. 1905년에는 국제법에 따라서 시마네현에 편입되었습니다. 그런데, 1952년부터, 한국이, 일방적으로 자국 영토라고 주장하며 다케시마를 취하고, 경비대원을 상주시키거나, 시설을 만들거나 해서, 불법으로 점령하고 있습니다. 일본은, 한국에 대해 몇 번이나 엄중하게 항의하고 있습니다. 제2차 세계대전 후의 1951년의 샌프란시스코 평화조약의 내용에서도, 북방영토와 다케시마가 일본 고유의 영토라는 것을 확인할 수 있습니다. 일본은, 이 조약의 내용 등을 바탕으로, 북방영토와 다케시마의 영토문제를 국제사회에 호소하고, 평화적인 해결을 지향하고 있습니다. … (중략) … 다케시마에 대해서는, 이 문제를 국제사법재판소에 거론하도록 한국에 제안하고 있지만, 한국은 거부하고 있습니다.

---

17) 2015년도에서는 "제2편 일본의 여러 지역 ☞ 제1장 일본의 모습 ☞ ① 우리들이 생활하는 일본의 위치를 파악한다, ② 우리들이 생활하는 일본의 영역을 파악한다 ③ 일본의 영역을 둘러싼 문제를 파악한다"에서 독도를 다루고 있다.

18) 日本文教出版, 『中学校社会科 社会 地理的分野』, 2015, 118~119쪽 및 『中学校社会科 社会 地理的分野』, 2020, 18~19쪽의 내용을 바탕으로 필자 작성.

　먼저 "① 일본의 위치를 파악하자"에서는 유라시아 대륙의 지도를 제시하면서, 일본의 국경선 안에 독도를 명기하지 않은 채 위치시키고 있다. 2015년도에서는 상기 지도와 함께 일본의 국경선 안에 독도를 명기하고 있는 "일본과 그 주변의 모습"이라는 지도가 한 장 더 있다. "② 일본 영역의 특색을 파악하자"에서는 "일본의 영역과 배타적 경제수역" 지도에서 독도를 명기하고, 해당 수역 안에 일본의 영토로 위치시키고 있는데, 이는 2015년도와 동일하다.

　"③ 일본의 영역을 둘러싼 문제를 파악하자"에서는 '일본 고유의 영토', '17세기부터의 역사적 연관성', '1905년 시마네현 편입', '한국의 불법점거', '국제사법재판소에서의 해결 제안' 등의 내용이 기술되어 있다. 시마네현 편입에 대해 '국제법에 따라서'라는 표현이 새롭게 추가된 것 외에 2015년도와 크게 다를 바 없는 내용이다.

　한편 지도와 사진의 사용도 흡사하다. "북방영토·다케시마·센카쿠의 위치" 사진에서 시마네현에 속한 일본의 영토로 독도를 표기한 지도와 "동도에는, 한국이 건설한 시설이 보이고 있습니다"라는 설명이 들어간 "다케시마" 사진은 2015년도와 동일하다. "마츠에시의 다케시마 자료실을 방문하기가 어려운 현민들을 위해서, 시마네현 내 각지에 개설되고 있습니다"라는 설명이 붙은 "다케시마에 관한 자료를 전시하는 「출장 다케시마전」" 사진도 있는데, 이 사진은 2015년도에 제시된 "다케시마가 일본 고유의 영토인 것을 나타내는 지도의 전시"라는 사진과 다르지만, 독도 관련 전시회를 주제로 한 사진이라는 점은 동일하다.

　이와 같이 일본문교출판의 지리 교과서는 2015년과 비교했을 때, 기술 분량은 비슷하며, 그 내용에 있어서도 '국제법에 따라서'가 새로 삽입된 것 이외에는 큰 차이가 없었다. 또한 지도와 사진의 사용도 2015년도와 비슷하다고 볼 수 있다.

3) 도쿄 서적

도쿄 서적의 지리 교과서는 "제1편 세계와 일본의 모습" 도입 부분과 하위 부분인 "제2장 일본의 모습 ☞ 3. 일본의 영역의 특색, 4. 북방영토·다케시마와 센카쿠제도-영토를 둘러싼 문제를 갖고 있는 섬들"에서 독도를 다루고 있다. 관련 기술 분량과 내용은 2015년도와 비슷한 경향이 있다.

〈표 5〉 도쿄서적 지리 교과서의 독도 관련 기술[20]

시기	내용
2015	다케시마는, 오키 제도(隱岐諸島)의 북서 약 150km에 있는, 시마네현 오키노시마쵸(隱岐の島町)에 속하는 섬들로, 일본해 중앙의 바다 속 거대한 대지의 가장자리에 위치하고 있습니다. 오래된 화산을 기반으로 되어 있는데, 주의가 파도에 침식됨으로써, 현재와 같이 단애로 둘러싸인 지형이 되었습니다. 다케시마는 몇 개의 섬으로 이루어져 있는데, 중심은 표고 168m의 오지마(男島)와 표고 97m의 메지마(女島)입니다. 다케시마 주변의 바다는, 동중국해에서 흘러오는 난류인 쓰시마 해류와, 사할린에서 흘러오는 해류인 리만 해류가 마주치는 경계에 가깝게 위치하기 때문에, 게나 오징어, 전갱이 등의 회유어가, 풍부한 어업 자원 혜택을 받고 있습니다.[19]
2020	다케시마는, 시마네현 오키노시마초에 속하여, 오키 제도의 북서 약 150km에 위치하는 일본 고유의 영토입니다. 그러나, 한국이 불법으로 점거하고 있기 때문에, 일본은 항의를 계속 하고 있습니다. 다케시마는, 일본해 중앙의 바다 속 거대한 대지의 가장자리에 위치하고, 표고 168m의 오지마와 표고 97m의 메지마를 중심으로, 몇 개의 섬으로 구성되어 있습니다. 원래 오래된 해저화산 분화로 생긴 섬이지만, 주위가 파도에 침식되어, 현재와 같이 단애로 둘러싸인 지형이 되었습니다. 다케시마 주변의 바다는, 동중국해에서 흘러오는 난류인 쓰시마 해류와, 사할린에서 흘러오는 해류인 리만 해류가 마주치는 경계에 가깝기 때문에, 게나 오징어, 전갱이 등의 회유어가, 풍부한 어업 자원 혜택을 받고 있습니다.

먼저 "제1편 세계와 일본의 모습"의 도입 부분에서는 "국토의 넓이와 주변 나라들"이라는 지도에서 일본의 배타적 경제수역 안에 독도를 일본의 영토로 표기하고 있으며, "다케시마"라는 사진 1장도 제시하고 있다. 이는 2015년도에는 없었던 내용이다. "3. 일본의 영역의 특색"에서도 "일본의 영역과 배타적 경제수역" 지도에서 독도를 해당 수역 안에 위치시키면서 일본의 영토로 표기했는데, 이는 2015년도와 동일하다. 하지만 2015년도에는 해당 지도에 대해 "일본해의 다케시마도 일본 고유의 영토이지만, 한국이 불법으로 점거하고 있습니다. 일본은 이에 항의하는 한편, 국제기관을 이용한 해결을 제안하는 등, 외교적인 노력을 계속하고 있습니다"라는 설명이 있었지만, 2020년도에는 이러한 설명이 없다.

다음으로 "4. 북방영토 · 다케시마와 센카쿠제도-영토를 둘러싼 문제를 갖고 있는 섬들"에서 독도를 다루고 있다.[21] 독도에 대해 '일본 고유의 영토', '한국의 불법 점거', '일본의 항의' 등을 간단하게 설명하고 있으며, 독도의 지리적인 특성에 대해 상세하게 설명하고 있다. 2015년도에서는 "다케시마, 북방영토, 그리고 센카쿠 제도는, 모두 일본 고유의 영토이지만, 다케시마와 북방영토는 각각 한국과 러시아연방에게 불법으로 점거되어 있으며, 일본이 실효적인 지배를 하고 있는 센카쿠 제도에 대해서는, 중국이 영유권을 주장하고 있습니다"라는 기술이 있었는데, 이러한 설명들은 2020년도 지리 교과서에서 독도, 북방영토, 센카쿠 제도로 각각 분리되어 기술되고 있다. 한편 "다케시마" 사

---

19) 2015년도에서는 "제2편 일본의 여러 지역 ☞ 제1장 일본의 모습 ☞ 3. 일본의 영역의 특색을 살펴보자"에서 독도를 다루고 있다.

20) 東京書籍,『中学校 社会(地理)』, 2015, 134쪽 및 『中学校 社会(地理)』, 2020, 26쪽의 내용을 바탕으로 필자 작성.

21) 독도를 비롯한 영토문제를 다루고 있는 이 부분은 2015년도에는 "지리로 액세스"라는 특별 코너였다.

진과 "다케시마의 2만 5000분의 1 지형도" 지도는 2015년도와 같으며, 2015년도에 실렸던 "일본의 영역과 배타적 경제수역" 지도와 "다케시마 주변의 지형" 지도를 대신해서 "다케시마, 센카쿠 제도, 북방영토의 위치" 지도와 "단애에 둘러싸인 다케시마" 사진이 제시되고 있다.

이와 같이 도쿄 서적의 지리 교과서는 2015년도와 비교했을 때, 기술 분량과 내용은 비슷한 경향이 나타났다고 볼 수 있으며, 지도와 사진 등의 시각적인 자료는 각각 1장씩 늘어났다.

4) 제국 서원

제국 서원의 지리 교과서는 '제1부: 세계와 일본의 지역 구성 ☞ 제2장 일본의 모습 ☞ 3. 일본의 영역과 그 특색'에서 독도를 다루고 있다. 관련 기술 분량은 2015년도와 비슷하지만, 그 내용은 다소 강화된 경향이 나타났다.

〈표 6〉 제국서원 지리 교과서의 독도 관련 기술[23]

시기	내용
2015	일본해에 있는 다케시마는, 17세기에는 일본인들이 고기잡이를 하고 있었습니다. 1905년에 메이지정부가 국제법에 따라서 시마네현에 편입하여, 일본 고유의 영토로서 재확인되었습니다. 그러나 1952년부터, 한국이 일방적으로 다케시마를 자국의 영토라고 주장하고, 해양경찰대를 보내거나, 등대와 부두 등을 건설하거나 해서, 불법으로 점거하고 있습니다. 일본은 이에 항의하고, 국제사법재판소에서의 대화를 3번이나 제안하고 있지만, 한국이 응하지 않고, 현재에 이르고 있습니다.
	다케시마는, 음료수 등을 얻기 힘들어 사람이 살기에는 적합하지 않지만, 난류인 쓰시마 해류와 한류인 리만해류가 부딪히는 해역에 위치하고 있기 때문에, 주변의 바다는 옛날부터 다양한 어패류가 잡히는 풍족한 어장이었습니다. 에도시대 초기에는 일본인들에 의해 다케시마에서 어업이 이루어졌으며, 메이지 30년대부터 쇼와 초기에 걸쳐서는, 시마네현의 오키섬 사람들에 의해 강치잡이나 전복·미역 채취

시기	내용
2020	가 성행했습니다. 현재는, 다케시마를 둘러싼 일본과 한국의 문제가 미해결인 상태이기 때문에, 일본의 어선은 거의 어업이 불가능한 상태가 되어 있습니다.[22]
	일본해에 있는 다케시마는, 시마네현 오키노시마쵸에 속한 일본 고유의 영토입니다. 17세기에는 현재의 돗토리현 사람들이 고기잡이를 하고 있었으며, 1905년에 메이지 정부가 시마네현 편입을 내각에서 정하고, 자국의 영토로 한다는 뜻을 공식적으로 제시했습니다. 그러나, 샌프란시스코 평화조약으로 다케시마에 대한 주장에서 물러서게 된 한국은, 1952년에 해양에 대한 권리를 주장하고 일방적으로 공해 상에 경계선을 그어, 다케시마에 해양경찰대나 등대를 두고, 불법으로 점거하고 있습니다. 일본은 이에 항의하고, 국제사법재판소에서의 대화를 누차 권하고 있지만, 한국이 대응하지 않고 있습니다.
	다케시마는, 난류인 쓰시마 해류와 한류이 리만해류가 부딪히는 해역에 위치하고 있기 때문에, 주변의 바다는 옛날부터 다양한 어패류가 잡히는 풍족한 어장이었습니다. 에도시대 초기에는, 요나고(돗토리현) 사람들이, 1900년대부터는 오키(시마네현) 사람들이, 강치잡이나 전복 채취를 하고 있었습니다. 1905년, 오키 섬 어민의 청원을 받은 메이지정부는, 다케시마의 시마네현으로의 편입을 정했습니다. 그것을 고지한 2월 22일은, 2005년에 시마네현의회로부터 '다케시마의 날'로 정해지게 되었습니다.

먼저 "일본의 동서남북단과 배타적 경제수역의 범위" 지도에서 독도를 명기하고, 해당 수역 과 일본의 국경선 안에 독도를 위치시켰는데, 이는 2015년도와 동일하다. 그리고 "다케시마" 사진 1장, "다케시마의 위치" 지도 1장, "오키 사람들이 행했던 다케시마에서의 고기잡이 모

---

[22] 2015년도에서는 "제2부 일본의 여러 지역 ☞ 제1장 일본의 모습 ☞ 1. 세계 속의 일본의 위치 및 3. 일본의 영역과 영토문제"에서 독도를 다루고 있다. 2015년도에는 "1. 세계 속의 일본의 위치"에서 유라시아 대륙에서 바라 본 일본과 그 주변국 지도에 독도를 명기하지 않고 일본의 국경선 안에 독도를 위치시키고 있는데, 2020년도에는 이 지도가 없다.

[23] 帝國書院, 『中学校社会科 地理的分野』, 2015, 127쪽 및 『中学校社会科 地理的分野』, 2020, 20~21쪽의 내용을 바탕으로 필자 작성.

습" 사진 1장을 제시하고 있는데, 이 또한 2015년도와 동일하다.

　다음으로 독도에 대한 기술에서는 '일본 고유의 영토', '17세기부터의 역사적인 연관성', '1905년의 시마네현 편입', '한국의 불법 점거', '국재사법재판소에서의 해결 제안'에 대해 다루고 있다. 이는 2015년도와 동일하지만, "시마네현 오키노시마쵸에 속한"이라는 표현을 통해 독도의 위치를 강조했고, 샌프란시스코 평화조약을 통해서 한국의 불법 점거하고 있다는 것을 부각시켰다. 특히 "국제법에 기반한 일본의 영토"라는 소주제에서 "일본의 영역은, 역사적인 경위에도 입각하여, 국제법에 기반하여 정해져 왔습니다. 현재 일본의 영토는, 제2차 세계대전 후인 1951년에 맺어진 샌프란시스코 평화조약에 따라 정해졌습니다. 그러나, 일본의 영역에는, 영유를 둘러싼 주변국과의 과제가 있는 지역도 있습니다"라고 설명하고, 그 후에 "북방영토", "다케시마", "센카쿠제도"의 순서로 일본의 영토 문제를 다루고 있는데, 이를 통해 한국이 샌프란시스코 평화조약이라는 국제법을 위반하면서 독도를 불법 점거하고 있다는 것을 부각시켰다.

　한편 "지리 플러스-어업이 성행했던 옛날의 다케시마"라는 코너에서는 독도의 지리적인 특성과 역사적인 연관성에 대해 기술하고 있는데, 2015년도와 비교해서 그 내용은 대체적으로 비슷하다. 하지만 메이지 시기 당시 시마네현으로 독도를 편입한 날인 1905년 2월 22일과 관련하여, 2005년부터 시마네현이 이 날을 '다케시마의 날'로 정했다는 설명이 새롭게 추가되었다. 이를 통해 독도에 대한 역사적인 연관성과 더불어 한국이 불법 점거하고 있는 독도를 '다케시마의 날'을 통해 되찾으려한다는 점을 부각시키고 있다고 볼 수 있다.

　이와 같이 제국 서원의 지리 교과서는 2015년도에 비해 독도 관련 기술 분량은 비슷하지만, 국제법과 '다케시마의 날'에 대한 기술을 통해 한국이 독도를 불법 점거하고 있다는 점을 강조했다는 점에서 그 내용이 다소 강화되었다고 볼 수 있다.

4. 2020년도 검정통과 지리 교과서의
   독도 관련 기술 배경 검토

이상과 같이 교육 출판, 일본문교출판, 도쿄 서적, 제국 서원 등 2020년도 검정을 통과한 4종의 지리 교과서가 독도를 어떻게 다뤘는지에 대해 검토해 보았다. 교육 출판, 일본문교출판, 도쿄 서적의 독도 관련 기술의 분량은 2015년도와 비교해서 크게 다를 바 없었고, 제국 서원이 내용 면에서 다소 강화되었다는 것을 확인할 수 있었다.

그런데 2015년도 검정통과 지리 교과서를 2011년도와 비교했을 때, 독도 관련 기술의 분량 증가와 내용 강화라는 확연하게 큰 변화가 있었던 반면, 2020년도 검정통과 지리 교과서를 2015년도와 비교했을 때, 독도 관련 기술에서 큰 변화가 보이지 않았다. 즉 2017년도 해설서에서 '역사적으로도 국제법상으로도 정당하다'는 기술의 추가되어 2014년도 해설서 보다 독도 관련 기술 강화되었음에도 불구하고, 이를 기준으로 작성된 2020년도 검정통과 지리 교과서의 독도 관련 기술 분량과 내용은 2015년도에 비해 전체적으로 큰 변화가 없었던 것이다.

이러한 현상은 2020년 3월말에 지리 교과서와 함께 검정을 통과한 역사 교과서와 공민 교과서의 독도 관련 기술이 강화된 것과 비교하면 더욱 확연해진다. 2017년도 해설서의 역사 교과 및 공민 교과의 독도 관련 기술은, 2014년 해설서에 비해 각각 "영토에 대한 우리나라의 입장이 역사적으로도 국제법적으로도 정당하다는 것을 이해할 수 있도록 한다",[24] "도항과 어업, 해양자원 개발 등이 제한되었으며 선박의 나포, 선원의 억류가 행해지기도 했고, 그 가운데 과거에는 일본 측에

사상자가 나오는 등 불법점거 때문에 발생하고 있는 문제에 대한 이해
를 바탕으로 우리나라의 입장이 역사적으로도 국제법적으로도 정당하
다"[25]는 내용이 추가되었고, 이것은 2020년도 검정통과 역사 교과서와
공민 교과서의 독도 관련 기술 강화에 영향을 끼쳤다.[26] 2017년도 해
설서의 지리 교과, 역사 교과, 공민 교과에서 동일하게 독도 관련 기술
이 강화되었고, 역사 교과서와 공민 교과서는 그 영향을 받아 독도 관
련 기술이 크게 강화된 반면, 지리 교과서는 그렇지 않았던 것이다. 이
러한 현상이 나타난 이유는 무엇일까.

　본장에서는 중학교 '지리 교과의 성격' 및 '사회과 교과서의 학습 과
정'과 관련해서 그 요인을 검토하고자 한다. 첫째, 지리 교과의 성격이
다. 지리 교과는 일본의 "국토 및 세계 여러 지역에 관해서, 지역의 여
러 모습이나 지역적 특색을 이해하고, 동시에 조사나 자료들을 통해
지리에 관한 다양한 정보를 효과적으로 조사하고 정리하는 기능을 익
히"는 것 등이 학습 목표이다. 그리고 이를 위해 "위도와 경도, 대륙과
해양의 분포, 주요 국가들의 명칭과 위치", 일본의 "위치, 세계각지와의
시차, 지역의 범위나 변화와 그 특색"을 통해 세계의 지역구성과 일본
의 지역구성 등을 학습한다.[27] 실제로 지리 교과서들은 일본 및 세계
각국의 위치, 기후, 인구 등 지리적인 측면을 중점적으로 학습할 수 있
도록 구성되어 있으며, 이를 위해 다른 사회과 교과서들 보다 더 많은
지도가 사용되고 있다. 한편 본고에서 다루지는 않았지만, 독도 관련
기술뿐만 아니라, 다른 단원에서 사용되는 지도에서도 일본의 국경선

---

24) 文部科学省, 「中学校学習指導要領(平成29年告示)解說 社会編」, 2017, 113쪽.
25) 文部科学省, 위의 글, 161쪽.
26) 2020년도 역사 교과서와 공민 교과서의 독도 관련 기술이 2015년도와 비교
　　하여 강화되었다는 논의는 엄태봉, 앞의 글 2020a 및 2020b를 참조.
27) 文部科学省, 「中学校学習指導要領(平成29年告示)」, 2017, 41~42쪽.

안에 독도가 표시된 지도가 여러 장 사용되고 있다. 영토 문제로서 독
도에 대해 상세하게 기술한다고 하기 보다는, 여러 단원에서 여러 장
의 지도를 사용하면서 독도가 일본의 영토라는 것을 나타내고 있는 것
이다.[28]

즉 지리 교과서는 위와 같이 지리적인 측면과 관련된 내용을 학습하
는 것이 주요한 목적이며, 2017년도 해설서의 '역사적으로도 국제법상
으로도 정당하다'는 내용을 적극적으로 반영하지 않더라도, 지리적인
측면의 설명 및 여러 장의 지도를 통해서, 즉 지리적인 내용을 통해서
독도가 일본의 영토라는 것을 나타내고 있다. 이로 인해 2020년도 검
정통과 지리 교과서의 독도 관련 기술이 2015년도와 비교해서 큰 변화
가 없었던 것이라고 추측해 볼 수 있다.

둘째, 중학교 사회과 교과서의 학습 과정이다. 일본의 중학교에서는
보통 1학년 때 지리 교과서를 학습하고, 2학년 때 역사 교과서, 3학년
때 공민 교과서를 학습하거나, 1·2학년 때 지리 교과서와 역사 교과
서를 함께 학습하고, 3학년 때 공민 교과서를 학습한다.

이를 독도와 관련하여 검토한다면, 독도에 대한 기본적인 학습, 즉
독도의 '위치와 지리적인 특성', 그리고 '일본 고유의 영토', '한국의 불
법점거'라는 내용을 지리 교과서를 통해 먼저 학습하고, 2학년·3학년
이 되면서 역사 교과서와 공민 교과서를 통해 추가적인 내용을 학습하
는 것이다. 또는 1·2학년 때 지리 교과서와 역사 교과서를 함께 학습
하면서 독도에 대한 기본적인 학습을 한 후, 3학년 때 공민 교과서를
통해 추가적으로 독도에 대해 학습하는 것이다. 즉 지리 교과서 학습

---

28) 예를 들어, 교육출판, 일본문교출판, 도쿄 서적, 제국 서원의 지리 교과서 모
두 일본의 각 지역을 학습하는 단원에서 츄코쿠·시코쿠(中國·四國) 지방
을 학습할 때, 해당 지역을 나타내는 지도에서 독도를 확대하여 시마네현에
속한 섬으로 표기하고 있다.

을 통해 영토문제로서의 독도에 관한 기본적인 내용을 먼저 학습하고, 그 후 역사 교과서나 공민 교과서를 통해 독도 관련 내용을 추가로 학습하는 것이다.[29]

중학교 사회과 학습 과정과 독도 관련 학습을 정리해 본다면, 2020년도 검정통과 지리 교과서, 역사 교과서, 공민 교과서를 모두 발행한 교육 출판, 일본문교출판, 도쿄 서적, 제국 서원은, 2017년도 해설서에 새롭게 추가된 '역사적으로도 국제법상으로도 정당하다'는 내용을 2020년도 검정통과 지리 교과서에서 적극적으로 기술하지 않더라도, 지리 교과서를 통해 독도 관련 내용을 먼저 학습한 후, 역사 교과서와 공민 교과서에서 또는 공민 교과서를 통해 독도에 대해 추가적인 내용을 학습할 수 있기 때문에, 2015년도와 비교해 큰 변화를 주지 않았던 것이라고 추측해 볼 수 있다.

이와 같이 중학교 지리 교과의 성격 및 사회과 교과서의 학습 과정이라는 측면을 통해 봤을 때, 2020년도 검정통과 지리 교과서에서는 2017년도 해설서의 강화된 독도 관련 내용이 적극적으로 반영되지 않았고, 2015년도와 비교했을 때 큰 변화가 없었던 것이다.

---

[29] 2017년도 해설서의 공민 교과에서 "'영토(영해, 영공을 포함), 국가주권'에 대해서는 지리적 분야의 '영역의 범위와 변화 및 그 특색', 역사적 분야의 '영토의 획정' 등의 학습 성과를 전제로 국가 간의 문제로서'" 독도, 센카쿠 제도, 북방영토 등의 영토 문제를 다룰 것을 기술하고 있다. 즉 먼저 지리 교과서와 역사 교과서에서 독도 등의 영토 문제에 대해 학습한 후, 그러한 '학습 성과'를 바탕으로 공민 교과서에서 '국가 간의 문제로서', 즉 국가주권과 관련한 문제로서 영토 문제를 추가적으로 학습하는 것이다.

5. 맺음말

본고는 2020년도 검정통과 지리 교과서가 독도를 어떻게 다루고 있으며, 2015년도와 비교해서 어떠한 변화가 있었고, 그 특징이 무엇인지를 밝히는 작업이었다. 이를 위해 중학교 학습지도요령과 해설서의 독도 관련 기술 변화를 검토하고, 2020년도와 2015년도의 검정통과 지리 교과서를 비교·분석해 보았다. 이하에서는 본론에서 검토된 내용을 요약·정리한다.

중학교 학습지도요령과 해설서의 지리 교과에서, 특히 해설서에서 독도 관련 기술이 점차 강화되었다. 2008년도 해설서는 '한일 양국 간의 독도에 대한 이견이 존재한다'라는 간접적인 표현이었지만, 2014년도에 일부 개정된 해설서에서는 직접적이고 명확하게 독도가 '일본 고유의 영토이며 한국이 불법 점거하고 있다'고 기술했다. 이후 2017년에 개정된 해설서에서는 2014년도 해설서의 내용에 더해 '역사적으로도 국제법상으로도 일본정부의 입장이 정당하다'는 내용이 추가되어 독도 관련 기술이 보다 강화되었다.

2020년도 검정통과 지리 교과서의 독도 관련 기술과 그 변화 양상은 다음과 같이 정리할 수가 있다. 첫째, 독도 관련 기술 분량은 2015년도 검정통과 지리 교과서와 비교했을 때 대체로 비슷한 경향이 있었다. 교육 출판의 지리 교과서는 2015년도와 동일하며, 일본문교출판, 도쿄서적, 제국서원의 지리 교과서는 2015년도의 기술 분량과 대동소이했다. 둘째, 기술 내용에 있어서는 교육 출판, 일본문교출판, 도쿄 서적의 지리 교과서가 비슷한 경향이 있었던 반면, 유일하게 제국서원의 지리 교과서에서 독도 관련 기술이 다소 강화되었다. 교육 출판, 일본문교출판, 도쿄 서적의 지리 교과서는 2015년도와 동일하거나 큰 변화가 없었지만, 제국서원의 지리 교과서는 독도가 시마네현에 속한다는 것을 명기한 점, 샌프란시스코 평화조약과 국제법, 그리고 '다케시마의 날'에 대한 설명을 통해 한국이 독도를 불법으로 점거하고 있다는 점을 부각시키면서, 독도에 대한 기술을 강화한 것이다. 셋째, 지도와 사진 등의 시각적인 자료의 사용도 2015년도와 비교해서 전체적으로 비슷한 경향이 있었다. 교육출판, 일본문교출판, 제국 서원의 지리 교과서는 2015년도와 비슷했고, 도쿄 서적의 지리 교과서에서만 지도와 사진 각각 1장씩 다소 증가한 모습을 보였다.

이와 같이 2020년도 검정통과 지리 교과서는 2015년도와 비교하여 독도 관련 기술 분량과 사진 및 지도의 사용은 대체적으로 비슷했고, 내용 면에서는 교육출판, 일본문교출판, 도쿄서적이 비슷했던 반면에, 제국서원이 유일하게 다소 강화되었다. 2014년도 해설서에 영향을 받은 2015년도 검정통과 지리 교과서의 독도 관련 기술 분량과 내용이 2011년도 검정통과 지리 교과서에 비해 크게 강화된 것에 비하면, 2020년도 검정통과 지리 교과서에서는 그러한 큰 변화가 보이지 않았다. 이는 중학교 지리 교과서에서 지리적인 내용을 중점적으로 학습한다는 지리 교과의 성격, 그리고 중학교 1학년 때 영토 문제로서의 독도에 대한 기본적인 내용을 배우고, 그 이후 역사 교과서나 공민 교과서를 통해 추가적인 내용을 학습한다는 사회과 교과서의 학습 과정이 그 요인이라고 볼 수 있다.

한국의 입장에서 봤을 때, 2020년도 검정통과 지리 교과서의 독도 관련 기술이 2015년도에 비해 큰 변화가 없다고 하더라도, 안심할 수 있는 상황은 아니다. 왜냐하면 해당 내용으로도 독도가 '일본 고유의 영토이며, 한국이 불법점거하고 있다'라는 내용을 충분히 학습할 수 있기 때문이다. 또한 독도와 관련된 직접적인 내용이 아니더라도, 지리 교과서의 여러 단원에서 일본의 국경선 안에 독도를 위치시키고 있는 지도가 여러 장 사용되고 있기 때문에, 일본의 중학생들이 이 지도를 보면서 독도가 '일본의 영토', '시마네현에 속하는 섬'이라는 것을 자연스럽게 인지할 수가 있다.

2021년에는 일본의 고등학교 교과서의 검정결과가 발표된다. 2017년도에 개정된 중학교 학습지도요령과 해설서에서 독도를 비롯한 북방영토, 센카쿠 제도 등의 영토 교육 관련 내용이 강화된 것처럼 2018년도에 개정된 고등학교 학습지도요령과 해설서에서도 해당 내용들이 강화되었는데, 이러한 상황을 고려할 때, 독도 관련 기술이 강화된 고등학교 사회과 교과서가 검정을 통과할 것으로 예상된다. 스가 요시히데(菅義偉) 총리를 수반으로 한 일본의 새로운 내각 출범으로 한일 관계 개선의 움직임이 나타나고 있는 상황에서, 교과서 문제로 인한 마찰로 관계 개선의 불씨가 위태로워질까 우려가 되는 상황이다.

【참고문헌】

1. 국내문헌

강창숙, 「일본 중학교 사회과 지리분야 『학습지도요령』의 주요 변화와 2017년 개정 내용의 특징」, 『한국지리환경교육학회지』 제26권 3호, 2019.

김병연·이상균, 「일본 중등 지리교육의 독도 관련 영토교육 내용 분석-학습지도요령 및 해설과 지리교과서를 중심으로」, 『영토해양연구』 제17호, 2019.

김영수, 「한국과 일본 중학교 역사분야 교육과정과 역사 교과서의 독도 관련 내용 비교-2014년 전후 한일 교육과정과 교과서를 중심으로-」, 『독도연구』 제19호, 2015.

나행주, 「일본 역사교과서의 독도기술과 영토교육」, 『한일관계사연구』 제68집, 2020.

남상구, 「일본 고등학교 교과서 독도 기술 추이와 현황」, 『영토해양연구』 제3호, 2012.

남상구, 「전후 일본 중학교 교과서의 독도 기술 추이와 현황」, 『영토해양연구』 제1호, 2011.

박삼헌, 「전후 일본의 영토교육과 국가 정체성-중학교 지리 교과서를 중심으로-」, 『사림』 52호, 2015.

박지영, 「일본 중학교 독도교육의 실태-교과서 기술내용의 변화를 중심으로-」, 『독도연구』 제26호, 2019.

송휘영, 「개정 '학습지도요령'과 '교육과정'의 독도기술 비교검토」, 『독도연구』 제28호, 2020.

심정보, 「일본의 사회과에서 독도에 관한 영토교육의 현황」, 『한국지리환경교육학회지』 제16집 3호, 2008.

엄태봉, 「일본의 중·고등학교 학습지도요령 해설서와 독도 문제: 2008년과 2009년의 '소극적인 표현'을 둘러싼 일본 국회 논의를 중심으로」, 2019.

엄태봉, 「2020년도 검정통과 일본 중학교 역사 교과서의 독도 기술 내용 분석」, 『비교일본학』 제49집, 2020a.

엄태봉, 「일본 중학교 공민 교과서와 독도 문제 - 2020년 검정 교과서를 중심으로 -」, 『역사교육논집』 제75집, 2020b.

이우진, 「학습지도요령 및 해설을 통해 본 일본의 영토교육 - '개정 교육법' 부터 '2019 고교 학습지도요령'까지 -」, 『독도연구』 제24호, 2019.

홍성근·서종진, 「일본 초·중·고 개정 학습지도요령 및 해설과 독도 관련 기술의 문제점」, 『영토해양연구』 제16호, 2018.

홍성근, 「일본 고등학교 교과서 독도 기술의 현황과 문제점」, 『영토해양연구』 제14호, 2017.

황용섭, 「일본 初·中學校 교과서 독도 관련 내용 비교 검토」, 『韓日關係史研究』 제56집, 2017.

2. 외국문헌

教育出版, 『中学校社会科 社会 地理的分野』, 2015.

教育出版, 『中学校社会科 社会 地理的分野』, 2020.

帝國書院, 『中学校社会科 地理的分野』, 2015.

帝國書院, 『中学校社会科 地理的分野』, 2020.

東京書籍, 『中学校 社会(地理)』, 2015.

東京書籍, 『中学校 社会(地理)』, 2020.

日本文敎出版, 『中学校社会科 社会 地理的分野』, 2015.

日本文敎出版, 『中学校社会科 社会 地理的分野』, 2020.

文部科学省, 「中学校学習指導要領解説社会編及び高等学校学習指導要領解説 地理歴史編, 公民編(平成26年1月一部改訂前後対応表)」, 2017.

文部科学省, 「中学校学習指導要領(平成29年告示) 解説 社会編」, 2017.

文部科学省, 「中学校学習指導要領」, 2008.

3. 그 외 자료

≪경북일보≫ 2020년 3월 25일자.

≪경향신문≫ 2008년 7월 14일자.

≪한겨레 신문≫ 2020년 3월 24일자.

文部科学省ホームページ

일본 시마네현 독도교육정책의 동향과 방향

송 휘 영

1. 머리말

최근 아베노믹스에 대한 국민의 지지를 등에 업고 질주하는 듯한 일본 아베정권의 보수우경화 행보는 동아시아의 국제관계의 현재와 미래에 짙은 먹구름을 몰아넣고 있는 느낌이다. 제국주의 침략의 정당화와 역사의 부정, 위안부문제의 부정과 야스쿠니신사 참배, 잇단 각료들의 망언과 주변국들과 영토를 둘러싼 마찰, 평화헌법 개정의 움직임과 헌법 9조의 확장적 해석, 또한 그 실행을 위한 움직임 등 거침없는 행보가 계속되는 가운데 한일관계의 개선은 요원하게만 느껴진다. 언제부턴가 일본은 거의 일본국민의 대다수가 인지조차 못하였던 독도에 대해 영유권 주장을 표면적이고도 공세적으로 분출하기 시작했고 이제는 적극적 공세를 위해 가용할만한 사료와 자료를 찾아내는데 너무나 열성적이다.

그러한 '독도'에 대한 집착의 도화선은 시마네현(島根縣)으로부터 비롯되는 것이고, 이는 불행하게도 과거 러일전쟁이 한창이던 때 전략적 필요성에 의해 독도를 불법 편입하여 시마네현의 소관으로 하면서부터 불거진 것이기도 하다. 사실 역사적으로 울릉도·독도에서 어로활동과 삼림도벌을 했던 사람들은 시마네지역 사람들이 아니라 돗토리현(鳥取縣)의 요나고(米子) 사람들이다. 그렇지만 1905년 이후 독도를 시마네현 소관 하에 두면서 오키섬(隱岐島)의 어민과 밀접한 관계를 갖게 된다. 당시 독도해역은 강치의 서식지였고 강치 이후에도 어족자원이 풍부하게 분포하는 매력적인 곳이었기 때문이다.

본고의 과제는 현재 독도를 둘러싼 한일 간의 마찰과 갈등을 불러일으킨 진원지로서 시마네현의 독도관련 시책의 동향을 분석하고 향후의 방향을 전망하는 것이다. 따라서 지금 일본 정부(외무성) 주장의 근간을 제공한 「죽도[1]문제연구회」의 움직임을 중심으로 하여 시마네현 독도관련 시책을 개관하기로 한다.

2. 최근의 움직임과 독도관련 정책기조의 변화

2008년 2월 일본 외무성의 홈페이지에 「죽도문제를 이해하기 위한 10의 포인트」를 게재하면서부터 일본 정부에 의한 독도 영유권 주장이 의도적이고도 공세적으로 이루어지게 되었다. 「죽도(독도)는 역사적으로나 국제법상으로나 일본 고유의 영토이다」라는 일본 외무성의 기본 기조는 내각부에 「영토대책실」[2]을 설치하면서 내각부 홈페이지[3]와 수상관저 홈페이지 「죽도문제에 대하여」[4]를 게시하는 등 일본

---

[1] 여기서 독도의 일본 명칭인 竹島는 '다케시마'가 아닌 '죽도'로 표기하고, 관련 고유명사로 사용된 경우에 한해서 죽도란 표현을 쓰나 그 외에는 독도라고 한다.

[2] 内閣官房 領土·主権対策企画調整室.

정부 전체의 기본 기조로 자리하게 되었다. 그러한 가운데 대내적 교육·홍보를 담당하는 문부과학성도 지난 2014년 1월의 중고학습지도요령 해설서 개정과 4월의 초등학교 사회과 교과서 검정결과 발표를 통해 "독도는 역사적·국제법적으로 일본 고유의 영토"이며 "한국이 불법점거 중이다"라는 것을 역사적 판단이 서지 않는 초등학생들에게 명시적으로 가르치게 된다.

「독도(죽도)는 역사적으로나 국제법적으로나 명백한 일본 고유의 땅이다.」「현재 한국은 죽도를 무력으로 불법점거를 계속하고 있다.」「이에 대해 일본 정부는 평화적으로 이 문제를 해결하고자 국제사법재판소(ICJ)에 회부하여 해결할 것을 제의하고 있으나 한국이 응하지 않고 있다.」는 주장은 이미 일반화되어 초중고 사회과 교과서에조차 이러한 주장을 기본적으로 깔고 구체적 주장을 설명하고 있는 것이다. 독도에 대한 「고유영토론」의 논리가 많이 무너져버린 탓도 있지만 일본 정부 스스로도 이 논리가 사실 상당히 무리가 가는 주장이라는 것을 최근 한국 측 연구 성과에 의해 감지되고 있는 느낌이 든다. 따라서 국제법적 근거(「무주지선점론」)를 강조하던 것에서 2007년 이후 역사적 권원(「고유영토론」)을 함께 주장하여 "17세기 중엽에는 이미 독도에 대한 영유권이 확립"되었다는 「17C영유권 확립설」을 강하게 내세웠었다. 그 후 「제2기 죽도문제연구회」에서부터 「고유영토론」에 관련된 주장과 연구가 조금씩 후퇴하였고 국제법적 권원과 독도교육·홍보에 관련된 사항들이 그 비중을 높여가고 있는 것이다. 이러한 것은 시마네현의 주장에서도 드러난다.

---

3) http://www.cas.go.jp/jp/ryodo/ryodo/takeshima.html (검색일, 2014.11.15)

4) http://www.kantei.go.jp/jp/headline/takeshima.html (검색일, 2014.11.15)

「I. 시마네현의 인식 및 기본적인 생각

죽도는 역사적 사실에 비추어 보아도 국제법상으로도 분명히 일본의 영토입니다. 시마네현 오키노시마쵸에 소속해 있습니다.

죽도문제는 특별히 외교상의 문제이기 때문에 시마네현으로서는 정부에 대해 기회가 닿는 대로 영토권의 확립을 요망하고 있습니다.

또 죽도 영토권의 조기 확립을 목표로 한 운동을 추진하여 죽도문제에 대한 국민여론의 계발을 실시하고 있습니다.」5)

이것은 독도에 대한 시마네현의 기본 정책기조라 할 수 있다. 역사적으로나 국제법적으로나 일본의 영토이며 시마네현 오키노쵸 부속섬이라는 것이다. 그러나 영토의 문제는 특히 외교적 문제이기 때문에 정부에 대해 「죽도(독도) 영토주권의 확립」을 수시로 요망하면서도 영토주권의 조기 확립을 위한 운동을 추진한다는 것이다. 이러한 측면에서 보면 매년 「죽도주권 강화를 위한 요망서」를 정기적으로 전달한다거나 최근 우익세력들과 연계하여 죽도의 날에 맞추어 실시하는 「죽도·북방영토 반환요구운동 현민대회」 개최 등의 활동은 자발적으로 민간에 의해 이루어지는 것이 아니라 시마네현 총무부가 깊숙이 관여하고 있는 정례적 행사라는 것을 알 수 있다.

지난 10년간 시마네현에서 전개된 독도관련 활동만 보더라도 「죽도문제연구회」가 영유권 주장의 이론적 논리개발 및 홍보의 중심에 서있고 이를 「현민회의」 등의 단체들이 정부에 대한 정책 압력단체로서 기능하고 있으며 초중고 교육현장에서의 독도교육은 현 교육위원회와 「죽도문제연구회」가 연구회·학습회 등을 통해 상호 피드백하면서 독도는 시마네현 연안민들이 어로활동을 영위하였던 삶의 터전이었다는 점을 부각시키고 있는 것이다.

---

5) http://www.pref.shimane.lg.jp/admin/pref/takeshima/web-takeshima/takeshima02/
   (검색일, 2014.11.15)

3. 시마네현 독도관련 시책의 전개와 현황

1) 독도관련 시책의 동향

주지하는 바와 같이 독도 영유권 주장이 표면으로 드러난 것이 국교 정상화를 위한 한일회담을 통해서였고, 독도 일본영토 주장이 노골적으로 강화된 것은 독도침탈 100년을 기하여 이루어진 2005년 2월 22일 이른바 「죽도의 날」 제정(3월 25일 공포)이라는 사건이었다. 같은 해 6월 6일 시마네현은 현 총무부 총무과에 「죽도문제연구회」를 설치하고 '일본령 죽도'의 근거가 되는 사료발굴과 논리개발에 나섰다. 여기에 관변학자 시모조 마사오(下條正男)가 연구회의 좌장을 맡아 연구회를 본격적으로 가동하였다. 시마네현의 독도대응에서 일약 괄목할 만한 사건이 바로 「죽도의 날」 제정이기 때문에 2005년 이전과 이후로 대별해서 시마네현의 독도관련 시책을 개관하는 것으로 한다.

〈표 1〉 일본 시마네현의 독도관련 연표(「죽도의 날」제정 이전)

시 기	독도관련 동향	비 고
1904.09.29	나카이(中井), 내무·외무·농상무성에 「죽도 영토편입 및 대하원」 출원	
01.28	각료회의에서 독도를 죽도로 명명하고, 일본 소속 시마네현 오키섬 관할에 둘 것을 각의 결정	
02.22	시마네현 지사, 「시마네현고시 제40호」를 통해 죽도의 명칭과 그 소속 소관을 밝힘	독도편입
05.17	시마네현이 독도를 오키 4군의 관유지대장에 등록	
06.05	시마네현 지사, 나카이 요자부로 외 3명에 대해 강치조업의 허가함	조업허가
07.22	해군인부 38명이 죽도에 상륙해 감시대를 가설·	
08.19	마쓰나가 부키치 시마네현 지사가 수행원 3명과 함께 해군 군용선 교토마루를 타고 죽도 시찰	
1906.03.	시마네현 제3부장 진자이 요시타로외 43명, 죽도 실태를 조사	독도시찰

시 기	독도관련 동향	비 고
1939.04.24	시마네현 오키군 고카무라의회, 죽도를 고카무라의 구역에 편입하기로 의결	
1940.08.17	시마네현, 죽도의 공용을 폐지하고 해군용지로써 마이즈루 사령부에 인계	
1945.11.01	해군성 소멸(독도는 대장성 소관)	
1952.01.18	한국 이승만대통령, 해양주권선언(이승만라인)	
04.28	제국주의의 산물로 "독도문제"의 발단이 된 샌프란시스코 강화조약 발효	
1953.06.27	시마네현, 해상보안청과 협동하여 독도를 조사, 한국인 6명에게 퇴거명령을 하고 영토표식(나무기둥)을 세움	
1954.09.25	일본정부는 '독도문제'를 국제사법재판소에 위탁할 것을 한국에 제의	
1965.06.22	한일기본관계조약 조인(독도는 제외)	국교정상화
1965-1976	시마네현지사·현의회의장 연명으로 정부에 「죽도 영토권확보」를 요망	
1977.03.19	시마네현의회, 「죽도 영토권확립 및 안전조업의 확보」에 대해 결의	
04.27	「시마네현 죽도문제해결 촉진협의회」(촉진협)설립	
1977-1995	촉진협, 일본정부에 「죽도 영토권의 확립 및 안전조업의 확보」를 요망	
1982-2004	시마네현, 일본정부에 중점요망으로 「죽도의 영토권 확립 및 안전조업의 확보」를 요망	
1987.03.11	「죽도·북방영토 반환요구운동 시마네현민회의」 설립	
2003.11.	시마네현에서 「죽도·북방영토 반환요구운동 현민대회」 개최	
2004.03.15	시마네현의회가 정부에 「죽도의 날」제정에 대한 의견서를 채택	
2005.03.16	시마네현의회, 「죽도의 날을 정하는 조례안」을 찬성다수로 가결	
03.25	시마네현 지사, 조례를 공포·시행	죽도의날 제정

자료: 필자 작성.

우선 시마네현이 독도와 직접 관계하는 것이 1905년 2월 22일의 독도편입이었고, 이는 원래 돗토리현민(도하쿠군(東伯郡) 출신)이었던 나카이 요자부로(中井養三郎)가 블라디보스토크 등지에서 잠수기 어업에 실패한 후, 독도의 강치어장에 주목하면서 어장의 독점적 이용을 얻어내기 위해 자신의 주소지를 오키섬 사이고쵸(西鄕町)로 옮기면서부터이다. 당시 오키섬은 오키현에서 시마네현으로 통합이 되어 시마네현의 일부가 되어있었다. 그 후 시마네현은 독도를 관유지 대장에 등록하였고 나카이 등 「죽도어렵합자회사」의 3인에 대해 독도어장의 독점적 이용권을 부여하였다. 이러한 부분은 과거 안용복 시대에 요나고 어민 오야 진키치(大谷甚吉)와 무라카와 이치베에(村川市兵衛)에게 「죽도도해면허」라는 독점적 이용권을 부여한 것과도 일맥상통한다. 이때의 주요 관심사는 독도의 수산자원이었고 그중에서도 강치의 경제적 가치 때문이었다. 「시마네현고시 40호」를 통해 독도의 소관을 오키도사로 하였지만 여전히 군사적 가치와 자원적 가치가 병존하는 섬이었으므로 소속은 불분명하였다. 그러다가 어족자원인 강치의 감소로 경제적 가치가 상대적으로 쇠락하여 고카무라(五箇村)의 야하타 쵸시로(八幡長四郎)가 독도어업권을 임대하여 사용하였던 것과 관련하여 1939년 4월 24일자로 오키군 고카무라의 부속으로 편입하게 된다 (〈표 1〉). 1940년 8월에는 독도의 공동이용을 폐지하고 해군의 군용지로 마이즈루 진수부에 인계된 상태로 패전을 맞이하게 된다.

해방과 더불어 독도는 다시 한국의 품으로 되돌아오게 되자, 1954년 9월 일본 정부는 독도를 국제사법재판소에 위탁할 것을 제의하지만 한국은 이를 거절한다. 이 전후의 시기에 현 총무부의 관리였던 다무라 세이자부로(田村淸三郎)가 독도가 일본의 영토라는 논거를 찾고 사료와 자료를 축적하는 작업을 하게 되는 것이다. 어쨌든 1965년 6월 한일국교정상화가 되기까지 현은 식민지시기에 지배하였던 독도에 대한 영유권을 주장하는 진정서를 수차례에 걸쳐 중앙 정부에 건의 하지만

시마네현의 결의는 받아들여지지 않았다.6) 그 후 시마네현지사현의
회의장 연명으로 「죽도 영토권확보 요망서」를 정부에 제출하거나, 현
의회가 중심이 되어 「죽도 영토권확립 및 안전조업의 확보」에 대해 결
의를 하기도 했으며, 「시마네현 죽도문제해결 촉진협의회」(촉진협)를
설립하는 등 당시 시마네현민의 관심은 독도주변에서의 어업권 즉 수
산자원의 가치에 의한 것이었다. 이러한 움직임은 2000년에 이르기까
지 산발적으로 발생하였고 그 중심에는 시마네현이 있었다. 이러한 움
직임 가운데 1987년 「죽도·북방영토 반환요구운동 시마네현민회의」
가 설립되었고, 2003년 시마네현에서 「죽도·북방영토 반환요구운동
현민대회」 개최하면서 북방4개섬(北方四島)과 연계하여 국가적 영토
문제로 부각시키게 되었다.

〈표 2〉 일본 시마네현의 독도관련 연표(「죽도의 날」 제정 이후)

시 기	독도관련 동향	비 고
2005.03.25	시마네현 의회가 「죽도의 날(2.22)」 제정(시마네현고시 100주년)	현조례
2005.06.06	「죽도문제연구회」(시마네현 총무부 총무과) 설치	
2006.02.22	제1회 「죽도의 날」 기념행사 개최(좌장: 시모죠 마사오) 죽도문제홍보책자 『횟토 시마네』 발행 배포	
2006.05	『죽도문제에 관한 조사연구 중간보고』 발간	
2006.05.31	「죽도·북방영토 반환요구운동 시마네현민회의」 및 「죽도·북방영토 확립 시마네현의회 의원연맹」이 연명으로 중참의원에 청원을 본회의에서 채택	
2007.02.	「죽도문제연구회」가 「영토문제를 생각하는 포럼」 개최	
2007.03	『죽도문제에 관한 조사연구 최종보고』 발간	
2007.04.19	구현립박물관 2F에 「죽도자료실」 개설	
2007.09	「Web죽도문제연구소」를 시마네현청 홈페이지에 개설	

6) 당시 구 울릉도 거주자 모임인 「鬱陵島友會」 회원의 연명의 결의서도 당시의 현지사, 중의원, 일본 총리실에 전달하기도 하였음. 송휘영(2013, 266-267)을 참조.

시 기	독도관련 동향	비 고
2008.02	「10의 포인트」 외무성 홈페이지 게재(3개국어)	외무성
2008.7.14	「초·중학교학습지도요령 해설서」(2011·12년용) 개정 독도영유권 갈등에 대한 일본의 입장 명기	문부과학성
2008.12	「10의 포인트」 외무성 홈페이지 게재(10개국어로 확장)	외무성
2009.02.21	제4회 「죽도의 날」 기념식전 거행	
2009.02.21 .~03.31	「죽도의 날」기념식전특별전시 「나카이 요사부로와 죽도」	
2009.07.03	한일학자에 의한 독도문제 토론회(좌장: 후쿠하라 유지, 시마네현립대학)	
2009.10	『죽도문제에 관한 조사연구보고서(平成20년도)』 발행	Web竹島
2009.10.19	제2기 죽도문제연구회 발족	
2009.12.25	「고등학교학습지도요령 해설서」(2013년용) 개정 일본의 독도영유권 주장 강화	문부과학성
2010.3.31	초등 사회과 검정교과서 발표(독도를 일본령으로 하여 국경선 명기)	문부과학성
2011.02	『제2기 「죽도문제에 관한 조사연구」중간보고서』 발간	
2012.02	죽도합습용 리플릿『죽도~일본의 영토인 것을 배운다~』발행	
2012.03	『제2기 「죽도문제에 관한 조사연구」 최종보고서』 발간	
2012.10.28	제3기(~14.12) 죽도문제연구회 발족	
2013.11.11	죽도문제 계몽 포스터 「죽도 돌아오라 섬과 바다」 발행	
2014.02	『죽도문제 100문 100답』 발간	
2014.01.27	중고등학교 학습지도요령해설서 전격 개정	문부과학성
2014.04.01	초등학교 사회과 교과서 검정결과 발표	문부과학성

자료: 필자 작성.

그러던 것이 소위 독도의 시마네현 편입 100년이 되는 2005년 2월 22일을 「죽도의 날」로 제정(현조례, 3.25)하면서 같은 해 현 총무부 총무과에 「죽도문제연구회」 설치(6월 6일)하게 되면서 시마네현의 독도정책은 연구와 홍보로 구체화하게 된다. 이듬해 2월 22일에는 죽도문제 홍보책자 「횟토시마네(フォトしまね)」를 발행하여 배포하면서 제1

회 죽도의 날 기념행사를 시모조 마사오 좌장 주도하에 개최하였다.
2007년 2월 「죽도문제연구회」가 「영토문제를 생각하는 포럼」을 개최
하고 같은 해 3월 『죽도문제에 관한 조사연구 최종보고』가 발간되어
현을 거쳐 일본 외무성에 보고되었다. 그와 더불어 시마네현의 구현립
박물관 2층에 20평 남짓한 「죽도자료실」을 개설하여 자료축적과 시민
홍보를 전격적으로 실시하게 된다. 한편 제1기 죽도문제연구회의 연구
성과를 바탕으로 시마네현청 홈페이지에 「Web죽도문제연구소」를 개
설하였다. 연구회의 동향과 독도 관련 사료들을 게재하고 시민에게 홍
보하기 위한 것이었다.

　한편 시마네현 「죽도문제연구회」의 보고서 『죽도문제에 관한 조사
연구 최종보고』(2007.03.)의 연구결과는 거의 그대로 일본 외무성에
'죽도(독도)는 역사적으로나 국제법상으로나 일본 고유의 영토'라는 기
본 논리로 채택되었고, 이는 외무성 독도 홍보용 홈페이지 「죽도문제
(竹島問題)」에 그대로 반영되어 「죽도문제를 이해하기 위한 10의 포인
트」로 게시되었다. 즉 일본정부도 역사적으로 일본 고유의 영토라는
「고유영토론」과 1905년 2월 '영토편입'에 의해 국제법적으로 일본의 영
토가 되었다는 「무주지선점론」이라는 상호 모순되는 논리를 함께 주
장함으로써 자가당착이라는 딜레마에 스스로 몸을 던지는 결과가 되
었다. 예로부터 영유권을 확립했다는 땅을 20세기에 새로 발견하여 주
인 없는 '무주지(無主地)'라 하여 새로운 영토로 편입했다고 주장하고
있기 때문이다.[7] 어쨌든 일본 외무성은 같은 해 12월에는 이것을 10개
국어로 번역하여 게재하였고, 전세계의 사람들이 쉽게 엑세스할 수 있

---

[7] 일본 외무성은 자기모순의 딜레마를 떨쳐버리기 위해 최근 「10 포인트」의
　수정버전을 새로 제시하는 등 표현에 수정을 하고 있는 것이 역력히 엿보인
　다. 일본 외무성 홈페이지 「팸플릿(パンフレット)」을 참조.
　http://www.mofa.go.jp/mofaj/area/takeshima/pdfs/takeshima_pamphlet.pdf

도록 하고 있다.8)

시마네현 「죽도문제연구회」 발 '독도 영유권 논리'를 외무성을 통해 국내외에 홍보함과 더불어 국내의 교육현장으로 전달하는 작업을 문부과학성이 나서기 시작했다. 이것은 이미 제1기 아베정권에서 단행한 『교육기본법』의 개정9) 때부터 예견된 것이기도 했다. 2008년 3월 28일에 『초중학교 학습지도요령』을, 7월 14일에는 『초중학교 학습지도요령 해설서』(2011·12년용)를 대폭 개정하여 독도 영유권 갈등에 대한 일본의 입장을 명기하기로 하였다. 이어서 2009년 3월 9일에 『고등학교 학습지도요령』을 고시하여, 12월 25일에는 『학습지도요령해설서』(2013년용)을 개정하여 일본의 독도 영유권 주장을 강화하였다. 이로써 2010.3.31에 발표된 초등학교 사회과 교과서 검정결과가 발표되어 독도를 일본령으로 한 국경선을 명기하기에 이르렀다. 초중고 학습지도요령 및 해설서는 대개 10년 주기로 실시되어 왔으나 이번에는 4~6년만에 『중고등학교 학습지도요령 해설서』가 2014.1.27에 전격 개정을 하게 되었고, 4월 4일에는 초등학교 사회과 교과서 검정결과가 발표되어 국경선만 명기하던 것에서 벗어나 "죽도(독도)는 역사적으로나 국제법적으로 일본고유의 영토이고 이를 한국이 불법점거하고 있다"는 조항을 강화시키기에 이르렀다.

또 하나 특기할만한 것이 독도 홍보용 책자 『죽도문제 100문 100답』(2014.3)의 발간이다. 이것은 「Web죽도문제연구소」 홈페이지를 통해 독도 영유권에 대해 제기된 일반시민들의 소박한 질문들 중 100가지 항목을 간추려 정리한 것이지만 「죽도문제연구회」가 그 동안 일삼아 온 사료의 왜곡해석과 논리적 비약이 그대로 응축되어 있다. 그러나

8) 최근에는 중국 번자체 등을 추가하여 12개국어로 게시하고 있음.
9) 『교육기본법』은 '평화헌법'과 함께 1947년 3월 31일에 제정되었으나, 2006년 12월 22일에 '나라를 사랑하는' 애국심 조항을 삽입하여 개정되었음.

일반인이 읽으면 정말 그럴듯하게 마치 독도의 역사적 권원[10]이 일본
에 있고 한국이 이를 불법점거하고 있는 것처럼 느낄 만큼 교묘하게
정리되어 있다.

「죽도의 날」 제정으로부터 이제 10년, 「죽도문제연구회」의 왜곡된
논리와 억지주장을 포함한 일본의 독도 영유권 주장은 이제 일본 정부
(외무성)의 공식적 견해로 홍보되고 있으며 한편으로는 교과서 검정
(문부과학성)을 받아 교육현장에서 공공연하게 가르치고 있는 형편이
되었다. 연구(죽도문제연구회) · 국내외홍보(외무성) · 교육(문부과학성)
이라는 트라이앵글 속에서 에스커레이트 되어 다시 시마네현의 시민과
교육현장에서 새로운 계몽 · 홍보용 책자로 거듭나고 있는 것이다. 내
용의 진위야 어떻든 간에 일본의 독도 영유권 여론 환기와 확산에 「죽
도문제연구회」가 그 중심에 있고, 독도교육 또한 시마네현 교육위원회
의 시책이 그대로 다른 도도부현에서의 독도교육의 좋은 본보기로 전
파되고 있는 것 또한 사실이다.

2) 죽도문제연구회

앞서 언급한바와 같이 일본 독도연구와 독도정책의 중심에는 시마
네현의 「죽도문제연구회」와 「Web죽도문제연구소」(홈페이지 상의 온
라인 연구소)가 있다. 특히 「죽도문제연구회」는 일본의 독도관련 연구
의 핵심적 역할을 수행하고 있으며, 정기적인 연구회, 강습회, 전시회
등을 통해 연구 성과의 홍보 · 대중화를 도모하고 있다. 그것을 위해
설치된 것이 「Web죽도문제연구소」라 할 수 있을 것이다. 일본인들의
관심 밖이던 독도를 홍보하고 영유권 주장의 근거가 되는 논리개발과

---

[10] 국제법적으로 이것을 '원시적 권원(original title)'이라고 함. 김한기(1969), 154쪽.

더불어 대국민 계몽 활동도 포함하고 있다(〈표 3〉).

〈표 3〉「Web죽도문제연구소」의 개요

	개요 및 직원	연구조사 활동	홍보활동 및 이벤트
내역	- 설립: 2005.6(2007.9) - 사무국: 상근직원 3명 - 연구진(촉탁연구원) : 박물관장 등 16명 - 위치: 구현립박물관 2F (전시실 포함 20평정 도)	- 죽도(독도) 관련 지역 구술조사, 문헌 및 자 료조사 - 연구보고서 발행 - 고문서 해독 - 월 1~2회의 연구회 - 「실사구시」 제36회 게재 - 「杉原通信」 제30+2회 게재	- 죽도(독도) 연수회 및 강습회 - 자료전시회 - 광고탑 설치(현내 11개소) - 광고홍보 책자 - PR비디오 및 DVD 배포

자료: 필자 작성.

연구회가 열릴 때마다 소집되는 비상근의 연구위원이 제3기 죽도문제연구회에서는 16명이 포진하고 있으며 연간 3~5회의 연구회와 매월 개최되는 포럼 등은 시마네현 하의 각 지역을 순회하면서 이루어진다. 「죽도문제연구회」의 멤버를 중심으로 이루어지는 지역 구술조사 및 자료조사, 고문서의 해독, 연구보고서의 발행 등의 연구조사 활동에 중심을 두면서도 부단히 연수회, 강습회, 전시회, 홍보책자의 발행, RV비디오 및 DVD의 배포 등 홍보활동도 적극적으로 이루어진다. 시간제 상근직원 3명밖에 되지 않고 예산도 그다지 넉넉하지 않지만 나름 지역 내에서 짜임새 있게 활동을 전개하고 있다. 「죽도문제연구회」는 제1기(2005.6~2007.3)와 제2기(2009.10~2012.3)의 활동을 거쳐 현제 「제3기 죽도문제연구회」가 활동하고 있다. 그동안 5권의 보고서와 지난 2월에 출판한 『죽도문제 100문 100답』에 이르기까지 총6권의 연구 성과를 내고 있으며, 곧 『제3기 최종보고서』가 정리될 것으로 보인다(〈표 4〉). 연구회의 좌장은 설치 당시부터 맡았던 시모조 마사오(다쿠쇼쿠대 교

수)가 계속하여 맡고 있으나, 제2기 죽도문제연구회의 부좌장 스기하
라 다카시를 대신하여 제3기 죽도문제연구회에서는 현직 교사인 사사
키 시게루가 부좌장을 맡고 있다.

〈표 4〉「죽도문제연구회」의 활동 내역

활동기간	명 칭	결과물	비고
2005.6.~2007.3	제1기 죽도문제연구회	『중간보고서』(2006.5), 『최종보고서』(2007.3), 『平成20년도 조사연구보고서』(2009.10)	좌장: 시모조
2009.10~2012.3	제2기 죽도문제연구회	『중간보고서』(2011.2), 『최종보고서』(2012.3)	좌장: 시모조 부좌장: 스기하라
2012.10~2014.12	제3기 죽도문제연구회	『죽도문제 100문 100답』(2014.2)	좌장: 시모조 부좌장: 사사키
2015.?.~	제4기 죽도문제연구회	?	?

자료: 필자 작성.

어쨌든 독도에 대한 일본의 일반 시민들의 인지도가 5% 이하이던
것을 70% 이상[11])으로 끌어올린 데는 이 「죽도문제연구회」의 활동이
직간접적으로 작용하였음이 틀림없다. 일본 외무성과 문무과학성이
연계하여 일반 일본인의 관심 밖이었고 국민적 인지도도 거의 없는
"독도"에 대한 일본인의 인식을 상기시키고 영유권 주장을 위한 노력
이 가히 가시적 성과를 거두고 있을지도 모른다.

제2기 연구회까지는 『죽도기사』, 『기죽도사략』 등 고문서 자료 번
역 및 해독 작업과 울릉도, 쓰시마, 시모노세키 등 을릉도, 독도 근해
어렵관련 구술조사, 영유권 분쟁의 대표적 판례가 되는 사례에 대한

[11] 1990년까지만 해도 일본 국민의 독도 인지도는 5% 이하였다. 그러나 최근에
는 독도를 알고 있다는 사람이 70%를 넘어서고 있고, 최근에는 95% 정도라
고 한다. 「일본국민 67% "독도는 일본땅"」(한국일보, 2013.01.03.), 「일본인
73% "독도는 일번의 고유 영토"」(한국일보, 2014.12.24.) 등을 참조.

국제법 및 국제관계론적 연구 등이 이루어져 왔으나 최근에는 제3국
자료의 활용과 오키섬 현지의 자료조사, 전국각지에서 새로운 자료의
발굴 등으로 눈을 돌리고 있다. 「제3기 죽도문제연구회」의 운영안에
서 ① 죽도(독도)문제에 관한 객관적 연구, ② 죽도(독도)학습 추진을
위한 검토, ③ 죽도(독도)문제 계발 자료의 작성을 주요 연구내용으로
들고 있는 것을 보면 연구 자료를 다양화 하면서도 독도교육과 독도홍
보 자료의 개발에 중점을 두고 있음을 알 수 있다. 즉 학교교육에서 효
과적인 지도안과 교재 작성, 『죽도문제 100문 100답』과 같은 알기 쉬
운 홍보·계발 자료를 개발하는 쪽으로 관심을 기울이고 있는 것이다.
아마도 제3기 죽도문제연구회의 최종보고서는 일반인을 위한 홍보자
료로 집대성할 계획인 듯하다. 이 홍보·계발 사업으로는 첫째, 죽도 문
제의 연구 성과(보고서 등)를 전국의 도서관·대학 등에 배포하고, 둘
째, 팸플릿 등의 작성 배포와 강연회의 개최 등을 통한 계발 사업의 실
시, 셋째, 일본의 어린이들에게 '죽도(독도) 문제'를 알기 쉽게 이해할
수 있는 교재를 작성·배포하고자 하는 계획을 세우고 있으며 이를 위
한 기부금을 모으고 있는 중이다.[12]

3) 시마네현(島根縣)의 독도교육

전술한바와 같이 『학습지도요령』 및 『학습지도요령 해설서』의 개정
과 더불어 일본의 학교교육에서 독도교육이 강화되고 있으나, 시마네
현의 경우 독도교육을 보다 선구적이고 적극적으로 추진해 왔다고 할
수 있다. 『제1기 최종보고서』가 발표되었던 2007년 당시 독도교육의
보급률을 보면 고등학교가 97.7%로 가장 높고, 중학교 90.2%, 초등학

---

12) 「죽도문제연구회」의 홈페이지를 참조.

교 69.4%로 저학급으로 갈수록 독도교육의 보급률은 낮았다. 그러나 2007년 독도교육의 보급률[13]이 가장 낮았던 초등학교가 2012년 98.2%로 현격하게 상승하였고, 같은 해 중학교, 고등학교의 독도교육 보급률은 100%달성되고 있다. 독도교육의 질적 수준도 물론 강화되어 왔겠지만, 양적으로도 거의 확대되어 이제는 복식학급을 가진 초등학교를 제외한 시마네현 초중고의 거의 전학생이 독도교육을 학교에서 접하고 있음을 알 수 있다.

〈표 5〉 일본 시마네현의 초 · 중 · 고등학교 독도교육 현황(비율)

연 도	초등학교(소학교)	중학교	고등학교
2005년	-	-	86.4%
2006년	-	-	100.0%
2007년	69.4%	90.2%	97.7%
2008년	79.1%	95.2%	100.0%
2009년	92.6%	100.0%	100.0%
2010년	97.1%	100.0%	100.0%
2012년	98.2%	100.0%	100.0%
비 고	공립 소학교 243개교에 대한 비율	공립 중학교 102개교에 대한 비율	공립 고등학교 42개교(4분교 포함)에 대한 비율-

자료: 島根縣 竹島問題研究會(2012), 『第2期 最終報告書』와 「第3期研究會報告」를 바탕으로 작성.
주: 대상 초 · 중 · 고등학교는 공립(현립)학교를 대상으로 하고 있음.

이를 내용적으로 보면, '독도(죽도)문제'를 둘러싸고 「중학교 학습지도요령해설서 사회편」에 '우리나라(일본)와 한국 간에 죽도(독도)를 둘러싼 주장에 차이가 있음을 알리고, 북방영토와 마찬가지로 우리나라(일본)의 영토 · 영역에 대한 이해를 깊게 할 필요가 있다'고 기재하고 있다. 게다가, 2009년에 고시된 『고등학교학습지도요령해설 지리역사

---

[13] 2007년도 이후의 실시율 등 상세한 것은 죽도문제연구회 『제2기 최종보고서』의 曾田和彦 「초·중학교에 있어서 『죽도에 관한 학습』의 추진상황」을 참조.

편』에서 '북방영토 등 우리나라가 당면한 영토문제에 대해서는 중학교 학습을 기초로 하여 우리나라가 정당하게 주장하고 있는 입장에 입각해 정확히 취급하고 영토문제에 대해 이해를 깊게 하는 것이 필요하다'고 명시함으로써 문부과학성은 고등학교에서도 「독도문제」에 대해 중학교와 동등한 학습지도가 이루어진다는 취지를 설명하고 있으므로 질적인 보완이 많이 이루어지고 있다고 할 것이다.

특히 고등학교의 독도교육의 보급률[14]은 시마네현의회 본회의에서 「죽도의 날을 정하는 조례」가 가결되었던 2005년에는 86.4%였지만, 다음해부터 거의 100%에 달해 2008년도부터 2012년도까지 5년간 100%가 계속되고 있다. 즉 현재 현내의 모든 현립고등학교에서 「죽도에 관한 학습」이 실시되고 있다. 그러나 특히 「죽도의 날」을 전후한 학급 활동 등의 학습에서 그 내용과 사용 교재는 각 학교에 맡기고 있기 때문에 그 내용에는 다소 차이가 있을 수 있다.[15] 여기서는 제2기 죽도문제연구회 이후 독도(죽도)교육의 강화를 위해 어떠한 노력들이 이루어지고 있는가를 중심으로 시마네현 독도교육 정책의 현황을 점검해 보고자 한다. 이것은 우리가 당면한 독도교육의 방향을 제시하고 독도정책을 재검토하는데 보다 직접적 시사점을 줄 수 있을 것이다.

(1) 시마네현 교육위원회의 독도교육 정책

시마네현 교육위원회는 독도교육 = 「죽도(독도)에 관한 학습」[16]을 통해 학생들이 습득해야 할 독도에 관한 지식을 명확히 정리하고 있으며, 초등학교 · 중학교 · 고등학교의 발달 단계에 맞춘 「죽도에 관한 학

---

14) 죽도문제연구회 『제2기 최종보고서』, 馬庭壽美代 「고등학교 · 특별지원학교에 있어서 죽도에 관한 학습의 추진상황」을 참조.

15) 전게, 馬庭壽美代(2012)를 참조.

16) 시마네현의 독도 교육은 일반적으로 「죽도에 관한 학습(竹島に関する学習)」라는 명칭을 쓰고 있음.

「습」을 추진하고 있다.[17] 여기서는 최근 시마네현 교육위원회[18]의 「죽도에 관한 학습」에 대한 추진 현황에 대해 살펴보면 다음과 같은 점이 특징적이다. 우선 교원 연수교육을 실시함에 있어 현 교원으로서 독도의 중요성을 인식하도록 '독도 및 독도문제에 대한 개요', '시마네현에서 독도를 취급하는 배경', '독도에 관한 학습의 현황과 유의점' 등에 대해 강의하고 설명을 곁들인다. 이것은 초임교사와 10년 이상 경력의 교원, 현내 교육사무소 및 교육센터(교육지원청의 기능을 함)의 지도 담당 공무원과 사회교육 담당 공무원을 대상으로 이루어지고 있으며, 의무교육과[19] 지도담당이 강의를 한다. 여기서는 영토·주권 교육의 필요성과 「죽도(독도)에 관한 학습」 현황, 학습에 보다 충실을 기하기 위한 노력 등에 대해 이해시키고 있다. 즉 교육위원회가 현장의 교사 및 지역 교육지원청의 담당자를 상대로 독도교육의 기본 가이드라인을 제시하고 있는 것이다.

그리고 현 교육위원회에 있어 괄목할 만한 일은 2014년도 시마네현 공립고등학교 학력고사에서 중학교에서 독도교육의 학습 성과를 점검하기 위해 독도에 대한 문제를 처음 출제하였다. 여기서 정답률은 93.3%로 중학교에서 독도에 관한 학습에 대해 일정한 성과가 나타나는 결과였다고 교육위원회는 평가하고 있다. 학력검사 실시 후 설문조사에 의하면 중고 양측에서 독도에 관한 문제를 계속 출제해 달라는 의견이 많았다고 한다.

다음으로 현 교육위원회가 주도하여 실시하고 잇는 것이 「죽도(독

---

17) '일본과 한국의 진정한 우호 관계를 구축하기 위해' '죽도(독도)문제'의 평화적인 해결이 필요하다는 인식을 가지고 「죽도에 관한 학습」을 적극적으로 추진하고자 하는 자세를 교사들에게 요구하고 있다.

18) 현 교육위원회는 우리의 도교육청에 해당함.

19) 2014년도부터 의무교육과(초중학교)는 교육지도과로, 고교교육과(고등학교)는 학교기획과로 조직이 개편되었음.

도)·북방 영토 문제를 생각한다」라는 중학생 작문 콩쿠르의 개최이
다. 이것은 2010년에 시작하여 벌써 2014년으로 5회째를 맞이하는데,
시마네현의 중학생이 독도와 북방4개 섬의 역사와 현실에 관심을 가
지고 거기에 존재하는 영토문제를 올바르게 이해하고, 독도·북방영토
문제에 관심을 높이는 것을 목적으로 하고 있다. 지난 제4회 대회(2013
년)에서는 현내 14개 중학교에서 1000점이 넘는 작품이 응모되었는데,
입상작품은 문집으로 엮어 각 학교에 배포하는 한편 패널로 만들어 죽
도자료실에서 전시하고 있다.

　또한 죽도문제연구회『제2기 최종보고서』에서 제시한「고등학교·특
별지원학교에서의 죽도학습 본연의 자세에 대해」의 활용을 구체적으
로 추진하고 있다. 2012년 7월에 고교교육과[20]는 제2기 죽도문제연구
회의「고교에서의 죽도학습의 본연의 자세 검토회」가 작성한 가이드
라인「고등학교·특별지원학교 고등부에 있어서의 죽도학습 본연의
자세에 대해」를 모든 공립고등학교 및 특별지원학교에 배부했다. 2013
년도에는 현립고등학교를 방문 지도할 기회를 이용하여 각 학교의 관
리직 등에 직접 부탁을 하여 활용촉진을 도모하고 있다. 지난 2013년
도말 이 가이드라인의 활용률을 보면 현내 공립 고등학교 52개교 중에
서 52개교(100%)가 죽도문제연구회의「학습지도안」을 자율학습 시간
의 자료로 활용하고 있는 것이다.[21]

(2)「죽도(독도)학습 검토회」의 활동

　2005년 6월 설치된 죽도문제연구회, 그 후 Web죽도문제연구소 설립
이후에도 시마네현에서는 '독도(죽도)문제'에 관한 조사 연구와 홍보

---

20) 2014년도부터 학교기획과로 명칭을 변경.
21) 이 '가이드라인'은 죽도문제연구회『제2기 최종보고서』에 구체적으로 제시되
　어 있음.『제2기 최종보고서』(2012.3)을 참조.

활동 등을 계속적으로 진행하여 왔다. 게다가 2009년부터 초·중학교 용『죽도(독도)학습부교재 DVD』를 배부하는 등 시마네현내 초·중학 교에에서의 독도교육＝「죽도에 관한 학습」을 강화해 왔으며, 이러한 독도교육을 받은 중학생들이 차츰 고등학교로 진학하게 되는 시기에 이르렀다. 2009년 10월 재발족한 죽도문제연구회(제2기)에서는 2011년 2월에 개최한 제6회 연구회에서 『『고교에서의 죽도학습』을 어떻게 진 행해 갈 것인가」를 2011년도 연구과제의 하나로 채택하고, 그에 관한 정리를 사사키 시게루(佐々木茂) 위원22)에게 위임했다.

그리고 이 독도(죽도)교육을 정리하기 위해 고등학교 교육 지도를 담당하는 현 교육청 고교교육과 담당자(지도주사)와 지리역사과 공민 과(일반사회, 정치경제)를 담당하는 고등학교 교원을 참가하게 하여, 7 인으로 구성23)된 「고교에 있어서 죽도학습」의 방향 검토회를 조직하 였다. 이 검토회는 2011년 5월 제1회를 시작으로 하여 7차례24)나 이루 어졌으며, 주로 현립고등학교의 독도교육 실시 현황에 대한 보고와 학 교교육 현장에서 느낀 소감 등을 서로 협의하고 토론하는 장으로 활용

---

22) 제2기 죽도문제연구회 부좌장임.
23) 대표 사사키 시게루(佐々木茂) 죽도문제연구회부좌장. 쇼토쿠가쿠인고등학
　　교(松德學院高等學校)
　　위원 우사미 아가시(宇佐美朝士) 松江北高等學校
　　　　 가리노 타가오(狩野 隆夫) 松江緑が丘養護學校
　　　　 호리 타쿠오(堀 拓雄) 平田高等學校
　　　　 혼마 타츠야(本間達也) 松江南高等學校
　　　　 마니와스미오(馬庭壽美代) 教育廳高校教育課
　　　　 무토 타츠키(武藤立樹) 隱岐高等學校
　　서무 고무로 료(小實 僚) 總務部 總務課
24) 이 「검토회」는 5월부터 검토를 개시하여, 이하의 회합을 거듭하였음.
　　제1회 2011년 5월 16일(월)/ 제2회 2011년 7월 1일(금)/ 제3회 2011년 8월 17
　　일(수)/ 제4회 2011년 10월 5일(수)/ 제5회 2011년 11월 30일(수)/ 제6회 2011
　　년 12월 21일(수)/ 제7회 2012년 3월 14일(수).

되었다.

　이「죽도학습 검토회」에서는 이 활동으로 말미암아 학교현장에서의 본업무에 지장이 가지 않도록 배려하고 있으며,「고등학교에서의 죽도(독도) 학습」에 관해 실현이 가능한 것을 구체화해 나가는 것을 목표로 하고, 제1회「검토회」에서는 주로 ① 초・중학교를 답사하고, ② 교과 학습에 대해, ③ 지리와 역사・공민과 이외의 교사들의 아이디어 등에 대해 의견교환을 하였다. 그 결과, 조례・종례와 학급 활동(특별활동) 등에 용이하게 활용할 수 있는 지도안을 복수로 만들어 검토를 하고,「죽도(독도) 문제」를 배우고 생각하는 지도안을 작성하는 방향으로 검토를 하도록 하였다.

　그러나,「검토회」에서 논의를 거듭하는 가운데, ① 고등학교의 학급 활동에 관한 지도안, ② 특별지원학교 고등부의 지도안(학급활동 등), ③ 고교의 교과지도안(지리역사과(세계사, 지리), 공민과(현대사회 또는 정치경제)의 5 종류의 지도안을 작성하였고, 학교현장에서 이용하도록 최종적으로 결정하였다. 또한 그 지도안 작성의 검토를 통해, 위원 가운데 작업용「연습문제(워크시트)」와 용어해설을 포함한「지도의 길잡이」,「자료・사료」등의 작성의 필요성도 거론되었다. 이러한 검토와 더불어 제4회「검토회」부터는 구체적인 지도안의 검토가 본격적으로 진행되고 있다.

(3)「죽도(독도)에 관한 학습」의 실시 현황

　시마네현 교육위원회에서는 2005년도부터 시마네현내 모든 공립 초등학교, 중학교, 고등학교, 특수지원학교(양호학교)를 대상으로 하여,「죽도의 날」전후와 그 이전의 시기에 각 학교의 독도교육 현황을 조사하고 있다.

　이러한 조사는 매 학년도말(2월~3월)에 실시되고 있는데, 우선 초등학교의 실시 현황을 보면 시마네현내 220개교 중 216개교(98.2)[25]가 「죽도에 관한 학습」을 실시하고 있다. 그 실천 사례를 학년·교과·단원 등으로 보면, 4학년의 〈사회〉「우리 현」의 단원에서 지도를 활용한 학습을 실시하거나 5학년의 〈사회〉「우리 국토」의 단원에서 「죽도학습 리플릿」을 활용한 학습을 실시하고 있다. 그리고 6학년의 〈사회〉「전후의 역사」의 단원에서 영토문제를 조사하여 발표하는 학습을 하거나 6학년의 〈사회〉「세계 속의 일본」의 단원에서 「죽도학습부교재 DVD」를 활용한 학습을 실시하고 있다. 또한 3학년·4학년의 통합 학급에서는, 신문기사를 읽고 독도에 대해 어떠한 문제가 발생하고 있을까를 서로 이야기하는 학습을 실시하기도 하고, 「향토를 연다」라는 제목으로 이마즈야 하치에몽(今津屋八右衛門)의 공적에 대해 배우는 기회를 가지기도 한다. 나아가 시마네현 죽도자료관에 견학을 가서 그곳에서 배운 것을 전교생 조회에서 발표하거나, 「죽도학습부교재 DVD」를 활용한 보호자 대상의 공개수업이 실시되기도 했다.

중학교의 경우 「죽도에 관한 학습」의 실시현황을 보면 앞에서 보았듯이 현내 공립중학교 100개교 중 100개교 모두가 실시하고 있다(실시비율: 100%). 그 실천 사례를 보면 1학년의 경우 사회·지리적 분야 「일본의 범위」의 단원에서 「죽도학습부교재 DVD」를 활용한 학습이 실시되거나, 1학년 사회·역사적 분야 「일본 영역의 특색을 보자」의 단원에서 「죽도·북방영토 문제를 생각한다」의 중학생 작문콩쿠르의 응모작품을 쓰게 하는 활동이 이루어진다. 2학년의 경우는 사회·역사적 분야 「근대국가로의 발걸음」의 단원에서 일본의 국경 확정에 대해

---

25) 2013년도에 「죽도에 관한 학습」을 실시하지 않았던 학교 중 2개교는 복식 학급을 가지고 있어 2012년도의 수업에서 실시하고 있었다고 한다. 또 나머지의 2개교는 분교로 아동이 단기간 밖에 재적하지 않기 때문에 「죽도에 관한 학습」이 실시되지 못하였다. 따라서 실질적인 실시비율은 100.0%라 할 수 있음.

학습하면서 죽도가 일본 영토인 것을 확인하는 교육이 실시되거나 2학년 사회·역사적 분야「샌프란시스코평화조약과 죽도」의 단원에서「15세의 제언」으로 영토문제의 평화적인 해결을 위한 구체안을 의견교환 하는 활동이 이루어지고 있다. 또한 3학년의 경우는 사회·공민적 분야「현대의 민주정치와 사회」의 단원에서 지방자치제도에 대해 학습하면서「죽도의날조례」를 소개하고, 조례의 의의와 독도문제에 대해 생각하는 활동을 한다거나, 3학년 사회·공민적 분야「현대사회와 우리들」의 단원에서「죽도학습부교재 DVD」를 시청하고, 반마다 그룹학습을 하도록 하여 각반의 의견을 발표하는 활동이 이루어졌다. 그리고 3학년 사회·공민적 분야「국제사회에서의 국가」의 단원에서「죽도학습리플릿」을 활용하여 스스로 할 수 있는 것을 토론하는 수업을 하기도 하고, 지역주민이 참가하는 전교집회에서 교장이「죽도문제와 한일관계」라는 주제로 강의를 하는 등의 활동으로 독도에 대한 이해를 심화시키고 있는 것이다.

　고등학교의 독도교육 실시현황을 보면 앞에서 본바와 같이 시마네현내 공립 고등학교에서 독도교육 실시비율은 이미 2008년에 100%를 달성하고 있다.[26] 고등학교에서 실시된 학년 교과 단원 등의 실천사례를 보면, 죽도의 날 주간에 〈현대사회〉, 〈지리A〉의 수업 중에 죽도의 날에 대한 신문기사를 읽게 하여 감상과 해결하기 위한 자신의 의견을 쓰게 하는 학습이 실시되거나, 자율학습 활동으로「고등학교·특별지원학교에서의 죽도학습 본연의 자세에 대해」를 활용한 죽도문제의 향후를 확인·고찰하는 학습이 실시되고 있다. 죽도의 날의 주간 조례·종례의 시간에「고등학교·특별지원학교에서의 죽도학습 본연의 자세에 대해」와「죽도학습리플릿」을 활용한 학습을 실시하거나, 정시제 과

---

26) 2013년 현재 시마네현내 공립 고등학교·특별지원학교 전체 52교 중에서 52교가 실시(실시비율: 100.0%).

정의 특별활동 시간에 「죽도학습부교재 DVD」를 활용한 학습이 실시되고 있다. 그리고 「산업사회와 인간」 시간에 신문기사를 활용한 학습이 실시되었다. 특별지원학교 고등부의 「생활」 단원 시간에 「시마네를 알자」를 주제로 죽도에 대해 확인하는 학습이 실시되었다. 그리고 도서관내에서 독도에 관한 특설코너를 마련하고 관계서적을 정리하여 전시하거나 죽도의 날의 주간에 점심시간의 교내방송에서 독도문제에 대해 설명하는 등 다양한 활동이 이루어지고 있다.

최근 일본 문부과학성에 의한 「중학교 학습지도요령 해설」과 「고등학교 학습지도요령 해설」의 일부 개정, 외무성에 의한 「죽도문제 10의 포인트」의 개정과 홈페이지에 홍보동영상의 게재 등으로 독도문제에 대한 정부의 대응이 크게 변화되고 있어 일본 국민의 독도에 대한 관심도 높아지고 있다. 최근에 조사된 시마네현 내의 초등학교·중학교·고등학교의 「죽도에 관한 학습」 실시 현황 조사[27]를 보면, 자작교재를 사용하여 도덕 시간에 독도에 관한 학습을 실천한 다거나 「메치가 있었던 섬」을 기초로 작성한 멀티미디어데이지 도서를 활용한 활동 등 시마네현교육위원회가 배부하고 있는 「죽도학습부교재 DVD」, 「죽도학습 리플릿」, 「고향 독본: 더 알고 싶은 시마네의 역사」의 활용에 그치지 않고 새로운 활동까지 보고되고 있다. 정부에 의한 여론 환기와 독도에 대한 관심이 높아짐에 따라 「죽도에 관한 학습」에 의욕적으로 임하고자 하는 교사가 늘어나고 있는 것이다. 시마네현 교육위원회는 교사에 대해 「독도(죽도)문제에 대해 올바르게 이해할 것」, 「독도에 관한 학습의 기회를 충실하게 할 것」, 「학생들이 영토문제를 해결하고자 하는 의욕을 높이는 것」이 가능한 자질을 요구하고 있다.[28]

[27] 2013년도 「죽도에 관한 학습」 실시현황 조사.
[28] 현 교육청 교육지도과에서는 일본의 영토에 관한 학습에 보다 충실을 기하는 것을 목적으로 하여, 「영토에 관한 교육 핸드북」(가칭)을 2014년도 중에

이상 시마네현 독도교육의 특징적인 것들을 간추려 보면, 첫째, 과목별 사회과 교과서 죽도(독도) 교육의 추진현황을 점검하고 있다는 점과, 둘째, 현행의 독도교육의 현황을 바탕으로 「죽도(독도)학습의 방향」을 검토하고 있다는 점을 들 수 있다. 셋째, 죽도문제연구회에서 검토된 독도교육 가이드라인이 구체적으로 학교교육 현장에서 실시되고 있다는 것이다. 넷째, 죽도문제연구회의 「죽도학습 검토회」에서 검토된 교과지도안(역사지리과[세계사, 지리], 공민과[현대사회, 정치, 경제]의 5종류)을 과목별로 작성하여 학교현장에서 이용하도록 하고 있으며, 다섯째, 이를 다양한 부교재 리플릿 등을 활용하여 진행하고 있으며 교육위원회가 이를 다시 피드백 시켜 학습의 효과를 구체적으로 평가하여 제시하고 있다는 것이다.

4. 맺음말

본고에서는 독도의 소속을 주장하는 일본 시마네현의 독도정책의 동향과 기조를 분석하고 향후의 전망을 제시하는 것을 목적으로 하였다. 시마네현 죽도문제연구회가 제시한 영유권 논리의 기본 골격이 현재 외무성의 주장과 바로 결부되어 있다는 점에서 연구(죽도문제연구회),정책대응 및 홍보(외무성), 교육 및 계발(문부과학성)이 삼위일체를 이루고 있으며, 최근에는 내각부와 총리관방실에서까지도 외교대응의 지원을 하는 체제로 정비되고 있다. 이러한 삼위일체의 구도하에 「고유영토론」이란 위험한 왜곡논리를 만들어낸 죽도문제연구소의 활동과 더불어 시마네현의 정책기조는 약간씩 진화되어 가고 있는 모습

___
작성할 계획으로 있다고 함.

이다. 본고에서 고찰한 것을 정리하면 다음과 같다.

첫째, 죽도문제연구회 제1기와 제2기의 경우 독도의 역사적 권원을 찾아내는 연구가 중심이던 것이 제3기 이후에는 국제법적 측면과 독도 교육과 홍보의 대대적 강화라는 쪽으로 이동하고 있다. 따라서 시마네현의 정책기조 또한 홍보용 팸플릿을 개정하여 정비하고 시마네현 교육위원회(교육청에 해당)를 중심으로 향토교육 속에서 독도를 효율적으로 인식시키는 독도교육 쪽으로 그 비중이 옮겨가고 있다는 것이다.

둘째, 일본 국내에서도 독도교육을 선구적으로 실시해오고 있는 시마네현은 교육자회의(교사협의체)와 연계하는 등 지도안의 작성과 수정을 통해 독도가 일본영토라는 당위성을 쉽게 인식시키고자 궁리하는 대책을 구체적으로 실현하고 있다는 점이다.

셋째, 『죽도문제 100문 100답』과 같은 홍보자료나, 『오키의 역사』, 『오키의 생활』과 같은 자신들과의 생활과 역사 속에서 독도와 어떻게 관련해왔는지를 기술함으로써 독도에 대한 국민적 인지도를 높임과 동시에 자신들의 향토라는 것을 널리 홍보하기 위한 방법을 다양하게 모색하고 있다는 점이다.

넷째, 그러면서도 한편으로는 매년 「죽도주권 강화를 위한 요망서」를 전달한다든지 「죽도·북방영토 반환요구운동 현민대회」의 개최 등을 통해 정부에 대해 강력한 압력을 전달하는 식으로 시마네현의 독도정책은 추진되고 있다. 구체적으로 독도정책을 추진하는 전담부서를 설치하고 있지는 않으나 현 총무부 총무과 에 설치된 「죽도문제연구회」와 「Web죽도문제연구소」를 중심으로 현민대회 등과 연계한 활동을 추진하고 있는 것이다. 이러한 점들은 우리 정부의 외교적 대응과 관할 지자체인 경상북도의 독도관련 시책에 대해 시사하는 바가 크다고 하겠다. 연구와 정책과 교육·홍보가 상호 긴밀히 연계하여 기능하

기 위해서는 대구 경북지역 독도연구기관과 경상북도 독도정책과 그
리고 대구광역시·경상북도교육청이 서로 머리를 맞대고 독도 영유권
공고화를 위한 구체적 작업이 우선되어야 할 것이다.

【참고문헌】

송휘영, 「『죽도문제 100문 100답』의 「죽도도해금지령」「태정관지령」 비
　　　판: 일본의 고유영토론은 성립하는가?」, 『독도연구』 제16호, 영남
　　　대학교 독도연구소, 2014.
송휘영, 「일제강점기 울릉도 거주 일본인들의 울릉도·독도 인식 -『울릉도
　　　우회보』의 분석을 중심으로 -」, 『일본문화연구』 제46집, 동아시아
　　　일본학회, 2013.
김한기, 『한국의 영토』, 서울대학교출판부, 1969.
田村清三郎, 『竹島問題の研究』, 島根県総務部総務課, 1955.
島根県総務部総務課, 『竹島ーかえれ！日本の海と島』(平成23年2月), 2011.
第3期竹島問題研究会編, 『竹島問題100問100答』WiLL3月号増刊, ワック株
　　　式会社, 2014.
竹島問題研究会, 『「竹島問題に関する調査研究」最終報告書』, 島根県総務
　　　部総務課(平成19年3月), 2007.
Web竹島問題研究所, 『竹島問題に関する調査研究報告書』, 島根県総務部総
　　　務課(平成21年10月), 2009.
第2期島根県竹島問題研究会, 『第2期「竹島問題に関する調査研究」中間報
　　　告書』, 島根県総務部総務課(平成23年2月), 2011.
第2期島根県竹島問題研究会, 『第2期「竹島問題に関する調査研究」最終報
　　　告書』, 島根県総務部総務課(平成24年3月), 2012.

① 외무성(日本の領土をめぐる情勢)
「竹島」: http://www.mofa.go.jp/mofaj/area/takeshima/

「10ポイント」: (2008.2부터 게재)
http://www.mofa.go.jp/mofaj/area/takeshima/pdfs/takeshima_point.pdf
「竹島パンプレット」: (2014.3부터 게재)
http://www.mofa.go.jp/mofaj/area/takeshima/pdfs/takeshima_pamphlet.pdf
「竹島問題プライア」: (2014.3부터 게재)
http://www.mofa.go.jp/mofaj/area/takeshima/pdfs/takeshima_flyer.pdf
「동영상자료1」(2013.10~): https://www.youtube.com/watch?v=TXg-NGVKuWI
「동영상자료2」(2014.3~): https://www.youtube.com/watch?v=A0rQztPmGPU
② 내각관방(内閣官房 領土・主権対策企画調整室) 홈페이지: 「竹島問題に
　　ついて」
http://www.cas.go.jp/jp/ryodo/ryodo/takeshima.html
③ 수상관저(首相官邸) 홈페이지 「竹島問題について」:
 http://www.kantei.go.jp/jp/headline/takeshima.html
④ 島根県(Web竹島問題研究所)
　　　　http://www.pref.shimane.lg.jp/soumu/web-takeshima/

제3부

한일 독도교육정책의 비교
: 방향성과 대응방안

일본이 부정하는 한국의 독도교육

심 정 보

1. 머리말

역사적으로 독도는 한국과 일본이 영유권을 둘러싸고 조용한 날이 드물었다. 특히 해방 이후 1951년 샌프란시스코 강화조약의 전후처리와 관련하여 1952년 이승만 대통령이 평화선을 선언하면서 독도는 한일 간에 민감한 정치적 이슈로 등장했다. 그래서 당시 한국의 지리교과서에서 독도는 한국의 영토로서 매우 중요하게 다루어졌다(심정보, 2019). 이후 한일 관계가 회복되면서 독도문제는 조금의 잠음이 있었지만, 1950년대 전반과 같이 크게 요동치지 않았다.

그러나 21세기에 들어 일본 시마네현이 독도 불법편입 100년이 되는 2005년에 '독도의 날'을 제정하면서 한국으로부터 강한 반발을 초래했다. 게다가 일본은 2008년 7월 문부과학성의『중학교학습지도요령 해설 사회편』에 독도를 최초로 명기한 것을 계기로 최근 초중등학교『학습지도요령』과 사회과 교과서에 독도를 일본 고유의 영토, 한국이 불법 점거 등으로 기술하여 독도 도발은 절정에 달했다. 이에 한국은 엄

격한 독도교육을 체계적으로 실시했다.

특히 교육부는 2015 개정 교육과정에서 독도를 범교과학습의 주제로 설정했으며, 초중학교 사회, 고등학교 지리, 역사, 기술·가정 교과서에 이르기까지 독도교육의 내용을 확대했다. 게다가 교육부는 독도영토주권 수호를 위해 실천 중심의 여러 사업을 추진해 왔다. 예컨대 전국의 독도지킴이 학교 운영, 학생용 및 교사용 독도교재의 개발 및 보급, 독도교육주간 운영 및 찾아가는 독도전시회 개최, 독도바로알기 대회 및 독도교육실천연구회의 운영 등이다(심정보, 2018, 234-235). 이들 가운데 일본이 한국의 독도교육을 중점적으로 부정하는 것은 동북아역사재단(2016)이 개발한 『고등학교 독도바로알기』이다.

이 교재는 초·중학교의 사회 및 역사 교과서, 그리고 고등학교의 한국지리와 한국사 교과서에 기술된 독도 내용보다 더 구체적으로 다루어졌다. 한국의 독도영유권 논리를 적극 반영했기 때문에 일본의 입장에서는 자신들의 논리에 상반되는 내용으로 가득하다고 해도 과언이 아니다. 따라서 일본은 그들에게 매우 불편한 진실이기에 이 교재의 독도영유권 내용을 절대 인정하지 않는다. 일본에서 독도 왜곡은 2005년 7월 죽도문제연구회 발족 이후 본격적으로 이루어졌다. 그 내용은 2007년 죽도문제연구회편의 『죽도문제에 관한 조사연구 최종 보고』를 비롯하여 2012년 『제2기 죽도문제에 관한 조사보고 최종 보고서』, 2014년 『죽도문제 100문 100답』 등에 잘 나타나 있다.

이들 연구 성과를 바탕으로 죽도문제연구회의 좌장 시모조 마사오(下條正男, 2018)는 『한국의 죽도교육의 현상과 그 문제점』이라는 소책자를 간행했다. 이 책은 동북아역사재단(2016)의 『고등학교 독도바로알기』를 대상으로 한국의 독도교육을 비판적으로 검토하여 내용을 철저하게 부정한 것이다. 시모조 마사오가 이 책의 독도 내용을 집중적으로 공략한 이유는 한국의 독도교육이 적극 반영되어 있기 때문으로 생각된다. 이 책에서 일본이 한국의 독도교육을 부정하는 주요 내용은 한국의 사료에 등장하는 우산도와 우산은 독도가 아니며, 일본의 사료에 표현된 송도는 독도로 볼 수 없다는 것이다.

본 연구의 주요 내용은 한국의 초중등학교 독도교육 내용체계, 교육과정, 그리고 동북아역사재단에서 간행한 초중등학교 독도 교재를 통해 한국의 독도교육 현황을 간단히 살펴본다. 아울러 일본이 부정하는 한국의 독도교육 내용을 유형별로 검토하고, 그에 대한 한국의 입장을 정리하여 그 성격을 명확히 밝히는 것을 연구의 목적으로 한다.

2. 한국의 초중등학교 독도교육 현황

최근 한국에서는 2015 초중등학교 교육과정에 근거하여 초등학교 사회, 중학교 사회와 역사, 고등학교 한국지리와 한국사 교과서에 독도 내용이 중점적으로 기술되었다. 그리고 동북아역사재단은 초등학교, 중학교, 고등학생을 위한 독도 교재를 간행하여 전국의 학생들이 독도에 관심을 갖고 흥미롭게 배우도록 했다. 한국의 독도교육 현황을 사회과 교과서 및 독도 교재를 중심으로 살펴보면 다음과 같다.

1) 초등학교 : 독도에 대한 관심과 애정

초등학교 독도교육의 목표는 "자연환경과 지리적 특성을 공부해 독도의 중요성을 알고 관심과 애정을 갖는다"는 것이다(교육과학기술부, 2011). 2015 초등학교 교육과정에서 독도는 5~6학년 사회 과목에 본격적으로 등장한다. 5학년 '국토와 우리 생활' 단원에서는 국토의 위치와 영역 특성을 탐색하면서 지도에서 독도가 먼저 다루어지며, 이때 독도

관련 내용은 6학년 '통일 한국의 미래와 지구촌의 평화' 단원에서 상세히 다루도록 했다.

이 단원의 목표는 "독도를 지키려는 조상들의 노력을 역사적 자료를 통하여 살펴보고, 독도의 위치 등 지리적 특성에 대한 이해를 바탕으로 하여 영토주권 의식을 기른다"는 것이다. 한편 동북아역사재단(2017a)의 『초등학교 독도바로알기』는 독도에 대한 다양한 정보를 통해 독도를 바르게 이해하도록 했는데, 이 교재의 내용 구성은 〈표 1〉과 같다.

〈표 1〉 초등학교 독도바로알기의 내용구성

단원	주요 내용
1. 독도로 여행을 떠나요	· 독도의 위치와 모양 · 울릉도와 독도의 관계 · 활동하기
2. 독도에서 보물을 찾아요	· 독도와 독도 주변 바다에 살고 있는 생물 · 독도와 독도 주변 바다의 해양 자원 · 활동하기
3. 독도의 역사를 알아보아요	· 독도의 옛 이름 · 독도의 역사 · 활동하기
4. 독도를 지키기 위해 노력해요	· 독도를 지키기 위해 노력해온 사람들 · 독도를 지키기 위해 노력해온 기관과 단체 · 활동하기
5. 독도를 세계에 바로 알려요	· 독도에 대한 일본의 잘못된 주장 · 독도를 세계에 바로 알리기 위한 노력 · 활동하기

자료: 동북아역사재단(2017a)

각 단원은 단원도입 → 주제학습 → 활동하기로 이루어져 있다. 단원도입은 단원의 학습 문제와 단원에서 공부할 내용을 미리 생각해 볼 수 있는 만화를 제시하여 관심과 흥미를 유도했다. 주제학습은 각 단원에 두 개의 주제가 있고, 각 주제에서 학습할 내용은 질문을 통해 제시하였다. 그리고 활동하기는 단원에서 학습한 내용을 활용하여 학생들이 스스로 할 수 있는 다양한 활동을 제시하였다.

2) 중학교 : 독도가 우리 영토인 근거 이해

중학교 독도교육의 목표는 "역사적, 지리적, 국제법적으로 독도가 우리 영토인 근거를 이해하고, 논리적으로 설명할 수 있다"는 것이다 (교육과학기술부, 2011). 2015 중학교 교육과정에서 독도는 사회와 역사 과목에서 중점적으로 다루도록 했다. 먼저 사회는 '세계 속의 우리나라' 단원에서 우리나라의 영역을 지도에서 파악하고, 영역으로서 독도가 지닌 가치와 중요성을 파악하도록 했다. 그리고 역사는 '제국주의 침략과 근대 개혁 운동' 단원에서 일본이 독도를 불법으로 점유하였음을 파악하도록 했다.

독도영유권 논리 구축의 일환으로 중학교 검정 사회 및 역사 교과서에는 여러 사료가 사용되었다. 한국의 사료는 삼국사기, 고려사, 세종실록지리지, 신증동국여지승람, 팔도총도, 동국대지도, 해좌전도, 대한제국 관보 제1716호, 대한제국 칙령 제41호 등이다. 그리고 일본의 사료는 은주시청합기, 삼국접양지도, 대삼국지도, 조선동해안도, 태정관지령, 시마네현 고시 제40호, 일본영역도 등이며, 서구의 사료는 조선왕국전도, 스카핀 제677호의 부속지도 등이다. 이들 가운데 삼국사기, 팔도총도, 대한제국 칙령 제41호, 삼국접양지도, 태정관지령, 스키핀 제677호의 부속지도가 가장 많이 사용되었다. 이러한 경향은 고등학교 검정 한국사와 한국지리 교과서에서도 유사하다. 한편 부교재로서 동북아역사재단(2017b)의『중학교 독도바로알기』는 질의응답, 대화체 형식으로 독도를 이해하도록 했으며, 이 교재의 내용 구성은 〈표2〉와 같다.

〈표 2〉 중학교 독도바로알기의 내용구성

```
1 이름이 왜 '독도'인가요?
2 독도는 어디에 있나요?
3 독도는 어떤 곳인가요?
4 독도의 주민들은 어떻게 생활하나요?
5 일본은 왜 독도를 자기 땅이라고 하나요?
6 독도는 고문헌에 어떻게 기록되어 있나요?
7 독도는 고지도에 어떻게 표현되어 있나요?
8 독도는 누가 지켜왔나요?
```

자료: 동북아역사재단(2017b)

각 단원의 수업은 단원명→학습목표→캐릭터→단원 도입 활동→본문→탐구활동으로 이루어진다. 캐릭터는 각 단원이 시작되는 부분에 캐릭터를 등장시켜 학생들의 이해를 돕고 학습에 흥미를 느끼도록 유도하였다. 단원 도입 활동은 단원과 관련된 질문을 함께 제시함으로써 이어지는 본문에 대한 관심과 흥미를 제고할 수 있도록 하였다. 그리고 탐구활동은 본문에 제시된 내용을 바탕으로 학생 스스로 탐구하도록 구성하였다.

3) 고등학교 : 독도 수호의 의지와 미래지향적 한일관계

고등학교 독도교육의 목표는 "독도 수호 의지를 갖추고 미래지향적 한일관계에 적합한 영토·역사관을 확립한다"는 것이다(교육과학기술부, 2011). 2015 고등학교 교육과정에서 독도는 한국사와 한국지리에서 다루어진다. 한국사는 '독도와 간도' 단원에서 독도가 우리의 영토임을 역사적 연원을 통해 증명하고, 일제에 의해 이루어진 독도 불법 편입 과정의 문제점을 이해하도록 했다. 주요 학습 요소는 대한 제국 칙령 제41호, 일제의 독도 불법 편입이다. 그리고 한국지리는 '국토의 위치

와 영토 문제' 단원에서 세계 속에서 우리나라의 위치와 영역의 특성
을 파악하고, 독도 주권, 동해 표기 등의 의미와 중요성을 이해하도록
했다.

한편 동북아역사재단(2016)의『고등학교 독도바로알기』는 초중등학
교 사회과 교과서의 독도내용 및 독도 교재에 비해 수준이 질적으로
높다. 중학교까지의 독도 교재가 관심, 애정을 중심으로 접근했다면,
고등학교의 독도 교재는 역사를 중심으로 동해표기까지 포함하여 4개
의 대단원과 부록으로 구성되었다.(〈표 3〉)

〈표 3〉 고등학교 독도바로알기의 내용구성

```
Ⅰ 독도 개관
  1. 독도의 위치와 현황
  2. 독도의 지형과 생태
Ⅱ. 전근대기의 독도
  1. 사료에 나타난 독도
  2. 지도에 나타난 독도
Ⅲ. 근현대기의 독도
  1. 문호 개방 이후 울릉도와 독도 관리
  2. 러일 전쟁과 일본의 독도 침탈
  3. 광복 후의 독도
  4. 동해 표기
Ⅳ. 독도의 미래
  1. 독도의 가치
  2. 독도와 한일 관계
  3. 독도 수호를 위한 우리의 노력
부록 1. 독도 관련 연표
    2. 참고 문헌
    3. 자료 및 사진 출처
    4. 활동·확인하기 해설
```

자료: 동북아역사재단(2016)

현재 한국의 초등학교 사회, 중학교 검정 사회와 역사, 그리고 고등학교 검정 한국사와 한국지리 교과서에는 독도가 다양하게 기술되어 있다. 그리고 동북아역사재단, 시도교육청과 민간이 만든 초중등학교 인정 도서로서 독도 교재는 독도에 대한 관심, 흥미, 애정, 이해, 수호의지 등을 심도있게 다루었다. 이들 가운데 한국의 독도주권을 지리적, 역사적, 국제법적 측면에서 충실한 논리로 심도있게 다룬 것은 동북아역사재단(2016)의 『고등학교 독도바로알기』이다. 이 교재는 한국의 독도연구 성과와 입장을 집약한 것으로 독도주권 교육을 위한 바이블과 같다고 할 수 있다. 그래서 일본은 자국의 입장 및 주장과 상반되는 내용을 부정하면서 그들의 독도영유권 논리를 강화하고 있다.

3. 일본이 비판하는 독도교육의 문제점

앞에서 언급했듯이 현재 한국의 초중등학교에서 실시되고 있는 독도교육과 관련하여 일본이 문제시하는 내용은 동북아역사재단(2016)의 『고등학교 독도바로알기』이다. 이 교재에서 일본이 부정하는 독도교육의 내용은 『삼국사기』를 비롯하여 한국의 여러 고문헌에 표현된 우산도, 우산 등은 독도가 아니다. 그리고 일본에서 간행된 개정일본여지로정전도의 송도, 삼국접양지도의 울릉도 옆에 그려진 작은 섬, 태정관지령의 죽도 외 일도에 표시된 송도는 독도로 볼 수 없다는 것이다. 게다가 대한제국 칙령 제41호의 석도는 독도가 아니다는 입장이다. 이들에 대한 일본과 한국의 주장은 다음과 같다.

1) 『삼국사기』의 우산도

　동해 바다에 위치한 독도라는 섬의 인지를 둘러싸고 일본은 늦어도
17세기 후반에는 실효적 지배에 근거하여 독도영유권을 확립했다는
입장이다. 반면 한국은 『삼국사기』의 기록을 근거로 일본보다 훨씬 이
른 6세기부터 독도는 한국의 영토였다고 주장한다. 독도의 인지 시기
는 독도영유권에서 고유영토론과 불가분한 관계이기 때문에 일본은
한국의 주장을 완강히 부정하고 있다. 독도 교재에 기술된 내용과 일
본이 부정하는 내용은 다음과 같다.

　　　우리나라에서 울릉도 · 독도에 대한 최초의 기록은 "삼국사기"(1145년)
　　에 나온다. 여기에는 신라의 이사부가 '우산국'을 신라에 복속시킨 내용이
　　기술되어 있다. 이 우산국에는 울릉도뿐만 아니라 우산도, 즉 오늘날의 독
　　도도 포함된다. 이는 "동국문헌비고"(1770년)에 "울릉과 우산은 모두 우산
　　국 땅이다."라고 한 것으로 알 수 있다(동북아역사재단, 2016, 22).

　이와 같이 한국의 독도 교재에는 512년에 우산국이 신라에 복속되
었고, 그 우산국에는 오늘날의 울릉도와 함께 독도가 포함된다고 기술
되었다. 그리고 그 증거로서 『동국문헌비고』의 내용을 들어 한국은 6
세기부터 독도가 한국령이 되었다고 언급했다. 그러나 일본에서는
1770년에 편찬된 『동국문헌비고』의 내용으로 1145년에 완성된 『삼국사
기』의 우산국에 오늘날의 독도가 포함되어 있다는 증거로 사용하는
것은 졸속으로 보았다(下條正男, 2018, 11).
　즉 독도 교재에서 인용한 『삼국사기』 신라본기의 지증왕 512년 우
산국 복속으로 이곳이 신라의 땅이 된 것과 관련하여 그 우산국에는
오늘날의 독도가 포함되지 않는다는 것이다. 그리고 『삼국사기』에는
그것을 실증할 수 있는 기술이 없고, 여기에는 우산국의 강역을 울릉

도에 한정하여 '지방 1백리'로 명기하고, 13세기에 편찬된 『삼국유사』에서도 우산국의 강역을 동일하게 '둘레 2만 6천 7백 30보'(약 40km)로 명기한 것 등을 들어 독도가 우산국에 포함되지 않는데, 독도 교재에서는 이러한 불편한 사실이 무시되었다고 비판했다(下條正男, 2018, 14-15).

이와 관련하여 경상북도 독도사료연구회편(2014)은 울릉도에서 독도가 육안으로 보이기 때문에 항상 울릉도 주민들은 독도를 인지하고 있었고, 무인도라도 인지하는 정도만 가지고도 충분히 실효적 지배의 증거가 될 수 있다고 주장했다. 따라서 독도는 512년 우산국이 신라에 병합된 이래 한국의 영토가 아니라, 그 이전 울릉도에 사람이 거주하기 시작한 때부터 한국의 영토라고 보아야 할 것이라고 했다. 그리고 울릉도의 강역이 '사방 지방 일백리', '둘레 2만 7천 7백 30보'로 표기한 것과 관련하여 필자는 특별한 의미가 없다고 본다. 왜냐하면 지리지에는 사람이 거주하는 주요 섬은 구체적으로 언급되지만, 그 주변에 사람이 거주하지 않는 작은 섬들은 제외되는 경우가 흔하기 때문이다.

한편 독도 교재에 기술된 『동국문헌비고』의 "울릉과 우산은 모두 우산국 땅이다"는 내용도 1756년 신경준의 『강계고』, 1745년 이맹휴의 『춘관지』, 1696년 안용복의 진술, 1656년 유형원의 『동국여지지』를 바탕으로 이들 문헌에 등장하는 우산은 독도가 아니다는 결론을 내렸다(下條正男, 2018, 21). 주요 내용을 정리하면, 1770년에 완성된 『동국문헌비고』에는 "여지지에 이르기를, 울릉과 우산은 모두 우산국 땅이다. 우산은 일본이 말하는 송도이다"라고 기술되어 있는데, 이것은 1656년 유형원의 『동국여지지』의 내용과 1696년 안용복의 허위 진술에 근거한 것으로 그 신빙성에 의문이 있다. 유형원의 『동국여지지』에는 "일설에 우산과 울릉은 본래 한 섬"으로 기술되어 독도가 존재하지 않지만, 『동국문헌비고』를 편찬하는 과정에서 본래의 뜻과 달리 새롭게 가

필되었다. 그리고 독도 교재에 생략된 "우산은 일본이 말하는 송도이
다"는 부분은 안용복의 허위 진술과 관련이 있다는 것이다.

게다가『동국문헌비고』의 저본이 된 신경준의『강계고』(1756), 그리
고 신경준이 저본으로 한 이맹휴의『춘관지』(1745)에 대해서도 독도는
존재하지 않는다고 했다. 신경준의『강계고』에는 "내가 살펴보니, 여
지지에 이르기를 일설에 우산과 울릉은 본래 한 섬이라고 하나, 여러
도지(圖志)를 상고하면 두 섬이다. 하나는 그들이 말하는 송도인데, 대
체로 두 섬은 모두 우산국이다"라고 기술되어 있는데, 여기에는 신경
준의 사견이 문장 속에 가필되어 개찬(改竄)되었다는 것이다.

이에 대해서 경상북도 독도사료연구회편(2014)은 다음과 같이 번역
자체가 잘못 되었음을 지적했다. 신경준은『강계고』와『동국문헌비고』
를 저술하면서 이맹휴의『춘관지』를 참고했다. 그리고 이맹휴는『신
증동국여지승람』의 울릉도와 우산도 내용을 답습하여 우산도와 울릉
도를 동일하게 취급했다. 그래서 신경준은 의문을 품고, 이 섬들을 검
토하면서 자신과 같은 의문을 품은 자가『여지지』의 저자였음을 알았
다. 결국 신경준은 이 점에 착안하여 자신도 2도설을 주장하게 되었다
는 것이다. 그런데 일본 측의 번역에서는 일설이 어디까지인지, 그리
고『여지지』저자의 견해가 어디까지인지가 분명하지 않다. 이에 한국
은 신경준도『여지지』의 견해를 "대체로 두 섬은 모두 우산국이다"까
지로 보고 그대로 따른 것으로 보았다. 그렇다면 이는 개찬(改竄)이 아
니라 개찬(改撰)이라고 하는 것이 더 타당하다고 보았다.

2) 세종실록지리지와 신증동국여지승람의 우산도

한일 간에 독도영유권 논쟁이 시작된 이래, 한국은 울릉도에서 독도
가 보인다는 점에 주목해 왔다. 해방 이후 일본의 독도침탈 시도가 발

생하자 당시 국사관장이었던 신석호(1948)는 문헌 및 현지 조사를 통해 독도는 울릉도와 지리적으로 가까워 한국 소속임을 주장했다. 그리고 한국 외무부도 1952년 1월 이승만 대통령의 평화선 선언 이후 일본 정부가 독도문제를 제기하자, 답변 가운데 동일한 입장을 포함시켜 일본 외무성에 전달했다. 독도 교재에는 울릉도에서 독도가 보인다는 역사적 사실과 관련하여 다음과 같이 기술되어 있다.

> 독도는 울릉도와 더불어 옛 기록이나 지도에 함께 나온다. 사료에 울릉도에서 우산도(독도)가 보인다고 기록하고 있어 오래전부터 우리 선조들이 독도를 인지하고 있었음을 알 수 있다. 언제부터 우리 선조들이 독도를 인지하고 있었을까?(동북아역사재단, 2016, 29).

여기에서 옛 기록과 지도는 『세종실록』지리지(1454)와 『신증동국여지승람』(1530)에 수록된 팔도총도를 가리킨다. 이들 문헌과 지도에 표현된 우산도와 관련하여 일본에서는 이 섬을 2가지로 구분하여 독도로 인정하지 않는다. 하나는 안용복이 송도는 곧 우산이라고 진술한 우산도로 박석창의 울릉도도형 등은 울릉도 동쪽에 있는 죽도(댓섬)이라는 것이다. 다른 하나는 『세종실록』지리지의 우산은 독도가 아니라는 것이다(下條正男, 2018, 30). 독도 교재에는 『세종실록』지리지의 우산이 다음과 같이 기술되어 있다.

> 우산 무릉 두 섬이 울진현의 정동쪽 바다에 있다. 두 섬은 거리가 멀지 않아 날씨가 맑으면 서로 바라볼 수 있다(동북아역사재단, 2016, 33).

이 문장에서 한국과 일본은 날씨가 맑으면 볼 수 있다는 것과 관련하여 어디에서 어디를 보고 있는가에 대한 해석에 차이가 있다. 한국은 문장에 '서로'를 보충하여 울릉도에서 우산도가 보인다고 해석하여 울릉도에서 보이는 섬은 독도 이외에 없으므로 우산도는 독도가 틀림 없다고 주장한다. 이에 대해 일본은 볼 수 있다를 한반도에서 울릉도 가 보인다고 해석하여 그 우산도는 독도와 관계가 없다고 했다(下條正 男, 2018, 34). 그러나 일본은 『세종실록』지리지의 "두 섬은 서로 거리 가 멀지 않아"를 생략하고, '風日淸明則可望見'을 "날씨가 맑은 날에는 한반도에서 울릉도가 보인다"는 의미로 해석한 것은 한문의 초보자도 알 수 있듯이 옳지 않다.

　해석에 신통한 방법이 없었기에 일본에서는 외무성의 가와카미 겐 조(川上健三)가 1966년에 계산식을 바탕으로 울릉도에서는 독도가 보 이지 않는다고 주장했다. 이에 한국은 울릉도에서 독도가 실제로 보인 다고 반론하여 가와카미 겐조의 주장은 설득력을 잃게 되었다. 이후 21세기에 들어 시마네현이 '독도의 날'을 제정하고, 문부과학성(2008) 이 『중학교 학습지도요령 해설 사회편』에 죽도(竹島)를 명기하면서 한 일 간에 독도를 둘러싼 정치적 갈등이 지속되었다. 이에 동북아역사재 단은 『세종실록』지리지의 해석을 뒷받침할 수 있도록 독도가시일수를 조사하여 홍성근 등(2010)은 『독도! 울릉도에서 보인다』라는 연구성과 를 내놓았다. 이에 근거하여 독도 교재에는 독도가 울릉도에서 보인다 는 사실의 중요성이 다음과 같이 기술되어 있다.

　　우리나라 울릉도에서 맑은 날 육안으로 독도가 보이지만, 일본 오키 섬 에서는 보이지 않는다. 울릉군 석포와 도동의 독도 전망대 등 여러 곳에 서 맑은 날이면 독도가 관측된다. 이것은 독도가 울릉도 주민의 생활권에 포함되어 있음을 의미한다(동북아역사재단, 2016, 32).

　이 내용에 대해서 일본은 울릉도에서 독도가 보인다는 사실에 별다 른 이의를 제기하지 않았다. 그러나 보인다는 것만으로는 독도에서 어업활동을 했다는 증거가 될 수 없고, 독도가 울릉도 주민의 생활권이었다는 증거도 되지 않는다고 보았다(下條正男, 2018, 32).

한편 일본에서는 『세종실록』지리지의 속편으로 편찬된 『신증동국여지승람』(1530)의 내용기술과 지도에 표현된 우산도를 독도로 인정하지 않았다. 현존하는 『신증동국여지승람』의 울진현조에는 다음과 같이 우산도가 기재되어 있다.

> 우산도 울릉도 두 섬은 울진현 정동쪽 바다에 있다. 세 봉우리가 곧게 솟아 하늘에 닿았는데, 남쪽 봉우리가 약간 낮다. 바람과 날씨가 산 위쪽의 나무와 산 아래의 모래사장까지 역력히 볼 수 있다. 바람이 좋으면 이틀 만에 도착할 수 있다.

이 내용과 같이 『신증동국여지승람』의 편찬자는 울진현 정동쪽 바다에 우산도와 울릉도 두 섬이 있다는 것을 명확하게 표현했다. 그러나 일본은 날씨가 맑으면 산 위쪽의 나무와 산 아래의 모래사장이 역력히 보인다는 것을 들어, 이 원경은 울릉도에서 본 독도가 아닌, 육지에서 보이는 울릉도의 모습이라고 언급하면서 독도의 존재를 부정했다. 그래서 『신증동국여지승람』의 팔도총도에는 울릉도의 2/3 정도 크기의 우산도가 그려져 있는데, 당연히 그 우산도는 실재하지 않는 섬이라고 했다(下條正男, 2018, 42). 이러한 논리로 일본은 조선 시대의 고문헌과 고지도에 표현된 우산도는 모두 울릉도의 동도이명(同島異名)이라고 주장한다.

이와 같이 일본이 『세종실록』지리지와 『신증동국여지승람』의 우산도가 독도라는 것을 철저하게 부정하는 것은 울릉도에서 독도가 보인다는 사실, 그리고 오래 전부터 어업 활동의 무대로서 독도가 울릉도 주민의 생활권이었다는 한국의 주장을 저지하기 위함이다.

3) 개정일본여지로정전도와 삼국접양지도

지도는 영토문제를 시각적으로 이해할 수 있는 중요한 자료이다. 한
국의 초중등학교 사회과, 한국지리 및 한국사 교과서에는 오랜 옛날부
터 독도가 한국령이었다는 것을 증명하기 위해 일본에서 간행된 여러
고지도가 수록되어 있다. 그 중에서 가장 많은 부분을 차지하는 것은
1779년 나가쿠보 세키스이(長久保赤水)의 개정일본여지로정전도와
1785년 하야시 시헤이(林子平)의 삼국접양지도이다. 이들 고지도가 교
과서에 실린 것은 저명한 인물이 제작했고, 일본의 영유권 주장에도
문제가 되기 때문이다.[29] 독도 교재에는 일본고지도의 독도와 관련하
여 다음과 같은 내용이 기술되어 있다.

> 울릉도와 독도를 표시한 일본의 고지도들은 대부분 울릉도와 독도를
> 일본 영역 밖으로 표시하고 있다. 독도는 조선 본토와 같은 색으로 칠해
> 져 있거나 조선 가까이에 그려져 있는 것이 대부분이다(동북아역사재단,
> 2016, 33).

여기에서 독도가 한국령이라고 할 수 있는 뒷받침이 되는 부분은 독
도가 조선 본토와 동일한 색으로 채색되고, 조선 가까이에 그려져 있
다는 것이다. 그 증거로 제시한 지도가 개정일본여지로정전도와 삼국
접양지도이다. 먼저 교과서에서 개정일본여지로정전도는 죽도(울릉
도), 송도(독도) 두 섬이 조선본토와 함께 채색되지 않은 상태로 그려

---

[29] 개정일본여지로정전도는 일본 외무성이 만든 〈다케시마 문제에 관한 10가지
포인트〉에서 홍보자료로 활용되고 있다(일본 외무성 홈페이지). 그리고 삼
국접양지도는 1854년 미국과 오가사와라를 둘러싼 영유권 분쟁이 발생했을
때 공식 지도로 사용하여 미국으로부터 영유권을 인정받은 적이 있다. 이 지
도는 사찬지도에 해당하지만, 지도의 증거력을 인정받았다는 점에서 의미가
있다(호사카 유지, 2006).

져 있어 일본 영역 밖의 섬으로 나타나 있다는 사실을 들어 독도가 일본의 영토가 아니라고 했다. 그리고 독도 교재에는 그 이유가 다음과 같이 기술되어 있다.

> 개정 일본여지로정전도에서 죽도(울릉도) 옆에 「見高麗猶雲州望隱州」로 한 글귀는 일본의 서북쪽 경계를 오키섬으로 기록한 "은주시청합기"의 내용을 두 섬 옆에 그대로 적어 놓아 두 섬이 조선의 영토임을 분명히 하고 있다(동북아역사재단, 2016, 33).

지도에 기재된 '견고려유운주망은주(見高麗猶雲州望隱州)'는 1667년 사이토 간스케(斉藤勘介, 豊宣·豊仙)가 오키의 지지를 저술한 『은주시청합기』에 나오는 내용이다(〈그림 1〉). 이 글귀를 해석하면, "여기에서 고려(조선)가 보이는 것은 정확히 이즈모(出雲)로부터 오키 섬을 원망(遠望)하는 것과 같다. 그런즉 일본 북서의 땅은 이 주(섬)를 경계로 한다."가 된다. 일본 북서의 경계를 가리키는 '이 주(섬)'에 대해서 한국은 오키섬으로 간주하여 옛날부터 울릉도와 독도가 조선의 영토였다고 주장하고 있다.

반면 일본에서는 '이 주(섬)'을 독도 또는 울릉도로 보아 옛날부터 울릉도와 독도는 일본의 판도였다고 주장하고 있다. 그러나 최근 일본의 학자들도 '이 주(섬)'는 오키섬에 해당한다는 것을 인정하고 있지만(池内敏, 2001; 大西俊輝, 2007), 그렇게 해석한 이케우치 사토시의 주장을 궤변이라고 했다(下條正男, 2018, 50). 한국에 대해서는 문헌분석을 게을리하고 자의적으로 해석하는 경향이 있다고 비판했으며, 그러한 현상은 하야시 시헤이의 삼국접양지도에서도 보인다고 했다. 독도 교재에 기술된 삼국접양지도의 독도 관련 내용은 다음과 같다.

〈그림 1〉 개정일본여지로정전도(1779)의 독도

일본의 하야시 시헤이(林子平)가 저술한 "삼국통람도설" 안에 있는 5장의 부속 지도 가운데 하나이다. 이 지도의 동해 부분에는 죽도(울릉도)와 그 우측의 이름 없는 섬 하나가 조선 본토와 같이 노란색으로 그려져 있고, '조선의 것'이라고 명기되어 있다. 일본은 녹색으로 채색되어 있다(동북아역사재단, 2016, 34).

하야시 시헤이는 개정일본여지로정전도의 '견고려유운주망은주(見高麗猶雲州望隱州)를 자신의 삼국접양지도 울릉도 주변에 기재하고, 새롭게 '조선의 것(朝鮮ノ持也)'이라는 글귀를 가필하였다(〈그림 2〉). 그리고 조선본토, 울릉도(竹嶋)와 그 옆의 작은 섬 독도를 황색으로 나타내고, 일본은 녹색으로 채색하여 국가의 영역을 구분하였다. 단 울릉도 옆의 작은 섬에는 명칭 표기가 없다. 이들에 주목하여 한국은 옛날부터 울릉도와 독도가 한국의 영토였다고 주장하고 있다. 이에 대해 일본은 울릉도 옆의 작은 섬은 독도가 아닌 현재 울릉도 북동 2km 지점에 위치한 죽도(댓섬)라고 주장하여 지도에서 독도의 존재를 부정했다.

〈그림 2〉 삼국접양지도(1785)의 독도　〈그림 3〉 대삼국지도(1802)의 독도

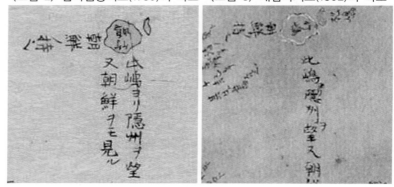

그동안 한국과 일본에서는 이 작은 섬이 독도인가 아닌가에 대한 논쟁이 있었지만, 최근 발굴된 자료에 따르면 울릉도 옆의 작은 섬은 명칭이 표기되어 독도라는 사실이 밝혀졌다. 즉 하야시 시헤이의 1785년 삼국접양지도를 저본으로 1802년에 제작된 대삼국지도는 이전의 지도보다 상세한 것이 특징이다(〈그림 3〉). 제작자는 울릉도를 종래와 동일하게 죽도(竹嶋)로 표기하고, 그 옆의 작은 섬에는 새롭게 송도(松嶋)를 기재하여 독도가 조선의 땅임을 더 명확하게 표현했다.

4) 태정관지령의 죽도 외 일도

일본의 관찬 및 사찬 고문헌과 고지도에서 독도가 일본의 영역과 무관하다는 의미로 표현된 것들은 적지 않다. 이들 가운데 국가 간의 영

토문제에서 결정적 증거 자료가 되는 것은 개인보다는 국가가 공인한 문헌과 지도이다. 한국에서는 일본 정부가 독도를 일본의 영역과 무관하다고 결정을 내린 관찬 문헌으로 1877년 3월 태정관지령의 죽도 외 일도를 주목하였다. 이것은 일본에서 일본의 독도영유권 논리를 무너 뜨리는 치명적인 존재였기에 오랫동안 잠자고 있었다. 그러나 21세기에 들어 한일 양국 사이에 독도문제를 둘러싼 갈등이 심화되면서 일본도 이 문헌에 대한 입장을 내놓았다. 한국의 독도 교재에 기술된 태정관지령의 죽도 외 일도의 내용 기술은 다음과 같다.

> 내무성은 시마네 현이 제출한 기록과 지도 그리고 17세기 말 조선과 교환한 문서 등 울릉도·독도 관계 자료를 5개월 남짓 조사·검토한 후 두 섬은 일본 영토가 아니라고 결론지었으나 영토에 관한 중대한 결정이므로 태정관이 최종 결정을 내려줄 것을 요청했다. 이에 태정관은 1877년 3월 29일 "죽도와 그 밖의 섬에 관한 건은 본방(일본)과 관계없음을 알 것"이라는 지령을 하달했다. 이 지령은 일본 정부가 독도를 일본 영토가 아니라고 인정한 공식 문서이다.
> 일본의 일부 학자들은 태정관의 이 지령에 나온 '죽도 외 한 섬'의 '한 섬'은 독도가 아니라고 주장한다. 하지만 '기죽도약도'에 '기죽도' 외의 한 섬이 '송도'로 표기되어 있으므로 '한 섬'이 '송도', 즉 독도임은 분명하다 (동북아역사재단, 2016, 42).

이와 같은 한국의 입장에 대해서 일본은 태정관지령의 죽도 외 일도의 일도는 독도가 아니라고 주장한다. 일본은 처음에 일도를 죽도(댓 섬)이라고 주장했으나, 최근에는 일도가 울릉도를 가리킨다고 입장을 바꾸었다. 따라서 태정관지령의 죽도(울릉도) 외 일도(울릉도)는 모두 울릉도가 되며, 독도는 관련이 없다는 것이다. 이러한 논리는 지볼트의 활약과 서양의 지도 및 해도의 영향으로 보았다.

지볼트는 1832년 나가사키 데지마에 소재한 네덜란드 상관의 의사로 부임한 이래 일본에 관한 자료와 정보를 다수 수집했다. 1830년 귀국 후에는 그동안 수집했던 방대한 일본 자료를 정리하여『일본 (NIPPON)』을 시리즈로 간행했다. 그가 1840년에 편찬한 일본전도에는 실재하지 않는 가상의 섬 아르고노트 위치에 죽도(다케시마), 그리고 현재의 울릉도에는 송도(마쓰시마)와 다줄레를 표시했다. 지볼트의 일본전도에는 죽도와 송도가 다른 곳에 표시되어, 본래 있어야 할 자리에는 독도가 없다. 이후 일본학의 권위자였던 지볼트가 일본전도에 독도의 위치와 명칭을 올바르게 표시하지 않아 서양에서는 이들에 대한 혼란을 초래했다. 또한 일본에서도 막말(幕末)부터 메이지기에 걸쳐 서양의 지식이 유입되면서 독도의 위치와 명칭에 혼란을 초래했다.

1877년 태정관지령에서 죽도 외 일도는 일본과 관계없다고 했을 당시, 외래의 지도 및 해도에는 죽도(아르고노트)와 송도(울릉도)를 그린 것, 송도(울릉도)와 리앙쿠르 열암(독도)가 그려진 2종류가 있었다. 이러한 사실은 태정관이 전자의 지도 및 해도(海圖)에 의거하여 죽도 외 일도는 일본과 관계없다고 판단했다고 한다면, 죽도 외 일도의 일도는 울릉도가 된다는 것이다(下條正男, 2018, 64).

이와 관련하여 태정관은 서양에서 전래된 지도와 해도, 그리고 그 영향에 주목했다는 것이다. 예를 들면 1876년 영국해군해도에 죽도(아르고노트섬)는 삭제되고, 송도(울릉도)와 리앙쿠르 열암(독도)이 그려져 있다. 그리고 1876년 수로부 초대 제도과장 오지리 히데카쓰(大後秀勝)의 조선동해안도에는 송도(울릉도)와 올리부차(서도), 메넬라이(동도)로 표기되어 현재의 독도가 그려져 있고, 죽도(아르고노트섬)는 없다. 또한 러시아 지도를 모사한 1876년 일본해군 수로국의 조선동해안도에도 울릉도를 송도로 표기하고, 현재의 독도를 올리부차, 메넬라이로 나타내었다(下條正男, 2018, 62-63).

그러나 당시 해군성을 제외한 일본 정부, 즉 내무성과 외무성, 태정

〈표 4〉 막말·메이지 전기 일본 정부의 울릉도·독도 인식

시기	태정관 (막부, 내각)		외무성		내무성		해군성		출전
	울릉도	독도	울릉도	독도	울릉도	독도	울릉도	독도	
1837	죽도	송도							天保竹島渡海禁止令
1870	죽도	송도	죽도	송도					朝鮮國交際始末內探書
1875					죽도	송도			磯竹島史略
1876							송도	올리부차 메넬라이	朝鮮東海岸圖
1876					죽도	송도			地籍編纂
1877	죽도	송도	죽도	송도	죽도	송도			太政官指令文

자료: 송휘영(2014, 289)에서 작성

관 등은 울릉도를 죽도, 독도를 송도라고 일관되게 인식하고 있었으며, 결과적으로 태정관지령문의 외 일도는 송도라고 지칭하였던 울릉도가 될 수 없다(송휘영, 2014, 288). 이는 막말부터 메이지기에 이르기까지 일본 정부의 각 성이 울릉도와 독도를 어떻게 인식하고 있었는가를 살펴보면 알 수 있다(〈표 4〉). 서양에서 제작된 해도의 영향으로 단지 해군성만 울릉도를 송도로 표기했을 뿐이다. 따라서 그것을 일반화하는 것은 무리이다.

　게다가 태정관지령문에 첨부된 기죽도약도를 보더라도 기죽도는 울릉도, 그리고 송도는 독도임을 알 수 있다(〈그림 4〉). 지도에는 기죽도 옆에 기죽도(울릉도)에서 바라보면 조선은 서북쪽 해상 50리 정도에 있음, 기죽도와 송도 사이에는 기죽도(울릉도)는 송도(독도)에서 서북쪽 40리 정도에 있음, 그리고 오키에는 송도(독도)는 오키섬의 도고 후쿠우라에서 서북쪽 80리 정도에 있다고 기재되어 있다. 이와 같은 거

리 관계에서 지도에 표현된 기죽도와 송도는 각각 울릉도와 독도임이 분명하다. 그리고 송도의 모양이 동서 2개의 작은 섬으로 그려진 것도 이 섬이 동도와 서도라는 것을 쉽게 파악할 수 있다.

〈그림 4〉 태정관지령문의 기죽도약도

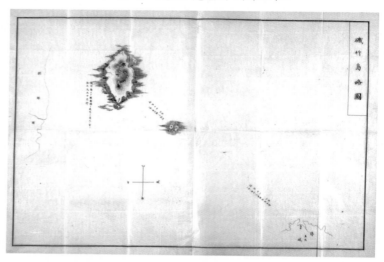

　　일본은 그들의 독도영유권 논리에 매우 불리한 태정관지령 죽도 외 일도를 언급하고 싶지 않았지만, 한국이 독도영유권의 증거 자료로 주장하는 상황에서 그들은 논리를 구축해야만 했다. 그것은 다름 아닌, 태정관지령의 죽도 외 일도는 모두 울릉도라고 왜곡하여 독도의 존재를 부정하는 것이다. 그렇게 할 수밖에 없었던 이유는 그들이 태정관지령의 죽도 외 일도에서 일도=독도라는 것을 인정할 경우 일본의 독도영유권을 포기하는 것이나 다름없었기 때문이다. 그러나 그들이 만든 논리는 너무나 허술하여 진실을 덮기에는 한계가 있다.

5) 대한제국 칙령 제41호의 석도

근대 한국과 일본은 각각 독도가 자국의 영토임을 명확히 규정했다. 그것은 한국이 1900년 10월 25일 관보를 통해, 그리고 일본은 1905년 2월 22일 시마네현보에 각각 독도를 자국의 영토로 공포한 것이다. 이에 대해 양국은 서로를 인정하지 않는다. 한국은 일본이 관보가 아닌 지방의 시마네현보에 고시한 것이므로 적법하지 않다는 입장이며, 시기적으로도 한국이 일본보다 앞선다는 것이다. 반면 일본은 대한제국 칙령 제41호에 명기된 석도를 독도로 인정하지 않는다. 이런 가운데 한국은 10월 25일, 그리고 일본은 2월 22일을 독도의 날로 제정하여 매년 기념행사를 실시하고 있다. 한국의 독도 교재에 기술된 석도=독도 내용과 이를 부정하는 일본의 입장은 다음과 같다.

'대한 제국 칙령 제41호'에 나온 '울릉 전도'는 울릉도 본섬을 가리키고, 죽도는 울릉도 옆의 '댓섬'이며, 석도는 독도를 가리킨다. 당시 울릉도를 자주 왕래하던 전라도 사람들은 독도를 독섬이라고 불렀는데, '독'은 '돌'의 방언이다. 즉 독섬은 곧 돌섬이다. 돌섬은 의미에 따라 한자로 표기하면 '석도'가 되고, 독섬을 소리에 따라 한자로 표기하면 '독도'가 된다. 따라서 돌섬, 독섬, 석도는 모두 독도를 가리킨다(동북아역사재단, 2016, 45).

이 내용에 대해서 일본은 무모, 독단 등의 용어를 사용하여 석도=독도라는 것을 부정했는데, 주요 내용은 다음과 같다. 먼저 시계열적으로 독도라는 호칭은 1904년 무렵에 처음 사용되었는데, 1900년 칙령 제41호의 영향으로 독도가 석도가 되었다는 논리는 설득력이 없다. 울릉도에 전라도 사람들이 자주 왕래했다는 이유만으로 칙령 제41호의 석도를 독도라고 하는 것은 무모하다. 전라도 사람들이 독도를 독섬으로 부른 것과 관련하여 그 설명에서 독섬이 석도였다는 것은 증거가 되지 않는다. 그리고 조선시대부터 계승된 울릉도의 강역이라는 것이 있는데, 그것을 무시하고 어학적 설명만으로 석도를 독도라고 하는 것은 독단이다(下條正男, 2018, 69). 이러한 이유를 들어 일본은 독도가 한국령이었던 적이 없으며, 또한 일본이 폭력 및 탐욕으로 빼앗은 지역에도 해당되지 않는다고 주장했다.

앞에서 언급했듯이 일본은 한국의 고문헌과 고지도에 표현된 우산도를 울릉도 북동 2km 지점에 위치한 죽도(댓섬)이라고 주장하고 있다. 그런데 대한제국 칙령 제41호 제2조에 "군청의 위치는 태하동으로 정하고 구역은 울릉전도와 죽도, 석도를 관할할 것"으로 규정하였다. 따라서 여기에 나오는 죽도는 더 이상 석도로 볼 수 없다. 그렇다면 울릉도 소속의 석도는 어떤 섬인가를 해명해야 한다. 울릉도 주변 해상에 죽도(댓섬)보다 작은 섬들이 있지만, 그것을 석도로 보는 것은 무리이다. 왜냐하면 한국의 고문헌에 그 섬들이 구체적으로 다루어지지 않았고, 또한 이슈가 된 적이 없기에 작고 하찮은 섬이 관보에는 기재되지 않기 때문이다. 따라서 석도는 양국에서 역사적으로 자주 문제가 되었던 독도라고 할 수 있다.

또한 일본은 한국이 독도를 독섬으로 부른 것과 관련하여 독섬이 석도였다고 설명하는 증거가 없다고 한다. 대한제국 칙령 제41호의 석도(石島)는 거주민들이 돌섬, 독섬으로 불리는 것을 한자어로 표기한 것인데, 독은 돌의 방언이다. 이에 대한 규명은 한국에서 1950년대부터 이루어졌지만, 일본에서는 그 이전에 연구가 끝났다. 즉 일본 학자 오구라 신페이(小倉進平)는 1910년대에 조선 방언을 연구하여 전라도 방언에서 돌을 독으로 부른다는 사실을 밝혔고, 그의 연구는 일본에서 『조선어 방언의 연구(朝鮮語方言の研究)』로 간행되었다(유미림, 2008, 175).

독도를 돌섬으로 불렀다는 사실은 서구에서도 확인된다. 서양인들은 19세기 중반부터 오랫동안 독도를 리앙쿠르 록스(Liancourt Rocks)로 호칭해 왔다. 이 명칭의 유래는 1849년 프랑스의 포경선 리앙쿠르호의 선장이 동해에서 돌덩이로 이루어진 독도를 발견하고, 당시 선박의 명칭과 돌덩이를 조합하여 지도상에 리앙쿠르 록스로 표기했던 것이다. 이처럼 동서양에서 독도의 명칭은 돌과 밀접한 관련이 있기 때문에 석도=독도라는 논리는 설득력이 충분하다.

4. 맺음말

일본은 2005년 3월 '독도의 날'을 제정하고, 초중등학교 사회과에서 왜곡된 독도교육을 강화했다. 이에 한국은 초중등학교에서 교과서에 독도 기술, 그리고 전국의 독도지킴이학교 운영, 독도부교재 개발, 독도교육주간 운영, 독도바로알기 대회 등을 통해 다양한 독도교육을 실시했다. 그 결과 한국과 일본은 독도영유권을 둘러싸고 서로를 인정하지 않는 상반된 독도교육이 실시되고 있다. 이에 본 연구는 일본에서 부정하는 한국의 독도교육을 고찰하여 그 성격을 명확히 하였다. 연구 결과 일본이 부정하는 한국의 독도교육은 다음과 같다.

첫째, 『삼국사기』의 우산국에는 독도가 포함되지 않으며, 여러 고문헌에 나타나는 우산도 또는 우산은 독도가 아니다는 것이다. 이에 대해 한국의 입장은 울릉도에서 독도가 육안으로 보이기 때문에 독도는 오래전부터 울릉도 주민들의 생활권이었다. 따라서 512년 우산국이 신라에 병합된 이래 한국의 영토가 아니라 그 이전 울릉도에 사람이 거주하기 시작한 때부터 한국의 영토로 보고 있다.

둘째, 일본의 고지도 삼국접양지도에는 독도가 없고, 개정일본여지로정전도의 독도는 일본령이라는 것이다. 이에 대해 한국은 대삼국지도(1802)를 근거로 삼국접양지도의 울릉도 옆에 그려진 작은 섬은 독도임을 밝혔다. 그리고 개정일본여지로정전도는 일본 학자의 연구를 바탕으로 독도가 한국의 영토임을 명확히 했다. 이들 지도는 일본에서 제작된 것으로 독도를 한국령으로 표현했다는 점에서 의미가 있다.

셋째, 태정관지령의 죽도 외 일도에서 일도는 독도가 아닌 울릉도라는 것이다. 이는 단지 서양에서 제작된 해도에 주목한 것으로 이것을 일반화하는 것은 무리이다. 그리고 태정관지령에 첨부된 문서를 보더라도 기죽도와 송도는 각각 울릉도와 독도임이 분명하다. 그럼에도 불구하고 일본이 죽도 외 일도에서 일도=독도라는 것을 인정하지 않는 것은 그들의 독도영유권 논리를 구축하기 위함이다.

마지막으로 일본은 대한제국 칙령 제41호의 석도를 독도가 아니라고 한다. 이에 대해 한국은 일본 학자가 1910년대에 조선 방언을 연구하여 전라도 방언에서 돌을 독으로 부른다는 사실을 밝혀 석도=독도임을 주장하고 있다. 그러나 일본은 전라도 사람들이 독도를 독섬으로 부른 것과 관련하여 그 설명에서 독섬이 석도였다는 것은 증거가 되지 않는다고 했다. 이러한 이유를 들어 일본은 독도가 한국령이었던 적이 없으며, 또한 일본이 폭력 및 탐욕으로 빼앗은 지역에도 해당되지 않는다고 주장한다.

21세기에 들어 한일 양국의 정치적·외교적 갈등과 마찰을 초래한 일본의 독도 도발은 모두 초중등학교 교육에서 비롯되었다. 현재 양국은 서로의 독도교육을 인정하지 않고, 자국에게 유리하도록 해석하여 독도를 자국의 영토로 가르치고 있다. 이러한 독도교육은 미래 세대에게 있어서 상호 간에 대화가 되지 않는 불통의 교육이다. 국가 간의 영토문제와 영토교육은 배타성이 강하지만, 글로벌화 시대에 이러한 문제를 해결하기 위해서는 국가와 민간 차원에서 교류와 대화를 통해 문제의 간격을 좁히도록 노력해야 할 것이다. 그 일환으로 필자는 한일

양국의 학자들이 공동의 독도 교재를 개발하는 것도 하나의 방법임을
제안한다.

【참고문헌】

경상북도 독도사료연구회편,『竹島問題 100問 100答에 대한 비판』, 경상북
　　도, 2014.

교육과학기술부,『초·중·고등학교 독도교육 내용체계』, 교육과학기술부,
　　2011.

교육부,『초등학교 교육과정』, 교육부, 2015a.

교육부,『중학교 교육과정』, 교육부, 2015b.

교육부,『고등학교 교육과정』, 교육부, 2015c.

동북아역사재단,『초등학교 독도 바로알기』, 동북아역사재단, 2017a.

동북아역사재단,『중학교 독도 바로알기』, 동북아역사재단, 2017b.

동북아역사재단,『고등학교 독도 바로알기』, 동북아역사재단, 2016.

송휘영,「죽도외일도의 해석과 메이지 정부의 울릉도·독도 인식」,『일본
　　문화연구』제52호, 2014.

신석호,「독도의 소속에 대하여」,『사해』제1호, 1948.

심정보,「초중등학교 독도교육실천연구회의 활동 분석」,『독도연구』제24
　　호, 2018.

심정보,「샌프란시스코 강화조약 전후 한국과 일본의 지리교과서에 반영
　　된 독도 인식」,『문화역사지리』제31권 제1호, 2019.

유미림,「일본의 '석도=독도'설 부정에 대한 비판적 고찰」,『해양정책연구』
　　제23호 제1호, 2008.

호사카 유지,「일본의 지도와 기록을 통해 본 일본정부의 독도영유권 주장
　　비판」,『북방사논총』제7호, 2005.

홍성근·문철영·전영신·이효정,『독도! 울릉도에서 보인다』, 동북아역사

재단, 2010.
下條正男, 『韓国の竹島教育の現状とその問題点』, ハーベスト出版, 2018.
大西俊輝, 『日本海と竹島』, 東洋出版, 2007.
池内敏, 「前近代竹島の歴史学的研究序説」, 『青丘学叢論集』 第25號, 2001.
일본 외무성 홈페이지 (https://www.mofa.go.jp/mofaj/)

개정 『학습지도요령』과
개정 『교육과정』의 독도기술 비교

송 휘 영

1. 머리말

최근 한일 무역 분쟁으로 야기된 일본제품 불매운동의 장기화가 지속되는 가운데 한일관계는 해방 이후 악화일로를 걷고 있는 느낌이다. 그런 와중에도 독도, 교과서, 과거사문제, 위안부 문제 등 한일 간의 현안들도 일본 교육정책의 우경화와 맞물려 개선의 여지는 요원해 보인다. 한일관계를 경제보복이란 수단으로 대응하고 있는 일본의 외교 정책은 아베노믹스의 성공에 의한 자신감과 더불어 일본 국내적으로는 평화헌법 제9조를 개정하여 '전쟁 가능한 나라'로 가기 위한 우익세력을 결집하기 위한 장치로도 보인다.

그러한 가운데 2010년 3월 31일 일본 초등학교 사회과 검정교과서에서 독도를 일본령으로 하여 국경선을 명기하여 발표하면서부터 일본의 독도 '왜곡'교육은 본격화하여, 2017년 3월 31일 초·중학교 『학습지도요령』 개정판을 고시한데 이어, 2018년 3월 30일에는 고등학교 『학습지도요령』 개정판을 확정·고시하였고 그해 7월 17일에는 고등학교

『학습지도요령해설』(이하 해설) 개정판1)을 고시하였다. 『학습지도요령』은 법적 구속력을 가지는 것으로 '죽도(독도)가 일본 고유의 영토2)'라는 내용을 반드시 기술하도록 의무화하고 있다는 것이다. 일본 문부성의 『학습지도요령』은 보통 10년 주기로 개정을 해온 것에 비추어 볼 때 초·중·고가 모두 1년 앞당겨졌고 고등학교 『학습지도요령의』 및 『해설』의 적용시기도 2년 앞당겨짐으로써 늦어도 2022년부터는 일본의 모든 초중고 사회과 교과서에서 독도 왜곡교육을 전면적으로 실시하게 된다.

이글에서는 우선 독도교육에 관한 일본의 정책적 동향을 살펴보고, 독도교육의 기본 골격이 되는 『교육과정』과 『학습지도요령』을 비교 검토하고자 한다. 그런 다음 우리나라 독도교육 특히 『교육과정』 개편을 위한 방향에 대해서 약간 언급하는 것으로 한다. 한일 양국의 독도교육 실태와 교과서 독도기술에 대해 분석한 연구는 다수 이루어져왔으나 『교육과정』 및 『학습지도요령』의 독도기술에 대한 분석은 그다지 이루어지지 않았다. 최근 일본 독도교육의 변화와 관련하여 『교육과정』과 『학습지도요령』에 대해 분석한 것으로 이우진(2014, 2017)3), 홍성근·서종진(2018)4)이 있다. 이우진의 연구는 주로 우리나라의 『교

---

1) 단 고등학교 『학습지도요령』의 이행시기를 2022년에서 2019년으로 3년 앞당긴다고 발표했다. 그럴 경우, 2021년도에 사용할 사회과 교과서에 영향을 미치게 됨.
2) 개정 『학습지도요령』에서는 "고유 영토"의 정의를 "한 번도 다른 나라의 영토가 된 적이 없다는 의미"로 규정하고 있음.
3) 이우진, 「교육과정과 해설서에 나타난 초등학교 독도 기술의 변화」, 『교육연구』 60호, 성신여자대학교 교육문제연구소, 2014, pp.81-98; 이우진, 「'독도교육'의 측면에서 본 '2015 개정 교육과정'」, 『비교일본학』 Vol.40, 한양대학교 일본학국제비교연구소, 2017, pp.69-94.
4) 홍성근·서종진, 「일본 초·중·고 개정 학습지도요령 및 해설과 독도 관련 기술의 문제점」, 『영토해양연구』 Vol.16, 2018.12, pp.30-57.

육과정』및『해설서』를 다루고 있으며, 홍성근·서종진의 경우 일본의
『학습지도요령』및『해설』에서 독도 관련 기술의 문제점을 분석하고
있다. 여기서는 일본의『학습지도요령』과 우리나라의『교육과정』을
비교 검토한 위에 독도교육의 문제점 및 대응방향을 제시하고자 한다.

2. 일본의 독도 정책 및 교육의 변화

지난 2017년과 2018년 일본 문부과학성의 초중고『학습지도요령』
및『해설』의 개정5)은 한일 양국의 독도교육에 있어 커다란 분수령을
이루는 사건이었다. 영토교육에 대한 일본정부의 일방적 방침을 어린
학생들에게 의무화함으로써 특정 가치관을 학교교육 현장에서 강요하
겠다는 것이고 이는 이웃나라들에 대해 협력과 이해가 아닌 혐오와 대
립의 뿌리를 내리게 할 우려가 다분히 내재되어 있기 때문이다. 이러
한 아베 정권의 교육 우경화 정책은 영토문제에 관한 한『학습지도요
령』및『해설』의 개정으로 거의 완성되어버린 느낌마저 든다. 독도(죽
도) 교육에 대해서만 보더라도 '독도에 관한 일본의 입장이 역사적으
로나 국제법적으로 정당하다'는 전제에서 실시하는 것이고, 그 전제란
"독도는 일본 고유의 영토"이고, "한국이 불법점거"하고 있다는 것, 이
에 대해 "일본은 항의를 하면서도 평화적 해결을 위해 노력하고 있다"
는 것이다. 초중고 학교급별로 정도의 차이가 있기는 하나 상급학교로
갈수록 구체적으로 체계화하고 있다. '애국심', '애향심'을 북돋운다는

---

5) 초·중학교『학습지도요령』은 2017년 3월 31일 확정고시, 초·중학교『학습
지도요령해설』는 2017년 7월 14일 고시, 고등학교『학습지도요령』은 2017년
3월 30일 확정고시, 초·중학교『학습지도요령해설』는 2017년 7월 14일 고
시하였음.

교육이 우경화를 넘어 넘지 말아야 할 루비콘강까지 넘어선 느낌이 든
다.

　이러한 일본의 독도교육정책의 변화는 2005년 3월 「죽도의 날」 제정
으로부터 시작되었고, 그해 6월 시마네현 총무부 총무과에 「죽도문제
연구회」를 설치하면서 본격화되었다. 시마네현 「죽도문제연구회」의
연구성과는 거름장치도 거치지 않은 채 그대로 일본 외무성의 공식견
해로 채택되어 2008년 2월 「죽도문제를 이해하기 위한 10의 포인트」로
게재된다. "독도(죽도)는 역사적으로나 국제법적으로나 일본 고유의
영토"라는 것이었다. 이러한 일본 외무성의 태도변화는 『학습지도요령』
과 『해설』의 개정을 통해 '독도영유권 갈등에 대한 일본의 입장을 명
기'하도록 권유하는 문부과학성의 교육정책에 직접 영향을 미치게 된
다. 2008년 3월에 개정된 초등학교 『학습지도요령』에 의해 2010년 3월
31일에 발표된 초등학교 교과서 검정결과 발표에서 사회과부도에 울
릉도와 독도 사이에 국경선을 그어 독도를 일본령으로 명기하게 되었
다(〈표 1〉을 참조). 이를 계기로 일본의 초중고등학교 사회과 교과서
에서 '독도(죽도)는 일본 고유의 영토', '한국이 불법점거'하고 있다고
기술하는 비중이 점차로 높아져갔다.

〈표 1〉 2005년 '죽도의 날'제정 이후 일본의 독도관련 연표

시 기	독도관련 동향	비 고
2005.03.25	시마네현 의회가 「죽도의 날(2.22)」 제정(시마네현고 시 100주년)	현조례
2005.06.06	「죽도문제연구회」(시마네현 총무부 총무과) 설치	
2006.02.22	제1회 「죽도의 날」 기념행사 개최(좌장: 시모죠 마사오) 죽도문제홍보책자 『횟토 시마네』 발행 배포	
2006.05	『죽도문제에 관한 조사연구 중간보고』 발간	

시 기	독도관련 동향	비 고
2006.05.31	「죽도·북방영토 반환요구운동 시마네현민회의」 및 「죽도·북방영토 확립 시마네현의회 의원연맹」이 연명으로 중참의원에 청원을 본회의에서 채택	
2007.02.	「죽도문제연구회」가 「영토문제를 생각하는 포럼」 개최	
2007.03	『죽도문제에 관한 조사연구 최종보고』 발간	
2007.04.19	구현립박물관 2F에 「죽도자료실」 개설	
2007.09	「Web죽도문제연구소」를 시마네현청 홈페이지에 개설	
2008.02	「10의 포인트」 외무성 홈페이지 게재(3개 국어)	외무성
2008.7.14	「초·중학교학습지도요령 해설」(2011·12년용) 개정 독도영유권 갈등에 대한 일본의 입장 명기	문부과학성
2008.12	「10의 포인트」 외무성 홈페이지 게재(10개 국어로 확장)	외무성
2009.02.21	제4회 「죽도의 날」 기념식전 거행	
2009.02.21~03.31	「죽도의 날」기념식전특별전시 「나카이 요사부로와 죽도」	
2009.07.03	한일학자에 의한 독도문제 토론회(좌장: 후쿠하라 유지, 시마네현립대학)	
2009.10.	『죽도문제에 관한 조사연구보고서(平成20년도)』 발행	Web竹島
2009.10.19	제2기 죽도문제연구회 발족	
2009.12.25	「고등학교학습지도요령 해설」(2013년용) 개정 일본의 독도영유권 주장 강화	문부과학성
2010.3.31	초등 사회과 검정교과서 발표(독도를 일본령으로 하여 국경선 명기)	문부과학성
2011.02	『제2기 「죽도문제에 관한 조사연구」중간보고서』 발간	
2012.02	죽도합습용 리플릿 『죽도~일본의 영토인 것을 배운다~』 발행	
2012.03	『제2기 「죽도문제에 관한 조사연구」 최종보고서』 발간	
2012.10.28	제3기(~14.12) 죽도문제연구회 발족	

시 기	독도관련 동향	비 고
2013.11.11	죽도문제 계몽 포스터「죽도 돌아오라 섬과 바다」발행	
2014.02	『죽도문제 100문 100답』발간	
2014.01.27	중고등학교 학습지도요령해설 전격 개정	문부과학성
2014.04.01	초등학교 사회과 교과서 검정결과 발표	문부과학성
2015.4.6	중학교 교과서 검정결과 발표(2016년용) 15/18종(83.3%): 고유영토, 13/18종(72.2): 불법점거	
2016.3.18	고등학교 교과서 검정결과 발표: 저학급용(2017년용) 사회과 27/35종(77.1%): 독도는 일본 고유의 영토	
2017.2.14	초중학교『학습지도요령』개정안 고시 '독도 일본 고유의 영토' 명기 의무화	3.31 확정
2017.3.24	고등학교 교과서 검정결과 발표: 중급학급용(2018년용) 19/24(79.2%): '일본 고유의 영토' 명기	
2018.2.14	고등학교『학습지도요령』개정안 고시 '독도 일본 고유의 영토' 명기 의무화	3.30 확정
2018.7.14	고등학교『학습지도요령해설』개정안 확정·고시 '독도 일본 고유의 영토' 명기 의무화	
2019.3.26	초등학교 사회과 교과서 검정결과 발표(4~6학년 9/9종 고유영토 명기)	
2020.3.24	중학교 사회과 교과서 검정결과 발표(17종 모두 고유영토 명기)	
2022.4.1~	초중고 모두 개정교과서에 의한 독도교육이 본격화(예정) '독도는 일본 고유의 영토' 명기	

자료: 필자 작성.

지금까지 일본의『학습지도요령』은 대개 10년마다 개정6)해 왔었다(〈표 2〉를 참조). 2008년의 초·중학교『학습지도요령』과 2009년의 고

---

6) 일본 문부과학성『학습지도요령』의 개정은 대개 10년 주기로 이루어졌으며, 개정된『요령』은『요령』에 의한 교과서 집필과 검정과정, 교과서 선택과정을 거쳐 4년 후에 사용하는 교과서에 적용이 됨.

등학교『학습지도요령』의 개정은 독도는 '일본 고유의 영토', '한국이 불법점거'라는 기술을 증가시키게 된다. 특히 2014년 1월 17일 중고등학교『학습지도요령해설』의 전격 개정으로 인해 그 이후 2015년 중학교 사회과 교과서 검정결과에서는 지리, 공민, 역사 등 사회과 교과서에서 18종 중 15종(83.3%)이 '일본 고유의 영토', 18종 중 12종(72.2%)이 '한국이 불법점거'하고 있다고 기술하여 대폭 강화되었다. 또한 이듬해인 2016년 고등학교 사회과 교과서 검정결과에서는 35종 중 27종(77.1%)이 독도가 '일본 고유의 영토'라고 기술하였고, 2017년에서는 24종 중 19종(79.2%)이 '일본 고유의 영토'라고 명기하는 등 중고등학교 사회과 교과서에서 약 8할 정도가 독도에 대한 일본 영유권 주장을 기술하게 된다. 이전과는 달리 예정보다 1년 앞당겨 2017년 2월 14일 일본 문부과학성은 초중학교『학습지도요령』을 발표하여 같은 해 3월 31일 고시하였고, 마찬가지로 2018년 2월 14일에는 고등학교『학습지도요령』을 발표하여 별 수정 없이 그해 3월 30일 고시하였다. 여기에서는 독도(죽도)가 '일본 고유의 영토'이며, '현재 한국이 불법점거하고 있다'는 것을 명기화하도록 함으로써 개정『학습지도요령』에 의해 집필된 교과서에서는 모두 독도 영유권 주장을 담도록 의무화한 것이다. 이것에 의해 집필된 초등학교 사회과 교과서의 검정결과가 2019년 3월 26일 발표되었고, 4~6학년용 교과서에서 모두 독도는 '일본 고유의 영토'로 기술되었다. 올해 2020년 3월 24일 발표된 중학교 사회과 교과서에서도 17종 모두 '일본 고유의 영토', 대부분 '한국이 불법점거'하고 있다는 내용을 담고 있는 것이다. 이렇게 진행될 경우 내년에 있을 고등학교 사회과 교과서에도 모두 같은 영유권 주장을 담게 되며 2022년 4월 1일부터는 일본의 초중고등학교 교육현장에서 독도 영유권 주장을 담은 영유권 교육이 본격화할 전망이다.

〈표 2〉일본 개정 초·중·고 학습지도요령의 고시 및 실시

구분		고시	실시	비고
2008·09년 개정	소학교학습지도요령(08)	2008년 문부성 고시	2011년 전면실시	교육기본법 개정 후
	중학교학습지도요령(08)	2008년 문부성 고시	2012년 전면실시	상동
	고등학교학습지도요령(09)	2009년 문부성 고시	2013년부터 학년 진행에 따라 실시	상동
2017·18년 개정	소학교학습지도요령(17)	2017년 문부성 고시	2020년 전면실시	상동
	중학교학습지도요령(17)	2017년 문부성 고시	2021년 전면실시	상동
	고등학교학습지도요령(18)	2018년 문부성 고시	2022년부터 학년 진행에 따라 실시	상동

　이렇듯 최근 검정 교과서의 내용을 보면, ①일본 고유영토론 정착, ②한국이 일방적으로 불법점거하고 있음을 강조, ③유엔 안보리 및 ICJ(국제사법재판소) 회부 해결을 제안하고 있다는 것을 초중고 교육과정에서 체계적으로 담고 있다는 것이다. 그 특징을 보면, 첫째, 일본의 초중고 전교과서에서 독도 영유권 주장이 일반화되고 있다는 점과, 둘째, 일본의 독도교육 왜곡 수위가 증가하여 '일본 고유의 영토', '한국이 불법점거'라는 기술을 포함하고 있다는 점이다. 셋째, 독도 영유권 주장 기술 비율이 증가하여 초중고등학교 사회과 교과서에서 모두 담게 된다는 사실이다. 이러한 것은 일본 독도교육 혹은 독도정책이 모종의 장기적 국가 전략(로드맵) 위에서 진행되고 있음을 말해주는 것이라 할 것이다.

　일본의 교과서 검정제도는 전전 획일화되었던 군국주의, 국가 총동원 교육에 대한 반성을 바탕으로 1947년 미군정시에 제정된 『학교교육법』과 2006년 개정된 『교육기본법』에 근거에 근거하여 도입되었으며, 이전의 교과서 국정제도를 초·중고교 모두 검정제도로 전환한 것이다. 교과서의 집필자와 발행자(출판사)는 「학습지도요령」과 「교과용도서 검정기준」 등에 의거하여 교과서를 집필·제작하고, 문부과학성이 교

과서용 도서 검정 조사위원회의 심사를 거쳐, 적정성 여부만을 결정하는 제도이다.[7] 사용하기 1년 전에 민간에서 제작한 교과서를 문부과학성에 제출하면 문부과학성에서 검정과정을 거쳐 사용 가능 여부를 결정한다. 이때 사용 가능한 것으로 통과될 경우에 문부과학성이 지자체에 채택 선정을 요청하고 지자체는 일선 학교에 선정권을 위임함으로써 일선 학교나 교육위원회가 선정·사용하도록 하고 있다. 여기서 검정의 기준은 문부과학성이 제정한 『학습지도요령』이며 이에 준거하여 실시한다. 검정은 대개 교과서 별로 4년 주기로 실시되는데, 문부대신은 검정실시 시기의 전년도에 검정 신청 과목 및 시기 등을 고시하고, 검정 기준은 총칙과 각 교과목마다 공통조건과 각 교과 고유조건으로 구성되어 있다.[8]

일본의 독도교육은 기본적으로 검점과정을 통과한 교과서를 바탕으로 실시될 것이나, 구체적으로 교과서의 내용을 어떻게 가르치느냐 하는 것은 각 교과 담당 교사에 의한다. 현재 도쿄도(東京都), 사이타마현(埼玉県) 등 자체적으로 부교재를 개발하고 있는 곳도 있으나, 대개 일본 시마네현에서 실시하는 「죽도(竹島)에 관한 학습」이 독도교육의 선구적 역할을 해왔으며 앞으로 일본 독도교육의 지침이 될 개연성이 크다.

일본 시마네현에서의 독도교육은 「죽도문제연구회」 등에서 제시된 「죽도학습지도안」 등을 바탕으로 시마네현교육위원회 담당자와 교사들로 구성되는 '죽도(독도)학습 검토회'를 거쳐 학습의 내용과 범위를 협의한다.[9]

7) 김화경, 「일본의 독도 교육 실태와 전망」, 『일본의 독도 교육에 대한 비판과 대응방안』 영남대학교 독도연구소 학술대회 자료집, 2011. 4. 11.
8) 송휘영, 「일본 독도 교육의 현황과 방향성 검토」, 『일본문화학보』 제64집, 2015, p487 참조.

〈표 3〉『현대사학습』에서 독도(죽도) 관련 학습 항목

①	샌프란시스코 평화조약 체결을 향해 한국은 연합국, 승전국의 일원으로 강화회의에 참가하도록 미국에 이야기 했으나 실현되지 않았다.
②	샌프란시스코 평화조약을 준비하고 있었던 미국에 대해 한국은 「일본이 포기할 섬에 죽도(독도)를 추가해 달라」고 요구했으나, 미국은 한국의 요구를 거부했다(러스크서한).
③	1952년 1월 샌프란시스코 평화조약이 발효하기 전에 한국은 이승만 라인(해양주권선언)을 선언하고 죽도를 라인 안에 포함하였다.
④	1953년 한국은 일본의 순시선에 발포하는 등 죽도를 불법으로 점거하였다. 한국은 이후 죽도에 등대를 설치하고 해양경비대를 두어 감시를 시작했다.
⑤	한국에 의한 죽도의 불법점거에 대해 일본정부는 죽도문제를 국제사법재판소에 제소할 것을 제안하였으나, 한국은 이를 거부하였다.
⑥	1965년의 한일기본조약에서 죽도문제는 해결되지 않았다.
⑦	1999년에 발효한 신한일어업협정에서는 「잠정수역」을 설정하는 것에 합의하여 현재에 이르고 있으나, 일부를 제외하고 일본어선이 어업을 할 수 없는 상황이다.
⑧	1952년 1월 샌프란시스코 평화조약이 발효하기 전에 한국이 이승만 라인(해양주권선언)을 선언한 배경.
⑨	전후 죽도문제에 관한 여러 사안과 관련된 죽도문제의 고찰.

그렇게 하여 학교교육현장에서의 「죽도(독도)에 관한 학습」의 방향을 결정하게 된다. 시마네현에서 실시하고 있는 『현대사학습』에서 독도(죽도) 관련 학습 항목을 보면, '한국이 불법으로 점거하고 있다'는 주장에 대한 구체적인 학습 내용을 알 수가 있다. 우선, ①샌프란시스코 평화조약 체결을 향해 한국은 연합국, 승전국의 일원으로 강화회의에 참가하도록 미국에 이야기 했으나 실현되지 않았다. ②샌프란시스코 평화조약을 준비하고 있었던 미국에 대해 한국은 "일본이 포기할 섬에 죽도(독도)를 추가해 달라"고 요구했으나, 미국은 한국의 요구를

---

9) 송휘영, 「일본 시마네현 독도정책의 동향과 방향」, 『한국정치외교사논총』 제36집 2호, 2015, pp.67-93.을 참조.

거부했다는「러스크서한」을 강조하고 있다. 또한, ③ 1952년 1월 샌프란시스코 평화조약이 발효하기 전에 한국은 이승만 라인(해양주권선언)을 선언하고 죽도(독도)를 라인 안에 포함하여, ④ 1953년 한국은 일본의 순시선에 발포하는 등 죽도(독도)를 불법으로 점거하였고, 한국은 이후 죽도에 등대를 설치하고 해양경비대를 두어 감시를 시작했다. ⑤ 한국에 의한 죽도의 불법점거에 대해 일본정부는 죽도문제를 국제사법재판소에 제소할 것을 제안하였으나, 한국은 이를 거부하고 있다. ⑥ 1965년의 한일기본조약에서 죽도문제는 해결되지 않았다. ⑦ 1999년에 발효한 신한일어업협정에서는「잠정수역」을 설정하는 것에 합의하여 현재에 이르고 있으나, 일부를 제외하고 일본어선이 독도(죽도)에서 어업을 할 수 없는 상황이라고 학습한다. 결국 1952년 1월에 샌프란시스코 평화조약이 발효하기 전 한국이 이승만 라인(해양주권선언)을 선언한 배경을 설명하면서 독도 점유가 불법이라는 것을 주지시키고 아울러 전후 독도(죽도)문제에 관한 여러 사안과 관련된 문제의 고찰을 통해서 현재 한국이 불법점거 하고 있으며 일본의 정당한 권리를 빼앗고 있다는 것을 학습하도록 하고 있다.

시마네현 교육위원회(교육청)에서 제작한 독도(죽도) 학습자료 및 부교재로『죽도학습부교재DVD』(2009.5.),『고향 독본「더욱더 알고 싶은 시마네의 역사」』(2012.12.),『죽도학습 리플릿「죽도~일본 영토인 것을 배운다」』(2017.6.개정),『영토에 관한 교육 핸드북』(2015.3) 등 여러 가지가 개발되어 있다. 여기서 특징적인 것은 우선, 초등학교에서는 DVD를 중심으로 독도(죽도)의 위치와 영토문제가 발생함으로써 일어나는 문제는 무엇일까에 대해서 생각하게 하고, 중고등학교 단계에서 보다 구체적으로 독도(죽도)가 일본 영토인 이유를 간단한 8쪽짜리의 리플릿을 바탕으로 하여 가르친다는 것이다. 둘째, 시마네현의 향토사와 연관시켜 자신들의 생활 속에서 독도(죽도)가 어떠했는가를 가르치고 있다는 것이다.

〈표 4〉 시마네현교육위원회가 제작한 독도(죽도) 학습자료

발행 시기	자료 및 내용	비 고
2009년 5월	『죽도학습부교재DVD』 소학교 5학년 사회과, 중학교 사회과 지리적 분야에서 활용하도록 죽도의 위치와 현재의 모습, 영토문제가 발생함으로써 일어나는 문제 등에 대해 수록	
2012년 2월	『죽도학습 리플릿「죽도~일본 영토인 것을 배운다」』 중학교 사회과 역사적 분야 및 공민적 분야에서 활용하도록 한 8쪽의 리플릿. 근대 이후를 중심으로 한 죽도와 일본과의 관계와 죽도가 한국에 의해 불법점거 되고 있음으로써 발생하는 여러 가지 문제, 죽도가 우리나라 고유의 영토인 근거, 평화적 해결을 위해 국민여론의 환기가 중요하다는 점, 국제사법재판소 제소 등에 대해 배울 수 있다.	8쪽
2012년 11월	『고향 독본「더욱더 알고 싶은 시마네의 역사」』 소학교의 역사학습에서 활용을 염두에 두고 만든 자료. 고대부터 근대까지의 시마네현내 각지의 역사와 문화를 22개의 주제로 기술한 것 중에「근세 이후의 죽도, 울릉도」라는 제목으로 에도시대부터 제2차 세계대전까지의 죽도, 울릉도와 일본의 관련성에 대해 설명하고 있다.	66쪽
2015년 3월	『영토에 관한 교육 핸드북』 영토와 영토문제에 관한 기본사항과 영토에 관한 교육을 추진함에 있어 유의사항에 대해 확인하는「개념론」, 학년의 발전단계에 맞는 수업 등의 실천과 교내연수에 대한 의견을 소개하는「사례편」, 수업과 계발에 활용하는「자료편(DVD)」으로 구성되어 있다. 각 사례는 지금까지 시마네현내에서 시행한 실천에 근거한 것이며, 각 사례가 1~2시간에 할 수 있도록 되어 있다. 자료편에는「고향 오키」의 죽도에 관한 학습 부분도 게재하고 있다.	
2017년 6월	『죽도학습 리플릿「죽도~일본 영토인 것을 배운다」』 중학교 사회과 역사 및 공민에 활용하도록 제작. 2012년 2월 제작한 리플릿의 개정판	8쪽 내용 보완

특히 중학교 이상에서 사용하는『영토에 관한 교육 핸드북』에서는 영토와 영토문제에 관한 기본개념을 우선 확인하는「개념론」, 학년의 발전단계에 맞는 수업 등의 실천과 교내연수에 대한 의견을 소개하는 「사례편」, 수업과 계발에 활용하는「자료편(DVD)」으로 구성되어 있다. 여기서 소개하는 사례는 지금까지 시마네현내에서 실시한 것에 근거한 것으로 각 사례가 1~2시간에 학습할 수 있도록 구성되어 있다. 『영토에 관한 교육 핸드북』과『죽도학습 리플릿「죽도~일본 영토인 것을 배운다」』는 이미 다른 도도부현(都道府縣)의 교육자료로 응용되고 있기도 하다.

3. 개정『학습지도요령』과 2015년『교육과정』독도관련 기술 비교

1) 개정『학습지도요령』의 독도 기술

앞에서도 언급하였듯이 일본의 소학교(초등학교) 및 중학교 개정 『학습지도요령』이 2017년 3월 31일 확정·고시되었고, 고등학교 개정 『학습지도요령』은 1년 뒤인 2018년 3월 30일 확정·고시되었다. 소학교의 경우 이 개정『학습지도요령』2년의 이행 기간을 거쳐 2020년도부터 전면 실시되며, 중학교의 경우 3년의 이행 기간을 거쳐 2021년도부터 전면 실시된다.

이러한 일본의 초중고『학습지도요령』의 개정으로 사회과 교과목에서의 독도 기술은 자국중심주의적 영토교육의 내용 구성으로 체계화하고 있다. 독도와 센카쿠(댜오위다오), 남쿠릴열도(북방4도)를 모두 '일본 고유의 영토'라고 규정하고 이것을 다루도록 하고 있는데, 여기서 '고유의'라는 표현이 적절치 않다는 지적[10]이 나오자 "한 번도 타국의 영토가 된 적이 없다는 의미"에서 '일본 고유의 영토'라는 것으로 개념을 수정한 것이다.[11] 독도와 남쿠릴열도에 대해서는 일본 고유의 영토이지만 현재 한국과 러시아에 의해 불법점거 되고 있으며, 자국이 실효지배 하고 있는 센카쿠에 대해서는 영토문제가 존재하지 않는다. 일본의 입장은 역사적으로나 국제법상으로나 정당하다는 것이다. 이제는 '한 번도 타국의 영토가 된 적이 없다는 의미에서' 독도가 일본 고유의 영토이며, 현재 한국이 불법 점거하고 있으며 이를 평화적으로 해결하기 위해 거듭 항의를 하면서 국제적 노력을 기울이고 있다는 기본 프레임을 구성하고 있다. 이와 같은 개정 『학습지도요령』은 법적 구속력을 가지는 것이므로 이제는 독도 '왜곡' 교육을 몇 %나 실시하고 있다든가 하는 비판은 의미를 상실하게 된다. 초중고 모든 학교교육현장에서 의무화되기 때문이다.

〈그림 1〉 개정 『학습지도요령』에 언급된
초 · 중 · 고등학교 사회과의 독도(죽도) 기술의 내용 구성

중학교 사회과	
〔공민적 분야〕 「D. 우리와 국제사회의 제과제」 (1) 세계평화와 인류 복지의 증대」 영토(영해, 영공을 포함)에 대해서는 지리적 분야에서의 「영역의 범위와 변화 및 그 특색」, 역사적 분야에서의 「영토의 획정」 등 학습의 성과를 고려하여,	

---

[10] 일본을 둘러싼 영토문제에 대해 '고유영토'라는 일본정부의 주장에 대한 비판적 견해는 다수 존재한다. 독도에 대해서만 보더라도 나이토 세이츄(2008), 다케우치(2013), 池内敏(2006, 2016), 박병섭(2018) 등이 있으며, 개정『학습지도요령』에 대한 의견수렴 과정에서 일반 일본 국민의 의견에서도 제기되었다.

[11] 원래는 "예로부터 일본 고유의 영토이다"라는 입장에서 개념 규정을 수정한 것임.

국가 간 문제로서 우리나라에서도 **고유의 영토인 죽도(독도)와 북방영토**(하보미아군도, 시코탄섬, 구나시리섬, 에토로후섬)에 관하여 **미해결의 문제가 남아있다는 점**, 영토문제의 발생으로부터 현재에 이르는 경위, 및 도항과 어업, 해양자원개발 등이 제한되거나 선박의 나포, 선원의 억류가 행해지거나, 그중 과거에는 일본측에 사상자가 발생하는 등 불법점거로 인하여 발생하고 있는 문제에 대한 이해를 바탕으로 **우리나라의 입장이 역사적으로나 국제법상으로도 정당하다는 점**, 우리나라가 **평화적인 수단에 의한 해결을 향해 노력하고 있다는 점**을 **국가주권과 관련**시켜서 이해하도록 한다. 또한 우리나라 고유의 영토인 센카쿠제도를 둘러싼 정세에 대해서는 현재에 이르기까지의 경위, 우리나라의 입장이 역사적으로나 국제법상으로도 정당하다는 점에 대한 이해를 바탕으로, 센카쿠제도를 둘러싸고 해결해야할 영유권 문제는 존재하지 않는다는 점을 이해하도록 한다.

[지리적 분야]「영역의 범위와 변화 및 그 특징」 **죽도와 북방영토**(하보미아군도, 시코탄섬, 구나시리섬, 에토로후섬)에 대하여, 각각의 위치와 범위를 확인함과 더불어 **우리나라 고유의 영토이지만 각각 현재 한국과 러시아연방에 의해 불법으로 점거되고 있기 때문에, 죽도에 대해서 누차에 걸쳐 항의를 하고 있는 점**, 북방영토에 대해서는 러시아연방에 그 반환을 요구하고 있는 점, 이들 영토문제에서 우리나라의 입장이 **역사적으로나 국제법상으로나 정당하다는 점** 등에 대해 **정확히 취급**하여 우리나라의 영토·영역에 대해 이해를 심화할 필요가 있다.	**[역사적 분야]「영토의 획정」** 「영토의 획정」에서는 러시아와의 영토 획정을 비롯하여 류큐의 문제와 홋카이도 개척을 취급한다. 여기서 북방영토(하보미아군도, 시코탄섬, 구나시리섬, 에토로후섬)가 일관되게 우리나라의 영토로서 국경획정이 되었던 것에 대해 언급하면서 **죽도, 센카쿠제도에 대해서는 우리나라가 국제법상 정당한 근거에 기초하여 정식으로 영토로 편입한 경위도 언급**하고, 이들 영토에 대한 우리나라의 입장이 **역사적으로나 국제법상으로나 정당하다는 점**을 이해하도록 한다.

소학교 사회과

제5학년「우리나라 국토의 위치, 국토의 구성, 영토의 범위」
영토의 범위에 대해 지도할 때는 **죽도와 북방영토**(하보미아군도, 시코탄섬, 구나시리섬, 에토로후섬), **센카쿠열도는 한 번도 다른 나라의 영토가 된 적이 없는 영토라고 하는 의미에서 우리나라 고유의 영토인 점** 등에 대해 언급하며 설명하는 것이 중요하다.
또한, **죽도와 북방영토문제에 대해서는 우리나라 고유의 영토이지만 현재 대한민국과 러시아연방에 의해 불법으로 점거되고 있다는 점**과, 우리나라는 죽도에 관해 대한민국에 대해 거듭 항의를 하고 있다는 점, 북방영토에 대해 러시아연방에 그 반환을 요구하고 있는 점 등에 대해 언급하도록 한다. 더욱이 센카쿠제도에 대해서는 우리나라가 현재 유효하게 실효지배하는 고유의 영토이며, 영토문제는 존재하지 않는다는 점을 언급하도록 한다.
이때 이러한 **우리나라의 입장은 역사적으로나 국제법상으로나 정당하다는** 것을 중심으로 지도하도록 한다.

우선 초등학교(소학교)에서는 「우리나라 국토의 위치, 국토의 구성, 영토의 범위」에서 '영토의 범위'를 지도할 때에 독도(죽도)와 남쿠릴열도, 센카쿠열도에 대해 언급하도록 하고, 현재 한국과 러시아가 지배하는 독도와 남쿠릴열도에 대해서는 '불법점거'하고 있다는 것과 거듭 항의와 반환을 요구하고 있으며 센카쿠에 대해서는 영토문제가 존재하지 않으며 이는 역사적으로나 국제법상으로나 정당하다는 것을 지도하도록 하고 있다. 그런 바탕 위에 중학교 사회과 교과에서는 '지리적 분야'에서 「영토의 범위와 변화 및 그 특징」과 '역사적 분야'에서 「영토의 획정」에서 영역의 변화와 국경획정의 경위를 설명하면서 보다 구체화하고 있다. 그리고 지리 및 역사 분야에서의 학습 성과를 바탕으로 '공민적 분야'의 「세계평화와 인류 복지의 증대」에서는 영토문제에 미해결의 문제가 남아있으며, 일본의 주장이 역사적으로나 국제법상으로나 정당하다는 것, 국가의 주권과 관련하여 일본이 평화적인 수단에 의한 해결을 위해 노력하고 있다는 점을 지도하도록 하고 있는 것이다. 여기서 중요한 것은 기존의 '예로부터 일본 고유의 영토'가 아니라 '한 번도 타국의 영토가 된 적이 없다는 의미에서 일본 고유의 영토'라는 개념 규정이다. 이는 초등학교 단계에서의 혼란이나 국내외적으로 나타나는 사회적 비판을 피하기 위한 교묘한 방어막으로 장착한 것이라 할 수 있다. 또 하나 이전(기존의) 『학습지도요령』에서는 북방영토에 대해서만 '일본 고유의 영토'라는 언급을 했을 뿐 '독도(죽도)'에 대해서는 기술이 없었던 것이 일본의 영토문제와 그 획정 부분에서 명확히 독도가 '일본 고유의 영토'임을 각 사회과 분야에 맞추어 단계적으로 언급하도록 하고 있다는 점이다.

2018년 3월 30일 확정·고시한 고등학교 『학습지도요령』의 개정에서는 이들 내용이 보다 구체적이고 세밀하며 양적으로도 많은 사항들을 담을 것을 요구하고 있다. 고등학교사회과 개정 『학습지도요령』의 독도 기술에 대해 분야별로 그 내용을 보면 다음과 같다.

고등학교사회과 개정『학습지도요령』의 독도 기술 내용
〔공민적 분야(정치경제 · 사회)〕「A.영토문제의 현상과 요인 (1)국가주권과 영토」
"국가주권, 영토(영해, 영공을 포함한다)" 등에 관한 국제법의 의의, 국제연합을 비롯한 국제기구의 역할"에 관해서는 관련시켜 취급하고, 우리나라가 고유의 영토인 죽도(竹島)와 북방영토에 관해 남아있는 문제의 평화적인 수단에 의한 해결을 위해 노력하고 있다는 것이나, 센카쿠제도를 둘러싸고 해결해야 할 영유권 문제는 존재하지 않는다는 것 등을 거론한다. "국가주권, 영토(영해, 영공 포함한다)" 및 "우리나라의 안전 보장과 방위"에 대해서는 국제법과 관련시켜서 취급한다. "국제공헌"에 대해서는 국제연합에서의 지속 가능한 발전을 위한 대책에 대해서도 다루도록 한다.

〔지리적 분야〕「B.현대세계의 지역구성에 나타난 여러 가지 지도 (1)일본의 위치와 영역」
또한 일본의 국민국가의 형성 등의 학습에 있어서, 영토의 획정 등을 취급하도록 한다. 그 때, 북방영토를 언급하는 것과 함께, 죽도(竹島), 센카쿠제도의 편입에 관해서도 언급한다. "영토 문제의 현상이나 요인, 해결을 위한 대응"에 대해서는, 그것을 다룰 때에 일본의 영토문제에 대해서도 언급한다. 또한 우리나라의 해양 국가로서의 특색과 해양의 역할을 거론하는 것과 함께, 죽도(竹島)와 북방영토가 우리나라의 고유 영토라는 것 등, 우리나라의 영역을 둘러싼 문제도 거론하도록 한다. 그 때, 센카쿠제도에 대해서는 우리나라의 고유 영토이며, 영토문제는 존재하지 않는 것도 다룬다.

〔**역사적 분야**〕「영토의 획정」

메이지 유신과 국민 국가의 형성 등의 학습에 있어서, 영토의 획정 등을 취급하도록 한다. 그 때, 북방영토에 대해 언급하는 것과 함께, 죽도(竹島), 센카쿠제도의 편입에 관해서도 언급하도록 한다. 제2차 세계대전의 학습에서는, 이 전쟁이 인류 전체에 참화를 미친 것을 바탕으로 평화롭고 민주적인 국제사회의 실현에 힘쓰는 것이 중요하다는 것을 인식할 수 있도록 한다. 영토의 획정에 대해서는, 지역사회와 일본이나 세계의 역사적인 변화와 관계성에 주목하여 구체적으로 고찰할 수 있도록 한다.

우선 '지리적 분야'에서는 「일본의 위치와 영역」에서 국민국가의 형성과 영역의 획정에 대해 학습하도록 하고 거기에서 독도(죽도) 등 영토의 편입에 대해서 언급하도록 하고 있다. 영토문제의 현황과 그 해결을 위한 대응에 대해서는 일본의 영토문제와 해양국가의 특색과 역할에 대해서 언급하며, 독도와 남쿠릴열도는 일본 고유의 영토이나 영역을 둘러싼 문제가 있다는 것을 거론한다. 그러나 일본 고유의 영토인 센카쿠제도에 대해서는 영토문제는 존재하지 않는다는 것을 다루도록 하고 있다. 타국이 지배하는 영토에 대해서는 영유권 문제를 주장하면서도 자국이 실효지배하는 영토에 대해서는 영토문제가 존재하지 않는다는 이중의 잣대를 여기서도 적용하고 있는 것이다.

고등학교의 '역사적 분야'에서는 메이지유신의 시기에 있었던 국민국가의 형성 등에서 「영토의 획정」을 취급하도록 하고 있는데 독도(죽도)의 편입과정에 대해서도 언급하도록 하고 있다. 또한 제2차 세계대전의 학습과정을 통해 인류의 평화가 중요하다는 것과 민주적인 국제사회의 실현이 중요하다는 것을 배우고 세계의 영역과 관계성 등이 역사적인 변화과정을 거쳐 영역획정이 이루어져 왔다는 것을 학습하도록 하고 있다. 즉 영역 획정의 역사적 경위와 그 타당성이라는 측면[12]

---

[12] 다시 말해, 일본의 영유권 주장이 역사적으로나 국제법적으로 정당하다는

에서 영토문제를 다루도록 하고 있는 것이다.

정치경제·사회 등 '공민적 분야'에서는 「국가주권과 영토」에 관한 항목에서 다루고 이에 관한 국제법적인 의의와 국제기구의 역할을 관련시켜 학습하도록 하며, 독도에 대해서는 '미해결의 문제'를 평화적인 수단에 의한 해결을 위해 노력하고 있다는 것을 거론하도록 하고 있다. 아울러 국가주권과 안전 보장에 대해 국제법과 관련시키고 국제연합(UN) 등 국제기구의 국제공헌에 대해서도 함께 학습하도록 한다는 것이다. 이번 개정에서 특징적인 것은 교과 및 과목 구성을 개편하였는데 지리총합, 역사총합, 공공(公共) 등 3과목을 필수과목으로 신설하고, 세계사와 윤리는 영토교육 과목에서 제외되고 현대사회 과목은 폐지되었다는 점이다.13) 고등학교의 개정 『학습지도요령』에서 독도 기술은 초중학교 『학습지도요령』의 내용체계 위에 그 연장선상에서 구체화하고 있다는 것과 '고유영토'→'불법점거'→'항의'→'평화적 해결'이라는 기본 프레임을 견지하면서 일본은 어디까지나 역사적으로나 국제법적으로 '정당한' 영토문제에 대한 주장을 국제법에 기초해서 평화적으로 해결하고자 노력하고 있다는 점을 부각시키고 있다. 반대로 상대국은 이러한 일본의 정당한 영토를 불법점거하고 있으면서도 평화적인 주장과 해결을 위한 노력에 응하지 않는다는 것이다. 독도의 경우 "한국이 무력에 의해 불법점거하고 있으면서 평화적으로 해결하자는 일본의 제의에 응하지 않고 있다"는 논리가 자연스레 씌워지게 되고 이러한 자국중심적 프레임이 미래의 일본과 한일관계를 더욱더 어렵게 만들 수 있는 것이다.

것임.

13) 구체적인 것은, 앞의 홍성근·서종진(2018), pp.40-44.를 참조.

〈표 5〉 개정 초 · 중 · 고 『학습지도요령』의 핵심 내용 비교

초등학교		중학교		고등학교	
사회 (5학년)	일본 고유 의 영토	지리	일본 고유의 영토	지리총합	일본 고유의 영토
				지리탐구	일본 고유의 영토
		역사	독도 영토편입	세계사탐구	(언급 없음)
				역사총합	독도 영토편입
				일본사탐구	독도 영토편입
		공민	평화적 해결	공공	평화적 해결
				윤리	(언급 없음)
				정치경제	평화적 해결

주: 홍성근 · 서종진(2018)에서 인용

그렇지만 일본의 개정 『학습지도요령』은 그 내용체계가 간단명료하다. 초등학교 사회과에서 '일본의 영역'으로서 '영토문제'를 인식하고 중학교 사회과 교과서에서는 우선 지리에서 「영역의 획정」이라는 공간적 인지와 영토가 된 역사의 학습과 그 당위성, 그리고 평화적 해결을 위한 방법을 생각하도록 하고 있다. 나아가 고등학교에서는 지리 영역에서 공간적인 「영토의 범위」와 영토편입 과정과 역사적 경위를 배우고 영토문제의 국제적 판례와 평화적 해결을 위한 일본의 노력 및 해결방법 모색을 생각하도록 하고 있다. 일본 고유의 영토인 독도에 대해서 일본이 주장하는 정당성을 역사적 경위와 국제법과 비추어 검토하고 이의 평화적 해결을 위해 국제사회의 일원으로서 노력해 갈 것이라는 것이다.

2) 『2015 개정 교육과정』의 독도 기술

2005년 일본 시마네현 의회가 제정한 「죽도의날」(2005.3.16.) 지정으로부터 독도를 둘러싼 한일 간의 갈등은 첨예화된다. 그것이 「죽도문

제연구회」의 발족, 일본 외무성의 「죽도문제를 이해하기 위한 10의 포인트」게재, 2010년 일본 초등학교 사회과 교과서에 독도(죽도) 영유권 주장을 명시적으로 기술하는 등의 과정을 거치면서 독도에 대한 교육의 내용이『교육과정』에 담기게 된다.[14] 그러한 가운데 동북아역사재단의『독도바로알기』, 경상북도교육청의『독도』, 대구광역시교육청의『독도』등의 부교재가 개발되어 최근의 개정판까지 이르고 있다.[15] 이와 더불어 교육부는 2016년 '독도교육주간'을 설치하여 계속되는 일본의 독도 영유권 도발에 대응하고 학생 및 교사들의 '독도 영토주권 수호의지' 강화를 위해 「독도 교육 기본계획」을 발표하였다.[16] 이에 따르면 독도 교육은 「2015 교육과정」에서 10개의 범교과 학습 주제의 하나로 선정되었고, 또한 초중고 사회과 교과서에서도 내용이 확대되었다.[17] 이렇게 하여 2009교육과정에서 2015교육과정에의 변화는 양적으로나 질적으로 강화되고 있다. 그리고 교육부에서는『2015 개정 교육과정 범교과 학습 주제 교수학습자료: 독도교육(초중고)』(2019.2.)을 제시하게 된다. 여기서는 초중고등학교『범교과 학습 주제 교수학습

14) 우리나라 독도교육의 시작은 김영삼 정부시기에 독도 접안시설을 건설하면서 일본 정부가 강하게 반발하면서 이슈화되어 가던 시점에서 차세대의 독도 영유권 2인식이 필요하다는 교육적 입장에서 교육과정과 교과서에 독도교육 내용이 담겨야 한다는 현실적 요구에서 출발한다. 그 결과 1997년의 7차 교육과정의 사회과 내용에 독도 교육에 대한 언급이 처음 들어갔다. 이후 2007년 교육과정, 2009년 교육과정을 거치면서 현재의 2015 교육과정에서 교육과정과 교과서 속의 독도 기술 내용과 분량이 구체화되고 강화되어 왔음. 허준, 「교과서 독도 기술과 중등독도교육의 사례-고등학교 교과서 중심으로(7차교육과정-2015개정교육과정)-」, 독도와역사연구회 발표자료, 2020.5.15. 을 참조.
15) 동북아역사재단의 초중고『독도바로알기』는 제4개정판이 2016년 4월에 발행되었음.
16) 앞의 이우진(2017), p71-72.
17) 앞의 이우진(2017), p.72을 참조.

자료』의 검토를 통해 독도 기술이 어떻게 다루어지고 있는지를 검토하고자 한다.

우선 초등학교 독도교육의 주요 내용을 살펴보기로 하자. 여기서는 '국토 개념 이해' 및 '독도 이해 및 사랑'이란 내용 요소에서 독도가 다루어지고 있다. '국토 개념 이해'에서는 우리나라의 영역을 이해하고 독도가 가지는 중요성과 가치 이해하기, 독도의 고유한 자원과 일본의 독도 침탈 목적 파악하기 독도를 알리는 홍보물 만들기 등을 학습하도록 하고 있다. 한편 '독도 이해 및 사랑'에서는 독도를 지킨 사람들, 독도가 우리 땅인 이유 이해하기, 세계시민의식과 생태의 지속가능성 관점, 세계시민윤리의 관점에서 독도문제 바라보기, 독도의 자연경과 조사하기, 독도 사랑을 표현하는 음악 알아보기 등으로 학습내용이 채워져 있다(〈표 6〉을 참조).

〈표 6〉 초등학교 독도교육 주요내용(범교과 학습주제 교수학습자료)

내용 요소	주요 학습내용 개관
국토 개념 이해	• 지도를 놓고 지도의 기본 요소 찾아보기 • 기본 요소들에 비추어 국토 탐색하기 • 지도나 그래프 등의 자료를 토대로 사실정보 파악하기 • 영상 자료를 활용해 독도의 아름다움 감상하기 • 백지도 완성하기 • 지형 모형 제작을 통해 국토의 지형 특성 탐색하기 • 등고선을 이용하여 독도 모형 만들기(프로젝트형)
독도 이해 및 사랑	• 독도에 사는 동물을 관찰하고 특징에 따라 분류하기 • 독도와 관련된 인물 조사하기 • 아름다운 우리 땅 독도 알리기 • 우리 영토인 독도 소개하기 • 독도를 나타내는 상징물 만들기(가정 · 지역사회 연계형) • 독도 탐험하기(창의적 체험활동 연계형)

〈표 7〉 초등학교 범교과 학습 주제와 교과별 교육과정 내용요소(예시 자료)

교과 교육과정					범교과 학습 주제			관련정도 (O,△)	자료개발
학교급/학년(군)	교과	성취기준코드	성취기준	교과내용요소	세부내용요소	학습활동	시수		
초 1~2	통합	2슬07-01	우리나라의 상징과 문화를 조사하여 소개하는 자료를 만든다.	우리나라의 상징과 문화	국토개념	- 대한민국의 상징과 문화를 소개하는 자료 만들기 - 국토와 전통 문화에 관심 가지기	3	△	
초 1~2	통합	2즐08-03	동물 흉내 내기 놀이를 한다.	동물 흉내 내기	국토개념	- 독도에 사는 동물 흉내내기 놀이에 참여하기	2	O	
초 3~4	국어	4국05-05	재미나 감동을 느끼며 작품을 즐겨 감상하는 태도를 지닌다.	감상	국토개념	- 지역에 있는 독도 전시관(또는 독도를 소재로 다룬 영상)을 찾아 독도의 지형, 문화, 생물 등을 체험하기 - 주변 사람들에게 독도는 우리 땅임을 알리는 편지 쓰기	2	O	
초 3~4	사회	4국02-05	읽기 경험과 느낌을 다른 사람과 나누는 태도를 지닌다.	읽기 경험을 나누는 태도 갖기	국토개념	- 우리 땅 독도를 일본의 영토라고 주장하는 자료를 읽고 느낀 점 표현해보기 - 자료 내용에 대한 진실을 찾아 친구에게 설명해보기	2	O	
초 5~6	국어	6국01-02	의견을 제시하고 함께 조정하며 토의한다.	토의하기(의견 조정)	국토개념	- 독도를 일본 영토라고 주장하는 내용을 토대로 사회자, 토론자, 판정단, 청중 등을 설정하여 올바른 의사 결정 실행하기	3	O	

※ 범교과 학습 주제와 교과별 교육과정의 구체적인 관련성을 보여주는 맵 자료는 교육정보 통합 지원 포털 「에듀넷·티-클리어(edunet·T-CLEAR)」에 탑재되어 있음.

그리고 초등학교 교과별 교육과정의 내용요소에 맞춘 범교과 학습 주제의 내용을 보면, 독도에 사는 동물 흉내내기, 독도 전시관을 찾아 독도의 지형, 생물, 문화 등을 체험하기 등이 각기 1-2학년 및 3-4학년 의 교육과정에 편성되어 있다. 또한 3-4학년의 사회에서는 우리 땅 독 도를 일본의 영토라고 주장하는 자료를 읽고 느낀 점, 자료의 진실을 찾아 친구에게 설명해보기가 담겨져 있고, 5-6학년 학습주제로는 독도 를 일본 영토라고 주장하는 내용을 토대로 토론자, 판정단 등에게 바 른 내용을 설명하기가 포함되어 있다. 이런 내용을 어린 학생들이 이 해하고 감당할 수 있을까? 물론 이것은 일본이 주장하는 바에 대한 대 응 논리로서 구성한 감이 적지 않지만 학습활동 내용이 우리 정부가 독도에 대해 기본적으로 주장하는 기본적 논리를 담고 있는가 하는 의 구심이 일고 과연 예비지식이 별로 없는 초등학교 학생들에게 적합한 내용구성인가 하는 생각이 든다(〈표 6〉, 〈표 7〉을 참조). 그렇다면 이 것을 중학교 학생들에게 확장해서 제시한 것을 살펴보자.

〈표 8〉 중학교 독도교육 주요내용(범교과 학습주제 교수학습자료)

내용 요소	주요 학습내용 개관
국토 개념 이해	• 지도에서 우리나라 영역 확인하기 • 독도의 위치가 갖는 중요성과 가치 이해하기 • 독도의 고유한 자원과 일본의 독도 침탈 목적 파악하기 • 지역 브랜드로 독도 알리기(가정 · 지역사회 연계형) • 독도를 알리는 홍보물 만들기(프로젝트형)
독도 이해 및 사랑	• 독도를 지킨 사람들 알아보기 • 독도가 우리 영토인 이유 이해하기 • 일본이 독도를 불법 점령한 이유 파악하기 • 세계시민의식을 가지고 독도문제 바라보기 • 생태지속가능성의 관점에서 독도 바라보기 • 세계시민윤리의 관점에서 독도문제 바라보기 • 독도의 매력적인 자연경관 조사하기 • 독도 사랑을 표현하는 음악 즐기기

우선 중학교 독도교육 주요내용에서 범교과 학습주제 교수학습자료의 학습내용을 보면 지도에서 우리나라의 영역 확인하기, 독도의 위치와 가치 확인하기, 독도의 자원 확인과 일본의 독도 침탈 목적 확인하기, 독도를 알리는 홍보물 만들기 등으로 구성되어 있다, 내용 요소 '독도 이해 및 사랑'에서 학습내용도 보면 초등학교의 그것과 별반 차이가 나지 않고 초등학교의 학습내용을 나열해놓은 느낌이 든다.

그 예시자료로 나타낸 것이 〈표 9〉이다. 우선 중학교 국어교과에서 범교과 학습 주제의 학습활동 내용의 지침을 보면 독도를 일본 땅이라고 주장하는 것을 논박하기 위해 자료를 수집·분석하여 일본 주장에 논리적으로 반박하기, 일본의 역사 교과서 문제를 다루는 언론 매체를 보고 분석한 다음 올바른 정보의 자료를 작성하기 등으로 되어 있다. 그리고 사회과 교과에서 우리나라의 영역을 지도에서 파악하고 독도가 지닌 가치와 중요성을 파악하고 국가 영역이 가지는 중요성을 이해하기, 세계 속에서 국토의 위치가 갖는 중요성과 통일 이후의 독도의 위상을 예측하기 등으로 학습내용이 구성되어 있다. 중학교 독도 교육의 내용도 초등학교에 비해 다소 난이도를 올린 느낌이 있지만 거의 같은 수준의 항목을 열거하고 있는 느낌이 든다.

다음으로 고등학교 범교과 학습주제 교수학습자료에서 독도교육의 내용에 대해서 들여다보기로 하자. 우선 '국토 개념 이해'에서 지도를 통해 독도의 가치 알아보기, 고지도로 독도가 우리 땅임을 확인하기, 한반도와 독도를 둘러싼 국제질서 이해하기 등으로 구성되어 있다. 내용요소 '독도 이해 및 사랑'에서는 미술, 퀴즈, 상품 만들기와 여행을 통해 독도 사랑하기, 일본의 불법편입과 국제사법재판소 이해하기, 일본이 독도 영유권을 주장하는 의도 파악하기, 일본의 영유권 주장에 대해 역사자료로 반박하기, 환경과 윤리의 관점에서 독도 바라보기 등으로 구성되어 있다. 고등학교 눈높이라고는 하지만 고지도와 고문서 통

〈표 9〉 중학교 범교과 학습 주제와 교과별 교육과정 내용요소(예시 자료)

교과 교육과정					범교과 학습 주제				관련 정도 (○,△)	자료 개발
학교급/ 학년(군)	교과	성취 기준 코드	성취기준	교과 내용요소	세부 내용 요소		학습활동	시수		
중	국어	9국01-05	토론에서 타당한 근거를 들어 논박한다.	토론하기 (논박)	국토 개념		- 독도를 일본의 땅이라고 주장하는 상황을 논박하기 위하여 다양한 자료를 수집·분석하여 일본의 주장에 논리적으로 반박하기 - 논리적인 주장임을 알리는 홍보물을 작성하여 학급의 게시판에 전시하기	3	○	
중	국어	9국02-07	매체에 드러난 다양한 표현 방법과 의도를 평가하며 읽는다.	표현 방법과 의도 평가하기	국토 개념		- 일본의 역사 교과서 문제를 다루는 매체 자료를 읽고(보고) 분석한 후 모둠별로 올바른 정보를 포함하는 자료를 작성하기	2	○	
중	사회	9사 (지리) 11-01	우리나라의 영역을 지도에서 파악하고, 영역으로서 독도가 지닌 가치와 중요성을 파악한다.	우리나라 영역	국토 개념		- 우리나라의 영역을 지도에서 확인하고 그려보기 - 국가 영역이 가지는 중요성을 이해하고 인식하기	2	○	○
중	사회	9사 (지리) 11-02	우리나라 여러 지역의 특징을 조사하고, 지역의 특색을 살리는 지역브랜드, 장소 마케팅 등 지역화 전략을 개발한다.	우리나라 여러 지역	국토 개념		- 우리나라 여러 지역의 특색과 가치에 대해 조사하기	1	○	○
중	사회	9사 (지리) 11-03	세계 속에서 우리 국토의 위치가 갖는 중요성과 통일의 필요성을 이해하고, 통일 이후 우리 생활의 변화를 예측한다.	위치와 인간생활, 우리나라 영역	국토 개념		- 독도의 위치가 갖는 중요성을 파악하고, 통일 이후 독도의 위상 변화를 우리의 삶과 관련지어 예측하기	1	△	○

※ 범교과 학습 주제와 교과별 교육과정의 구체적인 관련성을 보여주는 맵 자료는 교육정보 통합지원 포털 「에듀넷·티-클리어(edunet·T-CLEAR)」에 탑재되어 있음.

해 독도를 이해하는 것은 학습과정에서 식상해하거나 지루해하지 않을까? 보다 창의적이고 자발적으로 학습을 유도해서 독도에 대한 특정 사

안을 조사하고 정리하게 하여 스스로 해결방법이나 해법을 찾게 하는
방법은 또 어떨까 하는 생각이 든다.

〈표 10〉 고등학교 독도교육 주요내용(범교과 학습주제 교수학습자료)

내용 요소	주요 학습내용 개관
국토 개념 이해	• 지도를 통해 독도의 가치 알아보기 • 고지도를 통해 독도가 우리 땅임을 확인하기 • 한반도와 독도를 둘러싼 국제 질서 이해하기
독도 이해 및 사랑	• 미술 작품으로 독도 표현하기 • 환경에 대한 책임 윤리의 관점에서 독도 바라보기 • 세계시민윤리로 바라본 일본의 독도 불법 편입 바라보기 • 일본의 독도 불법 편입과 국제사법재판소 이해하기 • 일본의 독도 영유권 주장에 대해 역사적 자료로 반박하기 • 일본이 독도를 자국 영토라고 주장하는 의도 파악하기 • 부모님과 함께 하는 독도 여행 계획 세우기 (가정지역사회 연계형) • 독도를 상징하는 상품 만들어 판매하기(프로젝트형) • 우리 땅 독도 사다리 퀴즈 게임하기(창의적 체험활동 연계형)

　다음으로 고등학교 범교과 학습 주제와 교과별 교육과정 내용요소
에 대해서 살펴보자. 우선 선택교과인 한국지리에서 고지도와 고문헌
을 통해서 국토 인식 사상을 이해하고 변화과정을 설명하며, 세계 속
에서 우리나라의 위치를 확인하고 독도 주권과 동해 표기의 의미와 중
요성을 이해하도록 해양문화와 기술 교과에서는 영해로서 해양의 가
치를 알고 독도의 가치를 파악하여 우리 국토로 지킬 방안을 마련하도
록 하고 있다. 이에 맞춘 범교과 학습 주제의 학습내용도 독도의 현황
을 파악하여 독도 가는 다양한 경로 조사하기로 하고 있다. 고등학교
공통과목인 한국사에서는 독도가 우리 영토임을 역사적 연원을 통해
증명하고 일제의 불법 편입 과정의 문제점과 부당성을 이해하고, 이와
연계한 범교과 학습주제로는 독도에 대한 다양한 정보를 수집하고 상

〈표 11〉 고등학교 범교과 학습 주제와 교과별 교육과정 내용요소(예시 자료)

교과 교육과정					범교과 학습 주제			관련 정도 (O, △)	자료 개발
학교급/ 학년(군)	교과	성취기준 코드	성취기준	교과 내용요소	세부 내용요소	학습활동	시수		
고 선택	한국 지리	12한지0 1-02	고지도와 고문헌을 통하여 전통적인 국토 인식 사상을 이해하고, 국토 인식의 변화 과정을 설명한다.	국토의 위치와 영토 문제	독도 이해 및 사랑	- 지리적·역사적 자료를 통해 독도 주권 및 동해 표기 문제 등의 의미와 중요성 파악하기	1	O	
고 선택	한국 지리	12한지0 1-01	세계 속에서 우리나라의 위치와 영역의 특성을 파악하고, 독도 주권, 동해 표기 등의 의미와 중요성을 이해한다.	영역으로서 독도가 지닌 가치와 중요성	독도 이해 및 사랑	- 독도에 관련된 다양하고 전반적인 내용들을 퀴즈를 통해 정리, 확인하고 독도에 대한 올바른 영토 의식을 함양하기	1	△	
고 선택	한국 지리	12한지0 1-01	세계 속에서 우리나라의 위치와 영역의 특성을 파악하고, 독도 주권, 동해 표기 등의 의미와 중요성을 이해한다.	독도 주권	독도 이해 및 사랑	- 독도의 주요 현황을 사전에 파악하고, 본인의 고장에서 독도로 가는 다양한 경로를 조사하기	1	△	
고 선택	해양 문화와 기술	12해양0 1-04	영해로서 해양의 가치를 알고, 독도의 가치를 파악하여 우리의 국토로 지킬 방안을 마련한다.	독도의 가치	독도 이해 및 사랑	- 독도의 주요 현황을 사전에 파악하고, 본인의 고장에서 독도로 가는 다양한 경로를 조사하기	1	△	
고 공통	한국사	10한사0 5-04	독도가 우리의 영토임을 역사적 연원을 통해 증명하고, 일제에 의해 이루어진 독도 불법 편입 과정의 문제점과 간도 협약의 부당성을 이해한다.	일제의 침략과 국권 수호 운동의 전개	독도 이해 및 사랑	- 독도에 대한 다양한 정보를 수집하고 독도를 상징하는 상품을 제작·판매하면서 독도가 우리 영토임을 확인하고, 독도를 사랑하는 마음 키우기	5	O	

※ 범교과 학습 주제와 교과별 교육과정의 구체적인 관련성을 보여주는 맵 자료는 교육정보 통합지원 포털 「에듀넷·티-클리어(edunet·T-CLEAR)」에 탑재되어 있음.

품을 제작하면서 독도가 우리영토임을 확인하기 등으로 구성되어 있다. 초등학교, 중학교에 비해서는 조금 난이도는 있다고는 하지만 독도 관련 학습 콘텐츠가 나열되어 있다. 각각의 학습행위가 학교급별 또는 교과과목별로 상호 연계되고 이것이 전체적인 내용체계로 학습을 상승시키는 작용을 느낄 수 없다. 여기에는 몇 가지 이유가 있을 것이다. 우선, 일본의 '독도교육'에 대한 맞대응의 독도교육에서 오는 부분이 있을 것이다. 둘째, 학생들의 수준이나 눈높이가 무시되어 있다는 점이다. 셋째, 우리의 생활 속에서, 역사적 과정 속에서 울릉도와 독도가 지니는 특징을 이해하고 이를 통한 자연스런 독도에 대한 학습과 정보수집 장치가 고려되고 있지 못하다 할 것이다. 이미 10년 가까운 기간 동안 독도교육 내용 체계화 작업이 이루어졌고 이를 위해 필요한 콘텐츠들 또한 잘 정리되어 있다. 그러나 독도 교육의 기본 이념과 방향성이라는 틀이 여전히 정립되어 있지 못하다. 이제는 일본 독도 영유권 주장과 독도교육에 대한 맞대응이라는 관점에서 벗어나 독도가 우리의 삶, 우리의 역사와 함께 해온 우리 땅이라는 것을 학생들에게 주지시키고 이해하도록 할 필요가 있다. 그렇게 하기 위해서는 간단명료한 기본 논리를 정리하고 이를 학교급별 수준에 맞게끔 단계적으로 개념을 키워나가는 교육의 전략적 사고 혹은 이론적 장치가 우선 만들어져야 할 것이다.

4. 맺음말

2019년 3월 26일 개정된 『학습지도요령』에 근거한 초등학교 교과서 검정결과가 발표됐다. 검정을 통과한 일본 초등학교 4~6학년 교과서 9종 모두에서 독도 영유권 주장이 포함됐다. 이들 교과서는 1년간의 검토기간을 거쳐 내년 2020년 4월부터 학교교육 현장에서 사용된다. 어느 정도 예견이 된 것이기는 하지만, 독도와 관련하여 "일본 고유의 영토", "한국이 불법 점거", "일본 정부가 항의"하고 있다는 점 등을 담고 있다. 이번 교과서 검정은 일본 문부성이 2017년 독도와 센카쿠(중국명 댜오위다오), 남쿠릴열도(일본명 북방영토)를 '일본 고유의 영토'라고 명기하도록 한 초중학교 학습지도요령과 '한국의 불법 점거' 등의 기술을 주문한 이후 첫 검정결과라는 점에서 교육현장에 미치는 파장은 클 것으로 보인다. 초중고 모두에서 독도 영유권 교육을 의무화한 개정 『학습지도요령』에 근거한 것으로 왜곡된 역사교육은 그 자체도 심각한 문제일뿐더러 미래세대들에게 '한국의 불법점거' 등 부정적 이미지를 심어줄 수 있어 향후 악화된 한일관계에 악영향을 미칠 수 있기 때문이다. 본 연구의 목적은 우선 한일 양국의 독도교육에 관한 정책적 동향을 살펴보고, 독도교육의 기본 골격이 되는 『교육과정』과 『학습지도요령』을 비교 검토하는 것이다. 이를 바탕으로 우리나라 독도교육의 바람직한 방향을 모색하고자 했다. 본 연구에서 검토된 사항들을 정리하는 것으로 이 글에 갈음하고자 한다.

첫째, 일본 『학습지도요령』의 경우 초 · 중 · 고등학교 사회과 각 과목의 독도기술이 일본 외무성의 공식 논리와 연계되어 '영역의 이해'에서부터 '국제법적 해결'이라는 논리구조로 체계화하고 있다. 우리의 『교육과정』에서 「독도교육」은 일본의 독도 영유권 주장이 허구라는 것을 간결하게 지적할 수 있도록 하는 구성도 필요하다.

첫째, 『2009 개정 교육과정』에 비해 『2015 개정 교육과정』에서 독도 관련 기술이 늘어났다. 2016년 '독도교육주간' 실시 이후, 사회과의 교육과정을 보면 교과별로 그 내용이 확대되고 수준도 높아졌다. 그러나 초중고 「범교과 교육과정: 독도교육」을 보면 학교급별 수준에 맞추어 편성하고 있기는 하나 초등학교→중학교→고등학교로 심화되는 과정이 학생들의 눈높이에 맞추어 체계적으로 구성할 필요가 있다.

셋째, 한일 양국이 각각『교육과정』과『학습지도요령』의 독도기술 강화를 통해 첨예하게 평행선을 이어가는 느낌이 든다. 일본의 독도 왜곡 교육의 논리를 명쾌하게 무력화하고 "독도가 우리 고유의 영토"라는 우리의 논리를 간결하게 인지시키기 위한 노력이 필요하다. 이것은 각종 기관에서 발행한 독도 부교재를 알기 쉽게 체계적으로 재편하는 작업부터 선행되어야 한다.

【참고문헌】

김화경, 「일본의 독도 교육 실태와 전망」, 『일본의 독도 교육에 대한 비판과 대응방안』 영남대학교 독도연구소 학술대회 자료집, 2011, pp.51-65.

남상구, 「전후 일본 중학교 교과서의 독도 기술 추이와 현황」, 『영토해양연구』 1호, 동북아역사재단 독도연구소, 2011.9, pp.176-209.

송휘영, 「일본 독도 교육의 현황과 방향성 검토」, 『일본문화학보』 제64집, 2015.2, pp.481-502.

송휘영, 「일본 시마네현 독도정책의 동향과 방향」, 『한국정치외교사논총』 제36집 제2호, 2015.2, pp.67-93.

심정보, 「일본의 사회과에서 독도에 관한 영토교육의 현황」, 『한국지리환경교육학회지』 제16권 제3호, 2008, pp.179-200.

이우진, 「교육과정과 해설서에 나타난 초등학교 독도 기술의 변화」, 『교육연구』 60호, 성신여자대학교 교육문제연구소, 2014, pp.81-98.

이우진, 「'독도 교육'의 측면에서 본 '2015 개정 교육과정'」, 『비교일본학』 Vol.40, 한양대학교 일본학국제비교연구소, 2017, pp.69-94.

홍성근, 「일본 고등학교 교과서 독도 기술의 현황과 문제점」, 『영토해양연구』14호, 동북아역사재단 독도연구소, 2017.12, pp.45-68.
홍성근·서종진, 「일본 초·중·고 개정 학습지도요령 및 해설과 독도 관
　　련 기술의 문제점」, 『영토해양연구』 16호, 동북아역사재단 독도연
　　구소, 2018.12, pp.30-57.

교육부, 『2015 개정 교육과정 범교과 학습 주제 교수학습자료: 독도교육(초
　　등학교)』 2019.2.
교육부, 『2015 개정 교육과정 범교과 학습 주제 교수학습자료: 독도교육(중
　　학교)』 2019.2.
교육부, 『2015 개정 교육과정 범교과 학습 주제 교수학습자료: 독도교육(고
　　등학교)』 2019.2.
日本文部科学省, 『小学校学習指導要領』および『学習指導要領解説』, 2017年
　　(http://www.mext.go.jp/a_menu/shotou/new-cs/1387014.htm)
日本文部科学省, 『中学校学習指導要領』および『学習指導要領解説』, 2017年
　　(http://www.mext.go.jp/a_menu/shotou/new-cs/1387016.htm)
日本文部科学省, 『高等学校学習指導要領』および『学習指導要領解説』, 2018
　　年(http://www.mext.go.jp/a_menu/shotou/new-cs/1407074.htm)
日本文部科学省ホームページ: http://www.mest.go.jp
日本外務省ホームページ:
　　https://www.mofa.go.jp/mofaj/area/takeshima/index.html
日本内閣官房´領土主権対策企画調整室ホームページ:
　　https://www.cas.go.jp/jp/ryodo/ ryodo/takeshima.html

한국의 독도 교육정책

― 초 · 중 · 고등학교의 2015년 개정 교육과정을 중심으로 ―

박 창 건

1. 머리말

본 연구는 2015년 교육과정 개편 이래 한국의 독도 교육이 어떻게 시행되고 있는지를 살펴보고, 그 정책적 특징과 한계를 조명하는 것을 목적으로 한다. 논의의 초점은 한국의 독도 교육을 둘러싼 초·중·고등학교의 내용 체계를 검토하고, 당면하고 있는 독도 교육정책 과제의 실태를 파악하는 것이다. 이를 위해 한국 교육과정의 독도 기술과 현행 교과서의 독도 기술 현황 분석을 통해 한국의 독도 교육정책이 영토교육 강화에 집중하고 있다는 사실을 얻을 수 있다. 주목할 것은 한국의 독도 교육이 체계적이지 않고 중복적이고 일회적으로 전개되고 있기 때문에 한일 간 정치적 상황의 변화에 따라 독도 교육정책이 확대 또는 축소되어 재생산하고 있다는 사실을 부인할 수 없다. 왜냐하면 한국의 교육과정에서 독도교육은 일본의 독도 영유권 주장이 허구라는 것을 반드시 지적할 수 있도록 하는 구성이 필요하기 때문이다. 이러한 독도 교육의 문제를 명확하게 인식하고, 본 연구에서는 우리가 설계해야 할 올바른 독도 교육의 목적이 역사적, 지리적, 국제법적으로 우리 영토인 근거를 체계적으로 이해함으로써, 우리 영토에 대한 올바른 수호 의지를 갖추고, 미래 지향적인 한일관계에 적합한 민주시민의식을 함양하면서 바람직한 독도 교육에 대한 방향을 제시하고자 한다.

2010년부터 한국의 독도 교육정책은 소극적인 자세에서 적극적인 자세로 전환되기 시작했다. 2008년부터 일본의 문부과학성이 중·고등학교 지리에만 한정된 독도 관련 내용을 중학교 역사와 공민, 고등학교 일본사, 현대사회, 정치경제까지 확대하여 독도 영유권 왜곡을 구체적으로 기술하기 시작한 것에 대한 대응으로 교육부는 '동북아역사대책팀'을 출범시켰다. 이를 위해 교육부는 종합적이고 체계적인 독도 교육을 위해서 초·중·고등학교 교과 전문가들 중심으로 사전 논의를 거쳐 교육과정 및 교과서 개정에 더욱더 적극적으로 참여하고 실질적인 대안을 총괄할 수 있는 기구의 필요성을 인식하게 되었다. 그 결과 2010년 4월 30일 교육부는 '독도교육통합위원회'를 발족하고 교육과정에 독도 교육을 명시함과 동시에 '독도 교육 강화방안'을 발표했다. 동 위원회는 독도와 관련한 초·중·고등학교 교육과정 및 해설서, 교과·학년별 교과서 서술 방향 등을 총괄·심의해 결과를 교과별 교육과정심의회와 교과용 도서편찬심의회에 제출할 것을 목적으로 출범했다.[1]

독도 교육 내용 체계의 완성은 2015년 교육과정의 개정에서 독도 교육 강화방안이 수립되면서부터이다. 교육부는 2015년 개정 교육과정에서 독도 교육을 범교과 학습주제로 채택한 취지에 부응하여 교과와 창의적 체험활동 등의 교육 전반에서 통합적으로 운영하는 방침을 채

---

[1] 김호동, 「우리나라 독도교육 정책의 현황과 과제」, 『독도연구』 제17호, 2014, 273쪽.

택했다. 특히 교육부는 초·중등학교 사회, 고등학교 지리, 역사, 기술·가정 교과에 독도 교육 내용을 확대 및 강화하겠다고 밝혔다.[2] 더욱이 교육부는 일본 정부의 계속되는 독도 영토·역사 왜곡에 적극적인 대응 정책의 일환으로 전국 시·도교육청 및 관계기관과 함께 2011년부터 수립하여 추진해 온 '독도 교육 기본계획'을 매년 마련했다. 주요 내용은 4월 '독도 교육주간' 운영, 시민들과 함께하는 '찾아가는 독도전시회' 개최, 이야기와 감동이 있는 '독도전시관' 마련, 학생 참여형 수업을 위한 '독도 교육 자료' 개발, 교원 '독도교육실천연구회' 확대·운영, 청소년 '독도체험 발표 대회' 개최, 독도지킴이 학생 양성을 위한 '독도지킴이학교' 운영 등으로 정리할 수 있다.[3]

한국의 독도 교육정책은 영토교육의 강화로 표출되고 있다. 학교급별 독도 교육의 목표를 살펴보면, 초등학교는 독도의 자연환경, 지리와 역사적 특성을 이해함으로써 우리 독도 땅 독도에 관한 관심과 애정을 갖고 독도 수호 의지를 다지는 것이며, 중등학교는 독도가 역사·지리·국제법적으로 우리 영토인 근거를 정확하고 체계적으로 이해하여 객관적, 논리적으로 설명할 수 있는 능력을 배양하는 것이고, 고등학교는 일본이 주장하는 독도 영유권의 부당성을 인식하고 국제법적으로 독도 수호의 의지를 갖추어 미래 지향적인 한일관계에 적합한 영토관과 역사관을 확립하는 것이다. 이러한 맥락에서 본 연구는 한국의 독도 교육정책이 어떻게 시행되고 있는지에 대한 현황 분석과 방향성을 제시하고자 한다. 본 연구는 다음과 같이 논의를 전개한다. 먼저 제2장은 한국의 독도 교육정책을 분석하는 틀로 영토교육의 강

2) 교육부, 2017, 「보도자료: 독도 영토주권 수호를 위한 독도교육 기본계획 발표」, 2017/03/24, 1-2쪽.
3) 교육부, 2018, 「보도자료: 학생, 시민 모두가 참여하는 독도 사랑 실천」, 2018/03/23, 2쪽.

화란 관점에서 독도 교육을 설명하고자 한다. 제3장은 한국의 독도 교육과정을 초·중·고등학교로 나누어 분석하고자 한다. 제4장은 한국의 개정 교육과정에서 독도교육의 특징과 한계를 논의하고자 한다. 마지막으로 제5장은 결론으로 전체의 내용을 정리하고 한국의 독도 교육에 대한 방향성을 제시하고자 한다.

2. 영토교육 강화로서의 독도 교육

영토교육은 국가(민족) 공동의 삶의 터전으로 공동체 의식을 느낄 수 있는 물적 기반을 제공하고 민족을 우리라는 감정을 공유하도록 함으로써 한 국가의 영역성(territoriality)과 정체성(identity) 형성에 기여한다.[4] 먼저 영역성은 어떤 의도의 개입에 의해 만들어진 사회질서로서 영향력과 권력의 기본적인 지리적 표현이 사회, 공간, 그리고 시간 사이의 본질적인 연결로 표출되고 있다. 이와 같은 영역성의 의미에 비추어 보면, 영토교육은 정교하게 조직된 지전략적 비전의 상황이며, 일종의 공간 전략 혹은 '영토 만들기'의 실행 과정이다.[5] 같은 맥락에서 정체성이란 자기에 대한 정의를 말하는 것으로 자기 내적인 요소를 종합하여 동일하고 연속적으로 자기를 유지하며, 공간의 관계에서 타인과 사회화의 사이에서 자기 인정과 확신감 등을 포함한 자기의식을 의미한다.[6] 이러한 정체성은 개인적인 차원에서의 자기화만을 통해

---

[4] 서태열·김혜숙·윤옥경, 「독도 및 울릉도 관련 영토교육의 방향 모색」, 한국해양수산개발원, 2007.

[5] R. J. Johnston, 1995, "Territoriality and the state", in Benko, G. B. & Strohmayer, U. (eds.), *Geography, History and Social Science*, Dordrecht: Kluwer Academic Publishers, 215쪽.

[6] E. H. Erikson, 1968, Identity, youth and crisis, New York: W. W. Norton

형성되는 것이 아니며, 개인과 그들 간의 관계와 더불어 사회적 관계 즉 국가와 개인의 관계, 국가와 사회화의 관계에 대한 인식을 통해 표출되고 영역화 된 국가 정체성을 강화하는 것이다.[7]

영토교육의 목적은 도덕적, 윤리적 차원을 포함한 국가적, 민족적 자부심을 키워주는 것, 장소에 대한 소속감, 입지감, 영역감을 기반으로 국가 정체성, 지역 정체성, 영역 정체성을 키워주는 것, 보편적 합리성을 바탕으로 자신이 소속된 집단과 다른 집단 간의 의사소통을 할 수 있는 시민 정신을 길러주는 것을 포함하고 있다. 이러한 영토교육 은 일차원적 시각에서 벗어나 접근방법, 범위, 학습의 영역이라는 통합적이고 다각적인 차원에서 논의를 진척시키고 있다. 전보애에 의하면, 영토교육의 개념화와 재개념화로써 접근방법은 영토에 대한 지식과 이해의 교육, 영토로부터의 자각과 체험의 교육, 영토를 위한 행동과 실천의 교육으로 구분하고, 영토교육의 범위는 개인, 국가, 글로벌 차원으로 체계화시켰으며, 영토교육의 학습영역을 교육의 테두리에서 인지적, 정의적, 행동적 영역으로 나누어 분석하고 있다.[8]

독도 교육을 영토교육의 큰 테두리 안에서 볼 때, 독도의 영토교육 강화는 시·공간적 담론의 하나로 영토성의 회복으로 국토에 대한 내부적인 지리적 재발견임과 동시에 외부적 경계에 대한 하나의 정체성 구성이며 국가적 대응이다. 이러한 의미에서 독도의 영토교육 강화는 애초부터 순수한 교육적 접근을 통해서 이루어지는 장소 교육이라기 보다는 국제법상의 제한이 없는 한 원칙적으로 국가가 배타적 지배를 할 수 있는 장소에 대한 국가권력의 영토주권을 유지하려는 국가적 지

Company.

[7] R. D. Sack, 1986, Human Territoriality, Cambridge: Cambridge University Press, 19쪽.
[8] 진보애, 2016, 「"그냥" 영토교육과 "새로운" 영토교육: 통합적 영토교육 모형과 디지털스토리텔링맵의 구현」, 『한국지리환경교육학회지』 제23권 4호.

식의 전략에 기인하는 속성을 지니고 있다. 무엇보다도 한국의 독도 영토교육 강화는 일본의 독도 영유권 주장에 대한 비판적이고 합리적인 지식과 태도를 견지할 수 있는 능력을 배양함으로써 독도가 우리의 고유 영토이며 분쟁 지역이 아니라는 사실을 확증하기 위한 논리를 만드는 작업이다.9) 그럼에도 불구하고 독도를 둘러싼 영토교육은 배타적 민족주의 접근을 채택했던 기존의 접근을 냉정하게 재검증하고, 동북아지역 차원의 지역공동체적 시민주의 관점에서 미래 지향적인 한일관계에 대한 성찰을 바탕으로 바람직한 독도 교육에 대한 해법을 제시하려는 도전도 진행되고 있다.10)

한국의 독도 영토교육에 관한 선행연구는 활발하게 논의되고 있다. 비록 대부분의 연구는 이론적인 분석이 미진한 실정이지만 영토교육의 다양한 사례들을 중심으로 독도 교육을 재구성한 논의를 진척시키고 있다. 구체적으로 살펴보면, 첫째는 교육과정 분석을 통한 독도에 관한 영토교육 내용의 검토이다.11) 둘째, ICT기술을 독도의 영토교육에 활용한 콘텐츠 개발과 보급에 대한 현황과 실태에 대한 분석이다.12) 셋째는 지역, 국가, 글로벌 차원의 다중적 범위 분석을 통한 독

9) 배진수·유하영·홍성근·오강원·정영미·김영수 (편), 『독도문제의 학제적 연구』, 동북아역사재단, 2009.

10) 박선미, 「독도교육의 방향: 민족주의로부터 시민 애국주의로」, 『한국지리환경교육학회지』 제17권 2호, 2009; 남호엽, 「글로벌 시대 지정학 비전과 영토교육의 재개념화」, 『한국지리환경교육학회지』, 제19권 3호, 2011.

11) 송호열, 「중학교 사회1 교과서의 독도 관련 내용 분석」, 『한국사진지리학회지』 제21집 3호, 2011; 송호열, 「고등학교 한국지리 교과서의 독도 관련 내용 분석」, 『한국사진지리학회지』 제22집 3호, 2013(a); 김수희, 「초·중·고 역사교과서에서의 독도 기술과 방향성 검토」, 『역사교육논집』 제51호, 2013; 김미경, 「우리나라 독도 교과지도 현황 및 독도 교과지도 개선책」, 『한국도서연구』 제31집 3호, 2019; 송희영, 「개정 "학습지도요령"과 "교육과정"의 기술 비교검토」, 『독도연구』 제28호, 2020.

12) 진보애, 「공간정보기술을 활용한 영토교육 모형의 개발과 적용: 창의적 체험

도의 영토교육에 대한 접근이다.[13] 이들 기존 연구들은 독도와 관련된
영토교육을 도전적으로 성찰하려는 시도들로 표출되어 오고 있으며,
특히 일본의 개정된 학습지도요령이나 학습지도요령 해설서에 기반하
여 편찬된 검정 교과서에서 독도 관련 내용 분석과 관련된 연구들에
대한 대응으로 진행되어 오고 있다.[14] 그 논점의 중심은 영토교육 강
화로서의 독도 교육이다. 이러한 영토교육의 강화는 영토에 대한 지식
뿐만 아니라, 영토에 관련된 사고, 영토에 대한 가치와 태도를 배양하
는 교육의 관점에서 독도 교육을 진행하고 있다. 2009년 동북아역사재
단의 보고서인『동해 및 독도에 관한 영토교육의 현황과 과제』에서 지
적하듯이, 한국의 독도 영토교육의 강화를 영토에 대한 교육(지식과
이해), 영토로부터의 교육(지식과 체험), 영토를 위한 교육(행동과 실
천)이란 접근으로 미래 세대에게 지전략적 비전을 심어주려는 목적의
식을 제시하였다(동북아역사재단 2009, 15-25).[15] 이러한 맥락에서 한
국의 독도 영토교육 강화는 다음과 같은 기본계획을 채택하여 교육정
책으로 추진하고 있다.

활동을 중심으로」,『한국사진지리학회지』제24집 4호, 2014.
13) 박창건,「한일관계에서 영토교육의 현재적 의미: 경상북도와 시마네현의 독
도교육을 중심으로」,『독도연구』제24집, 2018.
14) 최근 일본은 2017년 초등학교와 중등학교, 2018년 고등학교 학습지도요령 및
학습지지도요령 해설을 개정 및 고시하였다. 법적 구속력이 있는 학습지도
요령 개정을 통해 독도가 일본 고유의 영토라는 내용을 공식적으로 명기했
다. 권오현,「일본 정부의 독도 관련 교과서 검정 개정의 실태와 배경」,『한
국지리환경교육학회지』제13권 3호, 2006; 홍성근・서종진, 남상구,「일본 초
중고 교과서의 독도기술 현황과 전망」,『교과서연구』제76집, 2014; 남상구,
「일본 교과서 독도기술과 시마네현 독도교육 비교 검토」,『독도연구』제20호,
2016; 홍성근・서종진,「일본 초・중・고 개정 학습지도요령 및 해설과 독도
관련 기술의 문제점」,『해양영토연구』제16호, 2018; 나행주,「일본 역사교과
서의 독도기술과 영토교육」,「한일관계사학회」제68집, 2020을 참조.
15) 동북아역사재단,『동해 및 독도에 관한 영토교육의 현황과 과제』, 동북아역
사재단, 2009, 15-25쪽.

첫째, 교과교육과 연계한 독도 교육의 강화이다. 2010년 이래 교육부는 사회과 교육과정에 독도 관련 내용 기술을 강화하였다. 초등학교 '사회', 중등학교 '사회'와 '역사', 고등학교 '한국지리', '한국사', '동아시아사' 과목에 독도 교육 내용을 실시했다. 2011년에는 범교과학습주제의 교육과정 내에 독도 교육을 포함시켰다. 이는 교과와 창의적 체험활동 등 학급별 교육 활동 전반에 걸쳐 통합적으로 운영할 수 있는 체계를 만들었다. 2014년에는 학교 교육과정 편성 시 독도 교육 운영을 권장하였다. 이를 위해 교육부는 시·도교육청에 교육부 주요 정책 안내를 통해 단위학교 교육과정 편성 시 연중 10시간 내외의 독도 교육 운영을 권장하는 지침을 내렸다. 교과교육과 연계한 독도 교육은 차별화와 위계화라는 방향으로 개선해야 한다. 다시 말하면 차별화는 초·중·고등학교 교과교육의 독도 교육이 반복되지 않고 달라야 한다는 것이며, 위계화는 초·중·고등학교 학교급별 내용이 학생들의 학습발달 단계에 맞추어 수준이 계열화되어야 한다는 것이다.

둘째, 독도 교육 강화방안에 대한 계획 수립 및 운영이다. 2011년 이후 교육부는 연간 독도 교육 기본계획을 수립하여 추진하고 있다. 이는 독도 계기 교육, 과목 연계 독도 교육, 독도 체험활동 등을 포함하고 있다. 독도 계기 교육은 독도체험 활동지, 자기주도형 독도 교재, 독도 교육영상과 DVD 배포 및 온라인(에듀넷 티-클리어) 등의 보급을 통해 실시하고 있다. 과목 연계 독도 교육은 정규 교과 시간을 활용한 주제 중심의 독도 융합 교육 실시와 학급별 맞춤 개발 교재인 '독도바로알기' 교재 활용을 통한 영토주권 수호 및 공감대 확산의 계기를 마련하고 있다. 독도 체험활동은 독도체험 프로그램 운영, 독도지킴이 학생발대식 및 찾아가는 독도전시회 개최 등을 통해 학생·시민을 대상으로 독도 사랑 실천의 계기를 마련해 주고 있다. 학생들에게 생생한 학교 교육의 장을 제공하기 위해 교육부는 2021년 1월 기준으로 총

15개 시·도 독도체험시설의 신규 구축 및 운영 지원을 확대하고 있으며, 동북아역사재단에서는 운영인력 전문성 강화를 위해 독도체험관 전시해설 교육과정도 운영하고 있다.

셋째, 언텍트 서비스에 의한 독도 교육 강화 프로그램 개발이다. 비대면 시대를 맞이하여 한국의 독도 영토교육은 온라인 서비스를 강화하고 있다. 이는 코로나19 팬데믹 등으로 인한 교육여건 변화에 부응하여 등교·원격수업 병행 상황에서도 학교 현장의 내실 있는 독도 교육의 필요성에 기인한 것이다. 예를 들면, 동북아역사재단은 온라인의 AR/VR 기반 에듀테크 스타트업 토포로그를 통해 전국 78개 초중고교에 자사의 독도 가상여행 체험학습 키트를 공급하여 청소년들의 독도 교육을 강화하고 있다. 토포로그의 독도 가상여행 체험학습 키트의 콘텐츠는 독도의 자연환경, 생태환경, 부속 시설물 등으로 구성되어 있으며, 키트는 실제 지형을 축소하여 제작된 독도 지형모형액자와 VR카드 보드로 구성되어 있다. 스마트폰으로 독도 지형모형 내의 QR코드를 스캔한 후, VR 카드보드에 스마트폰을 장착하면 가상체험을 즐길 수 있다. 이러한 독도 교육 프로그램은 웹 기반의 독도바로알기 교재와 뉴미디어(유튜브와 SNS 등) 활용을 통해서 학습자들에게 친숙하고 접근성과 활용도가 높은 독도 교육 영상자료 개발 및 보급에 심혈을 기울이고 있다.

3. 한국의 독도 교육과정

한국은 '2015년 개정 교육과정'의 적용을 통해 학생활동 중심의 교육을 지향함에 따라 체험·활동 중심의 다양한 학습 기회가 보장될 수 있도록 독도의 영토교육 강화를 위한 변화된 교육과정을 담고 있다.[16]

이러한 교육부의 독도 교육과정 변화는 2009년 교육과정과 비교하면 영토교육의 중요성을 양적으로나 질적으로 강화시키는 방향으로 나아가고 있다. 같은 맥락에서 교육부는 2011년부터 '독도 교육 기본계획'을 채택하고 있고, 2016년부터 매년 4월 '독도교육주간' 운영 및 지원을 거듭하여 일본의 독도 영유권 도발에 대응하고 학생 및 교사들의 독도 영토주권 수호의지를 강화시키고 있다. 이는 유관기관과 함께 학생체험 활동 중심의 독도 교육 실천 기반을 마련하는 데 중점을 두고 있다. 특히 독도교육주간 동안은 학교 현장의 내실 있는 독도 교육 지원을 위해 다양한 자기주도형 독도 교수·학습 자료 개발 및 보급에 전력하고 있다.

주목할 것은 2019년 2월 교육부가 『2015년 개정 교육과정 범교과 학습 주제 교수 학습자료: 독도교육(초·중·고)』을 제시하면서 독도 교육 내용체계 개정을 통한 독도의 영토교육 강화를 강조하고 있다는 사실이다. 이는 독도에 대한 올바른 이해를 바탕으로 학생 및 교원의 독도 영토주권 의식을 함양하고 일본의 학습지도요령과 해설서에 반영되고 있는 왜곡된 독도 인식에 대응하기 위한 영토교육 강화의 필요성을 반성적으로 성찰하려는 시도이다. 최근 일본은 2017년 초등학교와 중등학교, 2018년 고등학교 학습지도요령 및 학습지도요령 해설을 개정 및 고시하면서 법적 구속력이 있는 학습지도요령 개정을 통해 독도가 일본 고유의 영토라는 내용을 공식적으로 명기하고 있다.[17] 일본

---

16) 이우진, 「독도 교육의 측면에서 본 2015 개정 교육과정」, 『비교과 일본학』, 제40호, 2017.

17) 日本文部科学省. 2017(a). ぇ小学校学習指導要領」および「学習指導要領解説」, (http://www.mext.go.jp/a_menu/shotou/new-cs/1387014.htm); 2017(b). 「中学校学習指導要領」および 「学習指導要領解説」, (http://www.mext.go. jp/a_menu/shotou/new-cs/1387016.htm); 2018. 「高等学校学習指導要領」および 「学習指導要領解説」, (http://www.mext.go.jp/a_menu/shotou/new-cs/1407074.htm)

문부과학성에서 발표되는 학습지도요령의 가이드라인은 보통 10년 주기로 개정해 온 것을 고려할 때 초·중·고가 모두 1년 앞당겨졌고 고등학교 학습지도요령 및 학습지도요령 해설의 적용 시기도 2년 앞당겨짐으로써 늦어도 2022년부터 일본의 초중고 사회과 교과서에서 독도 왜곡 교육이 전면적으로 실시될 전망이다. 이러한 상황적 인식하에 본 장에서는 2015년 개정된 학교급·학년군의 독도 교육과 교과 교육과정의 관련성을 검토해서 한국의 초·중·고 독도 교육과정에 관해 살펴보고자 한다.

〈표 1〉 학교급·학년군에 따라 독도 교육과 교과 교육과정 관련성

구분	국토 개념	독도 이해 및 사랑
초 1-2	통합(9)	국어(3), 통합(7)
초 3-4	국어(4), 사회(3), 과학(1), 음악(1)	수학(1), 과학(1), 사회(3), 도덕(1), 체육(4), 미술(2)
초 5-6	국어(5), 수학(2), 사회(7)	수학(1), 사회(2), 도덕(2), 미술(3)
중학교	국어(5), 사회(4), 과학(2), 정보(2)	사회(4), 역사(4), 도덕(4), 영어(2), 음악(1), 미술(1) 체육(1)
고 공통	통합과학(1)	국어(2) 통합사회(5), 한국사(6), 통합과학(3)

(초등학교 도넛 차트 범례) ■ 통합(16) ■ 사회(15) ■ 국어(12) ■ 미술(5) ■ 수학(4) ■ 체육(4) ■ 도덕(3) ■ 과학(2) ■ 음악(1)

(중학교 도넛 차트 범례) ■ 사회(8) ■ 국어(5) ■ 도덕(4) ■ 역사(4) ■ 과학(2) ■ 정보(2) ■ 영어(2) ■ 기타(3)

을 참조.

	한국지리(5)	생활과 윤리(3), 윤리와 사상(1)
고 선택		사회 문화(1), 한국지리(4), 세계지리(2)
		동아시아사(1), 정치와 법(4)
	해양 문화와 기술(1)	음악(2), 미술(8)
		해양 문화와 기술(3)

※ ( ) 안의 숫자는 독도 교육과 관련하여 교과 수업과 연계할 수 있는 수업 시수 예시를 나타낸 것임.

* 출처: 교육정보 통합 지원 포털 「에듀넷 · 티-클리어(edunet · T-CLEAR)」를 참조.

1) 초등학교 독도 교육

초등학교의 독도 교육은 영토교육에 대한 기초를 정립하기 때문에 학생들에게 투철한 역사의식과 국가 정체성을 확립하는 데 있어서 중요한 의미를 내포하고 있다고 할 수 있다. 독도의 영토교육을 초등학생들에게 시행하는 것은 대한민국 국민으로서 국가의식과 영역의식을 함양하는 근간이 되는 작업이라고 할 수 있다.[18] 초등학교 독도 교육의 선행연구는 독도 관련 교육방안 마련 및 학습 내용 개발을 제시하는 연구[19]와 교과서 및 부교재 분석을 바탕으로 독도 교육 방향을 모색하는 연구[20]가 중점적으로 진행되어 오고 있다. 특히 주목할 것은

---

[18] 이우진, 「교육과정과 해설서에서 나타난 초등학교 독도 기술의 변화」, 『교육연구』 제60호, 2014, 84쪽.

[19] 임영신, 「초등학교 독도 교육 실태와 개선방안」, 『역사교육논집』 제53호, 2014; 김소용 · 남상준, 「영토교육에 대한 초등학교 교사 및 학생의 인식: 독도교육을 사례로」, 『초등교과교육연구』 제21호, 2015; 김태우, 「초등학생의 영토 인식 특성에 대한 연구」, 『한국지리환경교육학회지』 제23호, 2015; 이우진 · 이원근, 「"2015 개정 교육과정"의 초등학교 독도교육 분석: 6학년 사회과 〈독도교육 특별단원〉을 중심으로」, 『독도연구』 제30호, 2021.

[20] 석병석, 「영토교육으로서의 초등학교 독도교육 탐색: 한 · 일간 미래 지향적 과제로서 초등학생들의 독도교육 방안 모색」, 『사회과수업연구』 제4호,

초등학교 교육과정에서 독도 교육의 변화를 반영하여 독도 교육 내용 체계를 보다 심도 있게 독도 학습에 제시한 경상북도교육청의『독도』와 동북아역사재단의『독도바로알기』와 같은 부교재가 개발되어 개정판을 소개하고 있다.[21]

2015년 개정 교육과정을 기본으로 각 시·도교육청에서 수립된 독도 교육에 대한 기본계획을 종합해보면, 교육부는 독도에 대한 올바른 인식 제고 및 독도 사랑과 독도 수호 의지 강화를 목적으로 하고 있다. 구체적으로 독도 교육을 독도에 대한 바른 이해를 바탕으로 독도 사랑의 공감대 확산, 독도 영유권 교육을 통한 독도 영토주권 수호 의지의 제고, 역사의식 및 시민의식 발현을 통한 독도 주권 수호를 위한 실천력 확산이라는 목표를 설립하고 있다. 흥미롭게도 독도 관련 내용이 본격적으로 등장하기 시작한 것은 2015년 개정 교육과정부터이다. 이 교육과정에서 초등학교 교육과정 편성·운영의 기준 기본사항 9가지를 살펴보면, 독도 교육은 2009년 개정 교육과정에 제시되었던 39개 범교과 학습 주제를 통합하여 10개 주제(안전·건강 교육, 인성 교육, 진로 교육, 민주 시민 교육, 인권 교육, 다문화 교육, 통일 교육, 독도 교육, 경제금융 교육, 환경·지속가능발전 교육)로 범주화하였다. 이렇게 선정된 범교과 학습의 주제는 교과와 창의적 체험활동 등 교육 활동 전반에 걸쳐 통합적으로 다루도록 하고, 단위 학교의 실정에 맞추어 학교별로 다양하고 특성있게 운영하도록 하고 있다.[22]

2017; 문상명, 「초등 사회과 교과서 독도 서술의 변천 연구」, 『사회과 교육』 제57호, 2018; 김혜진·서태열, 「초등학교 실천적 독도교육 방향 모색」, 『학습자중심교과서교육연구』 제19호, 2019.

[21] 경상북도 교육청, 『독도: 4학년』, 경상북도 교육청, 2019(a); 경상북도 교육청, 『독도: 5학년』, 경상북도 교육청, 2019(b); 동북아역사재단, 『독도바로알기: 5~6학년군』, 동북아역사재단, 2017(a); 동북아역사재단, 『독도바로알기: 3~4학년군』, 동북아역사재단, 2017(b).

특히 2015년 개정 교육과정 초등학교 독도 교육의 학년별 내용 체계 반영을 살펴보면, 독도가 우리나라 영해, 그리고 영토의 동쪽 끝으로 이해할 수 있도록 초등학교 5~6학년 사회과 1단원 국토와 우리 생활에서 국토의 위치와 영역 등 우리 국토에 관한 내용을 기술하면서 지도에서 독도를 다루고 있다. 여기에 독도 관련 내용은 사회과 8단원 통일 한국의 미래와 지구촌의 평화에서 상세히 다루고 있다. 여기에서는 우리의 고유 영토인 독도 관련 역사적 자료와 지리적 특성에 대한 이해를 바탕으로 하여 국토수호 의지와 영토주권 의식 함양은 물론 주변국과 영토 관련 분쟁이 발생할 경우, 합리적이고 능동적으로 대처할 수 있는 능력을 배양하는 데 초점을 맞추고 있다.

초등학교 독도 교육의 주요 내용은 범교과 학습주제의 교수학습자료에 따르면, 독도 교육을 내용 요소와 주요 학습내용으로 구분하여 소개하고 있다. 여기에서는 '국토 개념의 이해'라는 내용 요소로 독도가 다루어지고 있으며, 주요 학습 내용은 우리나라의 영역을 이해하고 독도가 가지는 중요성과 가치의 이해, 독도의 고유한 자원과 일본의 독도 침탈 목적 파악, 독도를 알리는 홍보물 만들기 등으로 요약할 수 있다. 또한 '독도 이해 및 사랑'이라는 내용 요소에 관련된 학습 내용은 독도를 지킨 사람들, 독도가 우리 땅인 이유 이해, 세계시민의식과 생태의 지속가능한 자원 보호, 세계 윤리의 관점에서 독도 문제 바라보기, 독도 사랑을 표현하는 음악 알아보기 등으로 이루어져 있다.[23] 〈표 2〉는 초등학교 독도 교육의 주요 내용을 범교과 학습주제의 교수학습자료로 소개하고 있다.

---

22) 전기석·박경근, 「우리나라 초등학교 독도 교육정책 및 독독 교재 분석」, 『독도연구』 제28호, 2020, 17쪽.
23) 심정보, 「초중등학교 독도교육실천연구회의 활동 분석」, 『독도연구』 제24호, 2018.

〈표 2〉 초등학교 독도 교육 주요 내용(범교과 학습주제 교수학습자료)

내용 요소	주요 학습내용 개관
국토 개념 이해	• 지도를 놓고 지도의 기본 요소 찾아보기 • 기본 요소들에 비추어 국토 탐색하기 • 지도나 그래프 등의 자료를 토대로 사실정보 파악하기 • 영상 자료를 활용해 독도의 아름다움 감상하기 • 백지도 완성하기 • 지형 모형 제작을 통해 국토의 지형 특성 탐색하기
독도 이해 및 사랑	• 독도에 사는 동물을 관찰하고 특징에 따라 분류하기 • 독도와 관련된 인물 조사하기 • 아름다운 우리 땅 독도 알리기 • 우리 영토인 독도 소개하기 • 독도를 나타내는 상징물 만들기 (가정·지역사회 연계형) • 독도 탐험하기

2) 중등학교 독도 교육

중등학교 독도 교육은 학생들의 역사관과 영토관을 명료하게 정립시켜 주기 때문에 독도가 역사, 지리, 국제법적으로 우리 영토인 근거를 객관적, 논리적, 체계적으로 이해할 수 있는 능력을 배양하는 데 초점을 맞추고 있다. 독도 문제가 일본의 왜곡된 역사 인식과 노골적인 영유권 주장에서 비롯된 점을 밝히고 학생들에게 적극적으로 대응할 수 있는 논리를 정립시키기 위해 학교 현장에서 독도의 영토교육 강화는 중요하다.[24] 중등학교 독도 교육의 선행연구는 역사와 사회과의 독도 서술에 대한 분석[25]과 교육과정의 관련성을 통해 부교재 활용방안을 검토[26]하는 논의로 진행되고 있다. 특히 중등학교 독도 교육 활동

[24] 박경근·전기석·신재열, 「중학생들의 독도 인식 및 바람직한 독도교육에 관한 연구」, 『독도연구』 제21호, 2016.
[25] 한철호, 「한국 중학교 "역사" 교과서의 독도 서술 경향과 과제」, 『영토해양연구』 제3호, 2012; 송호열, 「중학교 사회2 교과서의 독도 중단원 비교 분석: 질적 분석을 중심으로」, 『한국사진지리학회』 제23권 4호, 2013(b).
[26] 이상분, 「중학교에서 역사적 사고력 신장을 위한 독도교육 방안: 부교재 "영

이 학생들의 역사관과 영토관에 어떠한 변화를 주고 있는지를 실질적
으로 추적하기 위해 교육과정과 교과서의 독도 관련 내용 구성과 체계
의 분석과 더불어 교육부와 시·도교육청의 독도 교육의 현황과 과제
를 논의하고 있다.[27]

중등학교 1, 2학년은 2015년 개정된 교육과정을, 3학년은 2009년 개
정된 교육과정이 적용되고 있다. 중등학교에서 정규 수업시간의 독도
교육은 3학년을 대상으로 2011년에 고시된 2009년 개정 교육과정에 근
거하여 집필된 6종의 〈사회 2〉 교과서와 9종의 〈역사 2〉 교과서를 통
해 진행되고 있다. 〈사회 2〉 6종 교과서에서 독도와 관련된 내용은 공
통적으로 대단원 지리영역인 "우리나라의 영토", 일반사회 영역인 "국
제사회와 국제정치"에 포함되어 비교적 비중있게 다루어지고 있다.
〈역사 2〉 9종 교과서에서 독도와 관련된 내용은 공통적으로 "근대 국
가 수립 운동과 국권 수호 운동", "대한민국의 발전" 단원에서 독도 관
련 내용을 다루고 있다. 이처럼 중등학교 독도 교육은 사회과나 역사
과가 중심이 되어 교과 수업시간에 교과서 내용 위주로 요약 정리하여
학생들에게 전달되고 있다.

특히 중등학교 독도 교육은 창의적 체험활동, 학교 행사, 독도 탐방,
동아리 활동 시간을 활용하여 부분적으로 실시되고 있다. 일부의 학교
에서는 독도 교육의 영역을 넓히고 학교 단위에서 다양한 교과수업과
더불어 독도 관련 학술회의에 참가하는 형태의 소통하는 영토교육에
관심을 보이고 있다. 하지만 다수의 학교에서는 연간 계획과 학년별
연계성, 학교급별 위계성을 가지면서 체계적이고 지속적으로 실시되
기보다는 일회성 교육에 그치고 있다. 이러한 형태의 독도 교육은 학
생들이 미래지향적인 한일관계 속에서 독도 문제를 인식하고, 일본의

원한 우리 땅 독도" 활용을 중심으로」, 『역사교육논집』 제52호, 2014.
27) 박재홍, 「우리나라 중학교 독도 교육의 현황과 과제」, 『독도연구』 제28호, 2020.

독도 영유권 주장 내용과 근거를 명확히 파악하여, 그 주장의 문제점을 논리적으로 설득할 수 있는 능력을 함양할 수 있도록 하기보다는 일시적이고 감정적인 태도로 대응하도록 만들고 있다.

중등학교 독도 교육의 주요 내용을 범교과 학습주제의 교수학습자료를 살펴보면, 흥미롭게도 내용 요소인 초등학교의 범교과 학습주제 교수학습자료와 차이가 거의 없이 같이 접근하고 있다는 사실이다. '국토 개념 이해'의 학습 내용은 지도에서 우리나라의 영역 확인, 독도의 위치와 가치 확인, 독도의 자원 확인과 일본의 독도 침탈 목적 확인, 독도 홍보를 알리는 홍보물 만들기 등을 소개하고 있다. 또한 '독도 이해 및 사랑'의 학습 내용은 독도를 지킨 사람들 알아보기, 독도가 우리 영토인 이유 이해하기, 일본이 독도를 불법 점령한 이유 파악하기, 세계시민의식을 가지고 독도 문제를 바라보기, 생태 지속가능성의

〈표 3〉 중등학교 독도 교육 주요 내용(범교과 학습주제 교수학습자료)

내용 요소	주요 학습내용 개관
국토 개념 이해	• 지도에서 우리나라 영역 확인하기
	• 독도의 위치가 갖는 중요성과 가치 이해하기
	• 독도의 고유한 자원과 일본의 독도 침탈 목적 파악하기
	• 지역 브랜드로 독도 알리기 (가정·지역사회 연계형)
	• 독도를 알리는 홍보물 만들기 (프로젝트형)
독도 이해 및 사랑	• 독도를 지킨 사람들 알아보기
	• 독도가 우리 영토인 이유 이해하기
	• 일본이 독도를 불법 점령한 이유 파악하기
	• 세계시민의식을 가지고 독도문제 바라보기
	• 생태 지속가능성의 관점에서 독도 바라보기
	• 세계시민윤리의 관점에서 독도문제 바라보기
	• 독도의 매력적인 자연경관 조사하기
	• 독도 사랑을 표현하는 음악 즐기기

관점에서 독도 바라보기, 세계시민윤리 의식의 관점에서 독도 문제 바라보기, 독도의 매력적인 자연경관 조사하기, 독도 사랑을 표현하는 음악 즐기기 등을 소개하고 있다. 〈표 3〉은 중등학교 독도 교육의 주요 내용을 범교과 학습주제의 교수학습자료로 정리하고 있다.

3) 고등학교 독도 교육

고등학교 독도 교육은 단순히 애국심을 자극해 독도 수호 의지를 확인하는 수준을 넘어서 일본의 독도 영유권 주장의 부당성을 인식하고, 글로벌 시대의 역사적, 정치적, 국제법적 상황을 이해하게 만들어, 미래 지향적인 한일관계에 적합한 실천할 수 있는 민주시민으로서의 영토관과 역사관을 확립하는 데 방점을 두고 있다. 고등학교 독도 교육의 선행연구는 교과서에서 독도 기술을 분석하거나 교육과정과 교과서 독도 기술의 현황을 다루고 있다.[28] 하지만 일선 고등학교에서는 독도 교육이 입시 위주의 교육적 현실을 무시할 수 없기 때문에 우선순위에서 밀려 형식적이고 일회적인 활동으로 진행되고 있다는 사실을 부인할 수 없다. 따라서 독도 교육의 실질적인 개선과 질적 강화를 위해 수능 한국사에 독도 문항이 필수로 포함될 수 있는 현실적 방안도 고려해야 할 것이다.[29]

2015년 개정된 고등학교 사회과와 실과(기술·가정)의 교육과정에

---

28) 김영수, 「한국 역사 교과서에서 나타난 독도 기술 현황과 과제: 고등학교 역사 교과서 중심으로」, 『영토해양연구』 제3호, 2012; 송호열, 「고등학교 한국지리 교과서의 독도 관련 내용 분석」, 『한국사진지리학회지』 제22권 제2호, 2012; 강승호, 「역사교육에서의 영토교육 현황과 문제점: 2011 교육과정에 의한 고등학교 한국사 교과서의 영토 관련 서술을 중심으로」, 『역사와 실학』 제57호, 2015.

29) 이광현, 「우리나라 고등학교 독도 교육의 현황과 문제점」, 『독도연구』 제28호, 2020, 96쪽.

서는 2009년의 교육과정과 비교해보면 독도의 영토교육 강화가 뚜렷하게 드러나고 있다. 먼저, 사회과인 〈한국사〉, 〈한국지리〉, 〈동아시아사〉 교과목에서 독도 교육이 강화되었다. 고등학교 1학년 학생들이 공통과목으로 배우는 〈한국사〉에서 독도 관련 단원은 '국제질서의 변동과 근대 국가 수립 운동', '대한민국의 발전과 현대 세계의 변화'이다. '독도와 간도'라는 소주제에서는 일제의 독도 불법 편입을, '현대 세계사의 변화'라는 소주제에서는 샌프란시스코 강화조약과 독도 수호를 학습의 쟁점으로 다루고 있다.[30] 고등학교 2~3학년 학생들의 일반 선택 과목인 〈한국지리〉에서는 '독도 주권', '동해 표기' 등 의미와 중요성을 언급하면서 독도의 영토교육 강화를 드러냈으며, 〈동아시아사〉에서는 '독도', '센카쿠 열도/댜오위 다오', '북방 도서' 등 동북아지역의 해양 도서를 둘러싼 갈등과 분쟁의 사례를 다루면서 독도의 영토교육 중요성을 위한 실천적인 성취기준을 제시하려고 노력하고 있고, 실과(기술·가정)의 교육과정인 〈해양문화와 기술〉 과목에서는 단순한 독도의 가치를 이해하는 수준에 그치지 않고, '우리의 국토로 지킬 방안을 마련'하는 차원에서 독도의 영토교육 강화를 표현한 것을 확인할 수 있다.[31]

고등학교 학생들의 독도 영토교육은 교과 영역에서의 내용적 강화를 넘어서 창의적 체험활동 등 교육 활동 전반적으로 진행되고 있다. 2015년 개정 교육과정에서도 독도 교육은 10개의 주요 범교과 학습주제 중 하나로 선정되어 교과와 창의적 체험활동 등 학교 교육 활동 전반에 걸쳐 10시간 이상 실시하도록 권장하고 있다. 구체적으로는 2016년부터 4월 둘째 주를 '독도교육주간'으로 선정하였고, 2018년부터는 독도 체험시설을 구축하여 '독도 체험발표대회', '독도 지킴이 학교 운영',

---

30) 교육부, 「고시 제2015-74[별책7]」, 2015, 151쪽.
31) 교육부, 「고시 제2015-74[별책10]」, 2015, 72쪽.

'독도 교육 연구학교 운영', '찾아가는 독도 전시회' 등과 같은 실천하는 독도 교육을 진행하고 있다. 하지만 이러한 도전은 형식적인 독도 교육을 넘어 민감할 수밖에 없는 입시 현실을 극복하고 실질적인 개선과 질적 강화로 이어져야 할 것이다. 하지만 고등학교 독도 교육의 주요 내용을 범교과 학습주제의 교수학습자료에 의하면, 먼저 내용 요소인 '국토 개념의 이해'에서는 지도를 통해 독도의 가치 알아보기, 고지도로 독도가 우리 땅임을 확인하기, 한반도와 독도를 둘러싼 국제질서 이해하기 등으로 학습 내용이 구성되어 있다. 더욱이 내용 요소인 '독도 이해 및 사랑'에서는 미술, 퀴즈, 상품 만들기를 통해 독도 표현하기, 일본의 불법 편입과 국제사법재판소 이해하기, 일본의 독도 영유권 주장의 의도 파악하기, 환경과 윤리의 관점에서 독도 바라보기, 여행과 같은 실질적인 체험활동을 통한 독도 이해하기 등으로 학습 내용을 소개하고 있다. 〈표 4〉는 고등학교 독도 교육의 주요 내용을 범교과 학습주제의 교수학습자료로 정리하고 있다.

〈표 4〉 고등학교 독도 교육 주요 내용(범교과 학습주제 교수학습자료)

내용 요소	주요 학습내용 개관
국토 개념 이해	• 지도를 통해 독도의 가치 알아보기
	• 고지도를 통해 독도가 우리 땅임을 확인하기
	• 한반도와 독도가 우리 땅임을 확인하기
독도 이해 및 사랑	• 미술 작품으로 독도 표현하기
	• 환경에 대한 책임 윤리의 관점에서 독도 바라보기
	• 세계시민윤리로 바라본 일본의 독도 불법 편입 바라보기
	• 일본의 독도 영유권 주장에 대해 역사적 자료로 반박하기
	• 일본이 독도를 자국 영토라고 주장하는 의도 파악하기
	• 부모님과 함께 하는 독도 여행 계획 세우기 (가정·지역사회 연계형)
	• 독도를 상징하는 상품 만들어 판매하기 (프로젝트형)
	• 우리 땅 독도 사다리 퀴즈 게임하기 (창의적 체험활동 연계형)

4. 개정 교육과정에서 독도교육의 특징과 한계

교육부는 동북아교육대책팀을 만들어 일본의 계속되는 불법적인 독도 도발에 대응하고자 교사와 학생들의 독도의 영토주권 수호 의지를 강화하기 위해 2011년부터 매년 동북아역사재단 및 시·도 교육청의 독도 교육 주요 업무부서와 함께 '독도 교육 기본계획'을 발표하여 독도 교육의 변화를 추구하고 있다. 주목할 것은 2015년 개정 교육과정에서 독도 교육을 교과와 창의적 체험활동 등 학급별 교육 활동 전반에 걸친 통합적 운영을 통해 초·중등학교 사회, 고등학교 지리, 역사, 기술·가정 교과서에 독도 영토교육의 강화를 추진하고 있다는 점이다.[32] 더욱이 코로나19 팬데믹 사태를 맞이하여 교육부는 뉴미디어 공간에서 활용 가능한 교수·학습 콘텐츠 및 온라인 교육을 위한 맞춤형 독도 교육자료 개발 및 보급을 통한 독도의 영토교육 강화에 노력하고 있다. 이처럼 온라인 교육을 위한 현장 활용성이 높은 독도 학습자료 개발은 자기주도형 학습자료, VR 콘텐츠, 특수 교육용 학습자료와 같이 동북아역사재단 독도연구소 누리집의 유튜브 채널 혹은 에듀넷·티-클리어를 통해 진행되고 있다.[33] 그럼에도 불구하고 독도 교육의 교육과정의 내용이 역사적 서술과 지리적 환경 설명에 국한된 이유는 교육 정책의 결정자들과 학교 현장 구조의 차이가 존재하기 때문이다. 그 결과 한국의 독도 교육정책은 정치적으로 내려진 하향식 결정이 입시 위주의 기존 교육과정과의 충돌로 인해 단순 지식 습득 위주로 운영될 수밖에 없는 한계를 지니고 있다. 이러한 상황적 인식하에 여기에서는 개정 교육과정에서 독도 교육의 특징과 한계에 대해 논의하고자 한다.

---

32) 교육부, 「보도자료: 독도 영토주권 수호를 위한 독도교육 기본계획-교과와 창의적 체험활동 등 교육활동 전반에서 통합적 운영」, 2017.03.24.
33) 교육부-동북아교육대책팀, 「2020년 독도교육 기본계획」, 2020.01, 2쪽.

1) 특징

한국의 독도 교육정책은 한마디로 말하면 대응적 성격이 강하다. 일본 문부과학성은 2010년 3월 초등학교 사회과 검정교과서에 독도를 일본령으로 명기하면서부터 왜곡된 영토교육을 본격적으로 실시하였고, 2017년 3월에 초등학교와 중등학교, 2018년 3월 고등학교 학습지요령 및 학습지도요령 해설을 개정하였고, 그해 7월에 개정판을 고시하였다. 이러한 일본의 독도 관련 교육정책의 변화는 왜곡된 독도 인식이 반영된 영토분쟁을 공식적으로 고착시켜, 독도가 한국에 의해 불법적으로 점거되고 있다는 부정적 인식을 교육적으로 형성시키기 위한 전략으로 보인다. 이에 한국의 교육부는 2009년 교육과정에서 2015년 교육과정으로 양적으로나 질적으로 독도의 영토교육을 강화하는 대응적 정책을 제시하게 되었다. 여기에서는 2015년 개정 교육과정의 초·중·고 범교과 학습주제와 교수학습자료와 독도 교육 기본계획을 분석하여 한국의 독도 영토교육이 어떻게 강화되고 있는지를 살펴보고자 한다.

첫째, 교과 영역에서 독도의 영토교육 강화이다. 제3장에서 언급했듯이, 2015년 개정 교육과정을 2009년 교육과정과 비교해보면, 교과 영역에서 독도의 영토교육은 선명하게 강화되고 있다. 구체적으로는 초등학교의 〈사회〉, 중등학교의 〈사회〉와 〈역사〉, 고등학교의 〈한국지리〉, 〈한국사〉, 〈동아시아사〉 과목에서 독도 교육의 내용이 확대되고 수준도 높아졌다. 특히 객관적인 자료를 토대로 독도가 대한민국의 '고유 영토로서 분쟁지역이 아니라는 점'을 분명히 하여, 학생들이 일본의 부당한 주장에 대해 논리적으로 대응할 수 있도록 영토교육을 시행하고 있다. 더욱이 교육부는 2014년 주요 정책 안내를 통해 시·도교육청의 단위 학교 교육과정 편성 시 연중 10시간 내외의 독도 교육 운영을 권장하였고, 2019년

「2015 개정 교육과정 범교과 학습 주제 교수학습자료: 독도교육(초·중·고)」를 통해 독도 교육의 주요 학습 내용을 구체적으로 제시하고 있다.[34] 여기에서는 '국토 개념의 이해'와 '독도 이해 및 사랑'이란 내용 요소를 중심으로 초·중·고의 교과 영역에서 독도 관련 기술이 늘어났다. 이처럼 2015년 개정 교육과정에서 독도의 영토교육 강화는 교육정책 면에서 지속적이고 체계적으로 강화되고 있다.

둘째, 창의적 체험활동에서 독도의 영토교육 강화이다. 2015 개정 교육과정에서 범교과 학습 주제로 채택된 취지에 부응하여, 교육부는 독도 교육이 교과와 창의적 체험활동 등 교육 활동 전반에서 통합적으로 운영될 수 있도록 중점을 두면서 영토교육을 시행하고 있다. 예컨대, 2016년부터 매년 4월 둘째 주를 '독도교육주간'으로 선정하여 일선 초·중·고교에서 1시간 이상의 계기 교육을 통해 체험활동을 중심으로 독도 교육을 실시하고 있고, 2019년 3월에는 독도주간 동안 학교 현장의 내실 있는 독도 교육 지원을 위해 다양한 자기주도형 독도 교수·학습 자료 개발 및 보급을 진행하고 있다. 구체적으로는 독도 체험공간 구축, 독도 교육 연구학교 및 독도지킴이 학교, 온라인 연수, 독도 체험 발표대회, 독도 동아리 활동 지원 등 다양한 형태의 살아있는 독도 교육을 체험할 수 있도록 운영하고 있다. 주목할 것은 교육부가 현장의 체험활동 중심의 독도 교육 실천을 위해 시·도교육청 및 유관기관과의 협력적 네트워크를 구축하여 독도 관련 영토교육을 강화하고 있다는 사실이다. 예를 들면 동북아역사재단, 영남대 독도연구소, 반크, 전국 독도 체험관을 통해 찾아가는 독도전시회 및 특별 강연

---

34) 교육부, 「2015 개정 교육과정 범교과 학습 주제 교수학습자료: 독도교육(초등학교)」, 2019.02; 교육부, 「2015 개정 교육과정 범교과 학습 주제 교수학습자료: 독도교육(중등학교)」, 2019.02; 교육부, 「2015 개정 교육과정 범교과 학습 주제 교수학습자료: 독도교육(고등학교)」, 2019.02을 참조.

을 개최하여 학생들의 독도주권 수호 의지 제고 및 독도사랑 공감대를 체험적으로 습득하는 교육의 장을 제공하고 있다.

셋째, 뉴미디어 공간에서 독도의 영토교육 강화이다. 2021년 1월 교육부의 동북아교육대책팀에서 발표한 「독도교육 기본계획」에 따르면, 유튜브 혹은 SNS 등과 같은 학습자 친화형 매체를 활용하여 학생 참여 활동 중심의 독도 관련 영토교육의 학습자료 개발 및 보급이 추진하고 있다.[35] 이는 코로나19 상황을 반영하여 학교 단위의 자율 편성에 의한 온라인 프로그램을 통해 다양한 학습 기회가 보장될 수 있도록 독도 교육의 변화를 추구하고 있다. 예를 들면, 2019년 10월 YTN에서 방영한 '내가 독도를 사랑하는 방법-5부작'과 EBS에서 방영한 '설민석의 독도로-1부'는 독도를 쉽고 재미있게 이해할 수 있도록 영상자료를 통해 친화형 독도 교육 콘텐츠를 학생들에게 제공하고 있다. 더욱이 2020년 10월 25일 동북아역사재단에서 개설한 유튜브 채널은 '독도교육주간' 운영 지원으로서 초·중·고 학생들을 대상으로 실시간 온라인 독도 특강을 운영하고 있다. 다시 말하면 코로나19의 대응으로 전통적인 교육에서 원격교육이 뉴노멀로 등장하면서 독도 교육은 뉴미디어 공간을 활용한 언택트형의 영토교육을 강화하고 있다.

2) 한계

독도 교육은 일본의 독도 영유권 주장에 대한 감정적 반박에 그치는 것이 아니라 왜곡된 일본 주장의 실체와 그 부당성에 대한 반박의 논리를 체계적으로 배양할 수 있는 능력을 기르는 것이다. 이러한 독도 교육은 2015년 개정 교육과정에서도 10개의 주요 범교과 학습주제 중

---

[35] 교육부-동북아교육대책팀, 「2021년 독도교육 기본계획」, 2021.01.29.

하나로 선정되어 교과와 창의적 체험활동 등 학교 교육 활동 전반에 걸쳐 10시간 이상 실시하도록 권장하고 있다. 하지만 한국의 독도 교육정책은 교육 내용체계 면에서 초·중·고등학교의 정규 교과목에 담아내기는 어려운 것이 현실이기에 근본적인 한계가 있다. 그 주된 과제는 교과별 과목의 분류 항목과 난이도가 다른 상황, 독도에 관해서만 각 교과목에서 많은 분량을 적시할 수 없고, 특별한 시수를 배당할 수 없기 때문이다(김호동 2014, 300).[36] 이러한 교육 내용 체계의 개선을 통해 독도의 영토교육 강화를 실질적이고 질적으로 이루어져야 할 것이다. 본 절에서는 2015년 개정 교육과정의 초·중·고 범교과 학습 주제와 교수학습자료와 독도 교육 기본계획을 기반으로 한국의 독도 영토교육이 직면하고 있는 한계에 관해 논의하고자 한다.

첫째, 초등학교 독도 교육은 교육과정에서 저학년과 고학년에서 각각 다루어야 할 분류 항목의 분량과 난이도가 적절하게 구분되거나 체계적으로 구성되어 있지 않다. 초등학교 독도 내용 체계의 10가지 분류 항목은 위치, 영역, 지형, 기후, 생태, 자원, 지명의 변천, 독도 수호 자료, 일본의 영유권 주장과 대응, 영토주권을 위한 수호에 대한 노력이다. 하지만 동북아역사재단의 『독도바로알기』와 경상북도 교육청의 『독도』교재에서 다루고 있는 분류 항목은 10개의 분류 항목에 관한 내용을 모두 기술하고 있지 않은 상태이다. 이는 초등학교 저학년 교재와 고학년 교재에서 다루고 있는 내용 요소가 체계적으로 분류되어 있지 않고, 기술한 분류 항목도 적절해 보이지 않기 때문에 재조정이 필요하다. 더욱이 초·중·고등학교로 구분하여 제시한 내용 요소를 무시하고 중·고등학교에서 다루어야 할 내용 요소를 초등학교에 교육 내용에 그대로 기술되고 있다. 2015년 개정 교육과정에서 언급하고

---

36) 김호동, 「우리나라 독도교육 정책의 현황과 과제」, 『독도연구』 제17호, 2014, 300쪽.

있듯이, 학생의 체험활동을 중심으로 다양한 학습 기회가 보장될 수 있도록 초등학교 독도 교육은 역시 저학년과 고학년 교육과정의 난이도를 배분하여 학생들이 주도적으로 참여할 수 있는 독도 관련 체험활동을 효율적으로 돕는 교재개발이 필요하다.

둘째, 중등학교 독도 교육은 교육과정 및 연간 학교 교육계획을 고려하여 탄력적이고 현장 교육에 맞게 실현 가능한 형태로 실시돼야 할 것이다. 2015 개정 교육과정에서 독도 교육에 상당한 강화와 확대가 이루어졌지만, 독도 교육이 〈사회과〉 교육과정에서 과도한 역사적 접근에 집중되어 있고, 정규수업 시수 또한 2009년 개정 교육과정과 비슷하게 편성되어 있어 실질적인 개선은 그다지 없는 상황이다. 이처럼 현재 중등학교 독도 교육은 단위 학교별 연간 교육 활동계획에 따라 지속적이고 체계적으로 실시되고 있지는 못한 실정이다. 수업시수 부족에 따른 교과 진도와 진학을 이유로 교과서 내용 위주로 요약 정리하는 형태로 학생들에게 전달하거나 일정에 맞추어진 체험활동, 학교행사, 독도 탐방 등 일회성 활동에 그치는 경향이 많다. 다시 말하면, 학생들의 발달 단계를 고려하여 중등학교 독도 교육은 형식적이고 일회성에서 벗어나 학교급별 독도 교육을 탄력적으로 실시하고, 학교급 간 독도 교육을 연계하여 단위 학교 교육과정 안에 독도 교육이 지속적이고 체계적으로 실천될 수 있도록 교육과정 교과서, 다양한 교수·학습 자료의 개발과 수업으로 이어질 수 있도록 개선이 필요하다.

셋째, 고등학교 독도 교육은 입시 위주의 교육 현실 때문에 형식적이거나 일회적인 활동으로 교육적 우선순위에서 밀려나고 있는 형편이다. 학교에서는 4월 '독도교육주간'과 10월 '독도의 달'을 전후해서 독도 교육이 계기 교육이나 독도독서대회, 독도바로알기대회, 독도스토리텔링대회, 독도백일장 등과 같은 행사로 진행되고 있지만, 그 실체는 형식적으로 진행되는 경향이 강하다. 더욱이 필수가 아니 권장

사항인 독도 교육은 입시 위주인 고등학교의 교육적 현실에서 관리자의 재량에 따라 축소되는 것이 당연하다. 이는 독도 교육을 위한 교수·학습 자료가 부실해서가 아니라 교육부의 독도 교육정책이 학교 현장의 교육 실태를 정확하게 파악하고 있지 못하기 때문이다. 2015년 개정 교육과정에서 독도의 영토교육이 가장 강화된 과목은 공통 교과목인 〈한국사〉가 아니라 선택 교과인 〈한국지리〉이다. 이처럼 선택 교과목으로 독도 교육을 강화하려는 교육부의 방침은 대학입시에 민감할 수밖에 없는 고등학교 학생들의 교육 현실을 고려해서, 수능 〈한국사〉에 독도 문항을 필수로 포함시키는 등 실질적인 독도 교육의 개선과 질적 강화가 이루어져야 할 것이다.

5. 맺음말

본 연구에서는 2015 개정 교육과정에서 한국의 독도 교육정책이 어떻게 강화되고 있는지를 논의하였다. 논의는 영토교육 강화로서의 독도 교육이란 관점에서 초·중·고등학교의 독도 교육정책에 대한 실태를 사례로 분석하여, 그 특징과 한계를 도출하는 데 초점을 맞추었다. 주목할 것은 2015년 개정 교육과정 범교과 학습주제가 10개로 통합·조정된 '안전·건강 교육, 인성 교육, 진로 교육, 민주시민 교육, 인권 교육, 다문화 교육, 통일 교육, 독도 교육, 경제·금융 교육, 환경·지속가능발전 교육' 등과 같은 국가·사회적 요구와 수요자의 필요나 요구에 의해 지도되어야 하고 강조하여 지도해야 할 교육 내용에서 독도 교육을 적시하고 있다는 사실이다. 이는 독도에 대한 올바른 이해를 바탕으로 학생 및 교원의 독도 영토주권 의식을 함양하고 일본의 학습지도요령과 해설서에 반영되고 있는 왜곡된 독도 인식에 대응하기 위한 영토교육 강화의 필요성을 반성적으로 성찰하려는 시도이다.

교육부는 동북아교육대책팀을 만들어 일본의 불법적인 독도 도발에 대응하고자 2011년부터 매년 동북아역사재단 및 시·도 교육청의 독도교육 주요 업무부서와 함께 '독도 교육 기본계획'을 발표하여 영토교육을 강화하고 있다. 특히 2015년 개정 교육과정에서 독도 교육을 교과와 창의적 체험활동 등 학급별 교육 활동 전반에 걸친 통합적 운영을 통해 교육과정에서 영토교육의 중요성을 개진하고 있다. 구체적으로 학교급별 독도 교육의 목표를 살펴보면, 초등학교에서는 독도의 자연환경, 지리와 역사적 특성을 이해함으로써 우리 땅 독도에 관한 관심과 애정을 갖고 독도 수호 의지를 다지도록 돕는 것이며, 중등학교에서는 독도가 역사·지리·국제법적으로 우리 영토인 근거를 정확하고 체계적으로 이해하여 객관적·논리적으로 설명할 수 있는 능력을 배양시키는 것이고, 고등학교에서는 일본이 주장하는 독도 영유권의 부당성을 인식하고 국제법적으로 독도 수호의 의지를 갖추어 미래 지향적인 한일관계에 적합한 영토관과 역사관을 확립시키는 것이다.

한국의 독도 교육정책은 대응적 성격이 강하다. 일본 문부과학성은 2010년 3월 초등학교 사회과 검정교과서에 독도를 일본령으로 명기하면서부터 왜곡된 영토교육을 본격적으로 실시하였고, 2017년 3월에 초등학교와 중등학교, 2018년 3월 고등학교 학습지요령 및 학습지도요령 해설을 개정하였고, 그해 7월에 개정판을 고시하였다. 이에 한국의 교육부는 2009년 교육과정에서 2015년 교육과정으로 양적으로나 질적으로 독도의 영토교육을 강화하는 대응적 정책을 제시하게 되었다. 구체적으로 한국의 독도 교육의 특징은 교과 영역에서 독도의 영토교육 강화, 창의적 체험활동에서 독도의 영토교육 강화, 뉴미디어 공간에서 독도의 영토교육 강화로 정리될 수 있다. 반면, 초등학교에서는 저학년과 고학년 교육과정에서의 분류 항목의 분량과 난이도가 존재, 중등학교에서는 현장 교육에 맞지 않게 교육과정이 진행됨, 고등학교에서는 입시 위주의 교육 현실 때문에 형식적이거나 일회적인 활동으로 독도 교육이 진행되는 등의 한계에 직면하고 있다.

흥미로운 것은 코로나19 팬데믹 현상이 온라인 서비스 중심의 독도 교육정책을 강화하고 있다는 사실이다. 교육부는 비대면 시대를 맞이하여 웹 기반의 독도바로알기 교재와 뉴미디어(유튜브와 SNS 등) 활용을 통해 학습자에게 친숙하고 접근성과 활용도가 높은 독도 교육 영상 자료 개발 및 보급에 심혈을 기울이고, 뉴미디어 공간에서 활용 가능한 교수·학습 콘텐츠 및 온라인 교육을 위한 맞춤형 독도 교육자료 개발 및 보급을 통한 독도의 영토교육 강화에 노력하고 있다. 이러한 새로운 형태의 독도 교육 강화방안은 코로나19 팬데믹 등으로 인한 교육여건 변화에 부응하여 등교·원격수업 병행 상황에서도 학교 현장의 내실 있는 독도 교육의 필요성에 따른 실질적인 개선이다.

【참고문헌】

강승호, 「역사교육에서의 영토교육 현황과 문제점: 2011 교육과정에 의한 고등학교 한국사 교과서의 영토 관련 서술을 중심으로」, 『역사와 실학』 제57호, 2015.

경상북도 교육청, 『독도: 4학년』, 경상북도 교육청, 2019.

경상북도 교육청, 『독도: 5학년』, 경상북도 교육청, 2019.

교육부, 「고시 제2015-74[별책7]」, 2015.

교육부, 「고시 제2015-74[별책10]」, 2015.

교육부, 「보도자료: 독도 영토주권 수호를 위한 독도교육 기본계획 발표」,

2017.03.24.

교육부, 「보도자료: 학생, 시민 모두가 참여하는 독도 사랑 실천」, 2018.03.23.

교육부, 「2015 개정 교육과정 범교과 학습 주제 교수학습자료: 독도교육(초등학교)」, 2019.02.

교육부, 「2015 개정 교육과정 범교과 학습 주제 교수학습자료: 독도교육(중등학교)」, 2019.02.

교육부, 「2015 개정 교육과정 범교과 학습 주제 교수학습자료: 독도교육(고등학교)」, 2019.02.

교육부-동북아교육대책팀, 「2020년 독도교육 기본계획」, 2020.01.

교육부-동북아교육대책팀, 「2021년 독도교육 기본계획」, 2021.01.29.

권오현·이종호, 「일본 고등학교 지리 과목의 내용 구성 방법에 대한 고찰: 지리역사과와 지리B 과목을 중심으로」, 『한국지리환경교육학회지』 제24권 4호, 2016.

김미경, 「우리나라 독도 교과지도 현황 및 독도 교과지도 개선책」, 『한국도서연구』 제31집 3호, 2019.

김수희, 「초·중·고 역사교과서에서의 독도 기술과 방향성 검토」, 『역사교육논집』 제51호, 2013.

김소용·남상준, 「영토교육에 대한 초등학교 교사 및 학생의 인식: 독도교육을 사례로」, 『초등교과교육연구』 제21호, 2015.

김영수, 「한국 역사 교과서에서 나타난 독도 기술 현황과 과제: 고등학교 역사 교과서 중심으로」, 『영토해양연구』 제3호, 2012.

김태우, 「초등학생의 영토 인식 특성에 대한 연구」, 『한국지리환경교육학회지』 제23호, 2015.

김호동, 「우리나라 독도교육정책의 현황과 과제」, 『독도연구』 제17호, 2014.

김혜진·서태열, 「초등학교 실천적 독도교육 방향 모색」, 『학습자중심교과서교육연구』 제19호, 2019.

나행주, 「일본 역사교과서의 독도기술과 영토교육」, 「한일관계사학회」 제68집, 2020.

남상구, 「일본 교과서 독도기술과 시마네현 독도교육 비교 검토」, 『독도연구』 제20호, 2016.

남호엽, 「글로벌 시대 지정학 비전과 영토교육의 재개념화」, 『한국지리환경교육학회지』 제19권 3호, 2011.

동북아역사재단, 『동해 및 독도에 관한 영토교육의 현황과 과제』, 동북아
역사재단, 2009.

동북아역사재단, 『독도바로알기: 5~6학년군』, 동북아역사재단, 2017.

동북아역사재단, 『독도바로알기: 3~4학년군』, 동북아역사재단, 2017.

문상명, 「초등 사회과 교과서 독도 서술의 변천 연구」, 『사회과 교육』 제57호,
2018.

박경근 · 전기석 · 신재열, 「중학생들의 독도 인식 및 바람직한 독도교육에
관한 연구」, 『독도연구』 제21호, 2016.

박선미, 「독도교육의 방향: 민족주의로부터 시민 애국주의로」, 『한국지리
환경교육학회지』 제17권 2호, 2009.

박재홍, 「우리나라 중학교 독도 교육의 현황과 과제」, 『독도연구』 제28호,
2020.

박창건, 「한일관계에서 영토교육의 현재적 의미: 경상북도와 시마네현의
독도교육을 중심으로」, 『독도연구』 제24집, 2018.

배진수 · 유하영 · 홍성근 · 오강원 · 정영미 · 김영수(편), 『독도문제의 학제
적 연구』, 동북아역사재단, 2009.

서태열 · 김혜숙 · 윤옥경, 「독도 및 울릉도 관련 영토교육의 방향 모색」, 한
국해양수산개발원, 2007.

석병석, 「영토교육으로서의 초등학교 독도교육 탐색: 한 · 일간 미래 지향
적 과제로서 초등학생들의 독도교육 방안 모색」, 『사회과수업연구』
제4호, 2017.

송호열, 「중학교 사회1 교과서의 독도 관련 내용 분석」, 『한국사진지리학
회지』 제21집 3호, 2011.

송호열, 「고등학교 한국지리 교과서의 독도 관련 내용 분석」, 『한국사진지
리학회지』 제22권 제2호, 2012.

송호열, 「중학교 사회2 교과서의 독도 중단원 비교 분석: 질적 분석을 중심
으로」, 『한국사진지리학회』 제23권 4호, 2013.

송희영, 「개정 "학습지도요령"과 "교육과정"의 기술 비교검토」, 『독도연구』
제28호, 2020.

심정보, 「초중등학교 독도교육실천연구회의 활동 분석」, 『독도연구』 제24호,
2018.

이광현, 「우리나라 고등학교 독도 교육의 현황과 문제점」, 『독도연구』 제28호, 2020.

이상분, 「중학교에서 역사적 사고력 신장을 위한 독도교육 방안: 부교재 "영원한 우리 땅 독도" 활용을 중심으로」, 『역사교육논집』 제52호, 2014.

이우진, 「교육과정과 해설서에서 나타난 초등학교 독도 기술의 변화」, 『교육연구』 제60호, 2014.

이우진, 「독도 교육의 측면에서 본 2015 개정 교육과정」, 『비교일본학』 제40호, 2017.

이우진·이원근, 「"2015 개정 교육과정"의 초등학교 독도교육 분석: 6학년 사회과 〈독도교육 특별단원〉을 중심으로」, 『독도연구』 제30호, 2021.

임영신, 「초등학교 독도 교육 실태와 개선방안」, 『역사교육논집』 제53호, 2014.

전기석·박경근, 「우리나라 초등학교 독도 교육정책 및 독도 교재 분석」, 『독도연구』 제28호, 2020.

진보애, 「공간정보기술을 활용한 영토교육 모형의 개발과 적용: 창의적 체험활동을 중심으로」, 『한국사진지리학회지』 제24집 4호, 2014.

진보애, 「"그냥" 영토교육과 "새로운" 영토교육: 통합적 영토교육 모형과 디지털스토리텔링맵의 구현」, 『한국지리환경교육학회지』 제24집 4호, 2016.

한철호, 「한국 중학교 "역사" 교과서의 독도 서술 경향과 과제」, 『영토해양연구』 제3호, 2012.

홍성근, 「일본 고등학교 교과서 독도 기술의 현황과 문제점: 2016년과 2017년 검정교과서를 중심으로」, 『영토해양연구』 제14호, 2017.

홍성근·서종진, 「일본 초·중·고 개정 학습지도요령 및 해설과 독도 관련 기술의 문제점」, 『영토해양연구』 제16호, 2018.

홍성근·서종진, 남상구, 「일본 초중고 교과서의 독도기술 현황과 전망」, 『교과서연구』 제76집, 2014.

日本文部科学省, 2017(a), 「小学校学習指導要領」 および 「学習指導要領解

説」, (http://www.mext.go.jp/a_menu/shotou/new-cs/1387014.htm).
日本文部科学省, 2017(b),「中学校学習指導要領」 および 「学習指導要領解
　　　　説」, (http://www.mext.go.jp/a_menu/shotou/new-cs/1387016.htm).
日本文部科学省, 2018,「高等学校学習指導要領」 および 「学習指導要領解
　　　　説」, (http://www.mext.go.jp/a_menu/shotou/new-cs/1407074.htm).

Erikson, E. H. 1968. Identity, youth and crisis, New York: W. W. Norton
　　　　Company.
Johnston, R. J. 1995. "Territoriality and the state", in Benko, G. B. &
　　　　Strohmayer, U. (eds.), Geography, History and Social Science,
　　　　Dordrecht: Kluwer Academic Publishers.
Sack, R. D. 1986. Human Territoriality, Cambridge: Cambridge University
　　　　Press.

일본 독도 교육의 현황과 방향성

송 휘 영

1. 머리말

2012년 8월 대통령의 독도 방문 등을 계기로 한일 간의 외교적 갈등은 더욱 격화되는 양상을 보이고 있으며, 양국의 문화적 경제적 관계의 악화는 물론 일본 국내의 우경화 경향 및 동아시아의 영토문제와 연계하여 한일관계는 경색 국면으로 빠져들고 있다. 일본의 이러한 경향은 어느 정도 예견된 치밀한 로드맵 위에서 움직이고 있음을 알 수 있다.

독도를 몰래 일본의 영토로 편입시키고 100주년이 되는 2005년에 2월 22일을 일본 시마네현이 '죽도(竹島)의 날'로 제정[1]하고 「죽도문제연구회」를 현의 총무부에 설치하고 나서, 일본의 독도 재침탈의 의도는 본격화 되었다고 할 수 있다. 이 「죽도문제연구회」의 연구 결과인 『제

---

[1] '죽도(竹島)의 날'은 러일전쟁이 진행 중이던 1905년 2월 22일에 독도를 일본 시마네현 부속섬으로 편입하였는데, 그 100주년에 해당되는 2005년 2월 22일을 기해 시마네현 조례로 지정하였음.

1기 최종보고서』를 바탕으로 일본 외무성이 홍보 팸플릿을 10개 국어로 작성 배포[2]하기 시작하였고, 아울러 문부과학성은 애국심 교육을 강화한다는 명목으로 2006년 12월 22일 『교육기본법』을 개정 공포하였다. 이를 바탕으로 하여 『초·중·고등학교 학습지도요령』및 『학습지도요령 해설서』가 개정되었고, 개정된 학습지도요령과 해설서에 근거하여 집필한 2010년 3월 31일 초등학교 교과서 검정결과 발표를 시작으로 지난 2013년 3월 26일 고등학교 교과서 검정결과를 완료하였다.[3] 새로 개정된 초등학교 및 중학교 교과서는 이미 학교교육에 사용되고 있고, 고등학교는 올해 4월 1일 저학년 교과과정에서부터 본격적으로 사용하고 있다.

이들 검정교과서가 전반적으로 독도는 '일본 고유의 영토'라든가, '한국이 불법점거' 중이라는 기술을 강화하고 있으며 역사적 판단이 서지 않는 어린 학생들에게 왜곡된 논리로 기술하고 있다. 십 수 년 전만 하더라도 일본의 일반인들은 독도에 대한 정보를 거의 알지 못하였지만, 2005년 이후 일본 국민의 거의 50% 이상이 독도는 한국과 영유권 분쟁 중인 섬으로 알고 있다고 한다.[4] 문제는 이렇듯 왜곡된 독도 교육을 받고 자란 학생들이 성인이 되는 10~20년 뒤의 양국 국민의 영토 인식에 치명적인 마찰을 초래할 가능성이 높다는 사실이다. 그러한 관점에서 우리의 독도 교육도 객관적이고 내실 있는 내용으로 강화되어

---

[2] 일본 외무성은 2008년 2월에 「죽도문제를 이해하기 위한 10의 포인트」를 작성하여 3월 8일부터 홈페이지에 게재하기 시작하였고, 같은 해 말 10개 국어로 확대하여 게재하였음.

[3] 고등학교 교과서는 2012년 3월 27일에 저학년(1학년)용 검정결과, 2013년 3월 26일에 중급학년(2학년)용 검정결과가 발표된 것이며, 이번 검정결과에서는 21종 중 17종(71%)에 독도 기술이 포함되어 있음.

[4] 최근의 조사에서는 일본에서 독도 분쟁을 들어본 적이 있다는 비율이 91%, 독도를 일본땅이라고 생각하는 비율이 69%로 나타나고 있다(「일본인 10명 중 7명 "독도는 일본땅"」, 『동아일보』, 2013.1.4일자 기사).

야 할 것이다.

본고에서는 일본의 독도교육의 현황을 점검하고 그 방향성에 대해 검토하고자 한다. 일본 교과서에서의 독도기술에 관해서는 기존 연구 축적이 어느 정도 이루어지고 있다.5) 여기서는 일본의 초·중·고등학교 사회과 교과서에서의 독도기술을 일일이 점검하기 보다는 일본 독도교육 강화의 일련의 움직임을 전반적으로 전망하고 향후의 방향성을 검토하고자 하는 것이다. 따라서 일본 시마네현「제2기죽도문제연구회」의『제2기『죽도문제에 관한 조사연구』최종보고서』6)의 분석을 중심으로 논고를 진행하고자 한다. 그 가운데에서도 고등학교 사회과 교재에서의 독도교육에 초점을 두고자 한다. 왜냐하면 개정된『신학습지도요령』이 가장 먼저 고등학교 교과서에 영향을 미치고 있다는 점과 초중고 교과서 가운데에서도 독도기술이 보다 구체적으로 명시하고 있다는 점 등의 이유 때문이다.

2. 일본 학교교육에서 독도에 관한 동향

독도에 대한 일본 학교교육의 강화의 배경으로는 2006년「교육기본법」의 개정이 있다. 개정된 교육기본법에서는 21세기를 개척하는 여유롭고 강인한 국민 교육을 지향한다는 관점에서, 교육 목표의 하나로써「전통과 문화를 존중하고, 이를 길러온 우리나라와 향토를 사랑함과 동시에 타국을 존중하고 국제사회의 평화와 발전에 기여하는 태도를

---

5) 예를 들어, 손용택(2005), 권오현(2006), 심정보(2008), 김화경·노상래(2009), 신주백(2010), 박병섭(2011), 심정보(2011) 등을 들 수 있다.
6) 第二期竹島問題研究会編,『第二期『竹島問題に関する調査研究』最終報告書』, 島根県総務部総務課, 平成24年3月

〈표 1〉 일본 개정 초 · 중 · 고등학교 학습지도요령의 고시 및 실시

구분		고시	실시	비고
1998 · 99년 개정	소학교학습지도요령(98)	1998년 문부성 고시	2002년 전면실시	
	중학교학습지도요령(98)	1998년 문부성 고시	2002년 전면실시	
	고등학교학습지도요령(99)	1999년 문부성 고시	2003년부터 학년진행에 따라 실시	
2008 · 09년 개정	소학교학습지도요령(08)	2008년 문부성 고시	2011년 전면실시	교육기본법 개정 후
	중학교학습지도요령(08)	2008년 문부성 고시	2012년 전면실시	상동
	고등학교학습지도요령(09)	2009년 문부성 고시	2013년부터 학년진행에 따라 실시	상동

배양할 것」[7]이라는 조항이 새로 추가되었다. 종래의 교육기본법은 미군정하에서 '평화헌법'에 기초한 민주교육을 지향하는 것으로 1947년 3월 31일에 제정된 것이었다. 말하자면 개정된 교육기본법은 '나라와 향토를 사랑한다'는 명목으로 '애국심 교육' 조항을 삽입한 것이다. 새로운 「교육기본법」을 반영하여 개정한 『초중학교 학습지도요령』 (2008.3.28 고시) 및 『고등학교 학습지도요령』(2009.3.9 고시)을 각각 고시하였고, 여기서는 '독도 영유권 갈등에 대한 일본의 입장'을 적극적으로 명기하도록 하고 있다. 이들 개정된 신학습지도요령은 초등학교에서는 2011년 4월 1일, 중학교에서는 2012년 4월 1일부터 전면적으로 실시되고 있다. 또한 고등학교 및 특수학교 고등부에서는 2013년

---

[7] 「教育基本法」第1章 第1條 第5項,「五 伝統と文化を尊重し,それらをはぐくんできた我が国と郷土を愛するとともに,他国を尊重し,国際社会の平和と発展に寄与する態度を養うこと.」

4월 1일부터 저학년(1학년)부터 단계적으로 실시될 예정이다(〈표 1〉
및 〈표 2〉참조).

　이러한 일본의 초·중·고등학교 교육현장에서의 독도 교육의 강화
는 시마네현 「죽도문제연구회」(이론적 근거 제공), 외무성(국내외 홍
보)과 함께 일본 문부과학성(교육)이 '연구-홍보-교육'이라는 삼위일체
를 형성하여 치밀하게 추진되고 있는 것이다. 문제는 왜곡된 역사적
사실을 담은 「10 포인트」의 논리를 교육현장의 교재에다 그대로 반영
하고 있다는 것이고, 나아가 실제 학습지도요령 및 학습지도요령 해설
서에서는 구체적으로 국제사법재판소에서 영토문제를 해결할 것을 상
정한 매뉴얼까지 담고 있다는 점이다.

　영토문제에 대해서는, 예를 들어 지리역사과의 신학습지도요령에서
도 지리A·B와 함께 취급하도록 명시하고 있으며, 내용 취급에서는 각
각 「일본의 영역을 둘러싼 문제에도 거론할 것」(지리A), 「일본 영토문
제에 대해서도 거론할 것」(지리B)으로 하고 있다. 즉, 『중학교학습지
도요령 해설서』에서 「우리나라(일본)와 한국 사이에 죽도(독도)를 둘
러싼 주장에 차이가 있는 것 등에 대해서도 거론하고, 북방영토와 마
찬가지로 우리나라(일본)의 영토·영역에 대해 이해를 심화시킬 필요
가 있다」는 것을 상기시키고, 중학교에서의 학습을 기본으로 하여, 고
등학교 교과서에서도 북방영토 등 일본이 당면한 영토문제에 대해 일
본이 정당하게 주장하고 있다는 입장에 기초하여 정확하게 취급하는
동시에, 영토문제에 대해 이해를 심화시킬 필요가 있음을 강조하고 있
는 것이다.

〈자료 1〉『학습지도요령해설서』「지리역사편」에서의 독도 기술

【지리A】

(1) 현대 세계의 특색과 제 과제의 지리적 고찰

가. 지구의와 지도에서 파악한 현대세계

「일본 위치와 영역」에서는 「일본 영역을 둘러싼 문제」도 거론할 것(내용 취급)과 나타내고 있는 것에도 유의하고 북방영토 등 우리나라가 당면한 영토문제와 경제수역문제 등을 거론하여 국경이 가진 의의와 영토문제가 사람들의 생활에 미치는 영향 등을 고찰할 수 있도록 한다. 또한 **북방영토 등 우리나라가 당면한 영토문제에 대해서는 중학교에서의 학습을 기본으로 하여 우리나라가 정당하게 주장하고 있는 입장에 기초하여 정확하게 취급, 영토문제에 대해 이해를 심화시키는 것이 필요**하다.

【지리B】

(2) 현대세계의 계통지리적 고찰

나. 생활문화, 민족, 종교

「영토문제의 현상과 동향을 취급할 때 일본 영토문제에도 거론할 것」(내용 취급)으로 부터 북방영토 등 우리나라가 당면한 영토문제에 대해서는 **중학교에서의 학습을 기본으로(※), 우리나라가 정당하게 주장하고 있는 입장에 기초하여 정확하게 취급, 영토문제에 대해 이해를 심화시키는 것이 필요**하다.

※ 중학교학습지도요령 해설편에서는 「또한 우리나라와 한국 사이에 죽도(독도)를 둘러싼 주장에 차이가 있다는 것 등에 대해서도 거론, 북방영토와 마찬가지로 우리나라의 영토·영역에 대해 이해를 심화시킬 필요가 있다」고 말하고 있다.

현재 세계에는 많은 지역에서 영토문제가 존재하고 있으며, 이는 유럽 열강에 의한 민족분포를 무시한 국경선의 획정, 지하자원 등을 둘러싼 점유권 다툼, 불확정이었던 국경의 명확화 등이 그 주요한 이유로서 거론할 수 있다. 일본의 교과서에서는 독도문제에 대해서는 수산자원을 둘러 싼 분쟁이라고 보는 교과서(제국서원)도 있지만, 한일상호의 토지 인지의 차이라는 면을 부각시키고 있다. 독도(죽도)문제는 한일 쌍방의 주장에 차이를 보이고 있으므로 발생한 것임을 이해시킴과 동시에 쌍방의 주장에 큰 차이가 있는 이상은 당사자 간에 의한 영토문제의 해결은 어렵다고 설명하고 있다. 따라서 가장 현실적인 해결

방법의 하나는 국제사법재판소(ICJ) 등 제3국 기관에 의한 해결이지만, ICJ는 당사국이 합의하지 않으면 재판을 진행할 수 없으며, 독도(죽도)문제에 대해서 일본의 ICJ에의 제소를 한국이 거부하고 있다는 사실을 강조하고 있다. 독도문제 해결은 용이한 것은 아니지만, 우선 일본국민 한 사람 한 사람이 독도문제에 대한 관심을 가지는 것이 해결을 향한 첫걸음이라고 말 할 수 있다고 기술하고 있다. 따라서 이러한 인식을 바탕으로 국제적으로 정보를 발신할 수 있는 능력을 키우고 학습지도요령에서 주창하고 있는 「국제사회에 주제적으로 사는 일본 국민으로서의 자각과 자질을 함양한다」는 것으로 연결하고자 하는 것이다.

개정된 「초·중학교학습지도요령 해설서」(2008.7.14) 및 「고등학교 학습지도요령 해설서」(2009.3.9)를 바탕으로 하여 집필된 초등학교 사회과 교과서의 검정결과가 2010.3.31에 발표되었고, 독도를 일본령으로 하는 국경선이 그어진 교과서가 검정을 통과하게 되었다. 2011년 3월 30일에는 중학교 교과서의 검정결과가 발표되었으며, 여기서는 사회과 18종 중 12종(64%)이 독도영유권을 기술하고 있다. 이는 기존의 교과서 검정(10/23종(46%))보다 18%나 독도기술이 증가하여 통과된 것이었다. 이러한 경향은 2012년 고등학교 검정결과 발표에도 그대로 이어졌다. '독도는 일본 고유의 영토'이며, 한국이 이를 '불법점거'하고 있다는 기술로까지 등장하고 있으며, 기존의 검정결과에 비해 양적으로는 8%정도 증가한 것이지만 질적으로는 그 분량과 내용이 강화되고 있는 것이었다(〈표 2〉 참조).

〈표 2〉 독도 교과서 문제 관련 연표

연월일	내 용	세부내역	비고
1947.3.31	헌법과 함께『교육기본법』 제정	패전 후 '평화헌법'에 기초하여 민주교육을 지향	미군정기
2005.3.16	시마네현 의회 '죽도의 날' 통과	독도강탈 100주년인 2월 22일을 죽도의 날로 제정, 현의회에 의결하여 통과	시마네현
2005.3.29	문부성 학습지도요령에 독도 명기 조항 삽입	독도를 일본영토로 명기하는 것으로 함	
2006.12.22	「교육기본법」 개정, 공포·시행 (12.15 성립)	'나라와 향토를 사랑한다'는 애국심교육 조항 삽입	
2008.2	외무성 죽도문제 10포인트 게재	「죽도문제를 이해하기 위한 10의 포인트」를 일본 외무성 홈페이지에 게재(한·일·영)	일본 외무성
2008.3.28	「초·중학교 학습지도요령」 고시	독도영유권 갈등에 대한 일본의 입장 명기	
2008.7.14	「초·중학교학습지도요령 해설서」(2011·12년용)	상동	
2008.12	외무성 죽도문제 10포인트 10개 국어로 게재	「죽도문제를 이해하기 위한 10의 포인트」를 10개 국어로 확대	일본 외무성
2009.3.9	「고등학교 학습지도요령」 고시	독도영유권 갈등에 대한 일본의 입장 명기	
2009.12.25	「고등학교학습지도요령 해설서」(2013년용)	독도영유권 갈등에 대한 일본의 입장 명기	
2010.3.31	초등학교 교과서 검정결과 발표 (2011년용)	초등 사회과 교과서에 독도를 일본령으로 하여 국경선 명기	
2011.3.30	중학교 교과서 검정결과 발표 (2012년용)	사회과 18종 중 12종(64%)이 영유권 기술(기존은 10/23종 (46%)이 독도영유권 주장)	18% 증가
2012.3.27	고등학교 교과서 검정결과 발표 (2013년용)	사회과 39종중 21(54%)종이 영유권 기술 '독도는 일본 고유의 영토' 명기 (18종(46) ⇒ 21종: 3종 증가)	8% 증가
2013.3.20	고등학교 교과서 검정결과 발표 중급학급용(2014년용)	사회과 21종 중 15종(71%)이 영유권 기술: '독도는 일본 고유의 영토'이며, '한국이 불법점거' 명기(12종(57%)⇒15종(71%) 증가)	14% 증가

연월일	내 용	세부내역	비고
2014.1.17	중고등학교 학습지도요령 해설서 개정(5~6년 만에)	'독도는 일본 고유의 영토이지만 현재 한국이 불법점거 하고 있다'고 명기	
2014.4.4	초등학교 교과서 검정결과 발표	초등학교 5·6학년 사회 교과서 4종을 전부 합격 처리. '일본 고유의 영토인 독도를 한국이 불법으로 점거하고 있다'고 명기	
2014.4.1~	초중고 모두 개정교과서에 의한 독도교육이 본격화할 예정	'독도는 일본 고유의 영토', '한국이 불법점거' 명기	

　이를 계기로 일본 문부과학성의 검정을 통과한 고등학교 교과서에서 역사, 지리 등의 사회과 교과서 절반 이상이 '독도를 일본땅'으로 기술했다. 즉 이번에 검정을 통과한 사회 교과서 39종 가운데 약 54%인 21종이 독도를 일본땅이라고 기술하는 것이 된다. 기존 교과서에서 독도 영유권 주장 관련 기술이 없었던 3종의 교과서가 이번에 새로 독도 관련 기술을 포함한 것으로, 새로 독도의 영유권을 주장한 교과서는 야마카와(山川)출판사의 일본사A, 다이이치(第一)학습사의 세계사A, 데이코쿠(帝國)서원의 세계사A 등이다. 검정을 통과한 지리 교과서는 7종 모두가, '현대사회'는 12종 가운데 9종이 독도를 일본의 영토로 기술했다. 또한 검정을 신청한 역사교과서 19종 가운데 12종은 일본군 위안부 동원 사실을 기술했다. 일본군 위안부를 기술한 교과서는 증감이 없었다. 이번 교과서 검정은 영토 문제에 대한 교육을 강화하도록 한 2009년의『고등학교 학습지도요령』과『학습지도요령 해설서』에 따라 내년 봄(2013.4.1)부터 사용될 고교 교과서에 대한 첫 검정이라는 것이다. 고교 교과서 검정은 전체 사회교과서 103종 가운데 올해 저학년(1학년) 39종에 대해 실시한 데 이어, 2013년과 2104년까지 나머지 교과서에 대한 검정이 계속되면서 독도에 대한 영유권 주장을 강화할

것으로 보인다.[8]

또한 2014년 1월 17일에는 이례적으로 과거 10년 주기로 개정해온 『중고등학교 학습지도요령 해설서』를 불과 5~6년만에 개정하기로 하였고, 같은 해 4월 4일에 발표된 초등학교 사회과 교과서 검정결과 발표에서는 '일본 고유의 영토인 독도를 한국이 불법으로 점거하고 있다'고 명기한 초등학교 5 · 6학년 사회과 교과서 4종을 전부 합격 처리하였다. 기존의 초등학교 교과서(2010년 검정)에서는 독도를 일본령으로 하는 국경선을 울릉도와 독도 사이에 명시하는 데 그치고 있었으나, 이제는 초등학교 교과서에서조차 독도는 '일본의 고유영토'이고 현재 '한국이 불법점거하고 있다'고 구체적으로 기술하고 있는 것이다. 역사적 인식이 부족한 어린 학생들에게 이처럼 그릇된 영토교육과 그릇된 역사교육을 한다는 것은 향후 동아시아의 미래를 짊어지고 갈 젊은 세대들에게 동아시아의 국제관계를 더욱더 악화시킬 부의 유산을 남긴다는 점에서 사태의 심각성은 매우 우려스러운 것이다.

일본의 초중고 교과서 검정 및 사용 대개 4년 주기로 이루어지며, 그 학습지도요령은 10년마다 개정된다(〈표 1〉, 〈표 3〉 참조). 최근에는 2008년에 초등학교 및 중학교, 2009년에 고등학교용이 개정되었다.[9] 이들 영토 교육을 강화한 새로운 학습지도요령 등에 따라 재작년 초등학교, 작년 중학교에 이어 올해는 고교(저학년) 교과서에 대한 검정을 하면서 독도 영유권 주장을 강화해왔다. 이 주기대로라면 2013년 3월 말에는 고등학교 2학년용, 2014년 3월말에는 고등학교 3학년용 사회과 교과서 및 초등학교 사회과 교과서가 신학습지도요령에 근거하여 집필되고 검정을 받게 되는 것이 된다.

---

8) 『연합뉴스』, 2012.3.27
9) 박병섭(2011), p.9.

〈표 3〉일본의 초 · 중 · 고 교과서의 검정 · 채택 · 사용 주기

구분			2000	2001	2002	2003	2004	2005	2006	2007	2008	2009	2010	2011	2012	2013	2014	2015
소학교		검정	◎			◎				◎		◎				◎		
		채택		△			△				△		△				△	
		사용개시			○			○				○		○				○*
중학교		검정	◎			◎				◎		◎					◎*	
		채택		△			△				△		△					△*
		사용개시			○			○				○		○				
고등학교	저학년용 (1학년)	검정		◎			◎				◎		◎					
		채택			△			△				△		△				
		사용개시				○			○				○		○			
	중학년용 (2학년)	검정			◎			◎				◎		◎				
		채택				△			△				△		△			
		사용개시					○			○				○		○		
	고학년용 (3학년)	검정				◎			◎			◎		◎				
		채택					△			△				△		△		
		사용개시						○			○					○		○*

자료: 박병섭(2011), p.10.의 것을 보완하여 작성.
주: 1) ◎는 검정, △은 채택, ○는 사용개시를 각기 의미함. *는 예정.
　　2) '굵은 선' 이후는 학습지도요령 개정 이후의 교육과정 실시에 따르는 교과서임.

3. 일본 고등학교 독도 교육의 현황분석: 시마네현의 경우

앞에서 언급하였듯이,『학습지도요령』및『학습지도요령 해설서』의 개정과 더불어 일본의 학교교육에서 독도교육이 강화되고 있으나, 시마네현의 경우 독도교육을 보다 선구적이고 적극적으로 추진해 왔다고 할 수 있다.『제1기 최종보고서』가 발표되었던 2007년 당시 독도교육의 보급률을 보면 고등학교가 97.7%로 가장 높고, 중학교 90.2%, 초등학교 69.4%로 저학급으로 갈수록 독도교육의 보급률은 낮았다. 그러나 2007년 독도교육의 보급률[10]이 가장 낮았던 초등학교가 2012년

〈표 4〉일본 시마네현의 초 · 중 · 고등학교 독도교육 현황(비율)

연 도	초등학교(소학교)	중학교	고등학교
2005년	-	-	86.4%
2006년	-	-	100.0%
2007년	69.4%	90.2%	97.7%
2008년	79.1%	95.2%	100.0%
2009년	92.6%	100.0%	100.0%
2010년	97.1%	100.0%	100.0%
2012년	98.2%	100.0%	100.0%
비 고	공립 소학교 243개교에 대한 비율	공립 중학교 102개교에 대한 비율	공립 고등학교 42개교(4분교 포함)에 대한 비율

자료: 島根縣 竹島問題硏究會(2012), 『第2期 最終報告書』를 바탕으로 작성.
주: 대상 초 · 중 · 고등학교는 공립(현립)학교를 대상으로 하고 있음.

98.2%로 현격하게 상승하였고, 같은 해 중학교, 고등학교의 독도교육
보급률은 100% 달성되고 있다. 독도교육의 질적 수준도 물론 강화되
어 왔겠지만, 양적으로도 거의 확대되어 이제는 복식학급을 가진 초등
학교를 제외한 시마네현 초중고의 거의 전학생이 독도교육을 학교에
서 접하고 있음을 알 수 있다.

이를 내용적으로 보면, 「독도(죽도)문제」를 둘러싸고 「중학교 학습
지도요령해설서 사회편」에 「우리나라(일본)와 한국 간에 죽도(독도)를
둘러싼 주장에 차이가 있음을 알리고, 북방영토와 마찬가지로 우리나
라(일본)의 영토 · 영역에 대한 이해를 깊게 할 필요가 있다」고 기재하
고 있다. 게다가, 2009년에 고시된 『고등학교학습지도요령해설 지리역
사편』에서 「북방영토 등 우리나라가 당면한 영토문제에 대해서는 중
학교 학습을 기초로 하여 우리나라가 정당하게 주장하고 있는 입장에

---

10) 2007년도이후의 실시율 등 상세한 것은 죽도문제연구회『제2기 최종보고서』
    의 曾田和彦 「초 · 중학교에 있어서『죽도에 관한 학습』의 추진상황」을 참조
    할 것.

입각해 정확히 취급하고 영토문제에 대해 이해를 깊게 하는 것이 필요하다」고 명시함으로써 문부과학성은 고등학교에서도 「독도문제」에 대해 중학교와 동등한 학습지도가 이루어진다는 취지를 설명하고 있으므로 질적인 보완이 많이 이루어지고 있다고 할 것이다.

특히 고등학교의 독도교육의 보급률[11]은 시마네현의회 본회의에서 「죽도의 날을 정하는 조례」가 가결되었던 2005년에는 86.4%였지만, 다음해부터 거의 100%에 달해 2008년도부터 2012년도까지 4년간 100%가 계속되고 있다. 즉 현재 현 내의 모든 현립고등학교에서 「죽도에 관한 학습」이 실시되고 있다. 그러나 특히 '죽도의 날'을 전후한 학급 활동 등의 학습에서 그 내용과 사용 교재는 각 학교에 맡기고 있기 때문에 그 내용에는 다소 차이가 있을 수 있다.[12] 여기서는 시마네현 제2기 죽도문제연구회에서 고등학교 독도(죽도)교육의 강화를 위한 어떠한 노력들이 이루어지고 있는가를 중심으로 시마네현 독도교육의 현황을 점검해 보고자 한다. 이것은 우리의 독도교육의 방향성을 제시하고 독도교재를 재검토하는데 보다 직접적 참고를 줄 수 있을 거라는 생각에서이다.

1) 시마네현 「고등학교 죽도(독도)학습 검토회」 결성

2005년 6월 설치된 죽도문제연구회, 그 후 Web죽도문제연구소 설립 이후에도 시마네현에서는 「독도(죽도)문제」에 관한 조사 연구와 홍보 활동 등을 계속적으로 진행하여 왔다. 게다가 2009년부터 초·중학교용 『죽도(독도)학습부교재 DVD』를 배부하는 등 시마네현내 초·중학

---

11) 죽도문제연구회 『제2기 최종보고서』, 馬庭壽美代 「고등학교·특별지원학교에 있어서 죽도에 관한 학습의 추진상황」을 참조할 것.
12) 전게, 馬庭壽美代(2012)를 참조.

교에서의 독도교육=「죽도에 관한 학습」을 강화해 왔으며, 이러한 독도
교육을 받은 중학생들이 차츰 고등학교로 진학하게 되는 시기에 이르
렀다. 2009년 10월 재발족한 죽도문제연구회(제2기)에서는 2011년 2월
에 개최한 제6회 연구회에서 「『고교에서의 죽도학습』을 어떻게 진행
해 갈 것인가」를 2011년도 연구과제의 하나로 채택하고, 그에 관한 정
리를 사사키 시게루(佐々木茂) 위원[13]에게 위임했다.

그리고 이 독도(죽도)교육을 정리하기 위해 고등학교 교육 지도를
담당하는 현 교육청 고교교육과 담당자(지도주사)와 지리역사과 공민
과(일반사회, 정치경제)를 담당하는 고등학교 교원을 참가하게 하여, 7인
으로 구성[14]된 「고교에 있어서 죽도학습」의 방향 검토회를 조직하였
다. 이 검토회는 2011년 5월 제1회를 시작으로 하여 7차례[15]나 이루어
졌으며, 주로 현립고등학교의 독도교육 실시 현황에 대한 보고와 학교교
육 현장에서 느낀 소감 등을 서로 협의하고 토론하는 장으로 활용되었다.

---

13) 제2기 죽도문제연구회 부좌장임.
14) 대표 사사키 시게루(佐々木茂) 죽도문제연구회부좌장. 쇼토쿠가쿠인고등학
　　교(松德學院高等學校)
　　　위원 우사미 아가시(宇佐美朝士) 松江北高等學校
　　　　　가리노 타가오(狩野 隆夫) 松江緑が丘養護學校
　　　　　호리 타쿠오(堀 拓雄) 平田高等學校
　　　　　혼마 타츠야(本間達也) 松江南高等學校
　　　　　마니와스미오(馬庭壽美代) 敎育廳高校敎育課
　　　　　무토 타츠키(武藤立樹) 隱岐高等學校
　　　서무 고무로 료(小實 僚) 總務部 總務課
15) 이 「검토회」는 5월부터 검토를 개시하여, 이하의 회합을 거듭하였음.
　　제1회 2011년 5월 16일(월)
　　제2회 2011년 7월 1일(금)
　　제3회 2011년 8월 17일(수)
　　제4회 2011년 10월5일(수)
　　제5회 2011년 11월 30일(수)
　　제6회 2011년 12월 21일(수)
　　제7회 2012년 3월 14일(수)

2)「죽도학습 검토회」의 논의 사항

이「검토회」에서는 이 활동으로 말미암아 학교현장에서의 본 업무
에 지장이 가지 않도록 배려하고 있으며,「고등학교에서의 죽도(독도)
학습」에 관해 실현이 가능한 것을 구체화해 나가는 것을 목표로 하고,
제1회「검토회」에서는 주로 ① 초·중학교를 답사하고, ② 교과 학습
에 대해, ③ 지리와 역사·공민과 이외의 교사들의 아이디어 등에 대
해 의견교환을 하였다. 그 결과, 조례·종례와 학급 활동(특별활동) 등
에 용이하게 활용할 수 있는 지도안을 복수로 만들어 검토를 하고,
「죽도(독도) 문제」를 배우고 생각하는 지도안을 작성하는 방향으로 검
토를 하도록 하였다.
　그러나,「검토회」에서 논의를 거듭하는 가운데, ① 고등학교의 학급
활동에 관한 지도안, ② 특별지원학교 고등부의 지도안(학급활동 등),
③ 고교의 교과지도안(지리역사과(세계사, 지리), 공민과(현대사회 또
는 정치경제)의 5종류의 지도안을 작성하였고, 학교현장에서 이용하도
록 최종적으로 결정하였다. 또한 그 지도안 작성의 검토를 통해, 위원
가운데 작업용「연습문제(워크시트)」와 용어해설을 포함한「지도의
길잡이」,「자료·사료」등의 작성의 필요성도 거론되었다. 이러한 검
토와 더불어 제4회「검토회」부터는 구체적인 지도안의 검토가 본격적
으로 진행되고 있다.

3) 독도교육 지도안의 작성

① 학급 활동(고등학교)의 지도안
　독도교재를 이용한「죽도문제」학습이 진행되고 있는 시마네현내
초·중학교의 현황을 감안한 다음, 고등학교 학급활동에서의「죽도문

제」학습에서는 시마네현이 「죽도의 날」을 제정한 것을 확인하고, 「죽
도 문제」의 현재와 과거를 이해시키고 「죽도의 날」 제정의 이유를 생
각함으로써 「죽도 문제」를 생각하는 의미의 소중함을 느끼게 한다. 따
라서 이 지도안에서는 「죽도문제」에 대해 역사학이나 국제법 등 전문
적인 이해보다 사실관계의 확인에 중점을 두고 있다. 또한 이 지도안
을 이용한 「죽도문제」 학습을, 모든 교원이 담당할 수 있도록 배려하
여 지도안 작성에 임했다. 이 문제는 특정의 교과·과목을 담담하면
좋겠다가 아니라 시마네현에 관계되는 국제문제의 하나로서 현내의
모든 교원이 관심을 가지고 학급 활동을 담당해주기를 바라고 있다.

② 학급 활동(특별지원학교 고등부)의 지도안

특별지원학교[16]에 대해서는, 장애나 그 특성 등에 의해 학생의 실태
는 다양하며, 하나의 지도안으로 모든 학생을 대상으로 하기는 어렵
다. 따라서 현교육청 특별지원교육실의 전문적인 지도와 조언을 받으
면서, 지도안 만들기에 집중하고, 특별지원학교의 협력으로 수업을 실
시하도록 하였다. 그 때 지적받은 점을 수용하여 이번 지도안이 정리
되었다. 특히 「교재화함에 있어서」를 잘 읽고, 대상으로 하는 학생을
어떻게 설정하여 학습시킬 것인가를 실정에 따라 변화를 주도록 하고
있다. 또한 실제 수업에서 지적 장애 학생의 반응 등 배려해야 할 점도
많으며, 실시의 유의점 등에 주목하도록 하고 있는 것이 특징이다.

③ 고등학교 지리역사과 세계사A·세계사B의 학습지도안

지리역사과의 필수 과목으로서 모든 학생이 학습하는 세계사A 또는
세계사B에 대해서는, 「죽도 문제」와 학습지도요령 및 학습지도요령

---

16) 장애자학교 등의 특수학교를 지칭함.

해설에 나타난 교과·과목의 목표 등과의 관련을 고려하면서도, 각 위원과 협의하여 학습지도안 작성을 과감하게 시도하였다. 그리고 「교재화함에 있어서」「학습지도안」「워크시트」「지도의 길잡이」에 대해 원안 만들기가 완료했지만, 새로운 검토를 할 필요성을 강하게 느꼈기 때문에, 이번 최종보고서에는 포함시키지 않고 있다. 또한 이번 「검토회」에서 지도안 작성을 보류한 일본사A·일본사B와 함께, 「죽도 문제」와 역사과목의 지도안 작성에 대해서는 일단 유보를 하고 있는 상태이다.

④ 고등학교 지리역사과 지리A·지리B의 학습지도안

학습지도요령에서는, 지리A·지리B 모두 「영토 문제」에서 취급하도록 명시되어 있다. 다만 「죽도 문제」가 「영토문제」라고 하는 것에 대해, 원래 죽도는 역사적으로도 국제법적으로도 일본의 영토이며, 그 「일본의 주권이 침해되고 있다」라고 하여 극히 중대한 문제라고 하는 점을 이해시키는 것이 중요하다고 하고 있다. 단지 「경제적 가치가 있기(높기)」 때문에 문제라고 하는 치우친 생각에 빠지지 않게 주의를 상기시키고 있다. 「영토문제」에 대해서는, 세계의 주요 영토문제와 일본의 영토문제를 구체적으로 거론하여, 연습문제(워크시트)의 지도에 기입시키는 등 지리과목의 특성을 잘 활용하고 있다. 또한 「독도(죽도) 문제」에 관한 일본과 한국 쌍방의 주장과 논거, 대응 방법에 대해 비교하고 검토함으로써 학생들에게 「독도(죽도) 문제」의 원인을 이해시키고 해결책을 생각하게 하고 있다.

⑤ 고등학교 공민과(현대사회 또는 정치·경제)의 학습지도안

공민과에 대해서는, 선택필수과목인 현대사회와 정치·경제에서도, 「일본의 영토 문제」로 취급하게 된다. 「죽도 문제」는 한일 쌍방이 「역

사적인 시점」과 「국제법적인 시점」에서 다른 주장을 하고 있다. 그런데, 공민과에서는 교과·과목의 특성을 살려, 국제법의 관점으로부터 「죽도 문제」에 대해 이해시키는 것이 중요하다고 생각하고 있다. 그러나 이 국제법상의 논점을 배울 때에는, 일반적으로 친숙하지 않은 법적인 전문용어 등이 많이 사용되므로 그 이해를 어렵게 하고 있다. 이번 지도안 만들기에서는, 고교생에게 있어서 「죽도 문제」의 이해와 해결을 위해 필요한 용어의 엄선에 임하여 「지도의 안내」에서는 포인트가 되는 항목이나 논점에 대해 해설을 덧붙이고 있다. 이번 지도안에서는, 역사적인 경위와 용어의 해설 등에 대해 시간을 많이 소요하지 않도록 유의하여, 문제해결을 위해 해야 할 일과 지녀야 할 자세를 생각하게 하고 있다.

이렇듯 시마네현 「검토회」에서 작성한 지도안(지침서)은 연습문제(워크시트)를 사용하여 수업 시간을 절약하도록 궁리하고 있다. 전반적으로 학생들의 흥미를 유발하고 학생들의 눈높이에 맞춘 지도안이 시험적으로 작성되고 있음은 우리나라의 독도교육의 방향성을 생각하는 위에 적잖은 참고가 될 것이다. 특정한 멤버로 구성된 교사집단이 수차례의 검토회를 거쳐 시마네현의 고등학교 학습지도안이 작성되고 있으며, 여기에는 어려운 고문서나 고지도도 그다지 등장하지 않는다. 이러한 점들은 우리의 독도교재 집필 및 개정에 대해 힌트를 제공할 수 있는 것들이라 하겠다.

4. 일본 독도 교육의 방향성

일본 시마네현의 제2기 죽도문제연구회의 『最終報告書』에서는 독도교육에 대한 지침서를 크게 7가지를 들어, 고등학교 「죽도문제」학습의 방향성을 제시하면서 독도교육의 강화를 도모하고 있다. 독도교육 강화를 위한 구체적인 방법의 틀이 확립되었다고는 할 수 없으나, 분명한 것은 시마네현 죽도문제연구회가 진행해온 기본 논리의 틀 위에서 세부적인 방법들이 모색되고 있다고 하겠다. 학습지도의 길잡이에 제시되어 있는 큰 꼭지들을 중심으로 검토해 보면, 대략 7가지 점을 중심으로 독도기술을 강화해 갈 것으로 생각된다.

① 근대기 일본의 독도영유권 주장의 근거 부각

현재의 독도에서, 강치포획이 본격적으로 행해지게 된 것은 1900년대 초기의 일이었다. 그러나 얼마가지 않아 강치 포획은 과당경쟁 상태가 되었기 때문에, 시마네현 오키도민인 나카이 요자부로(中井養三郞)는 그 사업의 안정을 꾀하기 위해, 1904년(메이지37년) 9월, 내무·외무·농상무 3대신에 대해 「리양코섬」17)의 영토편입 및 10년간 대하를 청원하였음을 강조하고 있다. 나카이(中井)의 출원을 접수한 정부는 시마네현(島根縣)의 의견을 들어본 후, 죽도를 오키도청(隱岐島廳) 소관으로 하여 지장 없다는 것, 「죽도(竹島)」의 명칭이 적당하다는 것을 확인했다. 이로써 1905(메이지38)년 1월, 각의결정에 의해 동섬을 「오키도사의 소관」으로 정함과 동시에 「죽도」라고 명명하고, 이 취지를 내무대신으로부터 시마네현 지사에게 전달했다. 이 각의결정에 의해 일본은 독도(죽도)를 영유할 의사를 재확인하였다고 한다.

시마네현 지사는 이 각의결정 및 내무대신의 훈령에 근거하여, 1905(메이지38)년 2월, 죽도를 「죽도」라고 명명하여 오키도사의 소관이라는 취지를 고시함과 동시에, 오키도청에 대해서도 이것을 전달했

---

17) 「리양코섬」은 독도(죽도)의 서양명칭 「리앙쿠르섬」의 속칭. 당시 일본에서는 「송도(마츠시마)」와 함께 「리양코」, 「리랑코」, 「랑코」 등으로 불리어지고 있었음.

다. 또한 이들은 당시의 신문에도 게재되어 널리 일반에게 알려졌다. 또한 시마네현 지사는 죽도가 「시마네현 소속 오키도사의 소관」으로 정해졌음을 접수하여, 죽도를 관유지 대장에 등록함과 더불어 강치 포획을 허가제로 하였다. 강치 포획은 그 후 제2차 세계대전에 의해 1941년(쇼와16)에 중지될 때까지 계속되었다.

그러나 한국에서는, 1900년 「대한제국칙령 41호」에 의해, 울릉도를 울도라고 개칭함과 동시에 도감을 군수로 하는 취지를 공포하였다는 기록이 있다고 하고 있다. 그리고 이 칙령 가운데 울릉군이 관할하는 지역을 「울릉 전도와 죽도, 석도」라고 규정하고 있으며, 이 「죽도」는 울릉도 근방에 있는 「죽서(竹嶼)」라고 하는 작은 섬이지만, 「석도」는 확실히 현재의 「독도」를 가리킨다고 지적하는 연구자도 있다. 그 이유는 한국 방언에서 「돌(石)」은 「독」이라고도 발음되며, 이것을 발음대로 한자로 고치면 「독도(獨島)」로 연결되기 때문이라는 것이다.

그러나, 「석도」가 지금의 죽도(「독도」)라고 한다면, 왜 칙령에서 「독도」가 사용되지 않았을까? 또한, 한국 측이 독도(죽도)의 구명칭이라고 주장하는 「우산도(于山島)」 등의 명칭이 사용되지 않았던 것일까? 또한 「독도」라고 하는 명칭은 언제부터 어떻게 사용하게 된 것일까?라고 하는 의문이 발생한다. 어쨌든, 가령 이 의문이 해소되었을 경우에도, 이 칙령 공포 전후에 조선이 독도(죽도)를 실효적으로 지배해 왔다고 하는 사실은 없으며, 한국에 의한 죽도의 영유권은 확립되지 않았다고 생각할 수 있다는 것이다.

즉 일본 자신의 독도에 대한 권원을 어부 나카이(中井)의 어로활동과 1905년의 독도편입을 강조하면서도 대한제국칙령의 석도는 독도, 혹은 우산도가 아니며, 따라서 칙령 전후의 한국에서는 독도를 실효지배 했다는 사실은 없으며 독도영유권이 확립되지 않았다는 주장을 강화하고 있다.

② 근대기 한국의 「독도」영유권 주장의 근거가 없다고 주장

대한제국은 광무4년(1900년) 「칙령41호」에 의해, 석도, 즉 독도를 울릉도의 관할 하에 두는 행정조치를 통해 이 섬이 한국의 영토임을 명확히 하였다. 1906년 심흥택 울도(울릉도) 군수는 시마네현의 관민으로 구성된 조사단으로부터 독도가 일본에 영토편입 된 것을 알았고, 즉시 강원도 관찰사에게 「본군 소속 독도가…」라는 상신서로 보고하였다. 이것은 대한제국이 「칙령41호」(1900년)에 근거하여 독도를 정확히 통치범위 내로써 인식 관리하고 있었다는 것을 나타내는 증거이다. 한편, 접수한 당시의 국가최고기관이었던 대한제국 의정부는 일본에 의한 독도 영토편입은 「사실무근」이므로 재조사를 명하는 「지령 3호」(1906년)를 발포함으로써 대한제국이 독도를 영토로서 분명히 인식·통치하고 있었다는 것을 나타내고 있다. 그러나 이 대한제국칙령41호에서 나타나는 석도는 현재의 독도가 아니며, 설령 독도라고 하더라도 칙령 이전에 한국인이 독도를 지배했다는 근거는 없다는 것을 강조하고 있다.

③ 이승만의 「평화선」이 국제법상 위법이라고 주장

이승만의 평화선이 선언된 1952년 당시, 「해양법에 관한 국제연합조약」에 의한 현재의 200해리수역 제도는 존재하지 않았다. 게다가 공해상의 광범위한 수역을 일방적으로 자국의 관할로서 포함시킨 평화선(=이승만 라인)은 국제법상 위법이며 무효라는 것을 부각시키고 있다. 1952년 이승만대통령에 의해 선포된 평화선은 일방적인 조치로 당시는 현재의 200해리 수역이 존재하지 않았음을 강조하고, 이는 독도를 포함한 공해의 광범위한 해역을 일방적으로 자국의 관할로 포함시켰으므로 국제법적으로 위법이며 무효라는 주장을 강화하고 있다.

368 독도교육 어떻게 할 것인가?

④ 현재 한국의 독도(죽도)에 대한 행위는
   실효지배라고 할 수 없다고 주장

「실효지배」라고 하는 말은 신문 등에서는, 죽도는 한국이 무장요원을 배치하여 실효지배하고 있다거나, 부두를 정비하여 실효지배를 강화하고 있다는 식으로, 물리적 지배, 실력에 의한 점거, 그 섬을 실제로 제압하고 있는 상태를 가리키는 것으로 사용되고 있다. 그와 같은 「실효지배」라고 하는 단어의 용어법이 잘못 사용되고 있다고는 할 수 없으나, 영역권원의 문맥에서 실효지배(실효적 점유, 실효성)이라고 할 때는 예를 들어, 어떤 섬을 발견했다던가, 그 토지에서 분쟁을 자국의 재판소에서 재판한다거나, 개발에 적합한 토지라면 국민을 이주시킨다거나, 일정규모의 주민이 있다면 관청을 설치하고 군대를 배치한다거나, 사람의 주거에 적합하지 않은 토지(고도 등)라면 정기적으로 배를 보내 순시하는 등의 일을 가리킨다.

국가로서 점유의 행위는 국제법상의 영토취득 방법의 하나인 「선점」도 필요로 한다. 또한 국제재판을 통해 확립한 「국가 권능의 평온하고도 계속되는 표시」라고 하는 권원은 확실히 실효적 점유로부터 영유권이 생겨난다고 하는 것이다. 지금까지의 국제재판에서는 징세·과세, 법령의 적용, 형사재판, 등기, 세관설치, 인구조사, 거북이·거북이 알 채취 규제, 새 보호구역의 설정, 출입관리, 난파사건의 조사 등이 국가 권능의 표시·실효적 점유의 증거로 여겨졌다.

여기서 주의할 점은 판례에 의하면 분쟁이 발생한 다음 자기의 법적 입장을 개선할 의도로 나온 행위는 실효적 점유의 증거가 되지 않는다는 점이다. 예를 들어, 한일 양국정부간에 죽도 영유권 분쟁의 발생(이승만 라인의 설정 등) 이후 한국이 실시하고 있는 일은 학술조사단의 파견, 무장요원의 주둔, 등대 설치·수로 통보, 죽도 우표 발행, 측량지도발행, 주민 등록, 부두건설, 헬기장 건설·ICAO 공항등록 등 그 어느 것도 국제재판이 되었을 경우에 실효적 점유(주권행위, 국가권능의 표시)의 증거로서 인정될 수 없다고 생각한다. 또한 그와 같이 판례에 의해 국가권능의 표시는 「평온」하게 이루어진 것일 필요도 있다. 즉 타국의 항의를 받으면서 실행하고 있는 행위는 국가 주권의 「평온」한 표시가 되지 않는다는 식으로 국제법으로 한국의 실효적 지배를 부정하고 있다. 이러한 측면을 일본의 독도교육의 중점내용으로 삼고 있는 것이다.

⑤ 국제법에서의 영토권주장의 근거에 대한 이해 강조

어떤 행위를 하는 것을 정하다고 하는 법률상의 원인과 권리의 원인을 권원이라고 한다. 영토문제를 둘러싼 판례에서 보면, 국제법으로 판단한 영토권 주장의 권원은 구체적으로 다음과 같이 분류된다.

① 양도

　매매(예: 알래스카를 미국이 러시아로부터 구입)

　교환(예: 가라후토 치시마 교환 조약)

　할양(예: 시모노세키조약으로 대만 취득)

② 정복(유엔헌장에 근거, 현재는 인정되지 않는다)

③ 선점(무주지(無主地)를 국가가 영유의사를 가지고 실효적으로 점유하면, 당해 토지가 그 국가의 영토로 된다)

④ 첨부(자연현상이나 매립 등으로 토지가 확장하는 경우)

⑤ 시효(토지를 영유의 의사를 가지고 상당기간 평온 공연하게 통치하는 것으로 영유권을 취득하는 경우)

또한, 국제재판에서는 「국가권능의 평온하고도 계속적인 표시」라고 하는 권원에 비추어 보아 재정(裁定)이 내려진 경우가 많다. 바꾸어 말하면, 타국으로부터 항의를 받는 일 없이(평온), 멈추지 않고(계속), 행정권, 사법권 등을 행사하는 일이 가능했는지 어떤지가 중요해 진다.

그리고 어느 쪽이 그 증거를 많이 제출할 수 있는가라는 것으로 영토
를 둘러싼 재판은 다투게 된다.

즉 영토주장의 권원을 근대 국제법적인 기준에 따라 판단해야 한다
는 것과, 독도에 대한 영유의 의사를 한일 양국 중 누가 더 적절하게
제시해 왔는가 하는 점을 강조하고 있다. 여기서 영토권원의 국제법적
요건을 간명하게 정리하여 교재에 담고 있으며, 근거의 증거능력과 증
거 확보의 분량을 강조하고 있음을 알 수 있다.

  ⑥ 국제서법재판소의 판결로 해결된 영토문제에 대한 이해 강화
    ① 「망키에 · 에크레오 제도 사건」(영국 대 프랑스, 판결 1953년):
       섬의 점유에 직접 관계되는 증거로써 실효적 행정절차를 취한
       영국의 영유권을 인정하는 판결이 내려짐.
    ② 「국경지구의 주권에 관한 사건」(벨기에 대 네덜란드, 1959년):
       국경조약(1843년)에 근거하여 벨기에의 주장을 인정.
    ③ 「프레아 · 피에아 사원 사건」(캄보디아 대 타이, 1962년): 프랑
       스령 캄보디아와 샴(당시의 타이) 사이에 맺은 국경조약에 근
       거하여 태국의 점령을 무효화하고 캄보디아의 영유권을 인정.
    ④ 「국경분쟁사건」(부르키나파소 대 말리, 1986년): 양국의 독립
       시점 기준으로 국경선을 제시.
    ⑤ 「육지, 섬 및 바다의 경계 분쟁에 관한 사건」(엘살바도르 대
       온두라스, 1992): 폰세카만의 섬인 메안구에라섬과 메안구에리
       타섬은 엘살바도르에 권원이 있는 것으로 판결.
    ⑥ 「영토분쟁사건」(리비아 대 차드, 1994년): 아우조우(Aouzou)지
       역에 대한 리비아의 영유권 주장으로 분쟁이 개시되었으나,
       ICJ의 판결과 프랑스의 중재로 차드에 반환.
    ⑦ 「카시키리/세두두섬 사건」(보츠와나 대 나미비아, 1999년):

1890년 「영독협정」에 근거하여 보츠와나의 관할로 판결.

⑧ 「카타르와 바레인 간의 해양경계 획정 및 영토문제에 관한 사건」 (2001년): 접경지대에 있는 하와르섬을 두고 카타르가 바레인을 상대로 제소. 바레인이 관할하는 것으로 결론이 남.

⑨ 「카메룬·나이제리아 간의 영토·해양경계 획정 사건」 (2002년): 발카시(Balkassi) 반도에 대한 주권을 두고 카메룬이 나이제리아 상대로 제소. 판결 결과 카메룬이 승소함.

⑩ 「리기탄섬 및 시파단섬의 주권에 관한 사건」 (인도네시아 대 말레이시아, 2002년): 어느 쪽이 입법·사법·행정권을 행사했느냐에 따라 말레이시아가 승소함.

⑪ 「국경분쟁사건」 (베닝 대 니제르, 2005년): 25개 섬 중 16개를 니제르에, 9개 섬을 베닝의 영토로 인정하고, 항행이 가능하지 않은 멕크로강은 판례에 따라 중간선으로 획정함.

⑫ 「니카라과와 온두라스 사이의 카리브해의 영토 및 해양 분쟁」 (2007년): 「보고타헌장(Pact of Bogota)」에 기초하여 니카라과가 관할권을 갖는 것으로 판결함.

⑬ 「페드라블랑카/프라우바두푸테, 중앙암 및 남암초에 대한 주권」 (말레이시아 대 싱가포르, 2008년): 이들 섬에 대한 말레이시아의 원시적 권원(고유영토)을 인정하면서도, 싱가포르가 행한 실효적 지배를 말레이시아가 묵인했다며 싱가포르가 승소함.

위의 여러 판례들을 시간적 순서로 열거하면서 아울러 시마네현의 지도안에서는 이 13건 중에서 「망키에·에크레오 제도 사건」을 좋은 사례로서 채택하고 있다. 그 최대의 이유는 영토문제를 둘러싼 ICJ의 재판에서, 현재도 망키에·에크레오 제도 사건의 판례가 그 기준으로 되어 있다는 점을 들 수 있다. 또한 망키에·에크레오 제도 사건은 바다

를 두고 이웃나라 관계에 있는 선진국끼리가 싸운 사례라는 점, 이도
의 영유를 둘러싼 분쟁이었던 점, 영국프랑스 양국의 영토권 주장의
근거가 중세 이래의 것이라는 점 등 '독도(죽도) 문제'와 그 쟁점이나
내용이 유사하다는 점도 좋은 예로써 거론하는 이유로 들고 있다. 따
라서 여러 판례 중에서 망키에·에크레오 사건을 부각시켜 학생들에
게 전달하고자 하고 있는 것이다.

⑦ 영토문제를 둘러싼 국제사법 판단의 근거와 기준을 강조

「국가권능의 평온하고도 계속적 표시」를 권원으로 하여 최초로 판
결을 내린 것은 ICJ 설립 전인 1928년 상설 중재재판소에서 미국과 네
덜란드가 영유권을 다투었던 「팔마스섬 사건」이다. 그 후 1933년 상설
국제사법재판소에서 덴마크와 노르웨이가 영유를 다투었던 「동부 그
린란드 사건」에서도 주권행사의 사실이 판결의 결정요소가 되었다.
이러한 흐름을 감안하여 전후 ICJ의 판결에서도 「망키에·에크레오 제
도 사건」을 시작으로 하여 「실효적 점유(국가권능의 평온하고도 계속
적 표시)」를 기초로 판결을 내리고 있다.

이렇듯 영토문제를 둘러싼 국제재판에서 분쟁발생 전의 사건 혹은
분쟁발생 후이더라도 분쟁발생 시점보다 이전부터 계속되고 있는 사
건이 국가권능의 표시 사례로서 고려된다는 점을 부각시키고 있다.
2002년 ICJ에서 인도네시아와 말레이시아가 영유권을 다투었던 「리기
탄섬 및 시파단섬의 주권에 관한 사건」에서는 인도네시아가 주장한
네덜란드 해군에 의한 순찰과 인도네시아 어민의 주변해역에서의 활
동보다 말레이시아가 주장하는 거북이와 거북이 알의 채취 규제, 새
보호구의 설정을 실효적 점유, 주권의 표시의 증거로서 채택하여 2섬
을 말레이시아령으로 판정하였다. 한편, 말레이시아가 최근 시파단섬
을 리조트지로 개발하고 있는 것은 분쟁이 발생한 후의 행위로서 고려

되지 않았다. 또한 타국으로부터 항의를 받으면서 실시한 주권의 표시는 평온이라고 하는 요건에 반한다. 항의가 있다고 하는 것 자체가 분쟁을 정부 간에 표면화 시키고 있다는 것 즉 분쟁발생 후의 일이다. 분쟁발생 후 자국의 입장을 강화하기 위해 실행된 일은 국가권능의 표시 사례로서는 고려하지 않는다.

이와 같이 분쟁 발생 및 처리의 구체적인 사례를 제시하면서 한국에 의한 독도의 실효적 지배를 '국가권능의 평온하고도 계속적 표시'라는 기준에 부합하지 않다는 것을 자연스럽게 부각시키고 있는 것이다. 즉 분쟁 발생 이후 자국의 입장을 강화하기 위한 권능표시의 사례는 실효적 지배의 사실로 고려되지 않음을 강조하고 있다.

5. 맺음말

본고에서는 일본 시마네현 죽도문제연구회의 『제2기 최종보고서』를 중심으로 일본 독도교육의 동향에 대해 검토해 보았다. 『제1기 최종보고서』에서는 한일 양국의 독도(죽도) 기술에 대해 검토를 한 다음, 다음과 같은 사항에 대해 독도교육을 강화할 필요가 있음을 역설하고 있다.[18]

① 죽도(독도)를 둘러싸고 일본과 한국이 각각 자국의 영토라고 주장하고 있으며, 학생에게는 지극히 난해한 내용이다.
② 교과서에 「죽도」에 관한 기술이 게재되게끔 되었지만, 교과서의 지면은 한정되어 몇 줄 정도의 현황 소개에 불과한 경우가 대부분이다. 따라서 이것으로 학생들의 인식을 심화시키기에는 한계가 있다.

---

18) 『第1期 最終報告書』(2007.3), p.192-196.

③ 한편, 한국의 교과서의 기술이나 교육의 내용은 일본과 비교해서 질적 양적으로 모두 차이가 역력하다.

④ 일본의 학생이 죽도에 대해서 인식하기 위해서는, 그것에 어울리는 부교재와 학습을 위한 시간의 확보가 필요하다. 오키노시마쵸(隱岐島町) 교육위원회에서는 아동들이 죽도(竹島)를 포함하여 향토를 이해하기 쉬운 향토자료를 작성하고 있다. 오키노시마쵸의 대처와 그 성과를 기대하고 싶다.

⑤ 일본의 학교현장에서의 대처는 아직 멀었다. 금후, 시마네현(島根縣)의 학생(나아가 전국의 학생)이 죽도에 대해 학습하기 위해 이해하기 쉬운 자세한 부교재의 작성이 필요하다.

⑥ 죽도에 관한 일본의 교과서의 기술의 변천에 대해 교과서의 실물을 죽도자료실에 보존·전시한다.

이에 비해『제2기 최종보고서』에서는 일본의 사회과 교과서를 각 과목별로 ① 독도(죽도)교육의 추진현황을 점검하고, ②「죽도(독도)학습의 방향」을 검토하여 ③ 고등학교 및 특별지원학교의 지도안을 구체적으로 작성하고, ④ 고등학교의 교과지도안(역사지리과[세계사, 지리], 공민과[현대사회, 정치, 경제]의 5종류)을 작성하여 학교현장에서 이용하도록 결정하고 있다. 또한, 교과목별로 ⑤「연습문제」와 용어해설을 포함한「지도의 길잡이」,「자료·사료」를 구체적으로 작성하여 제시하고 있다. 이를 위해 시마네현에서는 고등학교 교육의 지도를 담당하는 현 교육청 고교교육과 담당자와 지리역사과 및 공민과를 담당하는 고등학교 교원을 참가하도록 유도하여,「고등학교에서의 죽도학습의 방향 검토회」를 조직하였고, 2011년 5월 제1회 검토회[19]를 시작으로 하여 2~3개월에 1회씩 회합을 거듭하여 왔었다. 이렇듯 교육일선

[19] 이 검토회에서는, 1)방향 검토회의 운영방침, 2)죽도학습의 현황, 3)구체적인 학습내용 등 3점에 대해 검토하는 것으로 하고 있으며, 7명의 구성원에 의해 검토와 논의가 이루어져왔다.『第2期 最終報告書』(2012.3), p.110를 참조.

의 교사들로 구성된 검토회를 통해 각 교과별 독도교육의 구체적 지도안이 검토되기에 이르렀던 것이다. 여기서 작성된 지도안은 세부적으로 내용의 보완 수정을 거쳐 향후 실제로 학교교육현장에서 이용될 것으로 보인다. 또한 시마네현에서의 「독도교육」의 사례를 바탕으로 하여 점차로 일본 전국의 학교교육 현장에서 활용될 것으로 판단된다.

시마네현에서 작성한 독도교육의 지침서[20]를 통해 검토해본 결과, 일본 독도교육의 방향성을 다음과 같이 판단할 수 있다. 첫째, 근대기 일본의 독도영유권 주장의 근거를 독도에서의 강치어업과 1905년 독도편입의 정당성을 강조한다는 것이다. 둘째, 근대기 한국의 독도영유권 주장의 근거를 파악하고, 그 역사적 근거가 명확하지 않다는 것을 강조한다. 셋째, 이승만 대통령의 「평화선(이승만 라인)」이 국제법상 위법이라는 이유를 부각시킨다. 넷째, 현재 한국에 의한 독도지배는 국제법상 「실효지배」가 아니라 불법점거라는 사실을 강조한다. 다섯째, 국제법상의 영유권 주장의 근거를 명확히 이해하고 국제사법 재판소의 역할을 명확히 한다. 여섯째, 전후 국제사법재판소의 판결에 의해 영토문제를 해결한 판례에 대해 이해하고 특히 망키에 · 에크레오 제도 사건의 경우를 좋은 사례로써 부각시킨다.[21] 일곱째, 영토문제를 둘러싼 국제사법 판단의 근거와 그 기준에 대해 명확히 이해한다는 것이다.

신학습지도요령에 근거한 검정교과서가 중학교에서는 64%, 고등학교서는 54%를 차지하고 있음에 그치고 있으나, 향후 이러한 시마네현 독도교육의 지침서가 전국적으로 확산될 것이 분명하고 독도를 일본

---

20) 竹島問題硏究會, 『第2期 最終報告書』(2012.3), pp.87-153.
21) 이 판례는 서로 인근한 선진국(프랑스 · 영국)끼리의 분쟁이라는 점과, 이도의 영유를 둘러싼 분쟁이었다는 점, 프랑스 · 영국 양국의 영유권 주장의 근거가 중세 이후라는 점 등 독도문제와 그 쟁점이나 내용이 유사하다는 것을 좋은 예로써 거론하는 이유로 들고 있다.

영토로 규정한 교과서의 비율 또한 늘어날 것으로 보인다. 다시 말해, 독도교육에 관한 기술과 지도가 각종 사회과교과서에서 질적으로 확대됨은 물론 양적으로도 그 비율이 강화될 전망이다. 우리나라의 경우도 이러한 일본의 현황을 바탕으로 사회과 교과서에서의 독도기술은 물론 『독도부교재』의 내용에서, 신학습지도요령에 근거한 일본의 독도교육에 대한 치밀한 대응으로 재편성되어야 할 것이다. 이는 물론 학생들이 이해하기 쉽고 흥미를 유발할 수 있으며, 학교급별 학생들의 눈높이에 맞는 독도교육의 개편이 이루어져야 할 것이다.

【참고문헌】

권오현, 「일본 정부의 독도 관련 교과서 검정 개입의 실태와 배경」, 『문화역사지리』 제18권 제2호, 2006.

김화경·노상래, 「일본 교과서의 독도 기술실태에 관한 연구-중학교 사회과목 교과서의 독도 기술을 중심으로 한 고찰-」, 『한국사상과 문화』 제50호, 2009.

신주백, 「한국과 일본 역사교과서의 독도에 관한 기술의 변화」, 『독도연구』 제8호, 2010.

박병섭, 「일본 사회과 교과서와 독도문제」, 『독도연구』 제11호, 2011.

손용택, 「일본 교과서에 나타난 '독도(다케시마)' 표기의 실태와 대응」, 『한국지리환경교육학회지』 제13권 제3호, 2005.

심정보, 「일본의 사회과에서 독도에 관한 영토교육의 현황」, 『한국지리환경교육학회지』 제16권 제3호, 2008.

심정보, 「일본 시마네현의 초중등학교 사회과에서의 독도에 대한 지역학습의 경향」,『한국지역지리학회지』 제17권 제5호, 2011.

竹島問題研究会編,『竹島問題に関する調査研究 最終報告書』, 島根県総務
部総務課, 平成19年3月(2007.3.)

第二期竹島問題研究会編,『第二期『竹島問題に関する調査研究』最終報告書』,
島根県総務部総務課, 平成24年3月(2012.3.)

한일관계에서 영토교육의 현재적 의미와 방향

박 창 건

1. 머리말

본 연구는 한일관계에서 영토교육이 어떠한 현재적 의미를 가지고 있는지를 조명하는 것이다. 논쟁의 초점은 한국과 일본의 영토교육 현황을 검토하고, 특히 경상북도와 시마네현의 독도교육의 사례를 비교 분석하여 그 실태를 정확하게 파악하는 것이다. 특히 본 연구에서는 동북아시아의 올바른 역사적 인식과 지역공동체적 시민의식이 갖는 보편성을 기반으로 한 영토교육의 이론화 작업을 통해 독도교육의 방향성을 제시하고자 한다. 이는 독도문제에서 배타적 민족주의 접근 방식을 채택했던 기존의 영토교육을 냉정하게 분석하고, 동북아지역 차원의 지역공동체적 시민주의 관점에서 미래지향적인 한일관계에 대한 성찰을 바탕으로 바람직한 독도교육에 대한 해법을 모색하려는 시도이다. 그럼으로써 본 연구는 국제관계학 혹은 교육정책학을 연구하는 사회과학자들에게 한일관계에서 독도교육의 현재적 의미를 더욱 효율적으로 이해하는 데 필요한 지식을 제공하고자 한다.

독도문제는 순수한 영토문제라기보다 과거사 인식을 둘러싼 한국과 일본의 연속적 갈등과 대립에서 펼쳐지는 실증적 사실(fact)의 다툼이 자, 불확증한 논리에 대한 주관적 인식(perception)의 다툼으로 간주할 수 있다.[1] 이러한 다툼들의 명확한 규명은 동북아시아의 구조적 역학 관계에서 한일 양국 정부의 정치적 타협으로 인해 배제되거나 혹은 모호하게 고착화 되어 버렸다. 주지해야 할 것은 한일 양국이 독도문제를 지역공동체적 관점에서 벗어나 자국 중심의 사관에 입각한 영토교육을 실시하고 있기 때문에 특정 국가의 사람들을 하나의 가치 체계로 종속시키는 일종의 전제적이고 주관적인 독도교육을 실시하고 있다는 사실이다. 이러한 배타적 독도교육은 양국관계의 역사적 특수성에서 비롯된 영유권 문제를 둘러싼 한일갈등의 규범 확산과도 밀접한 관련이 있으며, 동시에 자국 중심의 영유권 주장에 내포된 영토 민족주의의 위험을 경계하고 이를 냉철하고 합리적으로 비판할 수 있는 용기를 상실하게 만들고 있다.[2]

2005년 시마네현의 '다케시마(竹島)[3]의 날' 조례 제정은 한국과 일본이 독도교육을 정책적으로 강화시킨 시발점이다. 일본정부와 시마네현은 2005년을 계기로 초 · 중등학교 사회과 학습지도요령 및 해설서, 교과서에 '다케시마가 일본의 영토'임을 더욱 명확하게 주장하는 내용을 비중 있게 다루기 시작했다. 이러한 일본의 독도교육에 대한 대응으로, 한국정부는 제7차 초 · 중등학교 사회과 교육과정에서 역사교육의 강화를 통해 독도교육을 강화하고 있고, 특히 경상북도에서는 독도

---

1) 김영수, 「한일회담과 독도 영유권: 샌프란시스코 강화조약과 한일회담 '기본 관계조약'을 중심으로」, 『한국정치학회보』 제42집(4), 2008.

2) 박창건, 「영유권 문제를 둘러싼 한일갈등의 규범 확산: '다케시마의 날'과 '대마도의 날' 조례 제정을 중심으로」, 『국제정치논총』 제48집(4), 2008.

3) '다케시마(竹島)'는 일본이 사용하고 있는 독도의 표기이다.

교과서나 수업 모형 개발을 통해 '독도가 한국의 영토'임을 논리적으로 발전시키는 독도교육을 체계적으로 시행하고 있다. 그렇지만 한편으로 생각해보면, 한일 양국이 영유권 문제와 연관된 독도교육을 자국 중심의 관점에서 실시하다 보면 양국 국민의 인식 차이는 더욱 벌어져 그 격차를 좁혀 나가기 매우 힘들 것이다. 이는 동북아시아 국가 간의 배타적이고 독점적인 주권을 강조하는 현재의 국가 체제가 수평적이고 다층적인 지역공동체 교육으로 전환되고 있는 시점에서 자국 중심의 독도교육이 과연 바람직한 것인가에 대한 원론적인 고민에 직면하고 있기 때문이다.[4]

  이러한 문제의식의 토대로 본 연구는 배타적 민족주의를 기반으로 한 국가 중심주의 영토교육을 대체 할 수 있는 건설적인 독도교육을 모색하는 데 목적을 두고 있다. 논문의 구성은 다음과 같이 전개된다. 먼저 제Ⅱ장은 영토교육에 대한 기존의 접근 방식들을 체계적으로 고찰하여 합리적이고 보편적인 독도교육을 위한 이론적인 분석 틀을 제시한다. 제Ⅲ장은 한국과 일본이 실시하고 있는 영토교육을 비교·분석하고, 특히 경상북도와 시마네현의 독도교육 현황을 실증적으로 파악한다. 제Ⅳ장은 한국과 일본이 실행하고 있는 독도교육이 어떠한 현재적 의미를 내포하고 있는지를 논의한다. 마지막으로 제Ⅴ장은 결론이다.

---

4) 진시원, 「동북아 영토분쟁, 중등교육에서 어떻게 가르칠 것인가?: 간도분쟁 사례를 중심으로」, 『한국정치학회보』 제42집(2), 2008, 436쪽.

2. 영토교육 : 배타적 민족주의로부터
지역공동체적 시민주의로

영토교육은 영토에 대한 지식뿐 아니라, 영토에 관련된 사고, 영토에 대한 가치와 태도를 지니도록 하는 교육이다.[5] 이는 국민국가(nation-state) 체제의 약화와 포스트 민족국가(post nation-state) 체제의 등장, 세계화(globalization)와 지역주의(regionalism)의 확산에서 변형된 '영역성(territoriality)'과 '정체성(identity)'에 대한 국민의 국가의식과 영역의식을 길러주는데 필수적인 요소로 간주한다. 여기에서 영역성은 개인이나 집단에 의해 지리적 영역(area)에 대해 경계선을 긋고, 이에 대한 통제를 주장함으로써 사람, 현상, 관계들에 침투하고 영향을 미치고 통제하려는 것이다.[6] 또한 정체성은 항상 공간을 매개로 하며 그것이 개인의 차원이든 집단의 차원이든 하나의 자기화한 영역 즉 생존공간으로 표출되어 영역화된 국가 정체성을 강화하려는 것이다.[7] 이러한 영역성과 정체성은 '우리'와 '타자'를 구분하는 규제의 수단으로 사회적 상호작용의 형태로 나타나고, 결국은 집단 구성원의 경계와 의식을 결정하는 영토교육의 중요한 개념들이다.

기존의 영토교육은 주로 국토애 교육에 관한 것이다. 이는 당위론적이었으며, 맹목적인 충성의 대상으로서 영토 즉 국토를 설정한 공간에 대한 인지능력을 키워주는 데 중점을 두고 있으며, 동시에 영토에 대한 지식과 공간의 특수성과 일반성에 대한 감각, 소속감과 같은 가치

---

[5] 임덕순, 「지리교육에 있어서의 영토교육의 중요성」, 한국지리환경교육학회 2006년 학술대회 요약집, 2006, 11-13쪽.

[6] R. D. Sack, *Human Territoriality: Its Theory and History*, Cambridge University Press, 1986, p.19.

[7] 남호엽, 「한국 사회과에서 민족정체성과 지역정체성의 관계」, 한국교원대 박사학위논문, 2001, 38쪽.

를 증진하는 교육이다. 이러한 형태의 영토교육은 국토 공간에 대한 단순히 배열된 사상과 그에 대한 지식에 대해서 관심을 길러주는 것이 아님에도 불구하고, 내부자성(insideness)보다 외부자성(outsideness)을 기르는 모습을 보이며, 여전히 영토 속으로 들어가는 교육이 부족한 상태에 있고, 단순히 국수주의적인 맹목적 국토애를 기르는 것에 의존하고 있다는 냉엄한 지적을 받고 있다.8) 따라서 영토교육은 생활공간으로서 영토 내지 국토에 단순히 사상이 어떻게 배열되어 있는가를 가르치는 것이 아니라 개인, 집단, 국가, 국제사회가 이를 어떻게 받아들이며 이해하는가, 이를 통해 어떤 사회적 공동체의 관계가 이루어지고 있는가, 이들이 인간 개인과 지역 시민의 삶에 어떤 영향을 미치는가에 관심을 두고 시행되어야 한다.

이러한 접근은 국민국가체제에서 자아정체성의 기초가 되었던 민족의 영역성과 정체성이 더 이상 단일한 형태로 운명적으로 주어지는 것이 아니라, 보다 공개적이고 성찰적으로 구성되기를 지향하고 있다. 특히 세계화와 지역주의가 진행될수록 국경이 불분명해지고 지역공동체 사회가 자발적으로 형성되고 있는 현시점에서, 영토교육은 배타적 민족주의로부터 지역공동체적 시민주의를 지향하는 형태로 변형되어 진행되고 있다. 그럼에도 불구하고 동북아시아가 직면하고 있는 영유권 문제를 둘러싼 각국의 영토교육은 배타적 민족주의를 주창하고 영토 내셔널리즘을 강조하는 국민국가의 무비판적인 관제교육이 시행되고 있는 것이 현실이다.9) 무엇보다도 한국과 일본의 독도 영유권 문제

---

8) 서태열, 「영토교육의 개념화와 영토교육모형에 대한 접근」, 『한국지리환경교육학회지』 제17권(3), 2009, 204-208쪽.

9) 동북아시아에서 영유권 문제가 쟁점화 되고 있는 대표적 사례는 한국과 일본의 독도문제, 중국・대만과 일본의 센카쿠열도(尖閣諸島) 주변의 해양자원과 해양교통로 확보문제, 일본과 러시아와의 북방 4개 도서인 하보마이(齒舞), 시코탄(色丹), 구나시리(国後), 에토로후(擇捉)의 영토 반환문제 등

를 둘러싼 양국의 영토교육이 민족주의에 포섭된 애국심의 모체가 된
국토애 교육이 교과과정에서 의무교육으로 이루어져 오고 있다는 점
은 주지해야 할 사실이다.[10]

독도 영유권 문제를 지역공동체적 시민주의와 연관하여 체계적으로
다룬 영토교육의 선행연구는 거의 없다. 독도교육에 대한 대부분의 연
구들은 다음과 같이 세 가지의 영역에서 배타적 민족주의적 관점으로
논의를 전개하고 있다. 첫째는 일국사적 국가중심의 관점에서 영토교
육을 다루고 있는 역사의 영역이다.[11] 둘째는 변형적 영역 주권의 관
점에서 영토교육을 진행하고 있는 지리의 영역이다.[12] 셋째는 정치적
통치전략의 관점에서 영토교육을 설명하고 있는 사회의 영역이다.[13]
하지만 이러한 논의들은 지나칠 정도로 독도의 영토교육에 대한 의미
와 근거를 양국의 주관적 입장에서 설명하고 있기 때문에 이론화 작업
에서 고려해야 하는 보편성과 객관성의 결여가 지적되고 있다.

본 연구에서는 미래지향적인 한일관계에서 바람직한 양국의 대안적
독도교육 방안을 모색하기 위해 '지역공동체적 시민주의'란 새로운 접

이다. 本宮武憲,「領土問題」,『社会科教育』第44輯 9号, 2007, 63쪽.
10) 박선미,「독도교육의 방향: 민족주의로부터 시민적 애국주의로」,『한국지리
환경교육학회지』제17집(2), 2009, 171-172쪽.
11) 권오현,「일본 정부의 독도 관련 교과서 검정 개입의 실태와 배경」,『한국지
리환경교육학회지』제13권(3), 2006; 김영수,「한국과 일본 중학교 역사분야
교육과정과 역사 교과서의 독도 관련 내용 비교: 2014년 전후 한일 교육과정
과 교과서를 중심으로」,『독도연구』제19호, 2015.
12) 이범관,「독도의 지적재조사가 국익에 미치는 영향 연구」,『한국지적학회지』
제23권(2), 2007; 손용택,「일본 교과서에 나타난 독도 표기 실태와 대응」,
『교과서 연구』, 한국학술정보, 2010.
13) 박선미·손승호·이호상·안종철·유진상·이효선·전유신,『독도학습을 위
한 교육과정 개발연구』, 동북아역사재단, 2009; 심정보,「일본 시마네현의 초
중등학교 사회과에서의 독도에 대한 지역학습의 경향」,『한국지역지리학회
지』제17권 5호, 2011.

근법을 제시하고 있다. 여기에서 '지역공동체적 시민주의'란 민족국가 체제의 시각과 틀을 벗어나 동북아시아 시민권 개념을 바탕으로 역내 공동체 교육을 강화하여 구성원의 권리와 의무를 행사하고 이행할 수 있는 '동북아인'으로 재탄생시키는 교육적 프로젝트이다. 이는 한일 양국의 중앙정부, 지방정부, NGOs 등이 수평적으로 협치(協治)해서 독도 영유권 문제의 해법 모색에 기여할 수 있는 지역 거버넌스(regional governance)와 지역공동체(regional community)의 성패와도 직결된다. 이러한 맥락에서 지역공동체적 시민주의는 아래의 기본원칙에 입각하여 영토교육이 실행되어야 한다.

첫째는 다각적인 국제관계학의 이론을 소개해야 한다. 국제관계학 이론을 영토교육의 교과과정에 도입하여 세계질서의 구축에 대한 학생들의 자발적인 이해와 사고를 높여, 학생들이 스스로 판단하고 결정해서 외교정책 여론과정에 고민하고 참여하는 지역공동체적 시민의식을 높일 수 있는 자질을 키워야 한다. 이는 현실주의, 자유주의, 구성주의 등과 같은 국제관계학의 이론을 통해 동북아시아의 역학관계를 균형감 있게 이해함으로써, 배타적 민족주의나 정치적 논리에 좌우되지 않고 독도문제를 바라볼 수 있는 일관성과 객관성을 학생들 스스로 배양하는 것이다.

둘째는 균형적인 교육체계를 강화해야 한다. 영토교육은 자국 중심주의 교육과 국제이해 교육의 균형을 추구하면서 이루어져야 한다. 비록 자국의 자긍심과 공동체 의식 확보를 위해 선의의 민족주의 교육은 필요하지만, 폐쇄적이고 배타적인 자기중심적인 민족주의 교육은 호전적이고 배외적인 제국주의로 전의될 가능성이 있기 때문에 지양해야 한다. 따라서 독도문제는 자국의 국사와 동북아 지역사가 동등하게 강조되는 동북아 공동체 교육의 관점에서 진행되어야 한다. 이를 위해 '민주평화론'을 기반으로 한 국제이해의 영토교육을 확충해 나가야 한

다.14)

셋째는 공유하는 지역시민 정체성의 확립을 추구해야 한다. 동북아 지역의 평화와 공존을 위해 올바른 민족국가 정체성과 함께 공유될 수 있는 지역시민 정체성이 균형을 이루고 공존할 수 있는 영토교육을 시행해야 한다. 이는 동북아 공동체 구성원이라는 자기 정체성을 지닌 한·중·일 3국은 '지역 시민권' 개념을 기반으로 동북아인으로서의 지역시민 정체성을 발전시키는 것이다. 이러한 맥락에서 독도문제의 해법은 민족국가 체제의 시각과 틀을 벗어나 동북아 지역시민의 정체성을 강화하여 지역시민의 역할과 책임이라는 측면에서 영토교육을 모색해야 하는 것이다.

3. 한국과 일본의 영토교육 현황
   : 경상북도와 시네마현의 독도교육을 중심으로

일본 문부과학성은 2005년 중학교 사회과 교과서와 2006년 고등학교 교과서 검정에서 "다케시마(竹島)가 일본 영토임을 명확히 기술"하라는 지침을 내렸다. 이에 대한 '상응적 대응'으로 한국의 교원단체들은 2005년 3월 17일부터 26일까지 전국 초·중·고교에서 '독도는 우리 땅'이란 주제로 특별 수업을 실시하였다.15) 같은 맥락으로 교육인적자원부는 2006년에 일본의 역사교과서 왜곡과 독도 영유권 주장에 대응하는 수업을 강화할 것을 지시하는 등 영토교육을 체계적으로 발전시

---

14) B. Russett, *Grasping the Democratic Peace: Principle for Post-Cold War, Princeton*, NJ: Princeton University Press, 1993.
15) 박창건, 「다케시마의 날 조례 제정에 대한 한국의 반응: 상응적 대응의 유효성과 딜레마」, 『한국과 국제정치』 제25권(3), 2009,.

키기 위한 제도적 장치를 마련하기 시작했다. 그럼에도 불구하고, 일본 문부과학성은 2008년 2월 15일 신학습지도요령안을 공포하였고, 이것을 계기로 2008년 7월 14일 중학교 대상 학습지도요령 해설서에 다케시마가 자국의 영토임을 명기하겠다는 입장을 밝히고 있다. 이에 따라 일본의 독도교육을 소학교는 2011년, 중학교는 2012년도부터 정규 학교 교육과정으로 시행할 것임을 표명했다.

2007년 사회과 개정 교육과정에서 독도와 관련하여 제시된 성취목표를 통하여 단순히 국지적 형태의 지역학습을 넘어서 국가주권에 의해 강력하게 경계 설정된 민족정체성 강화교육의 맥락에서 한국의 독도교육이 전개되고 있음을 발견할 수 있다.[16] 이는 제7차 개정 초·중등학교 사회과 교육과정에서 독도관련 영토교육과 연관된 부분을 통해서 구체적으로 알 수 있다. 예를 들면, 초등학교 개정 교육과정에서는 사회과 6학년 지리영역의 아름다운 우리 국토 단원과 세계 여러 지역의 자연과 문화 단원에서 영토교육과 관련된 내용을 다루고, 중학교 개정교육과정에서는 사회교과와 역사교과에서 영토교육과 관련된 독도 내용을 다루고 있다.[17] 또한 고등학교 교육과정 중 독도라는 단어가 구체적으로 언급된 교과는 한국지리이다. 한국지리 중 세계화 시대의 국토 인식 단원에서 '독도, 간도 등 구체적인 사례를 통해 주변 국가와 관련된 영역 갈등의 원인과 과정, 그 중요성을 인식'하려는 성취

---

[16] 박선미, 「독도교육의 방향: 민족주의로부터 시민적 애국주의로」, 『한국지리환경교육학회지』 제17집(2), 2009, 164쪽.

[17] 2007년도 교육인적자원부의 교육부고시에 의하면, 6학년 사회과 지리영역의 세계 속의 우리나라 단원에서 '독도가 갖는 지리적 의미를 이해'라고 하는 성취목표를 기술하고 있으며, 6학년 역사 과목에서는 현행과 동일하게 러일전쟁 중에 일제가 독도를 불법적으로 일본 영토에 편입한 사실을 기술하고 있다. 교육인적자원부, 「사회과 교육과정」, 교육부고시, 제2007-79호(별책7), 2007(b).

목표를 제시하고 있다.[18]

이러한 상황 속에서 한국과 일본이 독도문제에 있어서 어떠한 형태의 영토교육을 실시하고 있는지를 검토하는 것은 양국의 배타적 민족주의의 위험을 경계하고 이를 합리적으로 비판할 수 있는 올바른 독도교육의 방향을 모색하는데 매우 의미 있는 작업이라고 판단된다. 왜냐하면 한일 양국이 독도문제를 비롯한 영토교육을 자국 중심의 일국사적 관점에서 가르치다 보면 양국 국민의 인식 차이는 더욱 더 벌어져그 격차를 좁히기 어렵기 때문이다. 따라서 본 절에서는 한국과 일본의 영토교육을 경상북도와 시마네현의 독도교육을 통해 실증적으로비교·분석하여 그 실태를 파악하고자 한다.

1) 경상북도의 독도교육

한국의 학교 교육과정에서 영토교육은 사회과를 중심으로 이루어지고 있다. 사회과에서는 우리의 삶의 터전인 국토의 이해를 바탕으로우리 민족의 역사와 활동에 대한 종합적인 통찰과 체계적인 역사의식을 가지는 것과 한국인으로서의 민족적 정체성과 세계 시민으로서의가치·태도를 갖추는 것을 중요한 학습 요소로 여기고 있다.[19] 또한영토교육과 관련하여 지리에서는 시간과 공간의 차원에서의 인간 및국가라는 존재의 존립방식을, 역사에서는 영토의 변천 과정을, 일반사

---

18) 고등학교 개정 교육과정의 사회회과에서 독도 관련 내용을 다루고 있는 과목으로는 사회, 역사, 한국지리, 동아시아사 등이 있으며, 선택과목 한국지리는 독도 등 영역 갈등의 원인과 과정 및 그 중요성을, 동아시아사는 영토갈등과 관련하여 평화와 화해를 모색하는 차원에서 다루고 있다. 교육인적자원부, 「고등학교 교육과정」, 교육부고시, 제2007-79호(별책4), 2007(c).

19) 교육인적자원부, 「초중등학교 교육과정」, 교육부고시, 제2007-79호(별책1), 129쪽.

회에서는 국내·외의 법적 정당성을 다루고 있다.[20] 교육과학기술부
는 2007년 2월 제7차 교육과정 개정안을 발표했으며, 2010년부터 초·
중등학생은 순차적으로 개정된 교육과정에 의해 교육을 받게 되었다.
또한 2011년 '사회과 교육과정' 개정의 필요성으로 사회 환경의 변화에
따른 국가 사회적 요구의 반영을 강조하고 있다.[21] 이에 따라 영토를
둘러싼 주변국의 역사 왜곡과 세계화 시대에 주체적으로 대응하기 위
한 역사교육의 필요성을 언급하고 있다.

  이러한 맥락에서 독도가 행정적으로 속해 있는 경상북도의 독도교
육 현황을 구체적으로 파악하는 것은 많은 의미를 가진다. 예를 들면,
2008년 7월 17일 경상북도 교육청은 '독도 바로 알기'를 통해 독도의 진
실과 위기를 바로 알려 독도가 대한민국 영토임을 각인시키려는 목적
으로 독도교육의 추진 계획을 발표하였다.[22] 2010년 경상북도 교육청
의 독도교육 계획의 목적은 2008년 시작된 우리 땅 '독도 바로알기'를
통한 독도교육을 체계적, 지속적으로 전개하여 일본의 독도 영유권 주
장에 대한 위기를 바로 알려 독도 사랑 의식을 고취하는 데 있다. 이와
함께 다양한 교육활동 전개로 독도가 우리 땅임을 세계에 알릴 수 있
는 역량을 강화하며 멀티미디어 자료 활용을 통한 독도교육의 지속적
인 전개로 독도수호 의지를 함양하는 데 있다. 독도에 대한 관심이 높
아지면서 2011년 개정 교육과정은 초등학교 '사회', 중학교 '역사' 과목

20) 서태열, 「영토교육의 개념화와 영토교육모형에 대한 접근」, 『한국지리환경
    교육학회지』 제17권(3), 2009, 201쪽.
21) 교육과학기술부, 「중학교 교육과정 해설 2(국어, 도덕, 사회)」, 대한교과서주
    식회사, 2008.
22) 이 계획을 구체적으로 실행하기 위하여 경상북도 교육청은 교육정책팀, 초
    등교육과, 중등교육과 소속 장학사 3명을 중심으로 독도수호교육 업무 담당
    팀을 신설하였다. 독도수호교육 업무 담당 팀은 '독도 바로 알기' 지도 방향
    수립 추진, 독도관련 인정도서 개발, 독도수호교육 관련자료 체계적 정비 등
    의 업무를 담당하고 있다.

의 교육과정에 독도 관련 내용을 명기하면서 독도교육을 강화하기 시작했다. 본 절에서는 2008년 7월 17일 독도교육추진계획 발표 이후 2018년 현재까지 진행되어 온 경상북도의 체계적이고 지속적인 독도교육, 의식고취를 위한 독도교육, 시공간을 초월한 독도교육으로 세분화하여 논의하고자 한다.

(1) 체계적이고 지속적인 독도교육

교육의 유형은 가르치는 자 또는 기관이 교육을 하려는 의도가 명백하고 이러한 일을 행하는 것을 사명으로 하는 형식적인 교육과 가르치는 자 또는 기관이 본래 해야 할 활동이나 기능이 있고 가르치는 일을 부수적으로 하는 비형식적 교육으로 나눌 수 있다.[23] 형식적 교육의 대표 기관인 학교에서는 교사, 교육과정에 바탕을 두고 개발된 교재, 학생을 중심으로 체계적이고 지속적인 교육이 이루어진다. 2009년 4월 경상북도는 대구경북지역 독도연구기관 통합협의체의 연구 성과물을 정리한 "독도총서"를 발간했다. 독도총서는 총 587쪽 분량으로 독도의 일반 현황을 비롯해 역사와 자연환경, 독도의 가치와 영유권, 독도의 발전과 지속 가능성 등 총 5편으로 구성되어 있다. 이 총서는 경상북도 독도교육의 백서로써 종합적이고 총체적인 독도교육의 자료로 활용되고 있다.

체계적이고 지속적인 독도교육을 위하여 경상북도 교육청은 독도 교과서 개발과 이를 바탕으로 한 독도교육과정 운영, 교사를 대상으로 한 독도교육 강화 연수, 독도교육 연구학교 운영 등의 정책을 진행하고 있다. 경상북도 교육청은 2009년 2월 9일 교과용 도서 '독도'를 경상북도 교육감 인정 도서로 개발하였다. 초등학교 5, 6학년을 대상으로

---

23) 강영삼 외, 2006, 『교육학개론』, 교육과학사, 24-25쪽, 2008.

제작한 '독도' 교과서는 1단원 '동해에 우뚝 솟은 독도', 2단원 '우리 땅 독도의 어제와 오늘', 3단원 '천혜 자원의 보고 독도', 4단원 '독도는 영원한 우리 땅'의 총 4개 단원, 20차시 분량으로 구성되었다. 경상북도 교육청은 학교 교육과정 편성·운영 시 초등학교 5, 6학년은 인정 도서 '독도'를 활용하여 교육 관련 교과, 재량 활동, 특별 활동에서 연간 10시간 이상을 확보하여 지도하도록 규정하였다.[24] 이번에 발간배부한 인정도서 '독도'는 일본의 독도 영유권 억지 주장과 동해 해저 지명의 일본식 표기 등의 만행을 더 이상 간과할 수 없다는 판단 아래, 전국 최초로 국가 영토에 관한 교과용 도서를 정규 교육 과정에 적용하도록 '교육과정 편성·운영 지침'에 명시하고 지도 시간 수를 구체적으로 규정한 점에서 매우 큰 의미가 있다.[25]

같은 맥락에서 2012년 4월 경상북도 교육청은 역사 바로 알리기 교육 등을 통해 일본 정부의 역사왜곡에 대한 적극적인 대응책을 마련했

---

[24] 경상북도 교육청, 「초등학교 교육과정 편성·운영 지침」, 고시, 제2008-14호, 2008.
[25] 김형동, 「초등학교 독도 교육의 방향」, 『독도연구저널』 제6권, 34쪽, 2009; 하지만 총 4단원으로 구성된 교과서의 내용을 살펴보면, 일본 제국주의에 대한 경계로부터 변형된 애국적 민족주의적 요소를 쉽게 발견할 수 있다. 특히, 2단원의 내용은 일본의 독도 침탈 계획과 그 과정을 조사해 보고, 일본이 주장하는 독도에 대한 영유권이 왜 억지인지 알아보고 실천을 다짐하는 활동으로 구성되어 있다. 이는 일본의 독도 영유권에 대한 반박 논리를 제공하는 교과서의 내용은 학생들의 감정적 민족주의를 자극할 가능성이 높다고 판단된다. 게다가 국회 국정감사 자료에 따르면 독도 교과서의 내용 중 외교통상부가 경상북도 교육청에 수정 또는 삭제를 요청한 부분이 15곳이나 된다는 것이다. 이런 부실을 통해 '독도' 교과서 개발이 지속적이고 체계적인 교육을 위한 계획적인 정책이라기보다는 즉흥적 정책의 하나라고 판단할 수 있다. 독도교육이 진행되는 재량수업은 교사의 수업 운영 능력에서 성패가 좌우된다고 볼 수 있다. 하지만 학교장과 담당교사만을 대상으로 한 1년에 두 번 진행되는 연수를 통해 효과적인 재량 수업이 이루어질지는 미지수이다. 『매일신문』 2009년 10월 12일 참조.

다. 이를 위해 도교육청 산하에 역사왜곡대응, 독도교육과정운영, 독도홍보 등 3개 분과로 구성된 독도교육대책위원회를 발족하여 독도교육 강화를 위해 역사 지리 일반사회교육연구회를 통한 교육사회단체와 연계해 독도교육을 체계적이고 지속적으로 전개할 것임을 표명했다. 2013년 2월 경상북도 교육청은 독도 리플렛 3만부를 제작하여 경상북도 초·중·고교에 배포했다. 이 리플렛에는 독도의 지리, 역사, 자연환경 가운데 핵심적인 부분을 요약해 사진, 그림과 함께 담았다. 경상북도 교육청은 22일 일본 시마네현에서 '다케시마의 날' 행사를 개최하여 일본 정부가 앞장서 독도문제를 쟁점화 시키고 있다는 판단에서 리플렛 배포를 통해 독도문제를 지속적이고 체계적으로 대응하고 있다. 특히 2016년 1월 경상북도 출자 출연 기관인 독도재단은 독도와 관련한 다양한 정보를 담은 핸드북을 제작하여 보급했다. 독도의 일반 현황과 자연, 생태계, 역사 등을 담은 핸드북은 학교와 민간단체에 무료로 배부되어 독도탐방사업, 홍보행사 등에 활용될 뿐만 아니라 독도교육 이해를 위해 간편하고 편리하게 활용하고 있다.

(2) 의식고취를 위한 독도교육

의식고취를 위한 독도교육은 구성주의 학습이론에 바탕을 두고 있다. 구성주의 관점에서 학습은 능동적으로 의미를 구성하는 과정으로 학습자가 중심이 되어 개인적 경험에 근거해서 의미를 개발하는 능동적 과정을 거칠 때 비로소 의미 있는 학습이 이루어질 수 있다고 한다.[26] 의식고취를 위한 독도교육은 구성주의 학습이론에 기반을 둔 다

---

26) Duffy, T. M., & Cunningham, D., 1995, "Constructivism: Implications for the design and delivery of instruction", A draft for the chapter in Jonassen(Ed.), *Handbook of Research on Educational Communication and Technology*, New York: Scholastic.

양한 교육 활동을 그 예로 들 수 있다. 경상북도 교육청의 주도로 독도 탐방단 운영, 역사왜곡, 규탄대회, 독도교육 체험 활동을 통한 의식고취를 위한 독도교육이 전개되고 있다.

경상북도 교육청은 독도를 둘러싼 영토교육과 역사왜곡 규탄대회 및 성명서 낭독 등의 퍼포먼스를 통한 '독도는 우리 땅'이라는 사실을 알리고 있다. 2008년 8월 학생, 교직원, 학부모 등 3,000여 명이 참가한 첫 규탄대회에서 일본이 우리의 영토를 침탈하는 도발 행위를 중단할 것을 강력히 촉구하고 왜곡된 중학교 사회과 해설서 배포를 중단하고 독도 관련 내용을 정정할 것을 요구했다. 또한 독도는 우리의 영토임을 주지시키고 영토 주권 수호를 위해 독도교육 관련 활동을 강화할 것을 결의했다. 뿐만 아니라 경상북도 교육청은 독도에 대한 이해를 높여 나라 사랑의 마음을 심어주기 위해 2008년 10월 20일부터 22일까지 2박 3일의 일정으로 시·군을 대표하는 초·중·고 학생 23명을 대상으로 독도 탐방교육을 실시했다. 주요 탐방 내용으로는 울릉도 및 독도의 자연환경과 생태체험, 독도 역사 바로 알기, 독도 박물관 견학, 독도 모형 만들기 등이며, 독도에 입도해서는 결의문 낭독과 만세 삼창으로 우리 땅 독도에 대한 수호 결의를 다졌다. 이밖에도 일본의 '독도 역사왜곡 규탄' 내용과 독도수호 내용을 담아 '독도는 우리 땅'이라는 연으로 띄워 보내기 행사를 진행하고 있다.

2010년 10월 경상북도와 울릉 북중학교는 '독도수호 중점학교' 운영을 위한 상호 협약식을 가졌다. 이번 협약식을 통해 경상북도는 울릉 북중학교의 영토교육과 독도체험프로그램 개발 운영에 상호 협력·지원하고, 울릉 북중학교는 교내 독도 자료실 운영과 학습자 중심의 동아리 활동을 활성화하고 학교 홈페이지를 이용한 사이버 독도교육, 독도탐구대회 개최 등과 같은 활동을 통해 의식고취를 위한 독도교육을 구체화할 계획을 발표했다. 2011년 10월 경상북도는 일본의 독도 침탈에 맞서 독도가 대한민국 영토임을 세계에 알리기 위해 영문판 화보집을 독도신문에 소개했다. 여기에는 우리 국민들이 독도에서 생활하며 독도를 이용하고 있는 생생한 모습을 담은 영문판 화보집 *The Story of Dokdo Residents*(독도주민들의 이야기) 발간을 통해 독도 영유권의 실체를 대외적으로 홍보하는 교육자료로 적극 활용하겠다는 취지가 담겨 있다. 2015년 5월 경상북도 울릉군이 관내 청소년들의 올바른 독도 역사인식 확립과 독도교육을 위해 안용복 독도수호역사탐방을 실시했다. 이 역사탐방은 앞으로 독도수호 및 알리미의 역할을 수행할 울릉도 내 청소년들에게 독도의 역사문화를 올바르게 이해하고 독도영유권 강화와 함께 영토수호 의식을 고취시킬 수 있는 문화적 체험 기회를 제공하기 위해 마련된 독도교육의 일환이다.

경상북도 교육청을 중심으로 이루어지고 있는 다양한 활동을 통해 학생들에게 심어주고자 하는 의식이 어떤 것인지 심각하게 고민해 볼 필요가 있다. 학생들이 직접 참여해서 체험해보는 구성주의 학습이론에 바탕을 둔 이러한 활동은 독도는 우리 땅이라는 애국심에 바탕을 둔 의식 고취 측면에서는 효과적일 수 있다. 즉 한국인으로서의 민족적 정체성 확립 측면에서는 효과적이지만 세계 시민으로서의 가치·태도에 대한 교육과는 모순이 된다. 특히, 규탄 대회를 통한 경상북도 교육청의 교육적 대응에서 다분히 즉각적이고 감정적이며 일회적인 경향이 나타난다. 이런 형태의 활동들은 일본이 독도 영유권을 주장하여 국민 정서를 건드리는 시점에 한시적 방법으로 이루어지는 단편적인 이벤트행사로 그치기 쉽다는 데서 그 한계를 발견할 수 있다.

(3) 시공간을 초월한 독도교육

시간과 공간의 제약을 초월하는 정보통신기술의 이점을 이용함으로써 학습자들은 자신의 제한된 환경을 벗어나 사고의 폭을 넓히고 보다고차원적인 사고 능력을 신장시킬 수 있다.[27] 교육용 프로그램을 이용한 교육, 스프레드시트, 데이터베이스 프로그램 등을 도구로 활용하는 교육, 또는 인터넷 등을 매개로 웹 자료를 활용하여 교육을 하는 형태가 그 예가 될 수 있다. 이와 같이 경상북도 교육청에서는 이러한 정보통신기술을 활용하여 온라인을 통한 독도교육을 전개하고 있다.

경상북도 교육청은 독도교육체험관을 운영하고 있다. 2009년 10월에 구미도서관에 개관한 독도교육체험관은 독도를 축소한 모형을 비롯한 패널, 터치스크린 등을 설치해 독도의 다양한 모습과 역사를 볼 수 있다. 교육체험관은 현재 구미도서관, 안동도서관, 교육정보센터, 오천 초등학교 독도 문화 발전소 등에서 성공적으로 운영되고 있다. 더욱이 멀티미디어 교육 자료의 개발에도 힘쓰고 있다. 학생용 교과서를 토대로 제작한 CD-ROM 자료는 웹을 통한 학습이 가능한 컴퓨터 그래픽을 가미한 상호작용 중심의 입체화된 개별 학습용 자료로써, 2009학년도에 학생용 교과서와 교사용 지도서에 이어 경상북도 교육감 인정 도서로 승인하여 '독도'에 관한 교수학습 매체로 제공하였다. 초·중등학생을 대상으로 독도 교수·학습 과정안, 교수·학습 자료를 도교육청 홈페이지의 자료실 탑재하여 활용하고 있다. 또한 독도교육을 위하여 '독도연구소', '사이버독도', '독도박물관'과 같은 관련 학습 사이트를 활용하도록 권장하고 있다.[28]

경상북도 교육청은 다양한 방법으로 독도와 관련된 지식 보급에 힘쓰고 있다. 홍보동영상을 제작하여 보급하고 도교육청 홈페이지 및 교육넷에 배너창을 설치하여 활용하고 있다. 경상북도 교육청에서 실시

---

27) 교육인적자원부, 「초등학교 정보 통신 기술 활용 지도 자료」, 대한교과서 주식회사, 2005.

28) 독도연구소: 〈www.dokdohistory.com〉; 사이버독도: 〈www.dokdo.go.kr〉; 독도박물관: 〈www.dokdomuseum.go.kr〉 등을 참조.

중인 교육활동으로 '독도지킴이 동아리 활동'이 있다. 학생들이 직접 동아리를 만들어서 독도에 관한 정보를 자신들끼리만 공유하는 것이 아니라 독도 사진전, 캠페인 등 다양한 활동으로 주변 여러 사람들에게 독도의 중요성을 널리 알리고 있다. 작년 독도지킴이 우수학교로 선정된 부산 구덕고 '반크' 동아리는 학생들이 직접 자료를 수집해 '독도, 대한민국의 태양이 뜨는 곳'이라는 교육 자료집을 만들어 부산지역 일선 학교에 배포했으며, 독도 홍보용 UCC를 제작하는 등 온·오프라인을 넘나들며 독도 알리기 활동을 벌였다. 특히 경상북도와 사이버외교사절단 '반크'가 공동으로 운영하는 '사이버독도사관학교'는 온라인을 통해 독도교육을 실시하고 있다. 경상북도 교육청의 정보통신기술을 활용한 독도교육은 독도 수호에 대한 내용을 홍보하는데 초점이 맞춰져 있다. 온라인을 통하여 독도문제에 대해 일본을 포함한 다른 나라의 다양한 시각을 접할 수 있고 이를 통해 사고의 폭을 확장시킬 수 있음에도 불구하고, 오프라인의 활동과 마찬가지로 한국의 독도 수호에 대한 내용만을 주입식으로 강조하고 있다. 이러한 홍보중심의 활동과 자료 개발에서 배타주의적인 민족주의 성향을 발견할 수 있다.

2) 시마네현의 독도교육

2008년 6월 일본 시네마현 미조구치 젠베에(溝口善兵衛) 지사는 문부과학성 제니아 마사미(錢谷眞美) 사무차관을 방문한 자리에서 '독도문제 해결을 위해서는 학생들 교육이 중요하다'며 중학교 사회과 학습지도요령 해설서에 독도를 일본 영토로 기술해 줄 것을 요구했다. 이에 문부과학성은 2008년 7월 '다케시마에 대해 일본과 한국 사이에 주장의 차이가 있다'며 중학교 사회과 학습지도요령 해설서에 독도 영유권 주장을 명기하는 이유 중 하나로 외무성 홈페이지에 게재된 다케시

마 관련 내용을 충실히 교육하기 위한 것이라고 답했다. 더욱이 2009
년 12월에는 고교 지리 역사 학습지도요령 해설서에 '독도 영유권을
명시한 중학교 해설서에 기초하여 교육해라'고 지시한 바 있다. 그 결
과 중학교는 총 21개 중 4개, 고등학교는 총 112개 중 12개 교과서에
독도 관련 내용이 포함되어 있다. 2012년부터는 중학교 지리 교과서를
비롯한 역사와 윤리 교과서에 독도 영유권 관련 주장을 추가하거나 기
존 영유권 주장을 보다 구체화하기 위한 교과서 개정안을 마련했다.
또한 2016년 3월 고등학교 사회과 교과서 검정결과가 발표되었다. 이
는 2014년 1월 개정된 고등학교 학습지도요령해설서를 반영하여 기술
된 교과서로, 2014년 초등학교, 2015년 중학교와 마찬가지로 독도가 일
본 영토라는 기술이 모든 지리 A/B, 일본사 A/B, 현대사회. 정치경제
교과서에 기술되었다.[29]

　이러한 독도교육을 총괄하여 2017년 2월 14일 일본 문부과학성은
초 · 중학교 학습지도요령 개정안을 발표했다. 학습지도요령은 학교
교육의 목표와 내용 등을 정하는 기준으로 교과서 집필과 검정에서 법
적 구속력을 갖고 있다. 따라서 이후 초 · 중학교 교과서는 학습지도요
령에 따라 집필되면, 교과서 검정과 채택 등 과정을 거쳐 초등학교는
2020년, 중학교는 2021년부터 학교 현장에 각각 사용될 예정이다. 무엇
보다도 이번 학습지도요령 개정안은 초중학교 사회과 교과서에 '독도
는 일본의 고유영토'라는 내용을 다룰 것을 의무화하고 있다. 문부과
학성의 학습지도요령 개정 작업은 2014년부터 시작되었고, 이에 앞서
시마네현에서는 2005년 '다케시마의 날 조례 제정' 이래 지속적으로 독
도 학습지도요령에 기재할 것을 정부나 교과서 출판사 측에 요청해 왔
다. 시마네현의 요청서를 보면, 독도 기술을 요구한 의도를 알 수 있는

---

29) 남상구, 「일본 교과서 독도기술과 시마네현 독도교육 비교 검토」, 『독도연구』
　　제20호, 2016, 8쪽.

데, 초·중·고등학생들에게 독도교육을 시키는 것이 독도에 관한 국
민 여론 확산에 매우 중요하다고 판단하고 있다는 점이다. 이러한 맥
락에서 시마네현의 독도 교육은 공격적이고 치밀하며, 생활사를 중심
으로 진행되고 있으며, 중·장기적인 영토 반환전략이 내포되어 있다고
하겠다.

(1) 공격적이고 치밀한 독도교육

2007년 시마네현은 '독도가 한국에 의해 불법 점유당하고 있다'는 왜
곡된 내용이 담긴 부교재를 채택했다. 시마네현 교육청 의무교육과 집
계 결과에 의하면, 2007년 90.2%였던 현내의 중학교 부교재 이용률은
2009년 100%를 점유했고, 초등학교의 경우 2007년 69.4%에 불과하였으
나 2010년 97.1%로 크게 증가하였음을 밝히고 있다. 게다가 시마네현
교육위원회는 교직원의 영토교육에 대한 이해를 돕고 초·중·고교별
학교 수업 참고자료로 활용할 수 있는 핸드북을 제작해 시마네현뿐만
아니라 각 도도부현 교육위원회와 문부과학성에도 보내어 교과 조례
시간은 물론 학급활동 등 다양한 형태로 독도교육을 위한 자료를 확산
시키고 있다. 시마네현은 현내의 356개 초·중학교에서 사회과와 지
리, 공민 수업을 통해 독도 영유권 문제를 다루고 있는 일선 학교 교사
들이 독도 관련 수업에서, '어떻게 가르쳐야 할지 모르겠다'는 의견을
반영하여, 독도 영유권 문제를 다루기 위한 교원용 지침안을 제작하여
부교재와 함께 배포했다.

시마네현 교육위원회(県教委)는 '독도교육에 관한 학습'을 통해 학생
들이 습득해야 할 독도에 관한 지식을 명확히 정리하고 있으며, 초·
중·고등학교의 발달 단계에 맞춘 '독도에 관한 학습'을 추진하고 있
다. 동 위원회는 2009년부터 현내의 모든 초·중·고등학교의 사회과
자료로 사용할 독도를 소재로 한 부교재인 DVD를 완성하여 각 학교에

배부를 시작하였다. DVD는 4~7분 분량으로 초등학교 5학년용은
독도의 위치와 과거의 어업 상황을, 중학교 1학년용은 메이지시대에
독도가 시마네현에 편입되었던 것을 전쟁 후에 한국 측이 일방적으로
자국의 영토로 삼은 역사를, 중학교 2학년용은 잠정(暫定)수역으로 인
해서 독도 주변에서 어업을 할 수 없게 된 문제 등을 영상으로 알기
쉽게 정리했다. 시마네현 교육위원회 의무교육과는 'DVD를 사용함으
로서 학생들이 독도문제에 대해 높은 관심'을 갖기를 바라는 취지에서
기획했다고 밝혔다.[30]

　이처럼 시마네현의 독도 교육이 현행 일본 교과서보다 더 집중적이
고 치밀할 뿐만 아니라 공립고교 입학시험에는 독도의 일본 영토 편입
을 당연시한 문제까지 등장하고 있다. 시마네현 다케시마연구회 제3기
최종보고서에 의하면, 일본사 A/B 학습지도안은 독도교육을 일본사
연간 지도계획의 일환으로 규정하고 학습 목표도 독도 영토편입 당시
한국의 대응을 정확하게 파악한 후 사료를 토대로 영토편입 목적과 경
과를 이해시키도록 하고 있음을 서술하고 있다. 이는 현행 일본 교과
서 기술과 달리 일본과 한국의 주장을 견주어 비판하려는 명확한 목적
을 갖고 있다. 예를 들면 시마네현 교육위원회는 2014년 처음으로 지
역 공립고교 입학 선발 학력시험에 독도문제를 출제했으며, 당시 일본
과 한국의 배타적경제수역(EEZ)의 경계를 묻는 질문에 독도와 울릉도
사이를 정답으로 정하고 학생 93.3%가 맞히도록 유도했다. 또한 2015
년 문제는 일본의 영토분쟁 중재 희망기관인 국제사법재판소를 정답
으로 유도하는 문제를 제출하기도 했다.

---

30) 『読売新聞』, 2009년 5월 22일자 참조.

(2) 생활사를 중심으로 한 독도교육

시마네현은 2007년부터 지금까지 오키노시마초(隠岐の島町) 교육위원회가 제작한 '고향오키'라는 제목의 교육용 부교재를 활용하고 있다. 이 부교재는 공립 초등학교 5학년부터 중학교 3학년을 대상으로 사용되고 있으며, 독도와 오키섬이 역사적 친밀성을 갖고 있다는 점을 강조하는 내용에 주안점을 두고 있다. 뿐만 아니라 시마네현 교육관계자가 위원으로 있는 'Web 다케시마 문제연구소'가 감수하여 실질적인 독교교육의 주교재로 활용하고 있다. 전체 컬러 130페이지 분량 중 8쪽이 독도에 대한 내용을 담고 있으며 메이지시대부터 쇼와 초기의 독도와 오키섬과의 관계, 영토문제 등에 대해 시마네현 지역에 남아있는 지도와 사진, 자료를 사용해 알기 쉽게 설명한 생활사를 중심으로 한 독도교육이다. 더욱이 2014년 2월 22일 다케시마의 날에 맞춰 시마네현 지역에서 초등학교 교사로 근무했던 동화작가 스기하라 유미코(杉原由実子)가 '메치가 있는 섬'이란 동화책을 발매했다. 시마네현 내에서 출판된 서적을 전국적으로 배포하여 '파도 저편에 일본의 독도가 오늘도 우리를 기다리고 있다'라는 내용을 담아 독도 영유권의 정당성을 일본인에게 알기 쉽게 소개하고 있다.

시마네현 제3청사 2층에 독도 자료관은 생활사를 중심으로 한 독도교육의 중심부이다. 청사 1층은 시마네현의 역사공문서와 행정자료 보관소로 이용되고 있으며, 청사 대로변과 로비에 독도 자료관이란 표지판이 있다. 자료관은 약 50평 규모이며 내부에는 독도가 일본 땅임을 주장하는 각종 시청각 자료가 전시되어 있다. 특히 2개의 독도 모형을 비롯해 1900년대 초 일본 어부들이 독도 근해에서 강치를 포획하던 사진을 전시하고 있다. 뿐만 아니라 시마네현과 다케시마·북방영토 반환요구운동 시마네현 민회의가 공동으로 발간한 '다케시마여 돌아오라'는 한글·영문판 리플렛과 외무성이 발간한 '다케시마 문제를 이해하기 위한 10포인트'등의 책자도 비치되어 있다. 이 리플렛은 한국이 독도에 등대와 초소, 막사 등을 설치해 불법 점거를 하고 있으며, 독도가 역사적으로나 국제법적으로나 일본영토임이 확실하다고 쓰여 있다. 최근 독도 자료관에서는 아이들에게 시마네현의 관광 케릭터인 '시마네코'를 접을 수 있는 종이를 무료로 나눠주면서 종이접기 활동으로 독도교육에 활용하고 있다. 이처럼 독도 자료관은 현민들의 생활속에서 문화콘텐츠를 활용한 독도교육의 장으로 변용되고 있다.

(3) 중·장기적인 영토반환 전략으로써 독도교육

2008년 5월 20일 일본의 문부과학성이 자국 학생들에게 '독도는 일본의 고유 영토'라고 교육토록 하는 방침에 과거 '다케시마(竹島)의 날'을 제정해 물의를 일으켰던 시마네현에선 기쁨 반, 기대 반의 목소리가 터져 나왔다. 시마네현은 2005년 이후, 일본 정부에 독도문제를 학습지도요령에 반드시 기재해야 한다며 계속 요구했던 지역이다. 시마네현 청의 한 독도 담당 관계자는 '아직 정부의 공식적인 발표가 없기 때문에 뭐라 말할 수 없다'면서도 '학습지도요령의 해설서에 명기되면 많은 교과서에 독도문제가 기재될'이라고 밝혔다. 그는 그러면서도 '한국의 반발도 있을 것이지만...'이라며 불안감을 나타내기도 했다. 한편 같은 날 문부과학성의 제니야 마사미(錢谷眞美) 차관은 기자회견을 통해 '학습지도요령 해설서는 확정된 단계가 아니다'라면서도 '많은 학생들에게 일본의 영토에 대해 정확한 인식을 갖도록 하는 것은 대단히 중요한 문제'라고 주장했다.[31]

일본 외무성이 독도 홍보책자를 발행해 물의를 빚고 있는 가운데, 시마네현이 초등학생과 중학생용 독도 영상물을 부교재 형태로 제작

---

31) 『東京新聞』, 2008년 5월 20일자 참조.

하는 등 독도문제를 둘러싼 한일 간의 갈등이 더욱 심화될 것으로 보인다. 일본 문부과학성은 2010년 2월 '초·중학교 학습지도 요령 개정안'을 발표하면서 일선 학교에서 독도문제를 일본 영토문제의 하나로 다룰 수 있도록 지시한 바 있다. 시마네현이 독도 관련 부교재를 제작하기로 한 것은 중앙정부 방침을 따르는 조치로 풀이된다. 전문가들은 시마네현의 이 같은 움직임이 앞으로 일본 전역으로 확산될 것으로 전망하고 있다. 시마네현 교육위원회는 2009년 5월 독도가 '일본 땅'이라는 내용을 담은 부교재와 DVD, 지도안 등을 제작·보급해 2010년 신학기부터 현내의 공립 초·중학교의 90% 이상이 이를 사용하고 있다.[32]

　2017년 10월 일본 정부는 독도가 일본 땅이라는 내용이 담긴 초·중학생 대상 교육 자료를 내각관방 홈페이지를 통해 발표했다. 일본 정부는 29일 내각관방의 '영토·주권대책기획조정실' 홈페이지에 영토와 주권에 관한 교육 자료라며 지자체에 만든 자료 2건을 게재했다. 해당 자료는 사이타마(埼玉) 현에서 작성한 영토에 관한 팸플릿과 시마네현에서 만든 '다케시마 학습 리플렛'이다. 시마네 현의 자료는 1930~1950년대 독도에서 일본인들이 강치 사냥을 하는 사진 등과 함께 일본과 독도를 억지로 연결하는 내용을 8페이지에 걸쳐 실었다. 자료는 독도를 '갈 수 없는 섬 다케시마'라고 소개하며 '역사적 사실에 비춰 봐도 국제법상으로 명백하게 일본의 고유 영토'라는 논리를 펼치면서 시마네현의 다케시마의 날 홍보 행사에도 활용됐다.

---

[32] 『朝日新聞』, 2010년 2월 22일자 참조.

4. 독도교육의 현재적 의미

독도교육은 국민의 국가의식과 영역의식을 길러주는 것뿐만 아니라 지정학적 동아시아와 세계적 관점에서 다루어져야 할 것이다. 왜냐하면 독도교육은 고정된 틀과 양상의 문제가 아닌 공간적, 시간적으로 끊임없이 가변적인 면에서 지역공동체적 시민주의 관점에서 미래지향적인 한일관계에 대한 성찰을 바탕으로 실행되어야하기 때문이다. 그럼에도 불구하고 한국과 일본의 독도교육은 자국 중심의 사관에 입각한 영토교육을 실시하고 있기 때문에 국제사회의 역사적, 정치적, 경제적, 법적, 사회적 환경과의 접속에서 나타나는 구성 요소의 변화와 그 구성 요소의 재배치에 의한 현안의 인식과 설정, 그에 대응 전략에 따른 요소들의 배치가 관계된다는 점에서 가변성을 잠재하고 있는 것이 현실이다. 이는 동아시아가 직면하고 있는 영유권 문제를 둘러싼 각국의 영토교육이 배타적 민족주의를 주창하고 영토 내셔널리즘을 강조하고 있기 때문이다. 이러한 의미에서 한일 양국의 독도교육은 다음과 같은 현재적 의미를 내포하고 있다.

첫째, 국내정치의 영토주권이란 관점에서 독도교육을 강화하고 있다. 일본의 독도에 대한 영유권 주장에 대한 반복과 제도교육에서의 독도교육의 편입은 일본의 영토성에 대한 강화이며, 국수적 회귀이다. 반면 한국은 자국의 지리, 역사를 비롯한 사회과 교육의 내용에 독도교육을 포함하고 있다. 무엇보다도 2014년 4월 일본의 문부과학성이 초등학교 교과서 검정 통과를 발표한 내용 중 '일본 고유의 영토인 독도를 한국이 불법으로 점령했다'라고 알려지면서 이에 대응하여 한국 교육부는 다음과 같이 독도교육 추진 방안을 밝혔다. 첫째는 독도교육 내용체계 개정, 둘째는 독도 교재 개발 및 보급, 셋째는 교원 중심 독도교육실천연구회 운영, 넷째는 독도 관련 연수 및 독도 탐방 교육, 다

404 독도교육 어떻게 할 것인가?

섯째는 찾아가는 독도전시회 개최 등으로 요약할 수 있다.[33] 이와 연관하여 2014년과 2015년 경상북도 교육과정 편성 · 운영 지침을 마련해 2016년부터 독도 관련 수업을 교육과정에 포함시키고 자체 제작한 경상북도교육청 교수 · 학습자료 '독도'와 교육부 독도 부교재 '독도 바로 알기(초6, 중3, 고1)'를 이용해 연간 10시간 이상 지도키로 하는 등의 내용을 담은 독도 운영 계획을 수립했다.[34] 이러한 관점에서 독도교육은 시·공간적 담론의 하나로 재영토화, 장소화를 통해서 이루어지는 국토에 대한 내부적인 지리적 재발견임과 동시에 외부적 경계에 대한 하나의 정체성 구성이며 대응이다. 따라서 독도교육은 애초부터 순수한 교육적 접근을 통해서 이루어지는 장소교육이라기 보다는, 국가가 국제법상의 제한이 없는 한 원칙적으로 배타적 지배를 할 수 있는 장소에 대한 국내정치의 영토주권을 유지하려는 국가적 지식의 전략에 기인하는 속성을 지니고 있다는 점을 간과할 수 없다.

둘째, 역사교육의 교육과정으로써 독도교육을 중시하고 있다. 독도를 둘러싼 양국의 쟁점을 보는 한일 간 인식의 격차 크기는 양국관계의 성숙도를 나타내는 지표이다. 독도는 한일 양국의 영토 내셔널리즘을 자극하여 양국관계를 파국으로 몰고 갈 수도 있고, 과거의 불행했던 역사를 직시하게 될 수도 있다. 이러한 측면에서 일본은 독도와 관련하여 초등학교에서 시각적인 측면, 중 · 고등학교에서 논리적인 측면을 강조하고 있다. 일본은 주로 근현대사 위주의 독도 교육을 실시하고 있으며, 과거 고등학교 지리와 공민 교과서에 독도를 영토문제로 제기하는 수준을 넘어서, 현재 역사 교과서에 내셔널리즘을 강조하는 독도 교육을 실시하고 있다. 이것은 일본이 독도를 영토문제로 제기하

---

33) 김호동, 「우리나라 독도교육 정책의 현황과 과제」, 『독도연구』 제17호, 2014, 297쪽.
34) 『경북일보』, 2016년 4월 10일자 참조,

는 수준을 넘어, 역사문제로 전면적으로 확대시켰다는 것을 의미한다. 반면 한국은 독도와 관련하여 초·중·고등학교에서 역사적 사실을 강조하면서 주로 전근대와 근대사 중심의 독도 교육을 실시하고 있다. 이는 한국 역사교과서는 독도 관련 역사적 사료만 기술하여 국제법적 논리를 결합하지 못하고 있다는 것을 반증한다. 특히 한국의 독도교육은 동북아 지역의 평화질서와 현상유지를 지키기 위해서 일본의 공격적 내셔널리즘을 대응하고, 미래 지향적인 한일관계에 적합한 민주시민 의식을 함양하는 독도교육을 논리적이고 체계적으로 실시해야 함에도 불구하고 성과위주의 역사교육의 교육과정으로써 실시하고 있는 것이 현실이다.

셋째, 지방 자치권 강화의 논리로써 독도교육을 강조하고 있다. 비록 한일 지방자치권의 메커니즘은 중앙 행정권과 긴밀한 협조관계를 형성하고 있지만, 최우선시 하는 것은 지역주민들로부터의 적극적 민의 형성에서 비롯된다. 이러한 의미에서 경상북도와 시마네현의 독도교육은 한일 양국의 중앙정부에서 수립된 영토교육과 연계된 지방 자치권의 강화를 위한 정치적 이벤트의 일환으로 나타나고 있다. 예를 들면 시마네현 지방정부의 독도 교육정책의 씽크-탱크인 죽도문제연구회의 제언은 독도에 관한 일본 교육정책의 청사진이라고 해도 과언이 아니다.35) 이를 바탕으로 2017년 2월 9일 일본 내각관방 영토 주권 대책기획조정실과 시마네현 오키노시마초(隱岐の島町) 등이 공동으로 독도가 일본 땅이라는 주장을 담은 홍보 포스트를 제작했다. 시마네현은 이 포스트를 전국 지방단체 및 교육위원회에 배포하여 자국 영토를 정확하게 이해할 수 있도록 독도교육에 적극 활용할 방침을 세웠다. 더욱이 시마네현 교육위원회는 '독도에 관한 학습'과 '독도학습 검토회'

---

35) 이우진, 「죽도문제연구회의 독도교육에 대한 비판적 검토: 학습지도안을 중심으로」, 『일본사상』 32호, 2017, 191쪽 참조.

를 통해 학생들이 습득해야 할 독도교육에 관한 지식을 명확히 정리하고 있다.[36] 같은 맥락에서 경상북도는 2012년부터 다양한 독도사랑 교육을 통해 학생들이 독도가 우리 영토임을 명확히 인지할 수 있도록 독도 탐방연수와 도내 초·중·고 110개교에서 독도 지킴이 동아리 운영, 독도 사랑 정보검색 대회, 독도 사랑 UCC 대회 등을 통해 지역주민들의 적극적인 독도교육 참여를 강화하고 있다.

5. 맺음말

지금까지 한국과 일본의 영토교육 현황을 검토하고, 특히 경상북도와 시마네현의 독도교육의 사례를 비교 분석하여 그 실태에 대한 사례를 논의하였다. 본 연구에서는 독도문제를 과거사 인식을 둘러싼 한국과 일본의 연속적 갈등과 대립에서 펼쳐지는 실증적 사실의 다툼이자, 불확증한 논리에 대한 주관적 인식의 다툼으로 독도교육에 어떻게 투영되고 있는지를 조명하는데 초점을 맞추었다. 한일 양국은 독도교육을 지역공동체적 관점에서 벗어나 자국 중심의 사관에 입각한 영토교육을 실시하고 있을 뿐만 아니라 특정 국가의 사람들을 하나의 가치체계로 종속시키는 일종의 전제적이고 간주관적인 관점을 채택하고 있다. 이러한 배타적 독도교육은 양국관계의 역사적 특수성에서 비롯된 영유권 문제를 둘러싼 한일갈등의 규범 확산과도 밀접한 관련이 있으며, 동시에 자국 중심의 영유권 주장에 내포된 영토 민족주의의 위험을 경계하고 이를 냉철하고 합리적으로 비판할 수 있는 용기를 상실하게 만들고 있다는 점을 부인할 수 없다.

---

[36] 송휘영, 「일본 시네마현 독도정책의 동향과 방향」, 『한국정치외교사논총』 제36권(2), 2015, 81쪽~84쪽 참조.

한국의 독도교육 목표는 독도가 역사 · 지리 · 국제법적으로 우리 영토인 근거를 정확하게 이해함으로써, 우리 영토에 대한 올바른 수호 의지를 갖추는 것이다. 이에 교육부는 동북아역사대책팀을 만들어 독도교육의 현황과 문제점을 분석하고 독도교육의 강화에 대한 의지를 밝혔다. 여기에서 종합적인 독도교육을 위해 독도교육통합위원회를 출범시켰다. 동 위원회는 독도와 관련한 초 · 중 · 고교 교육과정 및 해설서, 교과 학년별 교과서의 서술 방향 등을 총괄 심의해 결과를 교과별 교육과정심의회와 교과용 도서편찬심의회에 제출하여 의견을 권고하는 역할을 하고 있다. 2008년 이후 경상북도 교육청에서 교과서를 개발하고 독도 관련 학습 목표와 학습 요소를 제시하고 수업자료를 제공함으로써 독도교육을 체계적이고 지속적이며, 의식고취에 중점을 두고, 시공간을 초월해서 진행하려는 움직임이 있다. 하지만 이러한 방향을 제시해 주는 독도교육의 패러다임이 부재한 상태에서 일본의 독도 도발이 불거져 나올 때 마다 행사나 대회를 중심으로 일회적이며 감정적으로 대응하는 현상을 발견할 수 있다.

반면 일본의 독도교육은 영토 분쟁화를 홍보하여 이를 일본이 공동으로 국제사법재판소에 제소하도록 논리적 기반을 만드는 것이 목표이다. 2008년 2월 일본 외무성 홈페이지에 '독도문제를 이해하기 위한 10개의 포인트'를 게재하면서부터 일본 정부에 의한 독도 영유권 주장이 공세적으로 제기되었다. 이를 바탕으로 일본 정부는 내각부에 '영토대책실'을 설치하면서 내각부 홈페이지와 수상관저 홈페이지 '독도문제에 대하여'를 게시하는 등 적극적인 독도관련 정책기조를 설립했다. 이에 대내적 교육 홍보를 담당하는 문부과학성도 2014년 1월 중고학습지도요령 해설서 개정과 4월 초등학교 사회과 교과서 검정결과 발표를 통해 '독도는 역사적 · 국제법으로 일본 고유의 영토'이며 '한국이 불법점거 중이다'라는 것을 알리기 시작했다.[37] 같은 맥락에서 시

마네현의 독도교육은 초·중·고의 학교 교육뿐 아니라 현 전체를 대
상으로 포괄적 접근을 하면서 영토교육 대상은 초·중·고 학생과 교
사, 일반인이며, 교육목적을 달리하는 차별적 교육 접근을 하고 있다.
또한 자료전시를 통한 영토관(領土館) 등 관련 시설을 통한 체험교육
과 '다케시마의 날'을 통한 한 계기와 참여 실행 교육적 접근을 병행하
고 있으며, 지자체에서는 해당 학교를 중심으로 시범 및 향토교육을
통한 향토애를 배양하는 교육방법적 접근을 하고 있다. 이는 일본이
지리와 공민 등 다양한 시각에서 사회과 전체로의 공격적이고 치밀하
며, 생활사 중심에 초점을 맞추고, 중·장기적인 영토 반환전략 등과 같
이 다면적인 접근을 하고 있다는 것을 의미한다.

　이상에서 살펴보았듯이 본 연구는 배타적 민족주의 접근 방식을 채
택했던 기존의 영토교육을 냉정하게 분석하고, 동북아지역 차원의 지
역공동체적 시민주의 관점에서 미래지향적인 한일관계에 대한 성찰을
바탕으로 바람직한 독도교육에 대한 해법을 모색하려는 시도하였다.
이러한 시도는 한일 양국이 지향하는 독도교육의 실체를 정확하게 분
석하고 예측하는데 커다란 기여를 하고 있다. 그럼에도 불구하고 한국
과 일본의 독도교육이 자국 중심의 사관에 입각한 영토교육을 실시하
고 있기 때문에 현안의 인식과 설정, 그 대응 전략에 따른 정치적 요소
들의 배치에 따라 전개되고 있는 것은 아쉬운 점이다. 이러한 상황적
논리로 설명하고 있는 독도의 정치화는 본 연구의 한계로 지적될 수
있으며 한일관계에서 독도교육의 이론화를 기반으로 한 실체적 논의
과정은 향후 과제로 남겨 두겠다.

---

37) 곽진오, 「독도와 한일관계: 일본의 독도인식을 중심으로」, 『일본문화학보』
　　제26호, 2010.

【참고문헌】

강영삼·이성흠·김진영·조상철,『교육학개론』, 교육과학사, 2006.

경상북도,『독도총서』, 경상북도, 2008.

경상북도 교육청 교육정책과 편,「우리 땅 독도 사랑 여기에 있어요」, 2009년
　　　독도 교육 직무연수, 2009.

경상북도 교육청,「초등학교 교육과정 편성·운영 지침」, 고시, 제 2008-14호,
　　　2008.

교육인적자원부,『독도는 우리땅』, 변화하는 사회, 2002.

교육인적자원부,『해돋는 섬 독도』, 한국교육과정평가원, 2003.

교육인적자원부,「초등학교 정보 통신 기술 활용지도 자료」, 대한교과서주
　　　식회사, 2005.

교육인적자원부,「초중등학교 교육과정」, 교육부고시, 제2007-79호(별책1),
　　　2007(a).

교육인적자원부, 「사회과　교육과정」, 교육부고시, 제2007-79호(별책7),
　　　2007.

교육인적자원부, 「고등학교　교육과정」, 교육부고시, 제2007-79호(별책4),
　　　2007(c).

교육인적자원부,「중학교 교육과정 해설2(국어, 도덕, 사회)」, 대한교과서
　　　주식회사, 2008.

곽진오,「독도와 한일관계: 일본의 독도인식을 중심으로」,『일본문화학보』
　　　제26호, 2010.

권오현,「일본 정부의 독도 관련 교과서 검정 개입의 실태와 배경」,『한국
　　　지리환경교육학회지』 제13권(3), 2006.

김영수,「한일회담과 독도 영유권: 샌프란시스코 강화조약과 한일회담 '기
　　　본관계조약'을 중심으로」,『한국정치학회보』 제42집(4), 2008.

김영수,「한국과 일본 중학교 역사분야 교육과정과 역사 교과서의 독도 관
　　　련 내용 비교: 2014년 전후 한일 교육과정과 교과서를 중심으로」,
　　　『독도연구』 제19호, 2015.

김형동,「초등학교 독도 교육의 방향」,『독도연구저널』 제6권, 2009.

김호동, 「우리나라 독도교육 정책의 현황과 과제」, 『독도연구』 제17호, 2014.

남상구, 「일본 교과서 독도기술과 시마네현 독도교육 비교 검토」, 『독도연구』 제20호, 2016.

남호엽, 「한국 사회과에서 민족정체성과 지역정체성의 관계」, 한국교원대 박사학위논문, 2001.

박선미, 「독도교육의 방향: 민족주의로부터 시민적 애국주의로」, 『한국지리환경교육학회지』 제17집(2), 2009.

박선미·손승호·이호상·안종철·유진상·이효선·전유신, 『독도학습을 위한 교육과정 개발연구』, 동북아역사재단, 2009.

박창건, 「영유권 문제를 둘러싼 한일갈등의 규범 확산: '다케시마의 날'과 '대마도의 날' 조례 제정을 중심으로」, 『국제정치논총』 제48집(4), 2008.

박창건, 「다케시마의 날 조례 제정에 대한 한국의 반응: 상응적 대응의 유효성과 딜레마」, 『한국과 국제정치』 제25권(3), 2009.

서태열, 「영토교육의 개념화와 영토교육모형에 대한 접근」, 『한국지리환경교육학회지』 제17권(3), 2009.

서태열·김혜숙·윤옥경, 『독도 및 울릉도 관련 영토교육의 방향 모색』, 한국해양수산개발원, 2007.

손용택, 「일본 교과서에 나타난 독도 표기 실태와 대응」, 『교과서 연구』, 한국학술정보, 2010.

송휘영, 「일본 시네마현 독도정책의 동향과 방향」, 『한국정치외교사논총』 제36권(2), 2015.

신주백, 「교과서와 독도문제」, 『독도논총』 제2호, 2006.

심정보, 「일본의 사회과에서 독도에 관한 영토교육의 현황」, 『한국지리환경교육학회지』 제16권(3), 2008.

심정보, 「한국의 사회과 교육과정에 기술된 독도관련 영토 교육」, 배진수·유하영·홍성근·오강원·정영미·김영수 편, 『독도문제의 학제적 연구』, 동북아역사재단, 2009.

심정보, 「일본 시마네현의 초중등학교 사회과에서의 독도에 대한 지역학습의 경향」, 『한국지역지리학회지』 제17권 5호, 2011.

유미림, 「한·일 양국의 독도 교육 현황과 향후 과제」, 『독도연구저널』 제6권,

2009.

이범관, 「독도의 지적재조사가 국익에 미치는 영향 연구」, 『한국지적학회지』 제23권(2), 2007.

이범실 · 김종남 · 김홍택, 「독도교육의 평가와 발전방향 연구: 경일대학교를 중심으로」, 『한국지적학회지』 제12권(2), 2009.

이우진, 「죽도문제연구회의 독도교육에 대한 비판적 검토: 학습지도안을 중심으로」, 『일본사상』 32호, 2017.

임덕순, 「지리교육에 있어서의 영토교육의 중요성」, 한국지리환경교육학회 2006년 학술대회 요약집, 2006.

진시원, 「동북아 영토분쟁, 중등교육에서 어떻게 가르칠 것인가?: 간도분쟁 사례를 중심으로」, 『한국정치학회보』 제42집(2), 2008.

최장근, 「한일 양국의 영토인식 형성과 교과서 연구」, 『동북아문화연구』 제15집, 2008.

홍성근, 「일본 교과서의 독도관련 기술 실태의 문제점 분석」, 배진수 · 유하영 · 홍성근 · 오강원 · 정영미 · 김영수 편, 『독도문제의 학제적 연구』, 동북아역사재단, 2009.

竹島問題研究会, 『竹島問題に関する調査研究: 中間報告書』, 竹島問題研究会, 2006.

竹島問題研究会, 『竹島問題に関する調査研究: 最終報告書』, 竹島問題研究会, 2007.

本宮武憲, 2007, 「領土問題」, 『社会科教育』 第44輯 9号.

Duffy, T. M., & Cunningham, D., "Constructivism: Implications for the design and delivery of instruction", A draft for the chapter in Jonassen(Ed.), *Handbook of Research on Educational Communication and Technology*, New York: Scholastic, 1995.

Russett, B., Grasping the Democratic Peace: Principle for Post-Cold War, Princeton, NJ: Princeton University Press, 1993.

Sack, R. D., *Human Territoriality: Its Theory and History*, Cambridge University Press, 1986.

■ **전기석**

대구가톨릭대학교 대학원 지리학과 석사과정 졸업

주요업적:「2015 개정 교육과정 고등학교 한국지리의 독도교육 교수-학습 모형
　　　　개발」(독도연구 29) 등 다수

■ **박경근**

(재)독도재단 교육연구부 차장

주요업적:「중학생들의 독도(Dokdo) 인식 및 바람직한 독도교육에 관한 연구」
　　　　(독도연구 21), 『독도의 자연』(공저, 경북대출판부) 외 다수

■ **박재홍**

성광중학교 교사

주요업적:「우리나라 중학교 독도 교육의 현황과 과제」(독도연구 28) 등 다수

■ **이광현**

칠곡고등학교 교사

주요업적:「우리나라 고등학교 독도 교육의 현황과 문제점」(독도연구 28) 등 다수

■ **심정보**

서원대학교 사회교육과 교수

주요업적:「근대 한국과 일본의 지리교과서에 표현된 독도 관련 내용의 고찰」(독
　　　　도연구 23), 『불편한 동해와 독도』(밥북) 외 다수

■ 박지영

영남대학교 독도연구소 연구교수

주요업적: 「일본 산인(山陰)지방민과 '울릉도 · 독도 도해금지령'에 대하여」(독도
연구 23), 『근대 일본 독도관계 자료집』(공저, 선인) 외 다수

■ 이우진

공주교육대학교 교육학과 교수

주요업적: 「교육과정과 해설서에 나타난 초등학교 독도 기술의 변화」(교육연구
60), 『독도 영유권 확립을 위한 연구 10』(공저, 선인) 외 다수

■ 엄태봉

대진대학교 국제지역학부 초빙교수

주요업적: 「일본 중학교 공민 교과서와 독도 문제-2020년 검정 교과서를 중심으
로-」(역사교육논집 75), 『한일 관계의 긴장과 화해』(공저, 보고사) 외 다수

■ 송휘영

영남대학교 독도연구소 연구교수

주요업적: 「근대 일본 수로지에 나타난 울릉도 · 독도 인식」(대구사학 104), 『일본
향토사료 속의 독도』(선인) 외 다수

■ 박창근

국민대학교 일본학과 교수

주요업적: 「일본 독도정책의 특징과 딜레마-시마네현을 중심으로」(독도연구 27),
『한일 관계의 긴장과 화해』(공저, 보고사) 외 다수